Rolf Wiese (Hrsg.)

Im Märzen der Bauer

Rolf Wiese (Hrsg.)

Im Märzen der Bauer

Landwirtschaft im Wandel

mit Beiträgen von Elisabeth Eckardt, Oliver Fok,
Christine Götze, Klaus Herrmann, Rainald Koch,
Ute Krohne, Fritz Lachenmaier, Jochen Meiners,
Christine Papendieck, Hans Joska Pintschovius,
Manfred Sell, Rolf Wiese

Zugleich Schriften des Freilichtmuseums am Kiekeberg Bd. 13

Die Deutsche Bibliothek – CIP-Einheitsaufnahme

Im Märzen der Bauer : Landwirtschaft im Wandel / Rolf Wiese
(Hrsg.). – Hamburg : Christians, 1993
ISBN 3-7672-1161-0
NE: Wiese, Rolf [Hrsg.]

Satz: Utesch Satztechnik GmbH, Hamburg
Lithos: Repro- & Lithowerkstatt Meyer GmbH
Umschlaggestaltung: Carsten Best
Kleines Titelbild: Pictor
Redaktion: Giesela und Rolf Wiese

ISBN 3-7672-1161-0
Printed in Germany
Alle Farbabbildungen Archiv Freilichtmuseum am Kiekeberg

Inhalt

Vorwort 7

Überblick 8
von Rolf Wiese

Kein Mangel an neuen Ideen – Landtechnik zwischen Mittelalter und Neuzeit (1200–1800) 15
von Klaus Herrmann

Vom Ochsengespann zum Dreiradschlepper Die Entwicklung der Antriebskräfte am Beispiel eines regionalen Traktorenherstellers in der Lüneburger Heide 29
von Rolf Wiese

Zur Mechanisierung des Mähens 47
von Jochen Meiners

«Ja, gearbeit' ham wir!» Frauenarbeit in der Landwirtschaft 63
von Elisabeth Eckardt

Die Bedeutung der landwirtschaftlichen Vereine für den Umbruch im 19. Jahrhundert 81
von Ute Krohne

«Es wurde Licht» – Stromversorgung und Elektrizitätsverwendung bis in die Nachkriegszeit unter besonderer Berücksichtigung des Landkreises Harburg 99
von Rainald Koch

Tradition und Wandel am Bauernhaus 117
von Oliver Fok

Die Milch kommt ins Schleudern 137
von Manfred Sell

Von der Handarbeit zur chemischen Sense – Pflanzenschutz in der Landwirtschaft 151

Erzeugerschlacht und Blut und Boden –
Landwirtschaft im III. Reich 167
von Hans Joska Pintschovius

Ostdeutsche Agrargeschichte im Überblick (1945–1990) 183
von Christine Papendieck

Die Agrarrevolution in der alten Bundesrepublik seit 1950
Ursachen, Verlauf und Folgen 197
von Fritz Lachenmaier

Vorwort

Im Märzen der Bauer......
den Traktor anspannt

Wer hat dieses Volkslied nicht in der Art verinnerlicht, daß er damit zugleich in verklärter Weise an den Bauern denkt, dessen Leben durch die immer wiederkehrenden jahreszeitlichen Arbeiten geprägt ist und dessen Wirtschaftsweise nach Altvätersitte abläuft.

Die Realität sieht in vielen Gebieten Deutschlands seit der Mitte des 19. Jahrhunderts durchaus anders aus.

Aus der oft überwiegend auf Selbstversorgung ausgerichteten Landwirtschaft entstand ein an ökonomischen Werten orientierter Teil der Volkswirtschaft. Einer der bedeutendsten Agrarreformer seiner Zeit, Albrecht Daniel Thaer, trug mit seinem vierbändigen Hauptwerk «Grundzüge der rationellen Landwirtschaft» (1809–1812) wesentlich zu dieser Entwicklung bei.

Ab der Mitte des vorigen Jahrhunderts verlief diese Entwicklung stürmisch. Nachdem durch die Agrarreform die rechtlichen Voraussetzungen geschaffen waren, lösten aus England und später aus Amerika importierte Gerätschaften eine boomartige Entwicklung in der Landwirtschaft aus. Mit dem Einsatz von Göpel, Dampflokomobile und später Verbrennungsmotor und Elektrizität wurde das Problem der eingeschränkten Antriebskräfte weitgehend gelöst. Hinzu kamen Neuerungen auf dem Gebiet der Agrarchemie. Das landwirtschaftliche Vereins- und Schulwesen sorgte für eine grundlegende Verbesserung des Ausbildungsstandes. Vieh- und Pflanzenzucht wurden intensiviert und systematisch ausgebaut. Nicht zuletzt die Landtechnik, die sich ständig dieser neuen Situation anpaßte, ermöglichte durch ihre vielfältigen Innovationen den Umbruch von der klassischen zur rationellen Landwirtschaft. Nach 1945 verlief die Ent-

Diese vielfältige und bedeutsame Entwicklungsgeschichte der Landwirtschaft war Anlaß für die im Jahre 1989 im Freilichtmuseum am Kiekeberg eröffnete Landtechnische Sammlung, deren Aufgabe die Darstellung der Entwicklung der Landwirtschaft von der Selbstversorgung bis hin zur industriellen Produktion ist. Im Rahmen der Forschungen zur Landwirtschaftsgeschichte für den weiteren Ausbau der Landtechnischen Sammlung entstand die Idee zu dieser Veröffentlichung.

Allen Autoren, die mit ihren Beiträgen dieses Buch unterstützt haben, sei an dieser Stelle herzlich gedankt. Ein besonderer Dank gilt meiner Ehefrau Giesela Wiese für ihre umfangreichen und sorgfältigen Korrektur- und sonstigen Redaktionsarbeiten.

Rolf Wiese

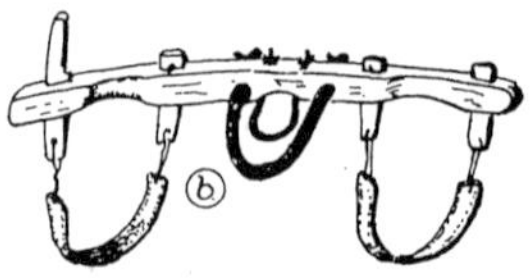

Ochsenjoch aus der Lüneburger Heide.

Bis um 1960 wurden Ochsen- und Kuhgespanne in der Lüneburger Heide eingesetzt.

Überblick

von Rolf Wiese

Unser heutiges Bild von der Landwirtschaft ist immer noch geprägt von den Zuständen der Landwirtschaft vor den grundlegenden Umbrüchen im 19. Jahrhundert. Daneben wird dieses Bild zunehmend durch Schreckensmeldungen wie Pestizideinsätze, Masthormone und Massentierhaltung belastet. Diese beiden gegensätzlichen Bewertungspole verdeutlichen die Notwendigkeit, sich mit der Entwicklung der Landwirtschaft, insbesondere ihrem radikalen Umbruch seit der Mitte des 19. Jahrhunderts zu beschäftigen.
Die Entwicklung der Landwirtschaft läßt sich vereinfacht in vier Phasen einteilen:

Phase I: Ausgangssituation (bis 1850)
Inhaltlich umfaßt diese Phase im wesentlichen die Neuerungen zwischen Mittelalter und Neuzeit, insbesondere zwischen 1750 und 1850.

Phase II: Erste Neuerungen (1850–1890)
In dieser Phase sind die ersten Auswirkungen der Agrarreformen und anderer Neuerungen spürbar. Ein guter Beleg dafür sind die fast überall durchgeführten landwirtschaftlichen Ausstellungen, auf denen die neuesten Geräte dieser Zeit vorgestellt und verkauft wurden.

Phase III: Der große Umbruch (1890–1945)
Noch niemals zuvor wurde die Landwirtschaft so grundlegend verändert wie in dieser Phase. Die Entwicklungen in den Bereichen der Landtechnik, der Agrarchemie,

des landwirtschaftlichen Schul- und Vereinswesens, der Viehzucht usw. veränderten die Arbeitsweisen auf den Höfen grundlegend.

Phase IV: Nachkriegsentwicklungen (1945–1990)
Einerseits verlief die Nachkriegsentwicklung in beiden deutschen Staaten höchst unterschiedlich, andererseits sind auch Gemeinsamkeiten, wie die sich überall durchsetzende Vollmechanisierung, zu beobachten.

Am Abschluß dieser Entwicklung steht heute eine ums Überleben kämpfende Landwirtschaft, deren Zukunft ungewiß ist. Wie kam es zu dieser Entwicklung, und in welchen Schritten verlief sie?

Phase I: Ausgangssituation (bis 1850)

Wer die Neuerungen der Landwirtschaft betrachtet, gerät leicht in Versuchung, die Zeit davor als «Stillstand» abzutun. Es zeigt sich jedoch, daß schon vor den Agrarreformen (im 18./19. Jahrhundert) Wesentliches passierte (vgl. Beitrag Klaus Herrmann). Diese Innovationen betrafen weniger die Abhängigkeits- und Eigentumsverhältnisse, sie entwickelten sich vielmehr innerhalb dieser starren, vorgegebenen Verhältnisse im Bereich der landwirtschaftlichen Technik. Zu nennen sind Neuerungen/Wandlungen bei der Anspannung (Pferde statt Ochsen), beim Pflug (vom Beet- zum Kehrpflug), bei den schneidenden Erntegeräten (von der Sichel zur Kniesense und Sense) usw. Umfang und Qualität der Neuerungen veränderten sich grundlegend, als auch die Abhängigkeits- und Eigentumsverhältnisse reformiert wurden. Ausgangspunkt für derartige Reformen war die geringe Produktivität der Landwirtschaft, die zu Ernährungsengpässen führte. Daß es besser ging, verdeutlichte der Stand der Landwirtschaft in England und Holland und später in Amerika. In dieser speziellen Situation (aus dem Bedarf heraus) entstand die Landwirtschaftswissenschaft.
Johann Beckmann (1739–1811) veröffentlichte 1769 die «Grundzüge der deutschen Landwirtschaft» in Göttingen und begründete mit dieser Schrift die Landwirtschaftswissenschaft. (1752–1828) die Landwirtschaftslehre wesentlich beeinflußt. Er gilt als der Begründer der rationellen Landwirtschaft. Thaer fand den Zugang zur Landwirtschaft über einen selbst bewirtschafteten Hof in der Nähe von Celle, auf dem er mit Experimenten den Weg zu einer produktiveren Landwirtschaft suchte. Um auch die theoretische Seite der Landwirtschaft zu erarbeiten, befaßte er sich mit der englischen Fachliteratur.
Das besondere Interesse Thaers galt einer dem ökonomischen Zeitalter entsprechend gestalteten Landwirtschaft. In seinem vierbändigen Hauptwerk «Grundzüge der rationellen Landwirtschaft» (1809–1812) versuchte Thaer, wissenschaftliche Grundsätze auf die Landwirtschaft anzuwenden. Rationelle Landwirtschaft bedeutet, landwirtschaftliche Produktion unter dem Gesichtspunkt von Kosten und Gewinn zu betrachten. Aus heutiger Sicht kann Thaer als früher Vorläufer der heute industrialisierten landwirtschaftlichen Produktion angesehen werden.
Daneben ergaben sich durch die Agrarreformen der ersten Hälfte des 19. Jahrhunderts grundlegende Veränderungen.
Aufgrund der kleinstaatlichen Gliederung Deutschlands verliefen diese Agrarreformen regional sehr unterschiedlich. Von besonderer Bedeutung waren sicherlich die preußischen Edikte von 1807 und 1811 zur Bauernbefreiung. Im Königreich Hannover wurden mit der Lüneburger Gemeinheitsteilungsordnung von 1802, dem Gesetz zur Ablösung der grundherrlichen Pflichten von 1831 und den Verkop-

Albrecht Daniel Thaer.

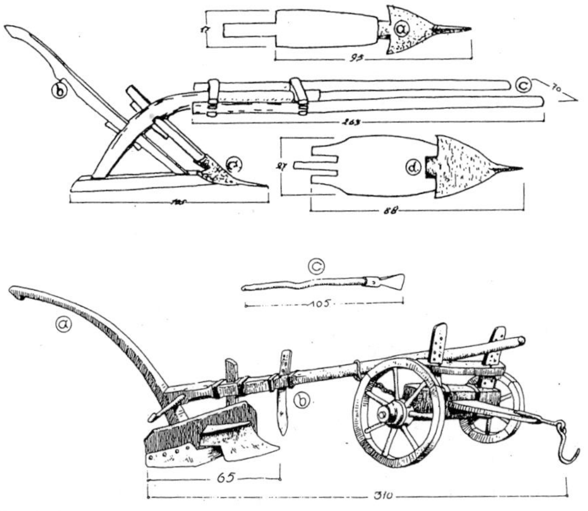

Systematische Viehzucht führt bereits nach kurzer Zeit zu enormen Leistungszuwächsen.

pelungsgesetzen von 1842 und 1856 die gesetzlichen Voraussetzungen für den späteren Umbruch geschaffen.
Die genannten gesetzlichen Veränderungen führten zu einem bis dahin unvorstellbaren Umbruch in der Landwirtschaft, der sich nicht überall positiv auf die Situation der Bauern auswirkte. Zur wohl wichtigsten Einflußgröße wurde die individuelle Entscheidungsfreiheit des Bauern. Jetzt konnte er selbst über seinen Grund und Boden bestimmen. Er konnte die Art der Bewirtschaftung selbst auswählen und spürte somit direkt Erfolg oder Mißerfolg seiner Arbeit.

Phase II: Erste Neuerungen (1850–1890)

Die Entwicklung der Landwirtschaft in der zweiten Hälfte des 19. Jahrhunderts stand in enger Beziehung zur allgemeinen industriellen Revolution. Ab 1850 fand auf dem Land im wirtschaftlichen wie im sozialen Bereich ein tiefgreifender Wandel statt, dessen Strukturen Auswirkungen bis in die heutige Zeit haben. Neben den in der ersten Phase beschriebenen Agrarreformen schaffte Justus von Liebig mit seiner Lehre von der Mineraldüngung die Voraussetzung für den allgemeinen Einsatz von Düngemitteln. Daneben begann man allerorts, systematische Vieh- und Pflanzenzucht zu betreiben. Ein Beispiel hierfür ist der 1876 gegründete «Viehzuchtverein der Artlenburger Elbmarsch und Umgebung». Erste Ansätze zur zuchtmäßigen Aufwertung der «alten Landschläge» in der Lüneburger Heide begannen bereits vor 1800. Die königliche Landwirtschaftsgesellschaft in Celle importierte 1795 jütländisches Vieh zwecks Einkreuzung. Im Laufe der Jahrzehnte wurde auch Vieh aus Hoya, Ostfriesland, Holland, Breitenburg und Angeln eingeführt. Der oben genannte Viehzuchtverein importierte holländisches Vieh, hauptsächlich zur Verbesserung der Milchleistung. So ist es nur logisch, daß auch im Bereich der Milchverarbeitung nach der Erfindung der Zentrifugen ab 1880 überall Molkereien entstanden.
Parallel dazu entwickelte sich das landwirtschaftliche Vereins- und Schulwesen zu einer flächendeckenden Dichte. Der Besuch land-

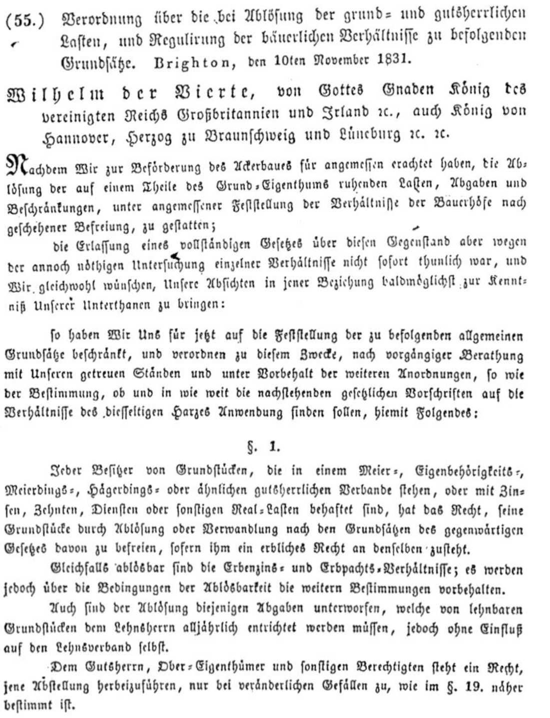

(55.) Verordnung über die bei Ablösung der grund- und gutsherrlichen Lasten, und Regulirung der bäuerlichen Verhältnisse zu befolgenden Grundsätze. Brighton, den 10ten November 1831.

Wilhelm der Vierte, von Gottes Gnaden König des vereinigten Reichs Großbritannien und Irland rc., auch König von Hannover, Herzog zu Braunschweig und Lüneburg rc. rc.

Nachdem Wir zur Beförderung des Ackerbaues für angemessen erachtet haben, die Ablösung der auf einem Theile des Grund-Eigenthums ruhenden Lasten, Abgaben und Beschränkungen, unter angemessener Feststellung der Verhältnisse der Bauerhöfe nach geschehener Befreiung, zu gestatten;

die Erlassung eines vollständigen Gesetzes über diesen Gegenstand aber wegen der annoch nöthigen Untersuchung einzelner Verhältnisse nicht sofort thunlich war, und Wir gleichwohl wünschen, Unsere Absichten in jener Beziehung baldmöglichst zur Kenntniß Unserer Unterthanen zu bringen:

so haben Wir Uns für jetzt auf die Feststellung der zu befolgenden allgemeinen Grundsätze beschränkt, und verordnen zu diesem Zwecke, nach vorgängiger Berathung mit Unseren getreuen Ständen und unter Vorbehalt der weiteren Anordnungen, so wie der Bestimmung, ob und in wie weit die nachstehenden gesetzlichen Vorschriften auf die Verhältnisse des diesseitigen Harzes Anwendung finden sollen, hiemit Folgendes:

§. 1.

Jeder Besitzer von Grundstücken, die in einem Meier-, Eigenbehörigkeits-, Meierdings-, Hägerdings- oder ähnlichen gutsherrlichen Verbande stehen, oder mit Zinsen, Zehnten, Diensten oder sonstigen Real-Lasten behaftet sind, hat das Recht, seine Grundstücke durch Ablösung oder Verwandlung nach den Grundsätzen des gegenwärtigen Gesetzes davon zu befreien, sofern ihm ein erbliches Recht an denselben zusteht.

Gleichfalls ablösbar sind die Erbenzins- und Erbpachts-Verhältnisse; es werden jedoch über die Bedingungen der Ablösbarkeit die weitern Bestimmungen vorbehalten.

Auch sind der Ablösung diejenigen Abgaben unterworfen, welche von lehnbaren Grundstücken dem Lehnsherrn alljährlich entrichtet werden müssen, jedoch ohne Einfluß auf den Lehnsverband selbst.

Dem Gutsherrn, Ober-Eigenthümer und sonstigen Berechtigten steht ein Recht, jene Abstellung herbeizuführen, nur bei veränderlichen Gefällen zu, wie im §. 19. näher bestimmt ist.

Originaltext des Ablösungsgesetzes im Königreich Hannover von 1831.

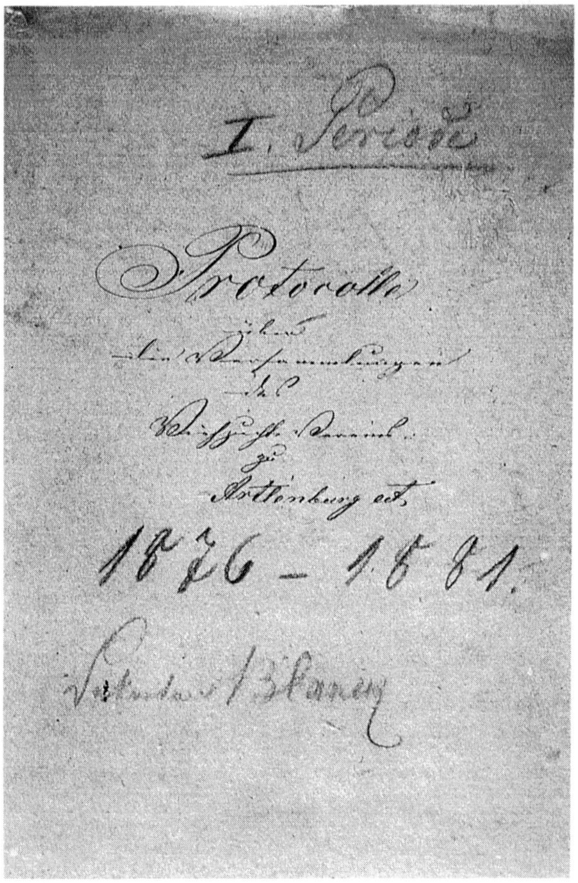

Titelblatt des ersten Herdbuches aus Niedersachsen.

wirtschaftlicher Schulen wurde mehr und mehr selbstverständlich. In fast allen größeren Orten entstanden landwirtschaftliche Vereine. Auch dort wurde der Schwerpunkt auf Aus- und Weiterbildung gelegt.
In dieser Zeit des Auf- und Umbruchs der Landwirtschaft wurde die Entwicklung insbesondere durch die Landtechnik forciert. Aus England und Amerika wurden bereits leistungsfähige Gerätschaften angeboten. Die Erfindung und Weiterentwicklung der Dreschmaschine, des Mähbalkens, der Lokomobile und leistungsfähiger Sämaschinen führten zu einem breit gefächerten Angebot. Einen Überblick darüber gewährt der Katalog der 1863 auf dem «Heiligen Geistfeld in Hamburg» abgehaltenen internationalen Ausstellung. Aber auch in Deutschland entstand das Angebot im Bereich der Landmaschinen. Oft waren Dorfschmieden die Keimzellen für große Unternehmen.

Molkerei Hollenstedt feiert Jubiläum.

Phase III: Der große Umbruch (1890–1945)

In dieser Zeit veränderte sich die Landwirtschaft so grundsätzlich wie nie zuvor. Wichtige Impulse gingen dabei von der Entwicklung der Antriebskräfte aus. Der Einsatz von Lokomobilen beim Dreschen verdrängte sehr schnell den Handdrusch. Insgesamt gewann der Dampfantrieb an Bedeutung, bis sich die Otto-Verbrennungsmaschinen mehr und mehr durchsetzten. Mit der Entwicklung des Traktors stand der Landwirtschaft bald eine bewegliche Antriebsmaschine zur Verfügung, die weite Bereiche total verändern sollte. Hinzu

möglichten Produktionssteigerungen in bisher nicht gekannten Ausmaßen, die mit und durch den Einsatz der neuen Antriebsmaschinen bewältigt werden konnten.
Aber nicht nur bei den Antriebsmaschinen verlief die Entwicklung stürmisch. Ähnlich verhielt es sich auch bei den Erntegeräten und Maschinen. Im Bereich der Getreideernte vollzog sich in verhältnismäßig kurzer Zeit die Entwicklung von den Handerntegeräten (Sense, Sichte) zum Grasmäher, Flügelmäher, Selbstbinder und zu guter Letzt zum Mähdrescher. Ähnliches gilt auch für die Gerätschaften für andere Feldfrüchte, wie die Kartoffel und die Rübe.
Viele Neuerungen aus der zweiten Phase (1850–1890) setzten sich durch. Im Bereich der Viehwirtschaft wurde erstmalig bei den Schweinen die Massentierhaltung praktiziert. Insgesamt wurde die systematische Viehzucht mit viel Energie vorangetrieben. Die zunehmend auf Produktion (wie von Thaer vor 100 Jahren gefordert) ausgerichtete Landwirtschaft benötigte in immer größer werdendem Umfang auf der einen Seite den Mineraldünger (Liebig) zur Steigerung der Erträge und auf der anderen Seite den Pflanzenschutz zur Abwehr konkurrierender Unkräuter und Ungräser.

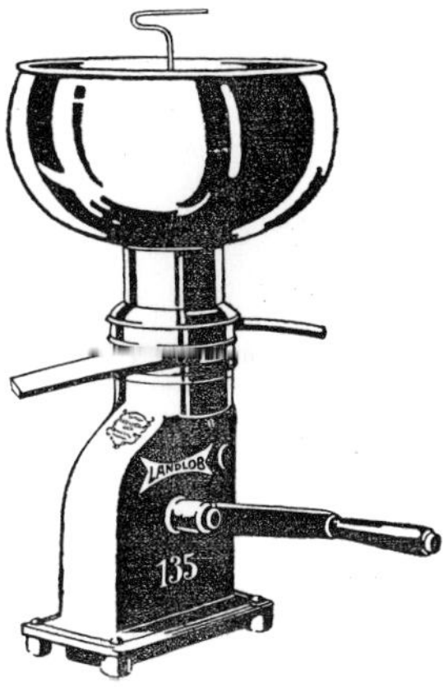

Handzentrifuge, wie sie auf vielen Höfen eingesetzt wurde.

Dampfpflüge waren das Symbol für die neue Antriebskraft (hier vor der Landtechnischen Sammlung am Kiekeberg).

Fowler aus Leeds war lange Zeit Marktführer

Die Hofgrößen waren in vielen Bereichen Deutschlands so, daß fast überall die Bauersfrauen in der Landwirtschaft mitarbeiten mußten. Landwirtschaft war in den beschriebenen

Zeitungsbeilage im Jahre 1910 aus dem Hamburger Umland.

Über die Hafenstädte Hamburg und Bremen wurde ein Großteil des Importes abgewickelt.

Der Weg in die industrielle Produktion.

Die Entwicklung der Landwirtschaft wurde in dieser Zeitspanne durch die beiden Weltkriege und deren Auswirkungen stark beeinflußt. Erwähnt werden soll hier nur der Reichsnährstand, dessen Aufgabe im Dritten Reich die Vorbereitung und Durchführung der Versorgung im Kriegsfall war.
Nach 1945 entwickelten sich in den beiden Teilen Deutschlands unterschiedliche Wirtschaftssysteme und daraus wiederum auch unterschiedliche Agrarsysteme.

Neben Lanz waren gerade in Norddeutschland Traktoren der Firma Hanomag weit verbreitet, wie dieser Hanomag WD, Bj. 1928, Sammlung Freilichtmuseum am Kiekeberg.

Phase IV: Nachkriegsentwicklungen (1945–1990)

Die Entwicklung der Landwirtschaft in der alten Bundesrepublik Deutschland wird von vielen Fachleuten als Agrarrevolution bezeichnet. Ein Zahlenpaar soll dies belegen: Nach 1950 ernährte ein Landwirt 10 Verbraucher, 1990 waren es 70 Verbraucher. Diese enormen Produktionssteigerungen sollen allerdings nicht die heutige Lage der Landwirtschaft glorifizieren.
Die Agrarrevolution nach 1945 ist eigentlich nicht nur eine Revolution, sondern es sind vier: eine technische (Maschinen und Gebäude), eine biologische (Pflanzen- und Tierzucht), eine chemische (Pflanzenernährung und Pflanzenschutz) und eine organisatorische (EDV als Hilfsinstrument).
Stetige Fortschritte in all diesen Bereichen führten letztendlich durch Überproduktion, Chemie usw. zu einem stark bedrohten Wirt-

Im technischen Bereich sorgte die Einführung der Dreipunkthydraulik für vielfältige Veränderungen.

Ziel die Aussöhnung von Ökonomie und Ökologie ist, ein Schritt in die richtige Richtung. Und wie war es in der Deutschen Demokratischen Republik? Die ostdeutsche Agrargeschichte beinhaltet auch eine Vielzahl von Irrungen.
Nach 1945 wurde im ersten Schritt die «Liquidierung des Großgrundbesitzes» vorangetrieben. Bei der Durchführung der Bodenreform wurde aller Grundbesitz über 100 ha enteignet und im zweiten Schritt an Landbewerber (Landarbeiter, Kleinbauern, Umsiedler und Flüchtlinge) verteilt. Diese Klein- und Kleinstbetriebe waren oft unzureichend mit Geräten usw. versorgt. Bereits nach wenigen Jahren (1952) versuchte man, (mit Zuckerbrot und Peitsche) die Bauern in landwirtschaftlichen Produktionsgenossenschaften (LPG) zusammenzuführen. So entstanden wiederum Großbetriebe mit allen damit verbundenen Schwächen. Auf die Entwicklung der Landwirtschaft in der ehemaligen DDR hat sich sicherlich das

Nach 1950 werden im großen Umfang Pflanzenschutzmittel eingesetzt.

System der Zentralverwaltungswirtschaft, das weitgehend jede Initiative hemmte, besonders negativ ausgewirkt. Vielleicht war dies auch der Grund für die insgesamt wesentlich schlechtere Maschinenausstattung im Vergleich zur alten Bundesrepublik.
In welchen Bahnen die Entwicklung der Landwirtschaft in den nächsten Jahrzehnten verlaufen wird, ist nicht vorherzusagen. Von besonderer Bedeutung für die Zukunft der Landwirtschaft wird sein, inwieweit es ihr gelingt, das Negativimage abzulegen, und inwieweit sie für ihre Belange in der breiten Öffentlichkeit werben kann.

Die ersten Mähdreschereinsätze im Norden: Claas Super vom 38er Lanz gezogen.

Abbildungsnachweis:

Sämtliche Abbildungen aus dem Archiv des Freilichtmuseums am Kiekeberg.

Kein Mangel an neuen Ideen – Landtechnik zwischen Mittelalter und Neuzeit (1200–1800)

von Klaus Herrmann

Einleitung

Bis vor wenigen Jahrzehnten wurde das Mittelalter vorherrschend als Epoche des Übergangs beschrieben, in der finstere Kräfte alles daran setzten, das menschliche Individuum an der freien Entfaltung zu behindern. Umberto Eco hat in seinem Roman «Der Name der Rose» das bedrückende mittelalterliche Szenario meisterhaft eingefangen, in dem gleichwohl vereinzelte Kräfte des Aufbruchs begannen, wirksam zu werden.
Zögernd wollten sie sich mit der bloßen Bewahrung des Erreichten und dem immer wieder beschworenen Blick zurück in die Vergangenheit nicht zufrieden geben, sondern suchten nach neuen Wegen, um für das menschliche Dasein neue Horizonte zu erschließen. Im geistig-politischen Bereich taten sich Erneuerer besonders schwer, stießen sie doch auf eine vereinte Front der etablierten weltlichen wie kirchlichen Kräfte, denen das Lehensgefüge alle Privilegien sicherte. Im ökonomischen und hier insbesondere im landwirtschaftlichen Bereich war die Erstarrung dagegen nicht gar so fest gefügt. Da fanden bahnbrechende Veränderungen statt, die allerdings von weiten Teilen der Obrigkeit kaum zur Kenntnis genommen wurden und dennoch die Arbeitsbedingungen auf dem Lande sowie die Ernährungssituation der Menschen grundlegend veränderten. Neben dem Vordringen der Dreifelderwirtschaft und der zunehmenden Verwendung von Eisen in allen Bereichen der Landwirtschaft war es vor allem die Technik der zum Einsatz gelangenden Geräte selbst, die im Mittelalter bemerkenswerte innovatorische Neuerungen erfuhr.

Pferdegespanne für die Landwirtschaft

Möglich wurden die Veränderungen nicht zuletzt wegen der Zunahme des Einsatzes von Pferden in der Landwirtschaft, denen in Helmolds Slawen-Chronik aus dem 12. Jahrhundert immerhin die Zugkraft von je zwei Ochsen zugesprochen wurde. Auch arbeiteten Pferde schneller als die übrigen in der Landwirtschaft eingesetzten Zugtiere, so daß fortan schwerere Arbeitsgeräte ebenso gefragt waren wie Geräte für hohe Flächenleistungen. Tatsächlich nahm um 1200 der Einsatz von schwerer gebauten Beetpflügen mit Vorderkarren zu, die nun anstelle von Ochsen von einem Pferdegespann über den Acker gezogen wurden. Bei der extensiven, das heißt der nichtwendenden Bodenbearbeitung kam es gleichfalls im Hochmittelalter zu technischen Neuerungen. Mit der Konstruktion des «Rheinischen Hunspflugs» gelang der Bau eines lei-

Rinder sind die traditionellen Zugtiere der Bauern. Hier: Ochsengespann vor dem Räderpflug. Holzschnitt von Joh. Zainer, Ulm 1473.

Die Erfindung des Kummets machte den Einsatz von Pferden in der Landwirtschaft möglich. Hier: Mit Pferden pflügender Bauer bei der Arbeit. Cosmographia universalis des Seb. Münster, 1544.

Mit der Sense stiegen Flächenleistung und Körnerverluste bei der Getreideernte. C. v. Mengenberg 15. Jh.

stungsfähigen Räderkarrens, der vor allem im Mittelrheingebiet bis ins 19. Jahrhundert mit Erfolg auf leichten Böden eingesetzt wurde. Einen Sprung nach vorn brachte der Pferdezug auch für das Eggen. Kaum ein Acker blieb fortan ungekrümelt, was sich als Segen für ein gleichmäßiges Aufgehen des Saatgutes erwies. Zwar handelte es sich bei der Egge um ein überwiegend aus Holz gefertigtes, eingliedriges Gerät von kurzer Lebensdauer, doch vereinzelt kamen bereits Holzrahmeneggen mit Eisenzinken zum Einsatz, was sowohl der Qualität der Saatbettbereitung als auch der Lebensdauer der Geräte zugute kam.

Ernte mit Sichel, Sichte oder Sense

Bei den Geräten der Halmfutter- und Getreideernte brachte das Mittelalter gleichfalls vielfache Neuerungen. So wurde die Sichel, das seit Jahrtausenden dominierende Instrument für den Kornschnitt, sowohl am Griff wie auch in der Schneide verbessert, zum einen, weil das Gerät besser in der Hand von Schnitter und Schnitterin liegen sollte, zum anderen, um eine saubere Trennung der Ähren vom Halm zu erzielen. Dabei fällt auf, daß gerade im Mittelalter die Getreidehalme eine höhere Wertschätzung erfuhren. Langstroh diente nun für Bänder und Flechtarbeiten, zum Dachdecken und als Bettstroh, weshalb zunehmend das Korn bereits kurz über dem Boden geschnitten wurde, was mit herkömmlichen Sicheln nur in tiefgebückter Haltung möglich war.

Eine Hilfe für die arg geschundenen Schnitter kam aus dem nordfranzösisch-niederländischen Raum, wo gegen Ende des Mittelalters die Halbsense, auch Sichte genannt, zum Einsatz gelangte. Einhändig eingesetzt, ermöglichte sie in aufrechtem Gang einen tieferen Schnitt und markiert somit den Übergang zur Arbeit mit der langstieligen Sense. Allerdings, und hier ist der entscheidende Grund für den doch zögerlichen Einsatz der Sense bei der Getreideernte zu sehen, lag der Körnerverlust bei der Ernte mit Halbsense wie langstieliger Sense ungleich höher als bei der Sichel, die mehr mit Geschick denn mit Kraft gehandhabt wurde. Zu einer Zeit aber, da das Aussaat-Ertragsverhältnis bei Getreide zwischen eins zu drei bis eins zu vier schwankte, kam es auf jedes Korn an, während der Arbeitsgeschwindigkeit nur eine geringere Bedeutung beigemessen wurde.
Bei der Halmfutterernte stellte sich die Situation anders dar. Senseneinsatz bedeutete höhere Flächenleistung, und genau darauf kam es im Zuge der vermehrt betriebenen Viehhaltung an. Qualifizierter Wiesenbau und mehrfacher Grasschnitt ermöglichten über eine verbesserte und vermehrte Fütterung eine Intensivierung der Milchwirtschaft, die in der Tat ausgangs des Mittelalters eine frühe Blüte erlebte.
Der Winter war unter anderem für die Bewältigung des Druschs vorgesehen. Als Gerät kam vorwiegend der Flegel zum Einsatz, des-

Jörg Breu d. Ä. (16. Jh.): «Der Heilige Bernhard betet für eine gute Ernte».

sen Teile nun allerdings nicht mehr ausschließlich mit Leder, sondern erstmals durch ein bewegliches Eisenscharnier verbunden waren. Ganz in überkommener Manier erfolgte dagegen die Getreidereinigung. Das Worfeln aus dem geflochtenen Strohkorb nutzte das Gesetz der Schwerkraft für die Trennung von Spreu und Korn, ohne daß der dabei erreichte Reinheitsgrad zu überzeugen vermochte. Doch bis aus Korn Brot wurde, schritten ja noch die Müller zur Tat, die um 1300 in allen Teilen Deutschlands anzutreffen waren und bereits über interessante Mahltechniken verfügten. Weite Verbreitung gefunden hatte vor allem die Getreidemühle mit unterschlächtigem Wasserrad, von der die Äbtissin des Klosters Odilienburg, Herrad von Landsberg, in ihrem Werk «Hortus deliciarum» aus dem Jahre 1159 ein aufschlußreiches Bilddokument hinterlassen hat. Daneben gab es aber auch Mühlen mit oberschlächtigem Wasserrad, von denen frühe Bilddokumente aus dem 14. Jahrhundert vorliegen.

Getreidemühle mit unterschlächtigem Wasserrad. Hortus deliciarum der H. v. Landsberg (12. Jh.).

Vom Beet- zum Kehrpflug

Die trotz der Pestzüge Mitte des 14. Jahrhunderts und der kriegerischen Wirren im Zuge des Bauernkrieges in der ersten Hälfte des 16. Jahrhunderts andauernde, nach vorn gerichtete Entwicklung der Landtechnik findet sich unter anderem belegt in einzelnen Werken zeitgenössischer Autoren. So wiesen sowohl der Engländer Sir Anthony Fitzherbert als auch Konrad Heresbach zu Beginn des 16. Jahrhunderts auf den vermehrten Einsatz des Kehrpflugs, später dann auch Wende- oder Wechselpflug genannt, hin. Der damit einhergehende Fortschritt für die pflügenden Bauern bestand im wesentlichen darin, daß sie nun Furche an Furche legen konnten. Allerdings mußte der Pflug dazu mit einer symmetrischen Schar, einem umsetzbaren Streichbrett und einem verstellbaren Sech oder Vorschneider ausgestattet sein.
Weiter im Vormarsch befand sich ferner die Verwendung von Eisenteilen im Pflugbau. So befestigten die Schmiede die Räder des Vorderkarrens fortan häufiger mit Eisenreifen, und aus den Niederlanden kam die Nachricht von Konstruktionen, bei denen auf die reparaturanfälligen und häufig zu schwer geratenen Vorderkarren ganz verzichtet wurde. Die Führung des Geräts sollte nun eine eiserne Schleifstelze oder auch ein Stelzenrad übernehmen, die man in den Pflugbaum, auch Grindel genannt, eingelassen hatte.
Dienten diese Verbesserungen vor allem der Erleichterung der Pflugarbeit, so gab es daneben auch Neuerungen, die auf eine Hebung der Arbeitsgüte abzielten. Bahnbrechend wirkten vor allem die in Nordwesteuropa erstmals zum Einsatz kommenden Streichbleche. Sie traten an die Stelle der zuvor im Pflugbau verwendeten hölzernen Streichbretter, mit denen eine Wendung des Bodens nur in unzureichender Form erzielt worden war.

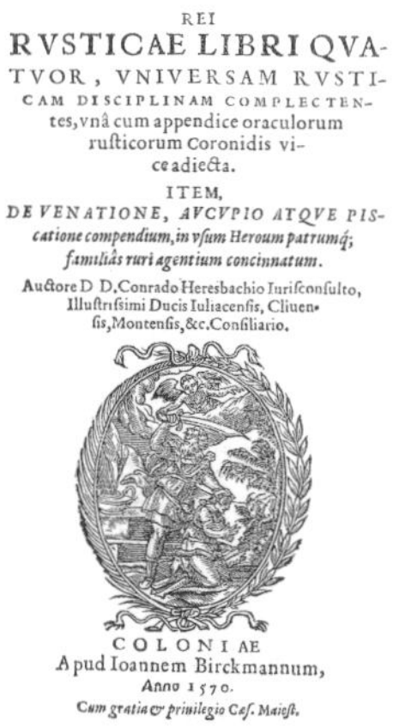
REI
RVSTICAE LIBRI QVATVOR, VNIVERSAM RVSTICAM DISCIPLINAM COMPLECTENTES, vnâ cum appendice oraculorum rusticorum Coronidis vice adiecta.
ITEM,
DE VENATIONE, AVCVPIO ATQVE PISCATIONE compendium, in vsum Heroum patrumq; familiâs ruri agentium concinnatum.
Auctore D D. Conrado Heresbachio Iurisconsulto, Illustrissimi Ducis Iuliacensis, Cliuensis, Montensis, &c. Consiliario.
COLONIAE
Apud Ioannem Birckmannum,
Anno 1570.
Cum gratia & priuilegio Cæs. Maiest.

Titelblatt der Erstausgabe von Konrad Heresbachs Rei rusticae libri quator aus dem Jahre 1570.

Auch Kuriositäten bedeuten technischen Fortschritt

So wesentlich diese Weiterentwicklungen auch waren, weil sie eine rasche Verbreitung fanden, so bemerkenswert sind einige Neuerungsbestrebungen des 16. Jahrhunderts, die eine weit in die Zukunft weisende Perspektive erkennen lassen. Dazu zählte unter anderem das Seilpflugprojekt eines namentlich ungenannt gebliebenen «Ingenieurkünstlers», der den Pflug mit Hilfe von Seilen über den Acker gezogen haben wollte. «Indirekte Traktion» nennt man ein solches Verfahren heute, welches vor allem im ausgehenden 19. Jahrhundert bei der Dampfpflügerei erfolgreich zur Anwendung gebracht werden sollte. Kaum

Seilpflug eines «Ingenieurkünstlers» aus dem 16. Jahrhundert.

Vierschar-Pflug eines «Pflugkünstlers» aus dem Braunschweigischen aus dem 16. Jahrhundert.

weniger auffallend war der Vierscharpflug eines aus dem Braunschweigischen stammenden «Pflugkünstlers». Sein dem Kurfürst August von Sachsen im Jahre 1570 unterbreiteter Vorschlag zielte darauf ab, das Problem der früher sehr bescheidenen Arbeitsbreite zu lösen, indem er an ein Radvorgestell vier Pflüge nebeneinander montierte. Damit war er der Zeit allerdings ebenso vorausgeeilt, wie jener Peter Opel aus Regensburg, der im Jahre 1587 ein «Pflugmonstrum» entwarf, das von nicht weniger als 92 Pferden gezogen werden mußte. 26 Pferdelenker sollten erforderlich sein, damit das Gespann bei der Arbeit die Richtung behielt. Eine Überprüfung in der Praxis für dieses wahrhaft gigantische Gerät allerdings erfolgte nicht. Wichtiger jedoch ist, daß der Künstler ein bemerkenswertes Gespür für die Relation Vorspann-Arbeitsgerät besaß. Arbeitsbreite wie Bodenbearbeitungstiefe waren eben mit den herkömmlichen Rinder- oder Pferdegespannen kaum weiter zu steigern. Unkonventionelle Lösungen waren vonnöten, die jedoch erst dann mit Erfolg umgesetzt werden konnten, als andere als tierische Zugkräfte zur Verfügung standen.
Ebenfalls einen Blick für interessante neue Möglichkeiten ließ auch der aus Mailand stammende Marchese Don Alessandro del Borro erkennen. Einige Generationen später, im Jahre 1713, gelang ihm die Konstruktion eines wahrlich eigenwilligen «Ackermessers». Über Zinken gesteuert, bewirkten auf- und niedergehende Hämmer, daß ein Bediener mit der Maschine etwa die gleiche Arbeit leisten konnte wie sonst vier mit Spaten arbeitende Männer. Doch die Einsparung menschlicher Arbeit war nicht das primäre Anliegen von del Borro. Ihm ging es vielmehr hauptsächlich um einen Ausweg aus einem durch Seuchen bewirkten Zugtiermangel, der qualifizierte Bodenbearbeitung in Norditalien fast unmöglich machte. Sein Vorschlag wies den Weg hin zur «Spatenmaschine», wie sie derzeit in Intensivkulturen oder im ökologischen Landbau wiederum auf großes Interesse stößt. Allerdings vermochte del Borro das Problem der erforderlichen Zugkraft nicht zu lösen. Soll die Maschine auf eine einigermaßen brauchbare Arbeitsbreite ausgelegt sein, so ist es mit der Kraft eines Bedieners oder auch eines im Vorspann gehenden Zugtieres nicht mehr getan. Doch so weit ins Detail wollte del Borro nicht gehen. Ihn faszinierte die Idee, und seine Idee fand einige Resonanz. 1721 erschien in Leipzig eine «ausführliche Beschreibung des ökonomischen Acker-Messers», die in der Tat als eine der ersten brauchbaren landtechnischen Betriebsanleitungen in deutscher Sprache überhaupt anzusehen ist.

Mit der Ackerwalze gegen den Maulwurf

Weniger auffällig entwickelte sich der Eggenbau. Hölzerne Rahmeneggen verfügten nun durchweg über Eisenzinken und wurden auch breiter gebaut. A. Fitzherbert nimmt 1523 eine Unterscheidung in größere und kleinere Eggen vor, wobei die ersteren für einen gröberen und die zweiten für einen feineren Arbeitsgang gebräuchlich waren. Daneben finden sich aber auch Belege für den Einsatz von zweifeldrigen Eggen, womit der Übergang zur mehrteiligen Egge vollzogen war.

Ackerwalzen, von Pferden gezogen. Kupferstich in: Florinus, Der kluge und rechts-verständige Haus-Vatter, Leipzig 1705.

Neu in das landwirtschaftliche Geräteinventar aufgenommen wurde ab dem 16. Jahrhundert die Ackerwalze. Es handelte sich dabei vorwiegend um einfache hölzerne Geräte, die an Baumstämme erinnerten und von einem Gespann von Pferden und Ochsen rollierend über den Acker gezogen wurden. Die Ackerwalzen hatten die Aufgabe, den frisch eingesäten Boden zu verdichten und eben zu gestalten. Auch sollten übrig gebliebene Klumpen zerkleinert und Schädlinge wie Mäuse und Insekten vernichtet werden. Schließlich hoffte man, durch das Walzen den im Acker wenig geliebten Maulwürfen zu Leibe rücken zu können. Man hatte beobachtet, daß der schwarze Wühler dazu neigte, «von öfters gewalztem Land wegzuziehen». Damit stand die Walze in Konkurrenz zum Schollenhammer, der als Handarbeitsgerät seit alters dazu diente, Erdklumpen und Hügel im Acker und auf der Wiese zu zerkleinern.

Es kommt auf jedes Saatkorn an

An der Sätechnik hatte sich über Jahrhunderte hinweg wenig geändert. Der Sämann brachte das Saatgut breitwürfig aus dem umgehängten Saattuch auf die Erde aus und entschied durch sein Geschick über die Pflanzendichte. Dabei war es längst kein Geheimnis mehr, daß der eine Sämann besser und der andere schlechter arbeitete. Was also lag näher, als sich Gedanken zu machen, wie man die nicht selten unzulängliche Ausführung von Hand durch Zuhilfenahme von Technik verbessern könnte? Wichtige Anstöße zur Verbesserung der Sätechnik kamen dabei aus Norditalien, wo Städte wie Florenz, Venedig, Trient oder Mailand in höchster politischer und wirtschaftlicher Blüte standen. Und wo Kunst und Wissenschaft gepflegt werden, da bleiben auch die Belange einer fortschrittlichen Agrikultur nicht ausgespart! Der Venezianer Camillo Torello beispielsweise beschäftigte sich 1566 mit dem Bau einer Sämaschine, auf die ihm auch ein Patent zuerkannt wurde. Leider sind die technischen Details der Maschine in Vergessenheit geraten, was zum Glück für die Sämaschine des Bolognesers Tadeo Cavalini nicht zutrifft. Einer aus dem Jahr 1602 vorliegenden Beschreibung der Maschine ist zu entnehmen, daß es sich um eine auf zwei Rädern aufmontierte Konstruktion handelte, bei der aus einem Samenkasten heraus die einzelnen Körner über etliche Trichter und ein gelochtes Bodenbrett in den zuvor gefurchten Acker fielen. Sicher, die Frage, wie die Körner in die Trichter gelangen, blieb weitgehend ungelöst, doch der Weg zur mechanischen Reihensaat war unzweifelhaft eingeschlagen. So überrascht es

Das Säen war Sache des Bauern selbst. Kupferstich von M. v. Cleef.

nicht, daß sich Zeitgenossen anerkennend über Cavalinis Säapparat aussprachen. Sie lobten die regelmäßige Aussaat, den geringen Saatgutbedarf und die beachtliche Leistungsfähigkeit in ebenem Gelände, Attribute, mit denen bis in unsere Tage hinein für moderne Sämaschinen geworben wird.
Impulse für die Entwicklung der schneidenden Erntegerätschaften gingen vor allem von Nordwesteuropa aus. Neben der Sichte setzte sich zunehmend die Sense auch bei der Getreideernte durch. Vor allem bei Hafer und Gerste, Getreidearten, deren Körner fester in den Ähren sitzen, gab man den Geräten der größeren Arbeitsleistung den Vorzug vor den exakter schneidenden, dafür aber auch langsamer zu handhabenden Sicheln. Wurden die Arbeitskräfte knapp, wie dies im 16./17. Jahrhundert insbesondere in Flandern der Fall war, wurden auch Weizen und Roggen mit der Sense geschnitten, wobei sich allerdings zeigte, daß die unverändert vom Grasschnitt übernommene Sense dringend einiger Modifikationen bedurfte. So wurde an den Sensenbaum eine Konstruktion aus Hölzern angebaut, die, mit Tuch bespannt, dazu diente, die geschnittenen Halme in Gelege zusammenzuführen. Die später auch aus Eisendraht gefertigte Vorrichtung wurde unter der Bezeichnung Reff bekannt und hat sich bis in die Zeit nach dem Zweiten Weltkrieg überall dort erhalten, wo Korn mit der Sense geschnitten wird. Vergleiche zwischen Sichel- und Sensenschnitt ergaben, daß mit letzterem etwa viermal so schnell gearbeitet werden kann. Verlegte man nun die Ernte zeitlich ein wenig vor, um das Getreide in noch nicht ganz ausgereiftem Zustand zu mähen, dann vermochte man auch des Problems der ausfallenden Körner einigermaßen Herr zu werden.

Technologietransfer durch Bücher

Technische Neuerungen hatten es an der Wende vom 16. zum 17. Jahrhundert zumeist immer noch schwer, eine über den engsten Bekanntenkreis des Erfinders hinausgehende Verbreitung zu finden. Zwar führte die Erfindung des Buchdrucks durch Johannes Gutenberg um die Mitte des 15. Jahrhunderts dazu, daß nun Agrarschriftsteller vermehrt aktiv

J. F. Mayer (1719–1798) wirkte als Pfarrer und Landwirtschaftsreformator. Seine Bücher dienten den Hohenloher Bauern als Handlungsanweisungen.

wurden, doch entweder verfaßten sie ihre Werke wie Konrad Heresbach in lateinischer Sprache, oder aber sie widmeten wie Martin Grosser und Johann Coler agrartechnischen Fragen nur begrenzte Aufmerksamkeit. Immerhin haben sie in ihren Werken über die Beschaffenheit von Pflügen, Eggen, Walzen, Wagen usw. berichtet, doch um qualifizierte Beschreibungen der einzelnen Gerätschaften handelte es sich dabei ebensowenig wie um konkrete Handlungsanweisungen für den Nachbau. Die hohe Zeit dieser Literaturgattung setzte erst im 18. Jahrhundert ein, als der Wunsch, über landwirtschaftliche Dinge aufzuklären, immer breitere Bevölkerungskreise erfaßte. Der in Kupferzell im Hohenlohischen tätige Pfarrer Johann Friedrich Mayer ist ein gutes Beispiel für jene Autoren, die ihren über landwirtschaftliche Dinge unterrichtenden Schriften immer gleich entsprechende Kupferstiche als Handlungsanweisungen für den Nachbau von Gerätschaften und Gebäuden beigaben. Gemeinsam war allen diesen Autoren allerdings, daß sie die Landwirtschaft als ein für wissenschaftliche wie auch literarische Durchdringung interessantes Objekt entdeckt hatten, womit sie an die Werke der großen antiken Agronomen von Cato über Plinius bis Palladius anknüpfen konnten. Doch damit waren die Möglichkeiten der Zeit weitgehend ausgeschöpft. Ereignisse wie der Dreißigjährige Krieg, die Anstrengungen Preußens um Erlangung einer Vormachtstellung in Mitteleuropa oder die sich über Jahrzehnte hinziehenden Rivalitäten zwischen Preußen und Österreich beschäftigten die Gemüter so sehr, daß Innovationen landtechnischer Art nur geringe Aufmerksamkeit fanden oder im Ausland stattfinden mußten.

Niederländische Bauern als Innovatoren

Tatsächlich erlebten insbesondere die Niederlande zur gleichen Zeit «ein goldenes Zeitalter der Landwirtschaft». Ausgehend von einem stetigen Bevölkerungsanstieg rund um die Handels- und Gewerbemetropolen von Amsterdam bis Antwerpen sahen sich die friesischen, holländischen, flämischen und Brabanter Bauern veranlaßt, neue Produktionswege zu entwickeln, um der vermehrten Nachfrage nach Nahrungsmitteln entsprechen zu können. Eindeichungen und Trockenlegungen waren dabei ein Weg, um zusätzliche Anbauflächen zu erhalten. Zur Nahrungsmittelherstellung reichten diese Maßnahmen allerdings nicht aus. Also betrieb man die Entwicklung neuer landwirtschaftlicher Geräte, hoffend, daß so höhere Flächenerträge erwirtschaftet werden könnten. Die Verwendung des gewundenen eisernen Streichblechs beim Pflugbau wurde nun zur Selbstverständlichkeit, und was Geräte für die Pflanzenpflege, Reihenkultur und Unkrautvernichtung anlangt, gingen die Niederländer gleichfalls mit Elan daran, neue Lösungen zu entwickeln. Allerdings haben sie sich in der Folge als wenig mitteilsam erwiesen. Von den erzielten Ertragssteigerungen machten sie nach außen wenig Aufhebens, und wären nicht einige durch den Bürgerkrieg aus ihrer Heimat nach den Niederlanden verschlagenen Engländer gewesen, so hätte die übrige Welt möglicherweise überhaupt nicht an den bahnbrechenden agrartechnischen Erfolgen der Niederländer teilhaben können. Doch fachkundige Agronomen wie Sir Richard Weston machten nach der Rückkehr auf die britische Insel aus ihren Beobachtungen keinen Hehl. In eingängigen, teilweise mehrfach aufgelegten Schriften unterrichteten sie ihre Landsleute über die Eigenarten der niederländischen Landwirte und ihre damit erzielten außerordentlichen Erträge.
Die von den englischen Agronomen durch zahlreiche Publikationen gelegte «Saat» ging auf. Bestes Beispiel dafür ist der im Jahr 1730 patentierte «Rotherham»-Pflug, dem ein holländisches Muster Pate stand. Sicher, einige Verbesserungen hatten die Konstrukteure des «Rotherham»-Pfluges, Walter Blith und Joseph Foljambe, schon beigefügt, doch der Ursprung des Gerätes war unverkennbar. In Schottland blieb denn auch für den populären Rotherham-Pflug lange Zeit die Bezeichnung «Niederländischer Pflug» selbst dann noch erhalten, als dieser auf dem Kontinent längst «Schottischer Pflug» hieß. In der von James Small zu Black Adder Mount/Schottland 1763 hergestellten Form stieg der ursprünglich niederländische Pflug zu einem über Jahrzehnte hinweg anerkannten Pflugtyp auf, den Albrecht Daniel Thaer noch 40 Jahre später den Deutschen in seiner Schrift «Beschreibung der nutzbarsten neuen Ackergeräte» als Neuheit nahebrachte.
Nicht viel anders verhielt es sich – fragt man nach der Herkunft – mit der Drillkultur, zu der unter anderem die Elemente Reihensaat, das Belassen von Zwischenräumen zwischen den einzelnen Pflanzen und die Pflege dieser Zwischenräume zählen. Im Grenzgebiet von Nordfrankreich und den Niederlanden entwickelt, faszinierte das System den dort weilenden Farmer Jethro Tull aus Berkshire so sehr, daß er im Jahre 1733 ein Buch darüber verfaßte, welches heute zu den grundlegenden Schriften der modernen Agrartechnik gezählt wird. Denn Tull beschrieb nicht nur das Verfahren und seine Möglichkeiten, er stellte vielmehr etliche neue, speziell auf die Drillkultur ausgerichtete landwirtschaftliche Geräte wie die Pferdehacke oder die Drillmaschine vor. Natürlich waren die Tull'schen Geräte nicht auf Anhieb vollkommen, doch was auch immer auf dem Gebiet der Drillkultur bis in die Gegenwart entwickelt wurde, wäre ohne Tull's Grundlegungen so nicht zu denken.

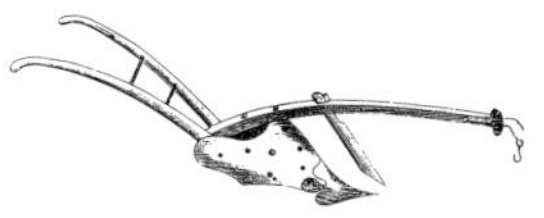

Der Rotherham-Pflug war Vorbild für die meisten Schwingpflüge (18. Jh.).

Locatellis «Sembrador»

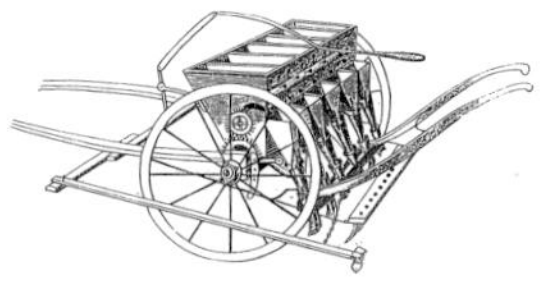

Sechsreihige Drillmaschine von J. Cooke aus dem 18. Jahrhundert.

Der landtechnische Fortschritt nahm in der Vergangenheit und nimmt auch in der Zukunft nicht immer leicht nachvollziehbare Wege. Ein auffälliges Beispiel für diese These liefert die Sämaschine, die entwickelt wurde, um den aus dem Sätuch arbeitenden und breitwürfig über das Feld schreitenden Sämann zu ersetzen. Exaktere Ausbringung des Saatgutes und höhere Flächenleistung sollten mit ihrer Hilfe erzielt werden, Forderungen, die dem in Österreich lebenden spanischen Landedelmann Joseph von Locatelli durchaus einleuchteten. Nach etlichen fehlgeschlagenen Versuchen entwickelte er um 1660 einen Säpflug, der in einem Arbeitsgang die Erde furchte und aus einem aufmontierten Kasten Samenkörner in die Erde einlegen konnte. Keinem geringeren als Kaiser Leopold I. führte er die Maschine in der Nähe von Wien vor, doch so angetan der Monarch von der Neuentwicklung auch war, einen Durchbruch erzielte Locatelli bei den österreichischen Bauern deshalb noch lange nicht. So wandte er sich nach einiger Zeit nach Spanien, um dort die fortan Sembrador (spanisch = Sämann) genannten Apparate einer ausgiebigen Prüfung unterziehen zu lassen. Der Sembrador enttäuschte nicht. Wegen Saatgutersparnis und gesteigerter Flächenerträge erhielt Locatelli ein königlich spanisches Privileg zuerkannt, Ansporn, um eine kleine Serie der Säpflüge herzustellen. Der Absatz funktionierte, denn immerhin eines der Geräte gelangte sogar bis nach London, wo es

Nachricht
Eines newen Instruments/
Mit welchem
Waitz/ Korn/ vnd all anders
Getraidt/ oder Acker Früchte/ in gebührender/
Gnuegsam- auch gleicher Entlegenheit/ vnd Tieffe/ mit sonderbahrem Nutzen/ Ersparung zweyer Dritl Samens/ auch ersprießlicher Mehr: vnnd Verbesserung der Frucht
gesähet werden.
Erfunden vnd geoffenbahret von
Joseph von Locatelli, Landtmann in dem
ErtzHertzogthumb Cärnden.

Gedruckt zu Wienn/ bey Johann Jacob Kürner/ einer Löbl: N: Oe: Landtschafft Buchdrucker.

J. v. Locatelli konstruierte im 17. Jahrhundert einen Säpflug, der schließlich in Österreich, Spanien und England nachgebaut wurde.

von Jethro Tull studiert und für seine Drillkultur weiter entwickelt wurde.
Eine wichtige Station in der Entwicklung der modernen Sämaschine war damit erreicht. Doch lange währte das Atemholen nicht. James Cooke, Pfarrer aus Heaton Norris, gehörte in der zweiten Hälfte des 18. Jahrhunderts zu jenen, die Tull's Drillmaschine für verbesserungswürdig erachteten. Nach etlichen Experimenten stellte er 1785 eine Drillmaschine vor, die über eine mit kleinen Löffeln versehene rotierende Walze die Samenkörner in die Leitungen beförderte, ein Verfahren, das im Prinzip bis in die Gegenwart für Drillmaschinen aktuell geblieben ist. Dies gilt übrigens auf für die Saattiefensteuerung, die ebenfalls noch gegen Ende des 18. Jahrhunderts von den Engländern Henry Baldwin und Samuel Wells für Drillmaschinen entwickelt wurde, ehe das Wissen um die Sätechnik von der britischen Insel in vervollkommneter Form wieder zurück auf den Kontinent gelangte.

Von Flegeldrusch und Dreschstampfen

Während im 17./18. Jahrhundert die Möglichkeiten einer rascheren und besseren Getreideernte weitgehend ausgereizt zu sein schienen, gab es fortwährende Bemühungen, den allgemein als «geisttötend» empfundenen Drusch zu mechanisieren. Der Rationalisierungsdruck gerade bei dieser Landarbeit war in der Tat gewaltig, haben Berechnungen doch gezeigt, daß Tagelöhner seinerzeit in einzelnen Regionen von 200 effektiven Arbeitstagen nicht weniger als 130 auf dem Dreschboden verbrachten, was 63 Prozent der gesamten Arbeitszeit entsprach. Die eigentlichen Erntearbeiten nahmen dagegen mit 13,6 Prozent weit weniger Zeit in Anspruch, weshalb man sich hier leichter mit dem Erreichten zufriedengeben konnte. Tatsächlich mangelte es seit dem 17. Jahrhundert an neuartigen und teilweise auch merkwürdigen Dreschapparaten nicht. Zu den ersten Konstrukteuren zählte dabei mit Sir John Christopher von Berg ein aus Böhmen nach England vertriebener Adliger, der sich bereits 1636 einen Dreschapparat patentieren ließ, der vom Kornertrag wie der Strohqualität her überzeugt haben soll. Andere Vorschläge zur Bewältigung des Druschs kamen aus dem heutigen Lettland,

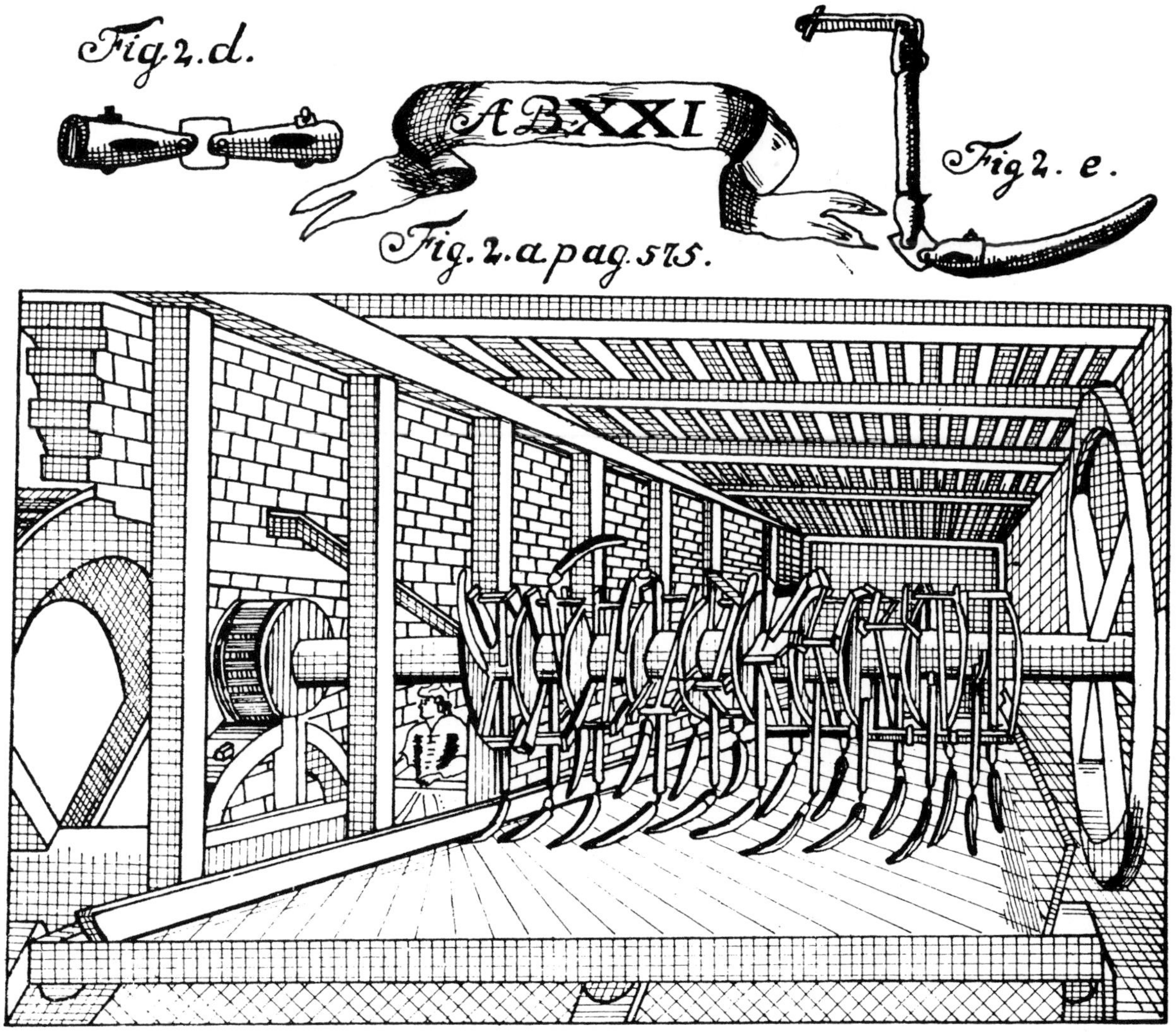

Von Wasser angetriebene Dreschmaschine mit rotierenden Flegeln, Aerzen bei Braunschweig 17. Jh.

wo 1670 in der kleinen Ortschaft Paddern eine Dreschmühle in Betrieb gesetzt wurde, oder auch aus Aerzen bei Braunschweig, wo drei Personen zusammen mit einer von fließendem Wasser angetriebenen Flegeldreschmaschine die Leistung von 18 herkömmlichen Dreschern zu erzielen vermochten. Weitere frühe Belege für Dreschmaschinen liegen aus Schottland, Schweden, Frankreich oder Deutschland vor, wobei die meisten Objekte allerdings so gehalten waren, daß bei ihnen eine größere Anzahl von Flegeln über eine von Wasserkraft angetriebene, rotierende Welle auf- und niederbewegt wurde. Die damit von den Erbauern verfolgte Absicht ist eindeutig: Herausschlagen der Körner aus den auf dem Boden ausgelegten Ähren.

Doch so vielseitig und international die Anfänge des modernen Dreschmaschinenbaus in der frühen Neuzeit auch waren, eine nachahmenswerte Qualität haben die Maschinen zuerst auf der britischen Insel erreicht. Den Anfang machte Michael Menzies, der 1739 eine Flegelmaschine patentiert bekam, die mit Hilfe von 1300 Flegelschlägen in der Minute dieselbe Leistung erzielen sollte, für die sonst 33 bestens eingeübte Drescher erforderlich waren. Noch erfolgreicher aber fiel die 1786/88 von dem Schotten Andrew Meikle aus Tyninghame erbaute Schlagleistendreschmaschine aus. Was bislang zumeist mechanisch angetriebene Flegel und Dreschstampfen besorgt hatten, ließ Meikle über eine mit Schlagleisten versehene rotierende Dreschtrommel geschehen. Das Ergebnis gab ihm dabei recht. Nicht nur, daß der maschinelle Aufwand wesentlich kleiner ausfiel als bei konkurrierenden Konstruktionen, wichtiger noch war der gute Körnerertrag, den die Schlagleistendreschmaschine erzielte, mit einem Arbeitsprinzip übrigens, das bis in die heutigen Mähdrescher hinein Bestand hat.

Schemazeichnung der Dreschmaschine von A. Meikle aus dem 18. Jahrhundert.

Der «Teufelswind» aus China

Nicht viel anders einzuschätzen sind die im 17./18. Jahrhundert auf dem Gebiet der Getreidereinigung erzielten Fortschritte. Als Wegbereiter wirkten hier interessanterweise Seeleute der Ostindischen Handelsgesellschaft, die aus China das Prinzip der Windfege mit nach Europa brachten. Von Hand gedrehte Windflügel erzeugten dabei in einem hölzernen Gehäuse einen Luftstrom, der Spreu von Körnern zu trennen vermochte. Zum Bau von entsprechenden Getreidereinigungsmaschinen entschied man sich unter anderem in Schweden und in den Niederlanden, wo der aus England zeitweise emigrierte Lord Salton sie im Einsatz erlebte. Beeindruckt von ihrer Leistung, schickte er nach seiner Rückkehr auf die britische Insel im Jahre 1710 den Vater des Dreschmaschinenherstellers Andrew Meikle, James Meikle, nach Holland, damit er die dortigen Getreidereinigungsmaschinen studiere und kopiere. Der Schlosser und Maschinenbauer Meikle entledigte sich des anspruchsvollen Auftrags mit Bravour. Er brachte nicht nur Zeichnungen mit auf die Insel, sondern er baute in der Folge auch Windfegen von solcher Güte, daß sie bald im Volksmund die anerkennende Bezeichnung «Teufelswind» erhielten. Nach Deutschland kamen die Windfegen, Blähmühlen, Kornfegen, und wie sie regional unterschiedlich sonst noch genannt wurden, einige Zeit später. Aus den Niederlanden, vor allem aber über England, fanden diese später weitverbreiteten Landmaschinen an der Wende vom 18. zum 19. Jahrhundert den Weg auch zu den deutschen Bauern.

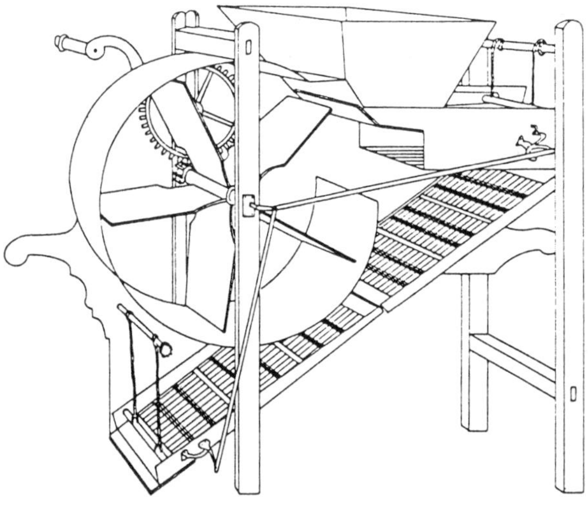

Aus dem chinesischen Vorbild heraus entwickelte kombinierte Getreidereinigungs- und -sortiermaschine aus dem 18. Jahrhundert.

Chinesische Getreidereinigungsanlage aus dem 17. Jahrhundert.

Landtechnische Erkundungsreisen

Die landtechnische Entwicklung vollzog sich auch vor Jahrhunderten schon in internationalen Bahnen. Kriege und Politik mochten die Völker entzweien, das Bemühen um Nahrungssicherstellung gehörte stets zu den Bereichen, die die Menschen veranlaßten, Kontakte wieder über die Grenzen hinweg aufzunehmen. Spätestens seit dem 17. Jahrhundert reisten zunehmend aufgeweckte Personen in jene Länder, deren Agrikultur als besonders fortschrittlich galt. Aus Thüringen, Braunschweig, Preußen, Baden und Hannover stammten Reisende, die aus England Wissen um landtechnische Neuerungen mit nach Deutschland brachten. Nicht immer funktionierte der Technolo-

gietransfer allerdings so eindrucksvoll wie bei dem hannoverschen Legationsrat J. A. v. Hinüber, dem es auf seinen in der zweiten Hälfte des 18. Jahrhunderts durchgeführten Englandreisen vor allem die Drillkultur und die dabei zum Einsatz gelangenden Maschinen angetan hatten. Seine Erfahrungen gab Hinüber allerdings nicht an die breite Öffentlichkeit weiter, sondern teilte sie insbesondere seinem Freund Albrecht Daniel Thaer in Celle mit. Dieser jedoch hielt mit seinem Wissen nicht hinter dem Berg zurück. In seiner grundlegenden Schrift «Einleitung zur Kenntnis der englischen Landwirtschaft und ihrer neueren praktischen und theoretischen Fortschritte in Rücksicht auf Vervollkommnung deutscher Landwirtschaft für denkende Landwirte und Kameralisten», zwischen 1798 und 1801 in drei Bänden erschienen, informierte Thaer die deutschen Bauern so nachhaltig über das in Erfahrung Gebrachte, daß sie über Jahrzehnte hinweg der Ansicht blieben, Thaer habe die englische Landwirtschaft eingehend bereist und die Geheimnisse einer erfolgreichen Drillkultur vor Ort im Detail kennengelernt.
Aber es waren keineswegs ausschließlich Reisende, mit deren Hilfe sich landtechnisches Wissen über die Länder verbreitete. Mehr und mehr begann auch das Medium der landwirt-

Arthur Young's
F. R. S.
Annalen
des
Ackerbaues
und andrer
nüzlichen Künste.

Aus dem Englischen übersezt
von
D. Samuel Hahnemann,
der Leipziger ökonom. Societät Mitglied
und
mit Anmerkungen herausgegeben
von
Johann Riem,
Chursächs. Commissionsrath und beständigen Secretär der ökonomischen Gesellschaft; verschiedener ökonomischer und naturforschender Gesellschaften Mitgliede.

Erster Band.

Leipzig, 1790.
Bey Siegfried Lebrecht Crusius.

Titelblatt der deutschen Ausgabe von A. Youngs «Annals of Agriculture».

schaftlichen Fachpublikationen zu wirken, wobei die 1784 erstmals von dem Engländer Arthur Young herausgegebenen «Annals of

Obwohl A. D. Thaer England persönlich nicht bereiste, revolutionierten seine Beschreibungen der englischen die deutsche Landwirtschaft; Bildnis von Thaer aus dem Jahre 1777.

Agriculture and Other Useful Arts» in besonderer Weise bahnbrechend wirkten. Wie keine andere Fachpublikation der Zeit griffen die «Annals» landtechnische Fragen auf, äußerten sich zu ersten Vorschlägen, Getreide maschinell zu ernten ebenso wie zum Ausbau des Drainagewesens, zu den Möglichkeiten der Drillkultur oder zur Größe des tierischen Vorspanns vor Pflügen, Eggen und Walzen. Kaum eine der den aufgeschlossenen zeitgenössischen Landwirt interessierenden Fragen sparten die «Annals» in den 25 Jahren ihres Bestehens aus, so daß es schon nahelag, eine deutsche Ausgabe herauszugeben. Tatsächlich kam im Jahre 1790 in Leipzig bei Siegfried Lebrecht Crusius eine übersetzte und kommentierte deutsche Ausgabe der Young'schen «Annals» auf den Markt, die sich in der Themenauswahl und -darstellung wohltuend von dem abhob, was den deutschen Bauern in den Bauernkalendern der Zeit geboten wurde. Dominierten dort Aderlaßmännlein, Kalendarien und Spruchweisheiten, so wurde hier dem Bauern in aufklärerischer Absicht der Weg hin zu einer rationalen Wirtschaftsweise unter Einsatz modernster Techniken gewiesen.

Landwirtschaft im 18. Jahrhundert. Kupferstich in D. Diderots Encyclopédie «Recueil des Planches», 2. Hälfte 18. Jh.

Monarchen als Förderer des landtechnischen Fortschritts

Daß die überwältigende Masse der mitteleuropäischen Bauern vor 1800 ihre Betriebe in mühevoller Hand- und Gespannarbeit umtrieb, ist unbestritten. Nicht übersehen werden darf darüber allerdings, daß sich die landtechnische Entwicklung vom Mittelalter über die gesamte Frühe Neuzeit hin kontinuierlich fortgesetzt hat. Neben einmaligen technischen Meisterleistungen, die bald wieder in Vergessenheit gerieten, gab es eben auch eine Fülle von Entwicklungen, die sich nach und nach in vielen Händen so vervollkommnet haben, daß sie am Ende des 18. Jahrhunderts als bewährtes Basiswissen an die Bauern der Neuzeit übergeben werden konnten. Hacke und Spaten, Haken und Pflug, Sichel und Sense, Flegel und Dreschmaschine, Kummet und Brustblattgeschirr, Karren und Ackerwagen waren um 1800 eben doch keine «wundersamen Gerät-

Kaiser Joseph II. als Pflüger. 1769. Lithographie aus dem 19. Jahrhundert.

schaften» mehr, sondern wurden durchaus als Objekte begriffen, die die bäuerliche Arbeit erleichtern konnten. Allerdings mußten sie zuvor entsprechend gestaltet sein und der Umgang mit ihnen eingeübt werden. Dazu aber war technische Aufklärung erforderlich, mit der an der Wende vom 18. zum 19. Jahrhundert soeben in größerem Stile begonnen wurde, ohne daß allerdings schon die gewünschte Breite erzielt war. Was lag daher für aufgeklärte Monarchen des 18. Jahrhunderts näher, als sich selbst der Sache anzunehmen und Zeichen zu setzen? Sinnvoller Einsatz von landwirtschaftlichen Geräten und Maschinen konnte, daran bestand kaum ein Zweifel mehr, durchaus dazu beitragen, die immer wiederkehrenden bedrohlichen Hungersnöte zu überwinden. Und entsprechende Aktionen fanden statt. Joseph II., Kaiser des Heiligen Römischen Reichs Deutscher Nation, wurde beispielsweise 1769 in Raunitz/Mähren aktiv, indem er symbolträchtig einem mit einem Gespann pflügenden Bauern den Pflug aus der Hand nahm, um eine kaiserliche Furche in den Boden zu ziehen. Auch Georg III., König von England und Hannover, zeigte sich an der Entwicklung der Landwirtschaft interessiert. Persönlich förderte er die 1764 in Celle gegründete «Braunschweigisch-Lüneburgische Landwirtschaftsgesellschaft», zu deren Anliegen unter anderem die Aufklärung über Landtechnik und die Anschaffung qualifizierter landwirtschaftlicher Geräte und Maschinen zählte. Respektvoll haben ihm die Menschen nicht zuletzt dieses Engagements wegen den ehrenvollen Namen «Farmer George» beigegeben.

Und auch Preußen stand nicht abseits, als es um die «Entdeckung» der Bauern für den funktionierenden modernen Staat ging. Friedrich dem Großen wird der Satz zugeschrieben: «Die Landwirtschaft ist die erste aller Künste, ohne sie gäbe es keine Kaufleute, keine Dichter und Philosophen. Nur das ist wahrer Reichtum, was die Erde hervorbringt!» Die Bauern aber sahen solche Taten und hörten ihre Arbeit aufwertende Worte der Herrscher gerne. Der Pflug in des Kaisers Hand adelte sie und ihr Gerät und daß ihre Tätigkeit aus berufenem Munde höher geschätzt wurde als alle Aktivitäten von Gewerbetreibenden und Intellektuellen stärkte ihr Selbstbewußtsein. Unvorbereitet waren sie also nicht, als an der Wende vom 18. zum 19. Jahrhundert mit den tiefgreifenden Agrarreformen endlich die Voraussetzungen für eine die Landwirtschaft insgesamt erfassende Mechanisierung geschaffen wurden.

Literatur (Auswahl):

Abel, W.: Geschichte der deutschen Landwirtschaft vom frühen Mittelalter bis zum 19. Jahrhundert, 3. Aufl., Stuttgart 1978.

Bentzien, U.: Fortschritte und Fortschrittsträger der deutschen Landwirtschaft im Spätfeudalismus, in: Jahrbuch für Volkskunde und Kulturgeschichte, 21. Bd., 1978, S. 125–165.

Bentzien, U.: Bauernarbeit im Feudalismus. Landwirtschaftliche Arbeitsgeräte und -verfahren in Deutschland von der Mitte des ersten Jahrtausends u. Z. bis um 1800, Berlin 1980.

Ennen, E. und Janssen, W.: Deutsche Agrargeschichte. Vom Neolithikum bis zur Schwelle des Industriezeitalters, Wiesbaden 1979.

Fussel, G. E.: The Farmers Tools. A History of British Farm Implements, Tools and Machinery Before the Tractor Came. From A.D. 1500–1900, London 1952.

Fussel, G. E.: Farming Technique from Prehistoric to Modern Times, Oxford, London 1966.

Herrmann, K.: Pflügen, Säen, Ernten. Landarbeit und Landtechnik in der Geschichte, Reinbek bei Hamburg 1985.

Hielscher, K.: Fragen zu Arbeitsgeräten der Bauern im Mittelalter, in: Zeitschrift für Agrargeschichte und Agrarsoziologie, 17. Jg., 1969, S. 6–43.

Mingay, G. E. (Hg.): The Agricultural Revolution. Changes in Agriculture 1650–1880, London 1977.

Skazkin, S. D.: Der Bauer in Westeuropa während der Epoche des Feudalismus, Berlin 1976.

Slicher van Bath, B. H.: The Agrarian History of Western Europe A.D. 500–1850, London 1963.

Ulbricht, O.: Englische Landwirtschaft in Kurhannover in der zweiten Hälfte des 18. Jahrhunderts. Ansätze zur historischen Diffusionsforschung, Berlin 1980.

de Vries, J.: The Dutch Rural Economy in the Golden Age, 1500–1700, New Haven, London 1974.

White jr., L.: Die mittelalterliche Technik und der Wandel der Gesellschaft, München 1968.

Abbildungsnachweis:

Sämtliche Abbildungen aus der Bildsammlung Deutsches Landwirtschaftsmuseum Hohenheim.

Vom Ochsengespann zum Dreiradschlepper

Die Entwicklung der Antriebskräfte am Beispiel eines regionalen Traktorenherstellers in der Lüneburger Heide

von Rolf Wiese

Dampflokomobile zum Antrieb von Dreschmaschinen.

Nachdem die Entwicklung der Landwirtschaft in der Lüneburger Heide im Mittelalter und in der frühen Neuzeit eher stagnierte, veränderte sich dieses Bild im 19. und 20. Jahrhundert allerorts grundlegend. Ein wichtiger Einflußfaktor für die Entwicklung in den beiden letzten Jahrhunderten waren die Veränderungen im Bereich der Antriebskräfte. Der gußeiserne Göpel, die Dampfkraft und zu guter Letzt die durch Verbrennungsmotoren angetriebenen landwirtschaftlichen Zugmaschinen revolutionierten die Landwirtschaft. Die Frage nach den Ursachen dieser Entwicklung führt gleichzeitig zu den Rahmenbedingungen für die Geschichte der Antriebskräfte.

Voraussetzungen für die Entwicklung der Antriebskräfte

Die landwirtschaftliche Produktion war in der Lüneburger Heide bis nach 1800 fast ausschließlich auf Selbstversorgung ausgerichtet. Die komplizierten Abhängigkeitsverhältnisse

Ritscher Dreiradschlepper mit Selbstbinder bei der Erntearbeit.

zwischen Grundherren (Lehnsherren) und Bauern, das unübersichtliche Abgabensystem und der niedrige Entwicklungsstand bei Viehzucht und Ackerbau ermöglichten auf den Sandböden der Lüneburger Heide kaum die Produktion großer Überschüsse. Das änderte sich erst allmählich nach den Agrarreformen (Gemeinheitsteilung, Ablösung und Verkoppelung) in der ersten Hälfte des vorigen Jahrhunderts.
Bis zu einem merklichen Einsatz von Traktoren vergingen allerdings nochmals rund 100 Jahre. Aber auch vor dem Traktoreneinsatz gab es «moderne» Antriebsgeräte und -maschinen, die bei der Be- und Verarbeitung der steigenden Erträge behilflich waren.

Erste Veränderungen bei den Antriebsmaschinen

Der gußeiserne Göpel löste um 1850 hölzerne Göpel (Rosswerke) ab. Durch die Herstellung aus Gußeisen wurden die Göpel wesentlich kleiner und robuster und außerdem infolge von Kleinserienfertigung auch kostengünstiger. Viele, auch kleinere Gießereien fertigten Göpel an. So boten u. a. die Koeber Hütte aus Harburg und die Bergedorfer Eisenwerke gußeiserne Göpel mit den dazugehörenden (angetriebenen) Maschinen wie Häckselmaschine und Dreschmaschine an.

Auszug aus dem nebenstehenden Katalog.

Stand 181. Garrett & Son, Leiston Works, Suffolk.

759	10pfrd. transport. Dampfmaschine*	£ 290. —
760	Dresch- und Reinigungsmaschine*	„ 130. —
761	do. für Göpelbetrieb* . .	„ 67. —
762	do. do. * . .	„ 36. —
763	Korn-Reinigungsmaschine*	„ 9. —
764	Mühle mit franz. Steinen*	„ 77. 10
765	Korn-Drillmaschinen* . .	„ 20-24. 15
766	Universal-Drillmaschine für Korn und Dünger* . . .	„ 42. —
767	Drillmaschine für Sämereien und Dünger*	„ 16. 10
768	Düngervertheiler* . . .	„ 16. 10
769	Pferde-Hacke*	„ 19. —
770	10pfrd. transport. Dampfmaschine	„ 290. —
771	Combinirte Dresch- und Reinigungsmaschine* . . .	„ 130. —
772	8pfrd. transport. Dampfmaschine	£ 235. —
773	Combinirte Dresch- und Reinigungsmaschine* . .	„ 115. —
774	Strassen-Locomotive (Traction-Engine) f. landwirthschaftl. Zwecke.*	„ 420. —
775	Vollständiger Dampfpflug-Apparat, erfunden v. H. J. Howard	„ 540. —

Von 759 bis 773 Preise franco Harburg.
„ 774 und 775 do. ab Lowestoft.

CATALOG
der
Pferde, Rindvieh, Schafe, Schweine, Federvieh,
der
Geräthe und Maschinen,
so wie der
landwirthschaftlichen Erzeugnisse jeder Art,
angemeldet für die
Internationale
landwirthschaftliche Ausstellung,
unter technischer Mitwirkung der
Deutschen Ackerbau-Gesellschaft,
abgehalten
auf dem Heiligen Geistfelde
in
Hamburg,
den 14. 15. 16. 17. 18. 19. und 20. Juli 1863.

Preis: Eine Mark Courant oder 12 Sgr.

HAMBURG.
Für das Executiv-Comité
gedruckt von H. G. Voigt.

Deckblatt des Ausstellungskataloges der Internationalen landwirtschaftlichen Ausstellung von 1863 in Hamburg.

Gußeiserner Glockengöpel und Häckselmaschine der Koeber Hütte, Harburg.

Für die Verbreitung dieser frühen Gerätschaften und Maschinen waren die landwirtschaftlichen Ausstellungen von größter Bedeutung. Im Jahre 1863 fand auf dem Heiligen Geistfeld eine «Internationale landwirtschaftliche Ausstellung» statt. Der äußerst umfangreiche Ausstellungskatalog vermittelt sehr gut einen Eindruck vom Angebot dieser Zeit. Im Bereich der Antriebsmaschinen wurden u. a. transportable Dampfmaschinen (Lokomobilen) zum Einsatz in der Landwirtschaft angeboten. Daneben wurden bereits Straßenzugmaschinen und Dampfpflüge vorgestellt. Im norddeutschen Raum erlangte die englische Firma Garrett & Sohn eine gewisse Bedeutung. Sie annoncierte auch in den regionalen Adreßbüchern, wie beispielsweise im Harburger Adreßbuch.
Mit dem Einsatz der Dampflokomobilen waren nicht nur Vorteile verbunden. Durch den Betrieb beweglicher Feuerstellen, wie es die Dampflokomobilen nun einmal waren, gingen Gefährdungen für die damals noch fast alle mit

4 Geschäfts-Anzeiger.

Elkan & Co. in Harburg und Hamburg.

Lager landwirthschaftlicher Geräthe aller Art.

R. Garrett & Sohn's verbesserte transportable Dampfmaschine

R. Garrett & Sohn's neue patentirte combinirte Dresch- und Reinigungsmaschine.

Agenten der Fabrik landwirthschaftlicher Maschinen von

Richard Garrett & Sohn (Leiston Works),

empfehlen sich zu Aufträgen auf deren verbesserte Ackergeräthe, die **franco Harburg** zum Fabrikpreise geliefert werden und stehen illustr. Cataloge und nähere Auskunft stets zu Diensten.

Die gangbarsten Sorten **Drills, Pferdehacken, Düngervertheiler** sind stets hier.

Die besten verbesserten Maschinen anderer englischer Fabriken besorgen wir gleichfalls zu Fabrikpreisen.

Vorräthig sind immer davon **Häckselschneider, Oelkuchenbrecher, Schrotmühlen, Rübenschneider** rc.

R. Garrett & Sohn's patentirte Pferdehacke.

R. Garrett & Sohn's Suffolker Preis-Säemaschine.

Elkan & Co. in Harburg und Hamburg.

Die Anzeige im Harburger Adressbuch von 1862 zeigt einen Teil der später auf der Landwirtschaftsausstellung von 1863 angebotenen Maschinen.

Die angebotene Dreschmaschine hat bereits eine Reinigung.

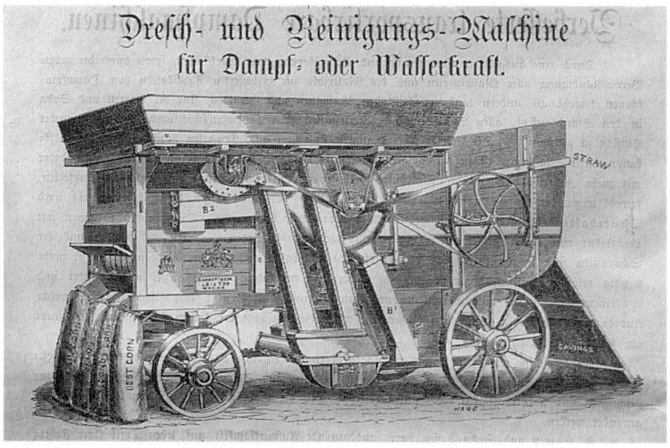

Auch die Drillmaschine ist weiter entwickelt als vergleichbare deutsche Erzeugnisse.

Stroh oder Reet gedeckten ländlichen Gebäude aus. Auch war durch die neue ungewohnte Antriebskraft eine Unfallquelle unvorhersehbaren Ausmaßes entstanden. Dementsprechend wurde bereits 1863 im Königreich Hannover ein Gesetz erlassen, welches den Betrieb von Lokomobilen regelte. Erst 1895 wurde eine regionale Polizeiverordnung für den Regierungsbezirk Lüneburg erlassen, die die Belange des Arbeitsschutzes zum Inhalt hatte.
Mit Dampfmaschinen wurden nicht nur Dreschmaschinen, Buschhacker und Kreissägen angetrieben. Selbstfahrende Dampfmaschinen wurden als Dampfpflüge bei der Kultivierung der Lüneburger Heide eingesetzt. Der erste Einsatz erfolgte 1903 in Amelinghausen. Die Dampfpflüge arbeiteten in dieser Region ausschließlich nach dem 1856 von Fowler in England konstruierten Zweimaschinen-Seilpflugverfahren. Bei diesem Verfahren war jeder der beiden Dampfpflüge mit einer Seiltrommel versehen. An einem Seil wurde der entsprechende Kipp-Pflug über das Feld hin- und hergezogen.

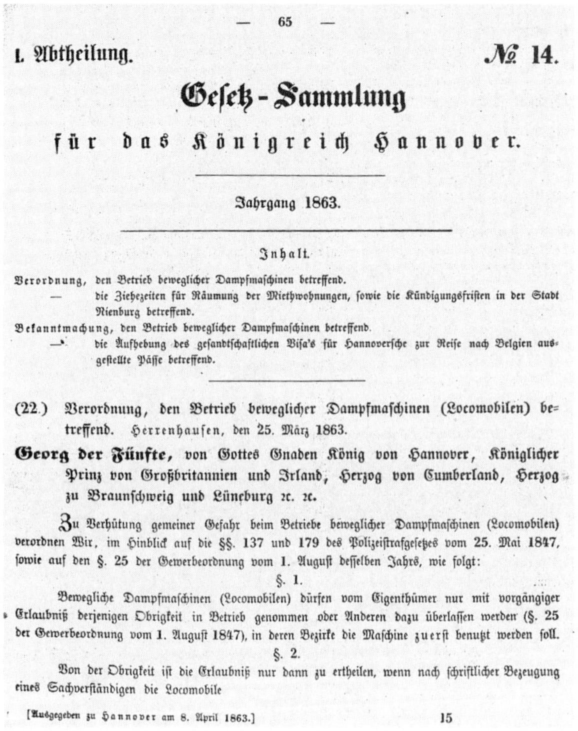

— 65 —

I. Abtheilung. №. 14.

Gesetz-Sammlung

für das Königreich Hannover.

Jahrgang 1863.

Inhalt.

Verordnung, den Betrieb beweglicher Dampfmaschinen betreffend.
— die Ziehezeiten für Räumung der Miethwohnungen, sowie die Kündigungsfristen in der Stadt Nienburg betreffend.
Bekanntmachung, den Betrieb beweglicher Dampfmaschinen betreffend.
— die Aufhebung des gesandtschaftlichen Visa's für Hannoversche zur Reise nach Belgien ausgestellte Päße betreffend.

(22.) Verordnung, den Betrieb beweglicher Dampfmaschinen (Locomobilen) betreffend. Herrenhausen, den 25. März 1863.

Georg der Fünfte, von Gottes Gnaden König von Hannover, Königlicher Prinz von Großbritannien und Irland, Herzog von Cumberland, Herzog zu Braunschweig und Lüneburg ꝛc. ꝛc.

Zu Verhütung gemeiner Gefahr beim Betriebe beweglicher Dampfmaschinen (Locomobilen) verordnen Wir, im Hinblick auf die §§. 137 und 179 des Polizeistrafgesetzes vom 25. Mai 1847, sowie auf den §. 25 der Gewerbeordnung vom 1. August desselben Jahrs, wie folgt:

§. 1.

Bewegliche Dampfmaschinen (Locomobilen) dürfen vom Eigenthümer nur mit vorgängiger Erlaubniß derjenigen Obrigkeit in Betrieb genommen oder Anderen dazu überlassen werden (§. 25 der Gewerbeordnung vom 1. August 1847), in deren Bezirke die Maschine zuerst benutzt werden soll.

§. 2.

Von der Obrigkeit ist die Erlaubniß nur dann zu ertheilen, wenn nach schriftlicher Bezeugung eines Sachverständigen die Locomobile

[Ausgegeben zu Hannover am 8. April 1863.] 15

Dampfpflüge bei Kultivierungsarbeiten in der Lüneburger Heide.

Mit dem Tiefpflug wurde die Heide kultiviert.

Die Motorisierung revolutioniert die Landwirtschaft

Der Einsatz von Dampfpfluggarnituren war nur für den Betrieb auf großen Flächen wirtschaftlich sinnvoll. Dementsprechend wurden bald Zugmaschinen mit Dampfantrieb entwikkelt, die als dampfangetriebene Schlepper landwirtschaftliche Arbeiten verrichteten. Diese Entwicklungslinie setzte sich jedoch im Deutschen Reich nicht durch. Erst durch die Erfindung des Viertaktmotors von Nikolaus August Otto war die Voraussetzung für den Antrieb von wendigen Schleppern gegeben. Im Jahrbuch der Deutschen Landwirtschaft von 1912 (Band 27) wird der neuen Entwicklung des Motorpfluges breite Aufmerksamkeit gewidmet:

«Die mißlichen Arbeiterverhältnisse in der Landwirtschaft lassen das Bedürfnis nach einer leistungsfähigen Bodenbearbeitungsmaschine für Kraftbetrieb von Tag zu Tag dringlicher erscheinen. Der Dampfpflug und der elektrische Pflug vermögen diesem Bedarf nur in verhältnismäßig geringem Maße zu genügen . . .»

Der Motorpflug sollte dieses Problem lösen. Ausgehend von der Überlegung, daß das Pflügen eine der Hauptarbeiten im bäuerlichen Jahresablauf ist, wurden Zugmaschine und Pflug fest verbunden. In Niedersachsen stellten einige Hersteller derartige Motorpflüge her. Insbesondere die Firma Hanomag baute verschiedene Modelle. Das erste Modell wurde 1912 von den beiden Konstrukteuren E. Wendeler und B. Dohrn gebaut. Auffällig sind die großen Vorderräder und das hintere, kleinere Stützrad. Der WD Motorpflug wurde mit drei verschiedenen Motoren ausgeliefert: 50, 65 und 85 PS.

Als Ergänzung des Produktionsprogramms für kleinere Betriebe wurde ab 1921 der WD Kleinpflug hergestellt. In dieser Zeit entstand noch eine andere Entwicklungslinie – der Bau von Kettenschleppern –, über die im Zusammenhang mit der Firma Ritscher zu sprechen sein wird.

Daneben wurden im norddeutschen Raum verschiedene Modelle des Stock Motor- und Wendepfluges eingesetzt. Die Stock Motorpflug GmbH aus Berlin fertigte ähnlich wie Hanomag zuerst große Motortragpflüge und nach dem Ersten Weltkrieg (ab 1924) kleinere Stock Wendepflüge. Bei diesem kleineren Modell war zwischen Vorderachse und Hinterrad ein Wendepflug angebracht, der es erlaubte, daß in der gleichen Furche hin- und zurückgepflügt werden konnte.

Nikolaus August Otto.

Werbeanzeige WD Großpflug von 1919.

Frontdetail Wendestock.

Stock Wendepflug (Wendestock), ab 1924 hergestellt.

Während der Zeit des Ersten Weltkrieges war die Versorgung mit landwirtschaftlichen Zugmaschinen sehr schwierig. Trotzdem wurden im norddeutschen Raum, auch im Landkreis Harburg, einige schwedische Avance Motorpflüge abgesetzt. Dieses Fabrikat wurde u. a. bis nach Ungarn geliefert. Im Landkreis Harburg war die Anschaffung dieses Motorpfluges im Jahre 1915 wohl der erste Schlepper überhaupt. Er leistete bei 500 Umdrehungen pro Minute 14 PS. Anfang der zwanziger Jahre bestimmten viele kleinere Traktorenproduzenten das Angebot. Zu ihnen gehörten auch die Moorburger Traktorenwerke von Karl Ritscher.

Avance-Motorpflug im ungarischen Landwirtschaftsmuseum.

Avance-Rohöl-Motorpflug.

Die Moorburger Traktorenwerke von Karl Ritscher

Für die Entwicklung der Landwirtschaft war eine Vielzahl kleiner regionaler Landmaschinenhersteller von großer Bedeutung, da die wenigen leistungsfähigen großen Hersteller den Bedarf nicht decken konnten. Auch die Moorburger Traktorenwerke entwickelten sich aus solchen Verhältnissen. Da fast das gesamte Archiv der Firma Ritscher in den fünfziger Jahren zerstört wurde, basieren die folgenden Ausführungen auf einer handgeschriebenen Chronik (geführt 1937–1953).
Im Jahr 1874 übernahm der Großvater von Karl Ritscher in Moorburg (bei Hamburg) eine Werft. Sein Enkel Karl fuhr Anfang 1914 nach Amerika, um dort Schiff- und Maschinenbau zu studieren. Während des Ersten Weltkrieges wurde er interniert und arbeitete in den Fordwerken in Detroit und bei der Cleveland Tractor Company in Cleveland (Ohio). Dort lernte er die amerikanischen Produktionsmethoden der Schlepper- und Raupenfertigung sowie die Verhältnisse in der amerikanischen Landwirtschaft kennen.

Erster von Ritscher gefertigter Raupenschlepper, Typ «Panther», mit Karl Ritscher bei der Erprobung.

Die ersten Raupenschlepper aus Moorburg

Nach seiner Rückkehr aus Amerika begann Karl Ritscher 1920 mit dem Schlepperbau. Zuerst wurde ein Prototyp gebaut, ein Raupenschlepper mit 20 PS Deumo Motor.
Die Raupentechnik wurde von dem Kalifornier Benjamin Holt kurz nach der Jahrhundertwende erstmalig an einem Caterpillarschlepper eingesetzt. Mit dieser Technik wurden im Ersten Weltkrieg von alliierter Seite Tanks ausgestattet. Auch die Firma Cletrac baute während des Ersten Weltkrieges Raupenschlepper. Dort lernte Ritscher die Vorzüge dieses Antriebs zu schätzen. Bis zur Fertigung des ersten Dreirades im Jahre 1936 wurden bei Ritscher ausschließlich mit Ketten versehene Schlepper gebaut. Auffällig ist die große Übereinstimmung des «Panthers» mit der zeitgleichen Cletrac Raupe.
Beide Raupenschlepper waren mit einer Riemenscheibe ausgestattet, die vorn am Motorblock, quer zur Fahrtrichtung angebracht war. Dieses Merkmal wurde bis zum Ende der zwanziger Jahre beibehalten.
Interessant ist auch, wie diese ersten Raupentyp («Panther») wurde in der betriebseigenen Werftschlosserei entwickelt und gefertigt.
Auch die Weiterentwicklung zur «Grauen Maus» und die anfängliche Fertigung geschahen in der Schlosserei. Erst Ende 1921, nachdem die ersten Raupenschlepper verkauft waren, wurde eine Produktionshalle gebaut. In dieser Halle wurde ähnlich wie bei der durch Henry Ford berühmt gewordenen Fließbandfertigung gearbeitet. In der Halle waren Schmalspurgleise verlegt, auf denen die Kettenschlepper von Arbeitsstation zu Arbeitssta-

Cletrac Raupe, Baujahr ca. 1920.

Riemenscheibe quer zur Fahrtrichtung.

tion geschoben wurden. Diese Fertigungstechnik gehörte damals sicherlich zum Modernsten, was auf dem Markt vorhanden war. Der Fertigungsbereich gehörte zu den Stärken der Firma Ritscher, wie an anderen Beispielen noch gezeigt wird.
Die «Graue Maus» war ebenfalls mit einem 20 PS Deumo Motor ausgestattet. Das erste Exemplar, d. h. der erste verkaufte Schlepper der Firma Ritscher überhaupt, wurde in den Landkreis Harburg geliefert. Trotz der modernen Produktionstechnik verdeutlicht das Foto die Größe der laufenden Produktion. Vom ersten Typ sind sicherlich nur geringe Stückzahlen gebaut und verkauft worden. Typisch für diese frühe Phase der Motorisierung der Landwirtschaft sind die unermüdlichen Weiterentwicklungsbemühungen. Es sind die Jahre der Konstrukteure, die nach immer neuen Möglichkeiten und Verbesserungen suchen. Von besonderer, schicksalhafter Bedeutung für Ritscher war die Weiterentwicklung der Kettentechnik. Ab 1922 wurde eine Vielzahl von Reichspatenten in diesem Bereich angemeldet.
Daneben wurde wiederum an einem verbesserten Raupenschlepper gearbeitet. Im August 1924 wurde das Modell M fertiggestellt. Dieser Raupen- oder Kettenschlepper war mit einem 27 PS Kämper Motor ausgerüstet. Der Schlepper nahm erstmals an einer «Reichspreisprüfung für Kleinkraftschlepper» teil. Die dort gemachten Erfahrungen führten zum Bau des Typ C, der nur geringfügig vom Typ M abwich. Beide Typen wurden bis Ende der zwanziger Jahre in vielen Bereichen der Landwirtschaft und des Gewerbes eingesetzt.

Fließfertigung der «Grauen Maus» ab Herbst 1921.

Traktoreneinsatz zwischen 1920 und 1930

Es wurde bereits ausgeführt, daß die Produktion der Firma Ritscher zu Beginn dieses Jahrzehnts eher gering war. Genaue Zahlen liegen leider nicht vor; somit muß unter Zuhilfe-

nahme anderer Quellen als der Reste des Archivs der Firma Ritscher versucht werden, zu einer Aussage zu kommen. Klaus Herrmann verdeutlicht, daß es in diesem Jahrzehnt eine ganze Reihe potenter Raupenschlepperproduzenten gegeben hat (Herrmann, 184 ff).
In unmittelbarer Nachbarschaft ist natürlich die Firma Hanomag aus Hannover zu nennen. Daneben dürfen die Ackerschlepper (mit Radantrieb) nicht vernachlässigt werden, die von diversen Herstellern angeboten wurden. Statistische Materialien, die sich auf die unmittelbare Region des nördlichen Niedersachsens (Regierungsbezirk Lüneburg) beziehen, sind nur in einem Fall vorhanden. Nach Ergebnissen der landwirtschaftlichen Betriebszählung von 1925 und einer Erhebung des Provinzialvereins Lüneburg von 1930 ergibt sich folgendes Bild (Lohmann, 697):
Wurden 1925 in 147 Betrieben Motorpflüge/ Traktoren benutzt, so entwickelte sich diese Zahl bis zum Jahr 1930 auf 397. Insgesamt gab es 1925 etwa 80 000 landwirtschaftliche Betriebe im Regierungsbezirk. Davon waren etwa 6200 Betriebe größer als 20 ha. Nur etwa 800 Betriebe hatten über 50 ha landwirtschaftliche Nutzfläche. Ausgehend von der Überlegung, daß sicherlich überwiegend auf den großen Betrieben in dieser frühen Phase Traktoren eingesetzt wurden, wird deutlich, daß der Motorisierungsanteil bei den größeren Betrieben um 1930 bei etwa 50 Prozent lag. Auf die Gesamtheit aller landwirtschaftlichen Betriebe bezogen lag der Prozentsatz bei 0,5 Prozent (Lohmann, 680 ff).

Felddrusch mit querstehender Ritscher-Raupe.

Ritscher-Raupe bei Transportarbeiten auf einem Bahnhofsgelände.

Bei der Rübenernte wurden Raupenschlepper bereits sehr früh eingesetzt.

Sehr breit gestreut waren die Einsatzmöglichkeiten der ersten Raupen.

Auch bei Straßenbauarbeiten wurden die Raupenschlepper eingesetzt.

Auch Buschhacker und wie hier Kreissägen konnten mit der Riemenscheibe angetrieben werden.

Von den ca. 400 Traktoren wurden 61 zu Lohnarbeiten und weitere 58 zu Eigen- und Fremdarbeiten eingesetzt. Trotz dieser Einschränkung ist der Anteil der größeren Betriebe, die eigene Traktoren einsetzten, mit ca. 45 Prozent noch erheblich. Auch die Anzahl der Lohnunternehmen mit Traktoren ist für diese Zeit sehr beachtlich.
Die eingesetzten Traktoren verteilten sich auf 20 verschiedene Typen. Die wichtigsten darunter waren:

Lanz-Bulldog	45,5 %
Hanomag	17,4 %
Andere deutsche Maschinen (10 Fabrikate)	10,3 %
Zusammen deutsche Maschinen	73,2 %
Ford	21,0 %
Andere ausl. Maschinen (7 Fabrikate)	2,8 %
Zusammen ausländische Maschinen	23,8 %
Fabrikat nicht angegeben	3,0 %

Die Statistik verdeutlicht die Marktaufteilung um das Jahr 1930. Die Firma Lanz stellt mit dem «Bulldog» mit etwa 45 Prozent fast die Hälfte aller eingesetzten Traktoren. Fordson und Hanomag haben mit 21 Prozent bzw. 17 Prozent ähnlich hohe Marktanteile. Die Traktoren der Firma Ritscher sind bei den «anderen deutschen Maschinen» (ca. 10 Prozent) enthalten. Daran wird deutlich, daß ihre Bedeutung zu dieser Zeit eher kleinräumig zu sehen ist. In der frühen Phase des Unternehmens wurden insgesamt zu geringe Stückzahlen produziert, um schon wesentliche Marktanteile zu halten.

Fordson-Schlepper mit angebauter Halbkette.

Raupenschlepper der Jahre 1920–1930 (Auswahl)

Bezeichnung (Hersteller)	Motor (Hersteller) Zylinder	Takt	Leistung in PS	Max. Geschwindigkeit in km/h	Gewicht in t	Länge mm	Höhe mm
Hanomag Z 25 (Hanomag AG)	4 (Hanomag)	4	29	6,2	3,3	3260	1740
Hanomag Z 50 (Hanomag AG)	4 (Hanomag)	4	53	6,0	6,8	4440	1770
LUW, Bauart Stumpf (Linke-Hofmann-Werke)	4 (Kämper)	4	54	13,0	2,9	2860	1600
Dürrkopp-Comfräsch (J. Mehlich)	4 (Dürrkopp)	4	56	6,5	3,5	2950	1150
MTW Raupenschlepper (H. W. Ritscher)	4 (Kämper)	4	27	6,3	2,2	2600	1450
Pöhl R 3 (Pöhl)	4 (Pöhl)	4	25	9,0	1,9	2500	1400
SHW (Schwäbische Hüttenwerke)	2 (Kämper)	4	15	4,8	1,5	2330	1220
Raupenstock (Stock)	4 (Stock)	4	31	9,5	2,4	2400	1500

Entnommen aus: Herrmann, K.: Ackergiganten, 184.

Grabenreiniger beim Ausfräsen der Gräben in der Elbmarsch.

Auch die Anlage kleinerer Gräben war durch die Regulierung der Schnecke möglich.

Das Grabenreinigungsgerät, eine Spezialität der Moorburger Traktorenwerke

Durch den Bau der verschiedenen Raupentypen erarbeitete die Firma Ritscher ständig Verbesserungen bei der Kettentechnik. Intensiv beschäftigte man sich auch mit Halbkettenfahrzeugen, die vorn von Rädern gelenkt und hinten von zwei Halbketten angetrieben wurden. Ab 1926 wurden solche Halbketten als Anbauraupen für Fordson, Lanz und Hanomag angeboten.
In dieser Zeit beschäftigte man sich auch mit der Fertigung von Grabenreinigungsmaschinen, die zuerst in Lizenz gebaut wurden. Dabei handelte es sich beim Prototyp um einen Hanomag WD, Baujahr 1928, der mit Halbketten und Grabenreinigungsgerät versehen war. Beim Grabenreinigungsgerät fräst eine archimedische Schnecke die beiden Seiten des Grabens aus und schleudert den Grabenaushub auf das Land. Gerade in den Marschgebieten, in denen das Grabenreinigen zur jährlich wiederkehrenden Arbeit gehörte, sollte die Maschine die mühsame Handarbeit ablösen.
Zur Bedienung des Grabenreinigers waren ein Fahrer sowie eine weitere Person zur Regulie- [illegible] nötig. Diese Arbeit wurde nach

Detail Schnecke

Erste Präsentation des Dreiradschleppers auf der Reichsnährstandsschau 1937 in München.

Das Dreirad bei der Feldarbeit mit

Dreirad mit angebautem Mähbalken.

Blick von oben auf das Dreirad.

Transportarbeiten mit von Ritscher

ıgerät.

Im Herbst wurde mit Hilfe der Riemenscheibe Holz gesägt.

Das Ritscher-Dreirad und seine unterschiedlichen Einsatzmöglichkeiten.

Auch das Mistausfahren gehörte zur Arbeit im Jahresablauf.

Detail Räumschnecke.

Prospekt vom Grabenreinigungsgerät «York».

Die «York», gezogen von einem Schlepper, bei der Reinigung eines Grabens.

Auch stark verschlammte Gräben konnten mit der «York» gereinigt werden.

dem Zweiten Weltkrieg durch eine Hydraulik übernommen. Die dann gefertigten Grabenreiniger, «Typ Moorburg», wurden an einen 40 PS Ritscher Traktor und später an einen 45 PS Ritscher Traktor angebaut.
Daneben wurde für breitere Gräben eine auf zwei Pontons montierte Schnecke gefertigt, die «York». Der Antrieb der Schnecke erfolgte über einen 25–28 PS Motor. Das Gerät selbst wurde über eine Seilwinde vom Ufer aus fortbewegt. Zum Fräsen von Gräben wurde für den Anbau am Schlepper in der Hydraulik auch eine Gruppenfräse gefertigt.
Mengenmäßig sind von den Grabenreinigungsgeräten sicherlich keine großen Stückzahlen gefertigt worden (vom Typ Moorburg etwa 80 Stück). Da diese Geräte jedoch fast ausschließlich bei Lohnunternehmen und Unterhaltungsverbänden eingesetzt wurden, waren sie in den Marschen beiderseits der Elbe weit verbreitet. Noch heute werden «Moorburg» und «York» in Holland gefertigt und vertrieben.

Eine Räumschnecke auf Pontons montiert ergab das Grabenreinigungsgerät York.

Ritscher Traktoren in den dreißiger Jahren bis zum Kriegsende

Während der Weltwirtschaftskrise zu Beginn der dreißiger Jahre wurden immer weniger Raupen verkauft. Ritscher lieferte in dieser Zeit hauptsächlich Ketten an die Deutsche Reichswehr zum Einbau in Halbkettenfahrzeuge. Nach einem zweiten Amerikaaufenthalt von Karl Ritscher im Jahr 1935 wurde der Bau eines dreirädrigen Kleinschleppers forciert.
Karl Ritscher war bekannt für seine Meinung, daß die Dreipunktauflage die sicherste Auflage sei. In dieser Zeit beschäftigten die Moorburger Traktorenwerke etwa 300 Mitarbeiter. 1936 wurde die erste Versuchsmaschine des später so bekannten Ritscher Dreirades fertiggestellt (Typ N 12). Sie war mit einem 12 PS wassergekühlten Kämper Motor ausgestattet. Dieser wurde über einen Hilfsvergaser mit Benzin angelassen und dann auf Diesel umgeschaltet. Vorgestellt wurde das Dreirad auf der Reichsnährstandschau in München im Mai 1937. Als einziger Dreiradschlepper fiel er überall auf. Durch die Dreirädrigkeit war der Schlepper äußerst wendig.

Blick in die Montagehalle der Dreirad-Fertigung.

Zahnradfabrikation.

Panzerkettenautomat zur halb- und später vollautomatischen Kettenfertigung.

Ab 1938 wurde der Dreiradschlepper auch mit 14 PS Kämper Motor (Typ N 14) und ab 1939 mit 20 PS Deutz Diesel (Typ N 20) ausgeliefert. Dieser Kleinschlepper wurde in beachtlichen Stückzahlen verkauft. Dadurch war eine [illegible] Erweiterung der Fabrikation und

Gerade in den kleinen und mittelgroßen Betrieben Norddeutschlands wurde das Ritscher Dreirad vielseitig eingesetzt.
Parallel zur Dreiradfabrikation wurde die Produktion von Ketten weiter intensiviert. Dabei wurde für die Fertigung der Raupenketten ein Kettenautomat konstruiert, der für die Panzerkettenherstellung im Zweiten Weltkrieg von besonderer Bedeutung war. Dieser Automat wurde später in Serie gefertigt, um auch im Ausland, z. B. Italien, Ritscherketten herstellen zu können. Daneben fertigte Ritscher Greiferketten für gummibereifte Ackerschlepper und LKW, die den Schlupf verringern sollten. Diese Ketten wurden als Gliederkette auf die Antriebsräder aufgezogen.
Im Verlauf des Zweiten Weltkrieges wurden die Moorburger Traktorenwerke mehrfach bombardiert. 1943 erfolgte die Verlagerung von Teilen der Produktion nach Sprötze bei Buchholz. Im darauffolgenden Jahr wurde fast das gesamte Werk in Moorburg bei Bombenangriffen zerstört. Danach lief die Produktion nur noch in Sprötze, bis im Jahr 1947 der Betrieb demontiert und nach Rußland transpor-

Das erste Dreirad.

Der «Herkules» teilte das Schicksal vieler Traktoren seiner Zeit: Er wurde nur kurze Zeit und in geringen Stückzahlen produziert.

Die Nachkriegszeit bei Ritscher

In den ersten Jahren nach Kriegsende wurden viele Dreiradschlepper zu Vierradschleppern umgebaut. Im Jahr 1950 wurde eine neue Schleppergeneration auf den Markt gebracht, die ausschließlich aus Vierradschleppern bestand. Es entstanden die Typen:
515 mit 15 PS Motor von MWM und Fünfganggetriebe
525 mit 25 PS Motor von MWM und Fünfganggetriebe
518 mit 18 PS Motor von Bauscher und Fünfganggetriebe
528 mit 28 PS Motor von MWM und Fünfganggetriebe.
Sowohl beim 515er als auch beim 525er Ritscher waren die Getriebe von Ritscher selbst. Beide Traktoren waren fast baugleich, bis auf die unterschiedliche Motorisierung. Beide Schlepper hatten noch keine Dreipunkthydraulik wie beispielsweise der Ferguson Schlepper. Aus dem Typ 525 entstand als Weiterentwicklung der wohl beste Schlepper von Ritscher, der Typ 528. Er war wie seine Vorgänger mit einem Ritscher Fünfganggetriebe ausgestattet und hatte einen 28 PS MWM Motor. Auf Wunsch erhielt der Schlepper ein Verdeck, das auch bei Ritscher gefertigt wurde. Dazu kam als wesentlichste Neuerung ein «ölhydraulisches Hebegetriebe». Dieser Schlepper hat gerade im norddeutschen Raum wesentlich zur Motorisierung beigetragen.
Im darauffolgenden Jahr wurde ein wiederum verstärkter Schlepper angeboten, der Typ 540 mit 40 PS Motor von MWM und Fünfganggetriebe von Ritscher. Mit der stürmischen Entwicklung der Landwirtschaft nach dem Zweiten Weltkrieg versuchte Ritscher durch immer neue Typen schrittzuhalten. Ein Beispiel dafür ist der seit 1955 gebaute Geräteträger «Multitrak», der in zwei Varianten mit 17 PS Güldner Motor oder 25 PS Deutz Motor geliefert wurde.
Insgesamt verschlechterten sich durch die vielen Anbieter auf dem Schleppermarkt die Absatzchancen. Ritscher versuchte nochmals, durch eine neue Marktreihe den Absatz zu steigern. Es wurden drei Typen gefertigt, der 832 Junior mit 32/34 PS, MWM Motor und ZF-Getriebe, der 936 Super mit 36 PS Primus oder MWM Motor und der Komet R 830 mit 30 PS und Güldner Motor. Diese letzten Modelle hatten ein ZF-Getriebe und waren mit Hydraulik ausgestattet. Aber auch sie vermochten den Absatzrückgang nicht aufzuhalten.

Typ 528: Der wohl beste von Ritscher gebaute Schlepper.

Geräteträger (vom Typ Multitrak) wurden auch bei Ritscher gebaut.

Der letzte Traktor der Firma Ritscher: Komet R 830.

Als Karl Ritscher keine Chance mehr sah, als relativ kleiner Traktorenhersteller weiter bestehen zu können, veräußerte er 1961 seinen Betrieb an die Berliner Maschinenbau AG, die nach dem Mauerbau einen Standort in Westdeutschland suchte.

Literatur (Auswahl):

Herrmann, K.: Ackergiganten. Technik Geschichte und Geschichten, 2. Aufl., Braunschweig 1991.
Lohmann: Festschrift aus Anlaß des 100jährigen Bestehens des land- und forstwirtschaftlichen Provinzialvereins für das Fürstentum Lüneburg, Uelzen 1930.
Peters, A.: Die Wirtschaftssysteme der Lüneburger Heide, in: Landwirtschaftliche Jahrbücher, Bd. 67, 1928.
Schneider, K.-H. und *Seedart, H.-H.*: Bauernbefreiung und Agrarreformen in Niedersachsen, Hildesheim 1989.
Schröder, W.: Die Firmengeschichte von Ritscher, Teil 1 und 2, in: Historischer Kraftverkehr 1986, Heft 5 und 6.
Specht, J.: Chronik der Firma Ritscher, Archiv Freilichtmuseum am Kiekeberg.
Wächter, H.-H.: Die Landwirtschaft Niedersachsens vom Beginn des 19. bis zur Mitte des 20. Jahrhunderts, Bremen 1959.

Abbildungsnachweis:

Archiv Freilichtmuseum am Kiekeberg.
Archiv Gröll, W., Winsen (Luhe).
Archiv Hamburger Museum für Archäologie.
Archiv Herrmann, K., Stuttgart.
Herrmann, K.: Ackergiganten. Technik Geschichte und Geschichten, 2. Aufl., Braunschweig 1991.

Traditionelle Kleeernte mit der Sense.

Zur Mechanisierung des Mähens

von Jochen Meiners

Der Begriff des Mähens, der sich in der Überschrift dieses Aufsatzes findet, ist für sich gesehen derart inhaltsschwer, aber auch gleichzeitig diffus, daß er eingangs dringend einer Erläuterung, ja einer Definition bedarf.
Viele mögen im ersten Moment unter Mähmaschinen diejenigen Maschinen und Geräte verstehen, die zur Ernte des Getreides erdacht und konstruiert worden sind. Obwohl diese Assoziation auf den ersten Blick durchaus berechtigt erscheint, beinhaltet der Begriff «Mähmaschinen» doch wesentlich mehr, als nur die Maschinen, die zum Mähen des Getreides konstruiert waren.
So gibt bzw. gab es beispielsweise Mähmaschinen, die auch zum Mähen von Raps geeignet waren.
Aber selbst bei den Getreidemähmaschinen muß erheblich mehr differenziert werden, als der Laie im ersten Moment anzunehmen bereit ist. Wem ist schon von vornherein klar, daß zu den Getreideerntemaschinen auch die gehören, die das Ernten von Mais besorgen? Und wer weiß schon auf Anhieb, wie diese Maschinen aussehen?
Da es in der Absicht des Herausgebers dieses Sammelbandes liegt, eine übersichtsartige Darstellung der einzelnen Themengebiete zu geben, muß sich dieser Aufsatz auf das Allernötigste beschränken. Willkürlich wurde hier die Eingrenzung des Themas auf die Darstellung der Entwicklungsgeschichte der Gras- und Getreidemäher gewählt.

Frühe Mähmaschinen

Die Zeit der Ernte war schon immer von dem Bemühen der Bauern geprägt, die Erträge ihrer Äcker so schnell wie möglich «unter Dach und Fach» zu bringen, um sie vor den Einwirkungen der Witterung zu schützen.
Wenn genügend Arbeitskräfte zur Verfügung standen und deren Bezahlung bzw. Ernährung

die Möglichkeiten des Bauern nicht überschritt, waren diese Aufgaben zu bewältigen. Wurden jedoch die menschlichen Arbeitskräfte knapp und teuer, so mußte sich der Bauer etwas einfallen lassen, der Innovationsdruck im landwirtschaftlichen Betrieb wuchs also. Die Tüftler und Erfinder waren gefragt, um durch die Entwicklung technischer Neuerungen den Mangel an menschlichen Arbeitskräften auszugleichen.

Schon in der Antike hatte es Erfinder gegeben, die sich an der Konstruktion einschlägiger Apparaturen versuchten.

Bereits im 1. nachchristlichen Jahrhundert berichtet Gaius Plinius der Ältere über Konstruktionen, die leistungsfähiger als die bis dahin gebräuchliche Sichel gewesen sein sollen. Nach einer Mitteilung des römischen Autors Palladius aus dem 4. Jahrhundert wurde in einigen Teilen Galliens ein Mähwagen benutzt, «der aus einem von zwei Rädern getragenen Kasten bestand, welcher oben weiter war als unten und dessen niedrige Vorderwand mit einer Reihe von scharfen, an ihrem Vorderende etwas hochgebogenen Zähnen besetzt war».

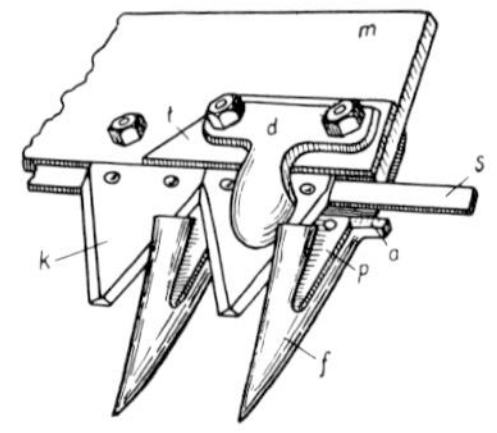

Teil des Schneidwerks einer Mähmaschine.

Dieser Wagen wurde durch ein an einer Deichsel angeschirrtes «Schubtier» in das Getreide hineingestoßen. Über die beschriebene Zahnkante wurde das Getreide in den als Sammelbehälter fungierenden Wagen hineingebrochen. Dies konnte jedoch nur bei überreifem Getreide funktionieren.

Ein eigentlicher Schneidemechanismus ist an diesem Wagen nicht zu erkennen. Auch aus dem weiteren Verlauf der Spätantike und des Mittelalters sind schneidende Konstruktionen nicht überliefert.

Die Entwicklung einer leistungsfähigen Mähmaschine wurde in Europa nicht dem freien Spiel der Kräfte des Marktes überlassen, sondern ganz bewußt herbeigeführt. 1780 schrieb die «Society for the Encouragement of Arts, Manufactures and Commerce» ein Preisausschreiben für die Erfindung einer brauchbaren Mähmaschine aus. Zwar wies dieses Preisausschreiben keine direkten und verwertbaren Ergebnisse auf. Es setzte jedoch eine Bewegung in Gang, die im Endeffekt doch zu dem gewünschten Ergebnis führte, und es offenbarte den Willen, eine solche Maschine zu schaffen. Die Zeit war reif.

Um 1800 versuchte sich der Engländer Robert Meares an der Herstellung einer Maschine, die das Scherenprinzip sinnvoll zur Getreideernte umsetzen sollte.

Das technische Prinzip der Schere war schon seit Jahrtausenden bekannt und fand sich bereits auf Abbildungen des antiken Ägyptens. Bemerkenswerterweise hat jedoch über riesige Zeiträume hinweg keiner daran gedacht, dieses Prinzip für Erntearbeiten einzusetzen.

Gallischer Mähwagen, Rekonstruktion.

Die Bell'sche Mähmaschine.

Erst Meares hatte erkannt, daß der Einbau von Scheren in eine Maschine das Ernten von Getreide wesentlich erleichtern und beschleunigen konnte. Zwar gelang es ihm offensichtlich nicht, diese Idee in die Konstruktion einer leistungsfähigen Maschine umzusetzen, er wies jedoch den richtigen Weg.

Robert Salmon entwickelte 1807 einen Schneideapparat, der dem Prinzip des modernen Mähbalkens schon sehr nahe kam. Er ließ eine bewegliche Klinge über eine feststehende fahren, wodurch ein passabler Getreideschnitt erreicht wurde.

Dem englischen Pfarrer Patrick Bell schließlich blieb es vorbehalten, 1826 die erste wirklich funktionsfähige Getreidemähmaschine zu

Frühes Werbeplakat der Firma Heinrich Lanz.

Erster Dampfpflugeinsatz in Lopau in der Lüneburger Heide, kolorierte Zeichnung von Max Eyth.
(Archiv Deutsches Landwirtschaftsmuseum Hohenheim).

Schulwandbild zum Thema Landwirtschaft, Farblithographie von Schreiber, Esslingen.

Ochsengespann in der Lüneburger Heide mit Plaggen zum Einstreuen.

Gußeiserner Göpel vor der Grotdör eines Niederdeutschen Hallenhauses.

Mit dem «Fella-Leege» Binder konnte insbesondere Lagergetreide geerntet werden.

Der Claas «Junior», Baujahr 1954, hatte noch einen Absackstand.

Weitgehend zeitgleich verlief die Entwicklung des gezogenen und des selbstfahrenden Mähdreschers.

Auf den Urkunden der Bezirkstierschauen werden die neuesten Entwicklungen in der Landwirtschaft in naiver Form dargestellt.

bauen. Ein kräftiges, durch zwei Räder getragenes Gestell trug vorne einen Schneideapparat, der aus mehreren aneinandergereihten Scheren bestand.
Das Gerät hatte einen feststehenden Messerbalken mit 13 Klingen sowie einen beweglichen mit 12, der über eine durch die Laufräder angetriebene Messerstange hin- und herbewegt wurde.
Eine weitere konstruktive Neuerung der Bell'schen Maschine war der Einsatz von einer Haspel, die für eine bessere Zuführung des zu schneidenden Getreides an das Schneidwerk sorgte.
Nachdem das Getreide geschnitten war, konnte es durch ein endloses Förderband je nach Wunsch entweder nach links oder nach rechts abgelegt werden.
Wie schon der gallische Mähwagen und fast alle anderen frühen Mähmaschinen wurde auch die Bell'sche Maschine in das zu mähende Feld hineingeschoben. Noch war es nämlich nicht gelungen, ein seitlich an der Maschine angebrachtes Schneidwerk zu konstruieren, was eine Zuganspannung der Tiere und damit eine wesentlich bessere Kräfteausnutzung derselben ermöglicht hätte.
Die Bell'sche Maschine war sehr erfolgreich und gewann viele Wettbewerbe. Sie soll noch bis in die 1870er Jahre in England im Einsatz gewesen sein.
Mit der Bell'schen Maschine war die europäische Entwicklung der Getreideerntemaschinen zu einem vorläufigen Abschluß gekommen, denn außerhalb Englands war es auf dem Kontinent zu keinen nennenswerten Neuerungen gekommen.
Ganz anders verlief die Entwicklung in Nordamerika. Die Vereinigten Staaten von Amerika waren ein Erdteil, für den im vergangenen Jahrhundert ganz außerordentliche Bedingungen galten. Durch den enormen Landesausbau im Westen und die außerordentlich großen Bevölkerungszuwächse durch Einwanderung war ein stetig anwachsender Bedarf an Nahrungsmitteln entstanden, der durch die riesigen, extensiv bewirtschafteten Flächen Nordamerikas mit den in der Landwirtschaft beschäftigten Arbeitskräften nicht mehr befriedigt werden konnte. Diese Entwicklung wurde durch den großen Goldrausch Mitte des letzten Jahrhunderts noch beschleunigt.
So nimmt es nicht wunder, daß Nordamerika im 19. Jahrhundert zum Hauptinnovationszentrum für den Bereich Getreidemähmaschinen wurde.
Wem nun in Amerika die Ehre gebührt, die erste Erntemaschine erfunden zu haben, ist umstritten. Fest stehen jedoch folgende Tatsachen:
William Manning baute 1831 eine Maschine nach dem Scherenprinzip. Im gleichen Jahr arbeitete aber Cyrus Hall McCormick an einer ähnlichen Maschine, McCormick, ein Name, der noch heute ein Synonym für Landtechnik ist.
Das erste Patent wurde 1833 jedoch an einen gewissen Obed Hussey erteilt. Die drei hier aufgezählten Männer waren jedoch nicht die einzigen, die sich mit der Konstruktion neuer Maschinen beschäftigten. Viele Hunderte von Konstrukteuren hatten sich ebenfalls an der Erbauung einer leistungsfähigen Maschine versucht.
Durch den Brand des amerikanischen Patentamtes wurden jedoch viele wertvolle Unterlagen unwiederbringlich zerstört.
Hussey und McCormick waren diejenigen, die sich mit ihren Konstruktionen durchsetzten.
Die Maschine von Hussey hatte gegenüber der englischen von Bell den entscheidenden Vorteil, daß sie über ein seitlich herausragendes Schneidwerk verfügte. Dies ermöglichte eine Zuganspannung der Pferde, wodurch deren Kräfte wesentlich besser ausgenutzt wurden als bei der Bell'schen Maschine.
Sie war eine sogenannte Handableger-Maschine: ein zweiter, anfangs neben der Maschine herlaufender, später auf ihr mitfahrender Arbeiter mußte mit einer sogenannten Ablegerharke das abgemähte Getreide solange zurückhalten, bis eine Garbenportion aufgelaufen war. Dann beförderte er die Garbe mit der Harke von der Maschine. Die Hussey'sche

Die Mähmaschine von Hussey.

McCormicks Mähmaschine.

Maschine hatte den entscheidenden Nachteil, daß das abgelegte Getreide genau hinter der Maschine in die gerade abgemähte Spur fiel. Das bedeutete, daß das Getreide mit sehr viel Personaleinsatz erst aus dieser Bahn herausgeholt und gebunden werden mußte, wenn man vermeiden wollte, daß es bei der nächsten Fahrt von der Mähmaschine überfahren wurde. McCormick hatte dieses Problem besser gelöst, indem er dafür sorgte, daß das Getreide bei seiner Maschine seitlich abgelegt werden konnte.

Zwischen Hussey und McCormick entbrannte eine Schlacht um den riesigen amerikanischen und europäischen Markt, die als sogenannter «Mähmaschinenkrieg» in die Geschichte eingegangen ist.

McCormick verbesserte seine konstruktiv anfangs unterlegene Maschine immer weiter, bis es ihm 1845 gelang, seinen Konkurrenten in den Verkaufszahlen zu überflügeln. Für den ganz großen Geschäftserfolg war jedoch die Verlegung des McCormick-Werkes von Virginia nach Chikago verantwortlich, da diese Stadt als Tor zum amerikanischen Westen angesehen wurde. Von Chikago aus ging das amerikanische Getreide in alle Welt, aber auch die Mähmaschinen an die Farmer. Außerdem bot Chikago eine sehr gute Gelegenheit, auch die Märkte außerhalb Amerikas, insbesondere Europas zu erschließen.

1851 verlagerten die Konkurrenten ihre Auseinandersetzungen um die Märkte ins Ausland. Als hervorragende Bühne bot sich die erste Weltausstellung in London an. Hussey verzichtete jedoch auf ein Erscheinen und ging statt dessen auf eine Werbereise durch Frankreich. McCormick war dementsprechend auf der Weltausstellung ohne ernsthafte Konkurrenz, so daß er das dort angesetzte Wettmähen gewinnen konnte. Hierdurch wurde er in Europa so populär, daß er sich in kürzester Zeit die größten Marktanteile sichern und somit den «Mähmaschinenkrieg» zu seinen Gunsten entscheiden konnte.

Mitte des letzten Jahrhunderts waren also leistungsfähige Mähmaschinen vorhanden, mit denen die riesigen Flächen Nordamerikas bearbeitet werden konnten.

Die technologische Entwicklung blieb jedoch nicht stehen.

Die selbstablegende Mähmaschine

Nachdem McCormick 1848 mit der Anbringung eines Sitzes dafür gesorgt hatte, daß die Bediener der Ablegeharke nicht mehr hinter der Maschine herlaufen mußten, sondern auf ihr mitfahren konnten, machten sich in den fünfziger und sechziger Jahren verschiedene Konstrukteure daran, die menschliche Arbeit des Ablegens durch geeignete Mechaniken zu ersetzen. Letztendlich setzte sich ein System rotierender Flügel bzw. Rechen durch, das das Getreide an den Schneideapparat herandrückte und anschließend über einen viertelkreisförmigen Ablagetisch seitlich aus der Fahrbahn drückte. Konstrukteur dieser Tech-

McCormick „Daisy“ Getreidemäher.

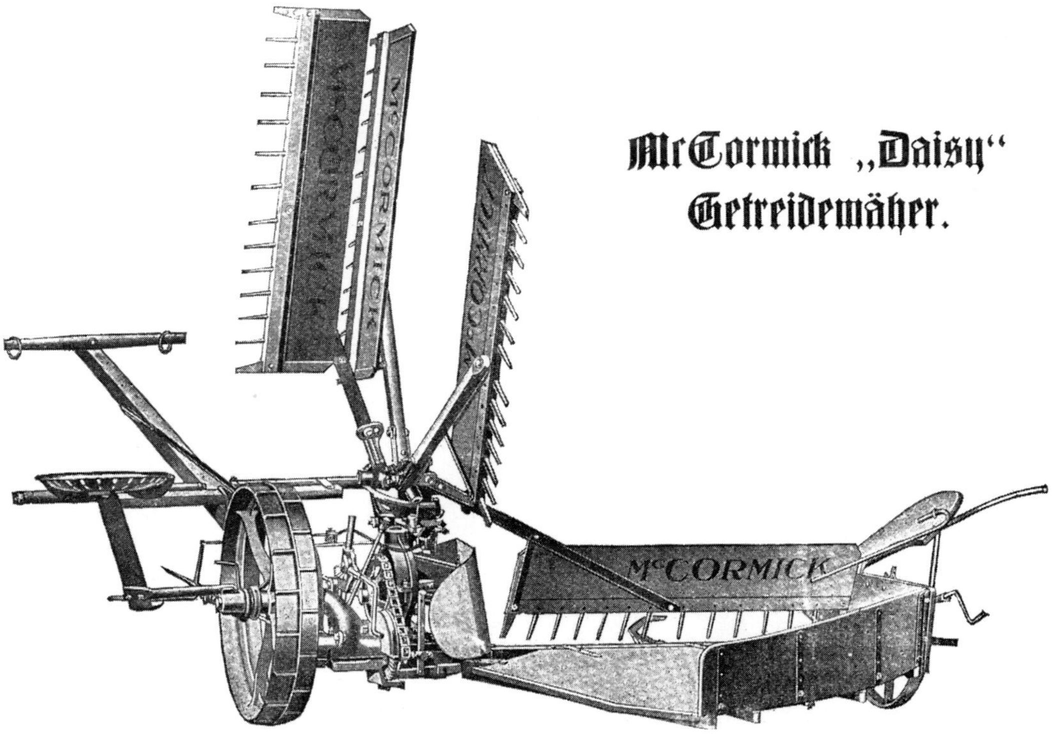

McCormick „Daisy“ Getreidemäher 5 Fuss.

Der McCormick „Daisy“ Getreidemäher wird den Anforderungen der Herren Landwirte, die vorziehen, ihr Getreide nicht sofort zu binden, sondern zu schneiden und in Schwaden abzulegen, sicher entsprechen. — Für bestimmte Sorten Getreide, die als Saat dienen sollen, wird gewöhnlich gewünscht, daß das Korn gehörig getrocknet ist, bevor es gebunden und in Hocken aufgestellt wird. — Diese Maschine schneidet Weizen Hafer, Buchweizen, Roggen, Gerste, Flachs und Klee; einerlei, welche Sorte Getreide geschnitten werden soll, wenn es überhaupt geschnitten werden kann, die Daisy wird die Arbeit sicher verrichten.

Ein unerfahrener Führer kann den Getreidemäher bedienen, da er von sehr einfacher Konstruktion ist. — Die Größe der Schwaden kann reguliert werden in Uebereinstimmung mit der Beschaffenheit des geschnittenen Kornes.

Der «Daisy-Reaper» war eine der meistproduzierten amerikanischen Flügelmäher. Von 1890 bis 1905 wurde die «Folding Daisy» hergestellt, seitdem der «Daisy-Reaper», der sich bis 1934 im Programm hielt.

Deering war eine der Firmen, aus denen die International Harvester Corporation hervorgegangen war. Unter dem Namen Deering waren bis 1917 bereits über 2.000.000 Binder produziert worden.

nik war der Australier Thomas Robinson zu Anfang der 1860er Jahre.
Diese Maschinen, Flügelmäher oder Ableger genannt, erforderten zur Bedienung nur noch eine Person. Die von Robinson erdachte und von Samuelson in Bradbury (England) gebaute Maschine war sehr erfolgreich und galt als die beste Maschine ihrer Zeit. Sie hatte jedoch den Nachteil, daß die Flügel- bzw. Rechenmechanik so viel Platz benötigte, daß der Fahrer nicht mehr auf der Maschine, sondern auf einem der Zugtiere sitzen mußte und die Arbeit der Maschine nicht mehr direkt überwachen und beeinflussen konnte. Diese Maschine wurde auch von deutschen Fabriken nachgebaut, so unter anderem von der Stralsunder Maschinenfabrik, von Goetjes, Bergmann und Co. in Reudnitz bei Leipzig, von Zimmermann und von H. F. Eckert in Berlin, von Siedersleben und Co. in Bernburg und von Zimmermann und Co. in Halle.
Eine weitere konstruktive Verbesserung erfuhr der Getreideableger 1864 durch eine Erfindung der Amerikaner Johnson und Burdick. Sie bestand darin, daß jeder Rechen für sich alleine pendelartig an der geneigt stehenden Rechenwelle aufgehängt wurde und nach erfolgter An- bzw. Ablage des Getreides sich vollkommen senkrecht aufstellen konnte. Dies wurde mittels einer besonders ausgebildeten Kurvenbahn erreicht.
Der erste Nutzen dieser Ausführung bestand darin, daß der Führer der Maschine nunmehr einen neben dem Hauptrad angebrachten Sitz einnehmen konnte, von dem aus er sowohl die Pferde als auch seine Maschine kontrollieren konnte.
Weltweit bekannt wurde die McCormick-Maschine, der «Daisy-Reaper».
Hiermit hatte der Ableger in etwa seine endgültige Gestalt gewonnen. Maschinen dieser Art sind noch bis weit in unser Jahrhundert hinein in Benutzung gewesen. Sogar nach dem 2. Weltkrieg sind viele Flügelmäher wieder zu Ehren gekommen und haben bis in die sechziger Jahre ihren Dienst getan.

Der Bindemäher

Trotz aller konstruktiven Erfolge blieben auch die Ableger insgesamt unbefriedigend, weil immer noch die sehr personalintensive Arbeit des Bindens und Aufstellens der Garben blieb. So darf es nicht wundern, daß wiederum in Amerika schon sehr früh Bestrebungen in Gange kamen, auch diese Arbeit durch eine Mechanik erledigen zu lassen. Hierbei waren die Konstrukteure vor schwierige Aufgaben gestellt: zum einen mußte die zu konstruierende Maschine in der Lage sein, Getreide unterschiedlichster Länge und Qualität zusammenzubinden, zum anderen mußte eine möglichst unkomplizierte Mechanik konstruiert werden, mit der die komplizierte Arbeit des Knotens erledigt werden konnte.
Während das Problem der unterschiedlichen Getreidequalitäten einfach zu lösen war,

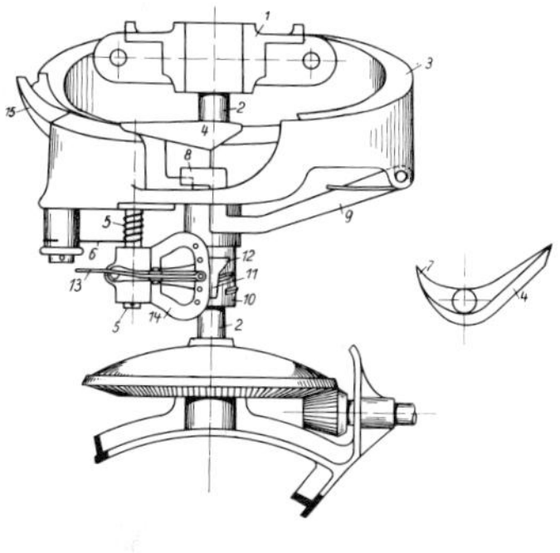

Schematische Abbildung der Rechenführung (Kurvenbahn) einer Ablegermaschine.

Flügelmäher im Ernteeinsatz.

Bindemäher während der Arbeit.

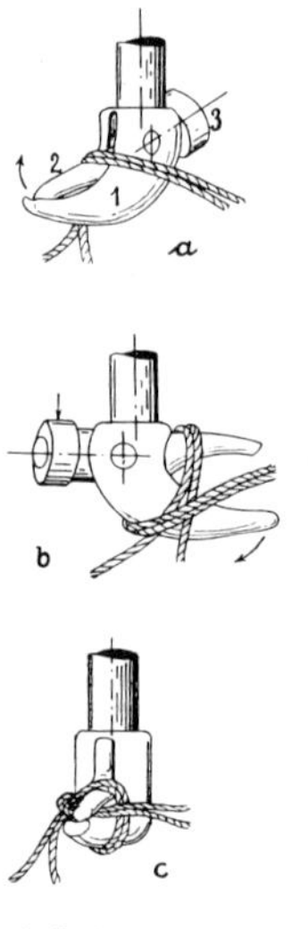

Arbeitsweise des Knüpfers beim Bindemäher.

wurde die Konstruktion einer Knotenmaschine schon schwieriger.
Es war schließlich ein sehr junger Mann, der 18jährige John Appleby aus Whitewater/Wisconsin, dem dieses Kunststück gelang. Orientiert hatte er sich an der Beobachtung eines Kindes, das versuchte, einem Hund eine Schlinge um den Hals zu legen. Der Hund war jedoch so geschickt, daß er sich im letzten Moment der zuziehenden Schlinge entwinden konnte. Als Resultat blieben ein Knoten im Seil des Kindes und ein frei umherlaufender Hund und, nicht zuletzt, die erfolgreiche Konstruktionsidee für eine effektive Knotenmaschine.
Die Mähbinder arbeiteten in der Regel nach dem Querfluß-Prinzip, d. h. zwei Fördertücher, später auch nur eines, transportierten das gemähte Getreide über das Antriebsrad hinweg zur Bindevorrichtung.
Der Bindemäher veränderte seine wesentlichen Konstruktionsmerkmale bis in die sechziger Jahre unseres Jahrhunderts kaum. Allerdings wurde auch diese Maschine den sich verändernden Rahmenbedingungen angepaßt. Zum einen wurden die Binder an die Traktorenanspannung angepaßt. Allgemein bedeutete dies eine stabilere Bauweise, da Traktoren mit höheren Geschwindigkeiten als Pferde arbeiten konnten. Zum anderen wurden ab Ende der zwanziger Jahre Geräte für Zapfwellenantrieb hergestellt, was ebenfalls zu einer weiteren Beschleunigung der Arbeitsgeschwindigkeit führte, da das Laufrad nun nicht mehr den Antrieb für die gesamte Mechanik besorgen mußte.
Nicht zuletzt veränderte sich der Werkstoff. Waren die Binder des 19. Jahrhunderts noch überwiegend aus hölzernen Bestandteilen zusammengebaut, wurden im 20. Jahrhundert zunehmend Metallteile verwendet. Die Entwicklung ging so weit, daß sich an dem ganzen Gerät kein Stück Holz mehr befand.
Zur Entlastung der Zugmaschinen bzw. Zugtiere gab es auch Sonderkonstruktionen wie

Zapfwellenbinder.

z. B. den Antrieb der Bindevorrichtung durch einen kleinen Sachsmotor.
Eine andere Sonderkonstruktion wurde für Lagergetreide entwickelt, das mit einer speziellen Vorrichtung vor dem Schnitt angehoben wurde.
Aber nicht nur Sondermaschinen wurden entwickelt, sondern auch eine Reihe von Anbauteilen, die den Binder möglichst vielseitig einsetzbar machen sollten.
Wie schon für den Ableger gab es auch für den Binder eine Anbauhaspel, die für eine bessere und gleichmäßigere Zuführung des stehenden Getreides an das Schneidwerk sorgte.
Weitere Anbauteile waren die sogenannten Halmteiler, die für eine Abteilung des zu schneidenden Streifens aus dem übrigen Getreidefeld sorgten und somit auch für eine regelmäßige Zuführung des Getreides an das Schneidwerk.
Für am Boden liegendes Getreide (Lagergetreide) konnten Ährenheber an die Haspel montiert werden.
Ebenfalls für Lagergetreide wurde eine umlaufende Schnecke an die Halmteiler montiert, die für eine Aufrichtung der Halme und Zuführung an das Schneidwerk sorgte.
Die Tatsache, daß Getreide durch Wind und Witterung oftmals umgelegt wurde, führte

Spezialbinder für am Boden liegendes Getreide (Lagergetreide).

dazu, daß generell zwei verschiedene Sorten von Bindern konstruiert werden mußten, nämlich links- und rechtsschneidende. Der Bauer, der sich einen Binder kaufen wollte, mußte sich vorher sehr genau überlegen, wie der Wind in seiner Gegend überwiegend wehte und in welche Richtung sich das Getreide dementsprechend legte. Diese Überlegung entschied darüber, welcher Typ anzuschaffen war.

Der Mähdrescher

Nachdem der Binder seinen großen Siegeszug über die Getreidefelder der Welt vollendet hatte, setzte eine Entwicklung ein, die ihn in kurzer Zeit aus allen Statistiken über landwirtschaftliche Maschinen herausfallen ließ.
Gab es 1933 auf dem Boden des Deutschen Reiches noch 1,3 Millionen dieser Maschinen, sind sie heute, annähernd 60 Jahre später, fast nur noch in Museen zu finden.
Was war geschehen?
Eine neue Maschine war erfunden worden, der *Mähdrescher*. Mit ihm konnten nun die beiden wichtigsten mit der Getreideernte zusammenhängenden Arbeiten in einem Zuge erledigt werden, der Getreideschnitt und der Getreidedrusch, eine wahrhaftige Revolution der landwirtschaftlichen Arbeit und Wirtschaft.
Die Entwicklungsgeschichte des Mähdreschers begann viel früher, als man im ersten Moment annehmen möchte.
Bevor die ersten Mähdrescher in den späten zwanziger und frühen dreißiger Jahren dieses Jahrhunderts in geringen Stückzahlen aus Amerika nach Deutschland kamen und sich erst in den sechziger Jahren flächendeckend in ganz Deutschland ausbreiteten, waren bereits Ende der zwanziger Jahre des letzten (!) Jahrhunderts in den Vereinigten Staaten von Amerika Mähdrescher hergestellt worden; denn schon sehr früh hatte sich hier das Bedürfnis gezeigt, auf den riesigen, extensiv genutzten Getreidefeldern das Getreide nicht nur maschinell zu ernten, sondern es wegen des zu geringen Arbeitskräfteangebots auch gleich zu dreschen.
Samuel Lane aus Hollowell/Maine hatte 1828 den ersten Mähdrescher konstruiert, und Hiram Moore baute 1834 in Michigan die ersten

funktionsfähigen Maschinen, konnte aber keinen Fabrikanten finden.
1843 gab es bereits Geräte, die 10 ha an einem Tag abernten konnten. Die relativ hohen Feuchtigkeitsgrade führten bei den Farmern jedoch zu enormen Lagerungsproblemen. Aus diesem Grund wurde für einige Jahre die Produktion von Mähdreschern wieder eingestellt. Erst nach dem Abklingen des amerikanischen Goldrausches und vielleicht auch wegen der günstigeren klimatischen Voraussetzungen wurde seit Mitte der fünfziger Jahre in Kalifornien wieder an der Konstruktion neuer Mähdrescher gearbeitet. Wegen der riesigen, extensiv bewirtschafteten Getreidefelder und des chronischen Personalmangels nahmen bereits die frühen Maschinen riesige Ausmaße an, was sich in Schnittbreiten bis zu 35 Fuß und Gewichten bis zu 15 Tonnen ausdrückte.
Bis in die sechziger Jahre des letzten Jahrhunderts waren die Mähdrescher in Michigan und Kalifornien ausschließlich Eigenbauten. Erst danach begann die amerikanische Landmaschinenindustrie, sich auch diesen Maschinen zuzuwenden.
Die ungewöhnlichen Ausmaße dieser Maschinen erforderten eine außerordentlich hohe Zahl von Zugtieren. Es ist überliefert, daß bis zu 40 Pferde bzw. Mulis für die Fortbewegung eines solchen Mähdreschers nötig waren. Aus diesem Grund kann es nicht überraschen, daß sich die amerikanischen Konstrukteure schon bald Gedanken über selbstfahrende Mähdrescher machten.

Schlagleistentrommel und Dreschkorb, die zentralen Dreschorgane im Mähdrescher.

John Stockton Berry stellte 1886 in Sacramento Valley ein monumentales Gerät vor, das in mancher Hinsicht vorbildhaft war. Unter anderem konnte die zum Antrieb dienende Dampflokomobile mit Stroh befeuert werden. Auch konnte die Maschine nicht nur vorwärts, sondern auch rückwärts fahren. Nicht zuletzt verfügte sie über eine Nachtbeleuchtung, was ihr zusammen mit ihrer Länge von 40 Fuß große Aufmerksamkeit zuteil werden ließ. Dieser Mähdrescher ging in die industrielle Produktion und wurde bis 1900 hergestellt. Einen nächsten Meilenstein setzte B. Holt, der seit dem Jahre 1906 Benzinmotoren in seine Maschinen einbaute. Hierdurch wurden die Mähdrescher erheblich leichter und damit auch wirtschaftlicher. Der nächste große Entwicklungsschritt geschah 1935, als in Amerika der «Ein-Mann-Drescher» vorgestellt wurde, der vom Traktor aus bedient werden konnte.
Schon bald schloß sich die Großserienfertigung für selbstfahrende Maschinen an.
In Europa, speziell in Deutschland, war die Entwicklung anders verlaufen. Erst Ende der zwanziger Jahre wurden sehr vereinzelt die ersten Exemplare eingeführt und zumeist als nicht tauglich empfunden. Dies darf bei näherem Hinsehen auch nicht verwundern. Die amerikanischen Geräte waren gebaut für die riesigen, extensiv bewirtschafteten Getreidefelder des amerikanischen Westens, auf denen das Getreide verhältnismäßig dünn stand, jedenfalls viel dünner als auf den intensiv bewirtschafteten Flächen Mitteleuropas. Um die Maschinen mit ausreichend Getreide zu versorgen, wurden Schneidwerke mit riesigen Schnittbreiten gebaut. Außerdem hatten die amerikanischen Farmer keine Verwendung für das Stroh, das übrig blieb. Sie ließen dieses in Europa begehrte Abfallprodukt einfach auf den Feldern liegen. Um die Mähdrescher nicht unnütz zu belasten, schnitten sie das Getreide nicht unten am Boden, sondern möglichst dicht unterhalb der Ähren ab. Gedroschen wurde überwiegend mit Stiftendreschtrommeln. Da die deutschen Bauern erheblich mehr Wert auf Spreu und Stroh legten und die riesigen Schnittbreiten auf den wesentlich dichter stehenden europäischen Feldern die Dreschorgane der amerikanischen Maschinen überforderten, stellten sich die amerikanischen Maschinen für deutsche Verhältnisse als ungeeignet heraus. Auch zerrissen die amerikanischen Stiftendreschtrommeln das Stroh allzu sehr, was den Bauern, die langes, unzerstörtes Stroh besser gebrauchen konnten, ebenfalls nicht gefallen konnte.
Entsprechend dieser schlechten Ergebnisse der importierten Mähdrescher konnte die deutsche Landmaschinenindustrie anfangs nur schwer dazu motiviert werden, eigene, auf deutsche Verhältnisse abgestimmte Mähdrescher zu produzieren. So dauerte es dann bis 1931, daß die Firma Claas, Harsewinkel, ihren ersten Mähdrescher einer interessierten Öffentlichkeit vorstellte. Dieser Maschinentyp (ein Frontschneider, der um einen Traktor herumgebaut war) erwies sich jedoch nicht als erfolgreich. Erst 1937 stellte Claas einen Querfluß-Mähdrescher vor, bei dem das Getreide durch ein seitlich aus der Maschine ragendes Mähwerk geschnitten und dann quer zur Fahrtrichtung durch Dresch- und Reinigungsorgane transportiert wurde.

Claas MDB, der erste deutsche, in Serie gebaute Mähdrescher.

Bis zur kriegsbedingten Einstellung der Produktion im Jahre 1943 waren 1400 Maschinen dieses Typs gebaut worden.
Lange Zeit gab es in Deutschland beide klassischen Mähdrescher-Varianten, den gezogenen und den Selbstfahrer. Erst in den siebziger Jahren setzte sich der Selbstfahrer immer mehr durch und beherrscht heute allgemein die Szene.

Die Grasmähmaschine

Eng verbunden mit der Entwicklung der Getreidemähmaschinen war die der Grasmäher. Doch mußten diese Maschinen höheren Ansprüchen genügen als die Getreidemäher. Gras verstopfte nämlich die Schneidwerke viel leichter als Getreide. Vor Erfindung des Hussey'schen Getreidemähapparates gab es keine Maschine, die überhaupt zum Ernten von Gras geeignet war. Aber auch die Hussey'sche Maschine war es nur bedingt, denn das Hauptaugenmerk der Konstrukteure lag nach wie vor auf den Getreidemähern.
Im Jahre 1859 konstruierte Walter Abott Wood die bis vor kurzem gültige Grundform des Grasmähers. Die zentralen Teile dieser Maschine waren zum einen das Schneidwerk mit einem außergewöhnlich scharfen Messersatz (Der komplette Mähbalken konnte für den Transport nach oben geklappt werden.) sowie die zweirädrige Karre, über deren Räder das Schneidwerk entweder durch einen Kurbelmechanismus, eine Kette oder Zahnräder angetrieben wurde. Natürlich wurde auch der Grasmäher immer wieder verbessert, jedoch blieb er in seinen wesentlichen Bestandteilen gleich. Zu erwähnen wäre vielleicht, daß die ursprünglich freilaufenden Teile der Kraftübertragung im 20. Jahrhundert abgeschlossen und mit einer Zentralschmierung versehen

Claas SF, der erste selbstfahrende Mähdrescher von Claas.

Grasmäher von Wood.

wurden. Mit der Abschließung dieser Teile war eine wesentliche Unfallquelle ausgeschaltet.
Die Grasmähmaschinen konnten nicht nur Gras, sondern genauso gut Getreide mähen. Hierfür mußten sie allerdings mit Zusatzgeräten versehen werden. Eine Möglichkeit bestand im Anbau eines Anhaubleches. Dieses sorgte dafür, wie beim Mähen mit der Sense, daß das abgemähte Getreide im Schwad gegen das noch stehende Getreide gelegt wurde. Der abgemähte Schwad mußte dann unverzüglich von den Binderinnen gebunden und aus der Fahrbahn geholt werden, damit weitergemäht werden konnte.
Eine weitere Möglichkeit war die Umwandlung des Grasmähers in eine Getreidemähmaschine mit Handablage. Ebenso wie die Maschine mit Anhaublech war auch diese vor allem für kleine Höfe gedacht, die sich keinen eigenen Getreidemäher leisten konnten.
Für den Umbau des Grasmähers benötigte man ein Lattenrost, das direkt hinter dem Schneidwerk anmontiert wurde. Dieses Lattenrost konnte von einem zweiten auf der Maschine mitfahrenden Mann mittels eines Hebels hochgestellt werden. In dieser Position sammelte sich das abgemähte Getreide vor dem Lattenrost an. War eine Garbenportion zusammen, so wurde das Lattenrost vom zweiten Mann heruntergelassen und das Getreide mittels einer mitgeführten Harke (Ablegerharke) nach hinten abgelegt. Es mußte nun wieder schnell gebunden und aus der Bahn geholt werden, damit weitergemäht werden konnte.
Insgesamt gesehen waren die Grasmäher für die Getreidemahd nicht besonders gut geeignet. Da ihre Schnitthöhe für die Heuwiesen sehr niedrig sein mußte, gerieten sie beim Getreideschnitt immer wieder an Steine oder Maulwurfshügel und andere Unebenheiten, so daß ihr Schneidwerk schnell stumpf wurde und oft Beschädigungen zu verzeichnen waren.
Mit der Einführung neuer Antriebsenergien veränderten sich auch die Grasmähmaschinen. Nicht nur in Deutschland wurden hierbei zwei gänzlich verschiedene Wege beschritten.
Der eine bestand in der Konstruktion von Sondermaschinen. So fing man damit an, die Schneidwerke der Gespannmäher mit kleinen Zwei- oder Viertaktmotoren zu versehen, um auch solchen Höfen die Anschaffung einer Mähmaschine zu ermöglichen, die über nur

McCormick Handablage.

Die McCormick Handablage besteht aus einer Lattenplattform, innerem und äußerem Teiler und Handrechen. — Ein McCormick Grasmäher kann zugleich mit dieser Ablage geliefert werden, wie aus der obenstehenden Abbildung ersichtlich ist. — Wenn mit Handablage versehen, kann der Grasmäher zum Getreidemähen verwendet werden. — Hat sich genügend Getreide auf der Plattform angesammelt, so läßt der Ableger, der sich auf dem zweiten Sitz befindet, mittelst eines Fußhebels die Plattform nach hinten herüberklappen und recht das Getreide mit dem Rechen nach hinten ab. — Denjenigen, die für einen Binder oder Getreidemäher keine Verwendung haben, leistet dieser Grasmäher mit Handablage praktischen Ersatz.

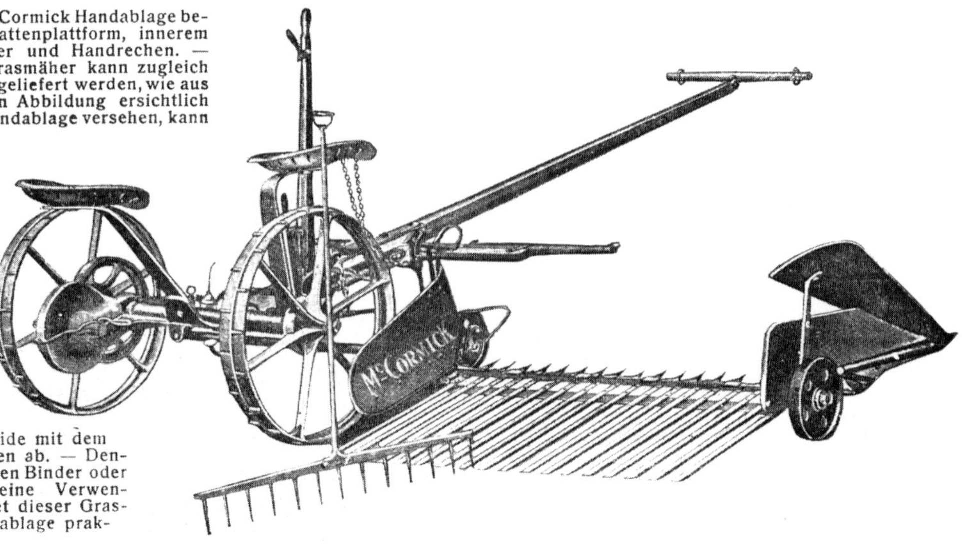

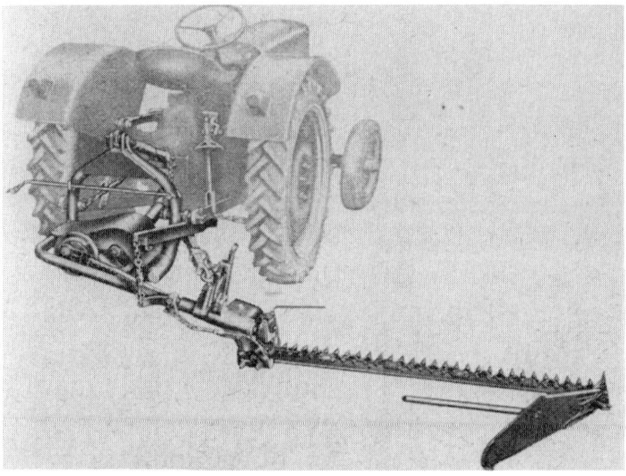

Heckanbaumäher.

Grünlandschlepper von Fendt.

ein Pferd verfügten. Schon bald jedoch (Ende der zwanziger Jahre) wurden selbstfahrende Mähmaschinen konstruiert.
Diese selbstfahrenden Mähmaschinen eigneten sich außer zum Mähen auch noch zum Ziehen von Anhängern und Heubearbeitungsmaschinen. In den großen süddeutschen Grünlandbetrieben wurde ihnen zunehmend die Arbeit eines Grünlandschleppers übertragen. Bekannte Hersteller von Motormähern waren die Firmen Kramer, Fendt und Eicher. Die beiden letztgenannten entwickelten sich später zu großen Schlepperwerken.
Im großen und ganzen war man in Deutschland jedoch der Meinung, daß es sich nicht lohne, eine von nur zwei Pferden bewegte Maschine von einem Schlepper ziehen zu lassen. Aus diesem Grunde blieb das Grasmähen bis in die Mitte der dreißiger Jahre unseres Jahrhunderts überwiegend Gespannarbeit. Trotzdem hatten sich findige Konstrukteure schon früh Gedanken über die Anbringung von Mähwerken an Traktoren gemacht. Bereits 1916 stellte die Firma Epple und Buxbaum in Augsburg ein Schlepper-Seitenmähwerk vor, das Anfang der zwanziger Jahre von der Firma Mörtl in Starnberg so verbessert wurde, daß es an die Schlepperzapfwelle angeschlossen werden konnte. Diese Konstruktion wurde grundlegend und von allen führenden Erntemaschinenherstellern übernommen.
Neben dem Seitenanbau sind auch an der Dreipunkthydraulik hinten zu montierende Mähwerke gebaut und verkauft worden, sie brachten dem Fahrer jedoch erschwerte Arbeitsbedingungen. Im Laufe der Zeit wurde eine Vielzahl von Maschinen entwickelt, um Getreide und Gras effektiv schneiden zu können. Während sich beim Getreide der traditionelle Mähbalken bis heute auch in den modernsten Mähdreschern erhalten hat, ist die Entwicklung bei der Grasmahd andere Wege gegangen.

Lanz-Bulldog mit Anbaumähwerk.

Kreiselmäher von Claas.

Seit Mitte der fünfziger Jahre wurden rotierende Systeme konstruiert, die in relativ kurzer Zeit den althergebrachten Mähbalken verdrängten. Heute sind überwiegend Kreiselmäher im Einsatz, die, vereinfacht gesagt, nach dem Rasenmäherprinzip arbeiten und, angetrieben durch die Zapfwelle, wesentlich effektiver, d. h. schneller die Grasmahd bewältigen.

Zur regionalen Entwicklung im Regierungsbezirk Lüneburg

Während der Arbeiten des Autors dieses Aufsatzes im Freilichtmuseum am Kiekeberg und des Sammelns alter landwirtschaftlicher Maschinen gelang es nie, wirklich sehr alte Maschinen aus dem 19. Jahrhundert zu finden.
Die ältesten Grasmäher, die gefunden werden konnten, waren in die Zeit um die letzte Jahrhundertwende zu datieren und der älteste Getreideableger in die Zeit kurz vor dem 1. Weltkrieg. Der älteste Binder stammt erst aus den dreißiger Jahren.
Wo liegen die Ursachen für dieses Problem?
Sind keine Maschinen aus dieser Zeit übrig geblieben, weil sie alle im Laufe der Zeit vergangen sind?
Haben die Bauern diese Maschinen alle verschrottet?
Oder hat es diese Maschinen in der Region um das Museum einfach nicht gegeben?
Bei den Nachforschungen zur Klärung dieser Fragen wurde eines relativ schnell deutlich: Maschinen zum Ernten von Gras und Getreide sind in der Region durchaus verfügbar gewesen, nur sind sie erst sehr spät von den Bauern auch angeschafft worden.
Im Jahre 1863 hatte es vom 14. bis zum 20. Juli auf dem Heiligengeistfeld in Hamburg eine große internationale Landwirtschaftsausstellung gegeben, die von einem lokalen «Exekutivkomitee» sowie der «Deutschen Ackerbau-Gesellschaft» veranstaltet worden war. Nicht weniger als 3876 Tiere, 527 Anbieter landwirtschaftlicher Erzeugnisse jeder Art und 350 Aussteller landwirtschaftlicher Geräte und Maschinen waren hier vertreten. Für diese Ausstellung war eigens ein 150seitiger Katalog produziert worden, in dem alle ausgestellten Tiere, Erzeugnisse und Maschinen sowie deren Hersteller verzeichnet waren. In diesem Katalog findet sich der gesamte moderne landwirtschaftliche Maschinenpark der damaligen Zeit.
Auch Gras- und Getreidemäher der verschiedensten Konstrukteure und Firmen sind aufgeführt, u. a. zweirädrige Grasmäher von Allen, die «combinirte Mähmaschine» und einfache Mähmaschinen von Wood (New York), Mähmaschinen von Owen Dorsey, die einfache Mähmaschine und Combinirte Mähmaschine von Samuelson und Co., die Mähmaschine von Saxton & Ball, diverse Grasmähmaschinen ohne Herstellerangabe, Getreidemäher von Trustees & Co, von Burgess & Key, Fultiman & Miller (Amerika), Cuthbert und natürlich von McCormick, der mit kombinierten (Handablegern) und reinen Getreidemähern vertreten war.
Nur ein Jahr später (1864) fand in Celle ebenfalls eine große Ausstellung statt. Sie hatte allerdings nicht den internationalen Charakter und die Größe wie die auf dem Heiligengeistfeld.
Die Ausstellung fand anläßlich der 100-Jahr-Feier der Königlichen Landwirtschaftsgesellschaft statt. Offensichtlich war sie von vornherein mehr auf die regionalen Bedürfnisse der Bauern zugeschnitten, denn es wurden nur zwei Mähmaschinen unbekannter Hersteller zu Preisen von 160 bzw. 225 Reichstalern angeboten.
Bereits vier Jahre später wurde in Celle wieder eine Ausstellung veranstaltet, auf der das Angebot an Mähmaschinen allerdings schon wesentlich größer war. Es wurden Maschinen von Kearsley, Howard, Hornsby, McCormick und Governor vorgestellt.
Wie die Verkaufserfolge der Anbieter waren, läßt sich nicht im einzelnen überprüfen.
Belegt ist jedoch, daß die Bauern der Anschaffung solcher Maschinen sehr reserviert gegenüberstanden. 1872 wurde im Jahresbericht des Landwirtschaftsvereins zu Winsen (Luhe) vermerkt, daß keinerlei Mähmaschinen auf den Äckern und Weiden der Bauern im Einsatz wären. Man war der Ansicht, daß auf den stark gewölbten Marschäckern der Einsatz solcher Maschinen nicht sinnvoll wäre. Die Anschaffung von Mähmaschinen war hier nicht an den finanziellen Verhältnissen gescheitert, denn die Marschbauern zählten im Gegensatz zu vielen Heidebauern nicht zu den Ärmsten, sondern an der grundsätzlichen bäuerlichen Innovationsfeindlichkeit.
Auch 1898 hatte sich die Lage noch nicht wesentlich verändert. Über dreißig Jahre nach der Hamburger Ausstellung wurde in Egestorf

Mähen mit Gespannmähbinder im Landkreis Harburg um 1950.

Gezogener Claas-Mähdrescher im Landkreis Harburg Anfang der 60er Jahre.

in der Lüneburger Nordheide ein Probiermähen veranstaltet. Der Veranstalter hatte die Hoffnung, die für ihn unerklärliche Abneigung, die die Bauern gegen derartige Maschinen zu besitzen schienen, beseitigen zu können. Aber trotz Arbeitskräftemangel scheint ihm das nicht gelungen zu sein, zumindest was die Verbreitung von Getreidemähmaschinen angeht.
Auf dem Markt für Grasmäher hatte es zwischenzeitlich doch eine Entwicklung gegeben. Für das Jahr 1905 ist wiederum in den Berichten des Winsener Landwirtschaftsvereins zu finden, daß die Grasmähmaschinen fast überall vertreten waren, Getreidemähmaschinen dagegen nur vereinzelt. Die Getreideernte blieb bis zum 1. Weltkrieg und darüber hinaus überwiegend Handarbeit. Erst Mitte der zwanziger Jahre fanden der Ableger und der Binder stärkere Verbreitung.
Dies wird auch bestätigt durch die Auswertung der zugänglichen landwirtschaftlichen Statistiken. 1882 wurden in der Drostei Lüneburg (alter hannoverscher Verwaltungsbezirk) 105 Mähmaschinen gezählt, bei denen nicht zwischen Gras- und Getreidemähern differenziert wurde. Diese 105 Maschinen verteilten sich auf insgesamt 67 509 Betriebe, d. h. jeder 670ste Betrieb hatte eine Mähmaschine.
1895 gab es im preußischen Regierungsbezirk Lüneburg 393 Mähmaschinen in insgesamt 11 522 Betrieben. Auch jetzt war die Verbreitung noch außerordentlich gering. In den nächsten Jahren erfolgte jedoch ein enormer Umbruch.
1907 gab es im Regierungsbezirk bereits 6406 Mähmaschinen, wobei leider nicht festzustellen ist, wie sich diese Zahl zwischen Gras- und Getreidemähern aufschlüsselt.
1925 gab es bereits fast 18 000 Betriebe, die Mähmaschinen benutzten. Auf diesen Betrieben wurden 11 215 Grasmäher, 2358 Binder und 4850 Ableger gezählt.
Die Zahlen dürften sich bis zum 2. Weltkrieg noch wesentlich erhöht haben.
Der Einsatz von Mähdreschern erfolgte, wie in den anderen Teilen Deutschlands auch, etwa seit dem Ende der fünfziger Jahre.

Schlepper-gezogener Mähbinder im Landkreis Harburg, 1952.

Gezogener Mähdrescher im Landkreis Harburg um 1970.

Selbstfahrender JF-Mähdrescher,
1989 in der Nähe des Freilichtmuseums am Kiekeberg.

Zusammenfassung

Zwar wurde über die Konstruktion von Gras- bzw. Getreideerntemaschinen bereits in der Antike nachgedacht, es dauerte jedoch bis ins 19. Jahrhundert, daß sich erste Konstrukteure erfolgreich an die Konstruktion von Mähmaschinen machten. Die Umsetzung in industrielle Massenproduktion und Distribution ging von England, noch viel stärker jedoch von Amerika aus.
Schon sehr früh waren die Grundformen der Maschinen entwickelt, die das Bild der Erntemaschinen über Jahrzehnte hinweg bestimmten. Auch der Mähdrescher ist eine amerikanische Entwicklung des frühen 19. Jahrhunderts. Die technischen Neuerungen kommen zwar relativ früh nach Deutschland und werden hier auch bekannt gemacht. Doch sind die Bauern hier in ihrer übergroßen Mehrzahl anfangs nicht von den Vorteilen der neuen Techniken zu überzeugen. Erst nach dem 1. Weltkrieg setzen sich die modernen Ableger und Binder auch in Deutschland auf breiter Front durch. Der Mähdrescher, der in Amerika bereits in der Zwischenkriegszeit das Bild beherrscht, setzt sich in Deutschland erst seit den sechziger Jahren allgemein durch.

Literatur (Auswahl):

Die Entwicklung des landwirtschaftlichen Maschinenwesens in Deutschland, Festschrift zum 25jährigen Bestehen der Deutschen Landwirtschafts-Gesellschaft, Berlin 1910.
Eggert, A.: Von der Mähmaschine zum Mähdrescher, Münster 1991.
Franz, G.: Geschichte der Landtechnik im 20. Jahrhundert, Frankfurt/Main 1969.
Herrmann, K.: Pflügen, Säen, Ernten. Landarbeit und Landtechnik in der Geschichte, Reinbek bei Hamburg 1985.

Statistiken:

Reichsstatistiken 1882, 1894/95, 1907.
Statistikanhang, in: Lohmann: Festschrift aus Anlaß des 100jährigen Bestehens des land- und forstwirtschaftlichen Provinzialvereins für das Fürstentum Lüneburg, Uelzen 1930.

Quellen:

Die regionalen Bezüge wurden aus den Archiven des Freilichtmuseums am Kiekeberg (Kreismuseum des Landkreises Harburg) und dem Archiv des Landwirtschaftsmuseums Lüneburger Heide (Hösseringen) gewonnen.

Abbildungsnachweis:

Archiv Freilichtmuseum am Kiekeberg.
Fischer, G. und andere: Entwicklung des landwirtschaftlichen Maschinenwesens in Deutschland, Berlin 1910.
Fischer, G.: Landmaschinenkunde, Stuttgart 1928.
Franz, G.: Geschichte der Landtechnik im 20. Jahrhundert, Frankfurt/Main 1969.
Landtechnik, 15. Jg., 1960.

Beim Kartoffeln-Auskratzen.

«Ja, gearbeit' ham wir!» Frauenarbeit in der Landwirtschaft

von Elisabeth Eckardt

«Ja, gearbeit' ham wir!» meinte Frieda Maack, als ich sie traf, um mit ihr ein Interview zu machen. Arbeit hat in dem Leben der Frauen, mit denen ich gesprochen habe, die zentrale Rolle gespielt.
Über mehrere Monate hinweg habe ich im Auftrag des Freilichtmuseums am Kiekeberg Frauen getroffen, die in der Landwirtschaft tätig sind oder waren. Dabei leitete mich die Frage, wie sich die Technisierung der Landwirtschaft in der ersten Hälfte des 20. Jahrhunderts auf das Leben und die Arbeit dieser Frauen ausgewirkt hat. Welche Veränderungen in der ländlichen Frauenarbeit haben stattgefunden, und in welcher Weise haben die Bäuerinnen an diesem Prozeß mitgewirkt? Wie haben sie ihre Situation gestaltet, und wofür haben sie Verantwortung übernommen? Wer etwas über die Arbeit der Frauen in der Landwirtschaft und deren Veränderung im Laufe der Technisierung wissen möchte, muß sich aufmachen, sie besuchen und mit ihnen reden. Geschrieben findet sich bis heute wenig. Die Grundlage dieses Artikels bilden deshalb Gespräche, die ich mit zehn Frauen unterschiedlicher sozialer Herkunft im Alter zwischen 50 und 90 Jahren im Landkreis Harburg geführt habe. Oft haben sie nicht gleich verstanden, was ich von ihnen wollte. «Also Sie wollen wissen, wie das früher so war», bemerkte Gertrude Petersen und erzählte in ein paar Sätzen, daß die Mägde und Knechte in Kammern auf der Diele geschlafen hätten und daß alles von Hand gemacht worden wäre. Damit war ihres Erachtens alles gesagt. Sie war kein Einzelfall. Die Frauen sind es bis heute nicht gewohnt, über ihre Angelegenheiten zu sprechen, und wußten daher oft zunächst einmal nichts mit meinen allgemeinen Fragen anzufangen.

Kartoffeln pflanzen.

Auch Pausen gehören dazu.

Meistens bin ich sehr freundlich empfangen worden, die Frauen hatten sich richtig auf den Besuch vorbereitet. Sie haben manchmal Kuchen gebacken oder ein gutes Kleid angezogen. Sie haben mich zum Kaffee oder zum Mittagessen eingeladen. Aber es war für sie kein Kaffeeklatsch. Meistens haben die Frauen das Kaffeetrinken und das Reden getrennt. Nach zweistündigem Gespräch, nachdem ich das Tonbandgerät abgeschaltet hatte, meinte Anna Fricke: «So, nun bleiben Sie noch mal sitzen.» Sie ging raus und holte Kaffee und frisch gebackenen Rhabarberkuchen. Den hatte sie extra für uns gemacht. Dann fiel es ihr auch leichter zu reden, so ohne Tonband. Zuerst die Arbeit, dann das Vergnügen. Ich möchte den Frauen an dieser Stelle danken für ihre Aufmerksamkeit und ihr Engagement. Die verwendeten Namen im Text haben, zur Bewahrung der Anonymität, mit den wirklichen Personen nichts gemeinsam.

Frauenarbeit auf dem Land: Die Bäuerin und die Magd

Die Technisierung veränderte das Leben und die Arbeit der Frauen auf dem Land. Diese Entwicklung stellte sich für die Frauen je nach ihrer sozialen Lage unterschiedlich dar, da sie unterschiedliche Arbeiten leisteten. Welche Arbeiten taten die Frauen auf den Höfen? Eine Großbäuerin verrichtete andere Arbeiten als eine Magd oder eine Tagelöhnerin. Bäuerinnen bewirtschafteten ihren eigenen Grund und Boden und führten ihren eigenen Haushalt. Mägde waren in solche Höfe eingebunden, indem sie dort lebten und arbeiteten. Eine Häuslingsfrau war verpflichtet, auf dem Hof ihres Bauern zu arbeiten, und gleichzeitig führte sie einen eigenen Haushalt. Tagelöhnerinnen kamen stunden- oder tageweise auf den Hof. Im Laufe der ersten Hälfte dieses Jahrhunderts gab es für die Landfrauen eine Reihe von strukturellen Veränderungen. So wurden z. B. 1919 mit der vorläufigen Landarbeiterordnung offiziell das Gesinde und das Häuslingstum abgeschafft. Die grundlegenden Strukturen der Frauenarbeit änderten sich dadurch jedoch kaum.

Kühe wollen täglich gemolken werden.

Bäuerinnen:
«Wenn man fürs Eigene arbeitet . . .»

Die Bäuerin führte ihren eigenen Haushalt. Damit hatte sie ihre eigenen Kinder, ihren Mann und eventuell dessen Eltern und andere Familienangehörige zu versorgen. Des weiteren hatte sie einen Gemüsegarten zu bestellen und Geflügel, Kälber und Schweine aufzuziehen und die Milchwirtschaft zu betreiben. Dies sind die zentralen Elemente, die allen Bäuerinnen gemeinsam waren. Darüber hinaus unterschied sich jedoch ihre Arbeitssituation nach der Größe des Hofes.
Auf den großen Höfen hatte die Bäuerin bis in die dreißiger Jahre hinein eine Reihe von Knechten und Mägden zu versorgen. Während des 2. Weltkrieges, als die Männer nicht zu Hause waren, mußte sie Kriegsgefangene, die auf ihrem Hof arbeiteten, beaufsichtigen.
Ihr Arbeitsbereich beschränkte sich, solange genügend Leute zum Arbeiten da waren, ganz auf das Haus und den Hof. Erst mit dem Mangel an Arbeitskräften in der Außenwirtschaft mußte sie auch dort mitarbeiten.
Auf kleineren Höfen, auf denen nur der Bauer und seine Familie arbeiteten, mußte sie neben der Haus- und Hofarbeit auch auf dem Feld mitarbeiten. Auch während des Krieges hatte sie ganz selbstverständlich diese Arbeiten zu leisten.
So hatten auch die Frauen der Abbauern, das waren Kleinbauern, immer im Stall und auf dem Acker mitzuhelfen. Sie waren eine notwendige Kraft auf dem Feld. Oft verdienten sie noch Geld durch Lohnarbeit bei größeren Bauern. Der Abbauer selbst hatte oft einen handwerklichen Beruf und führte die Landwirtschaft nur nebenher. So beschrieb der französische Soziologe Roux (vgl. Roux, 14), der 1905 in Egestorf über bäuerliches Leben forschte, daß ein Großteil dieser Arbeit der Frau blieb.

Mägde: Arbeit für wenig Lohn

Die Aufgabenbereiche von Mädchen oder Frauen, «die auf Stellung waren», wurden durch mündliche Absprachen vor Antritt der Stelle festgelegt. Sie arbeiteten im Haushalt, im Garten, im Stall und auf dem Acker. Oft wurden die Mägde jedoch nur für einzelne dieser Arbeitsbereiche eingestellt.
Für das Ende des letzten Jahrhunderts beschreibt der Lokalhistoriker Kück ausführlich die Arbeiten der Mägde. Sie mußten Dünger fahren, den Gemüsegarten umgraben und bepflanzen, bei der Heuernte mitarbeiten, die Kartoffeln, Steck- und Runkelrüben hacken und ernten. Bei der Roggen- und Haferernte mußten die Garben gebunden, dann dieselben auf den Wagen gereicht und in der Tenne verstaut werden. Des weiteren mußten die Mägde das Vieh melken und mästen, Saatkörner ausdreschen. Auch mußten sie bei der Hausarbeit mithelfen. (vgl. Kück, 71) An all diesen Aufgaben hat sich in den darauffolgenden Jahren wenig geändert. Meine Gesprächspartnerin-

Kälber tränken.

Hühner werden gefüttert.

Die Töchter hocken das Getreide.

Dienstmädchen und Haushälterin.

nen konnten mir die einzelnen Arbeitsvorgänge genauestens beschreiben. Nur das von Kück noch beschriebene Torfstechen, Flachsverarbeiten, Spinnen und Weben gehörte nicht mehr zu ihren Beschäftigungen.
Aus den 20er und 30er Jahren dieses Jahrhunderts berichteten meine Informantinnen aus ihrer Dienstzeit. Else Prigge erzählte, daß sie während ihrer zehnjährigen Dienstzeit ausschließlich im Stall und auf dem Feld gearbeitet hätte. Sie bemängelte dabei, daß sie nicht im Haushalt arbeiten durfte. Um zu heiraten, hätte sie dieses Wissen gebraucht. Anna Fricke, Luise Behr und Gertrude Petersen dagegen arbeiteten nur im Haushalt. Wilhelmine Putensen wiederum berichtete, daß sie beides verrichten mußte.
Für die Arbeit und Stellung der Mägde brachte die Abschaffung der Gesindeordnung zunächst keine wesentlichen Neuerungen. Nach und nach wurde jedoch der Naturallohn durch Geldlohn ersetzt. Trotzdem war es noch üblich, daß junge Mädchen keinen Lohn erhielten. So erzählte mir Frau Prigge, daß sie von 1921 bis 1923 ohne Lohn nur für Kost und Logis bei einem Bauern gearbeitet hätte.
Die Bauern waren dazu verpflichtet, Sozialversicherungsabgaben für ihre Leute zu bezahlen. Die jungen Mädchen trauten sich zu Anfang oft nicht, diese Forderungen zu stellen, und so «vergaß der Bauer» mitunter zu kleben.
Mit den steigenden Löhnen und dem zunehmenden Einsatz von Geräten und Maschinen verschwanden die Mägde bis zum Zweiten Weltkrieg ganz von den Höfen. Ihre Arbeiten wurden von den Bäuerinnen, deren Töchtern oder von tage- und stundenweise beschäftigten Frauen verrichtet.
Die gleichen Arbeiten, wie sie die Mägde verrichteten, hatten auch die Töchter der Bauern zu leisten. So berichtete Kück über die Zeit Ende letzten Jahrhunderts: «Die Bauerntöchter blieben bis zur Verheiratung auf dem väterlichen Hofe und ersetzten den Eltern die Mägde. Selbstverständlich nahmen die Söhne und Töchter der Bauern den Dênsten (Dienstboten) gegenüber eine bevorzugte Stellung ein, doch trat diese bei der Arbeit kaum hervor, und sie wurde auch sonst nicht leicht den weniger Begünstigten zum Bewußtsein gebracht.» (Kück, 55)
Dies trug sich auch in den 30er Jahren dieses Jahrhunderts nicht viel anders zu, wie mir Gertrude Petersen berichtete: «Aber daß die Tochter da Vorzug hatte und vielleicht dachte, sie bräuchte das nicht so wie die Dienstboten, das gab's nicht. Gemeinsam ging es in den Kuhstall, da wurde gemolken und die Schweine gefüttert.» Oft waren die Töchter noch schlechter gestellt als die, die in Stellung waren, weil sie keinen Lohn bekamen und die Sozialversicherungsabgaben für sie nicht bezahlt wurden.

Häuslingsfrauen und -töchter: Da mußte man halt hin!

Die Ehefrauen von Häuslingen waren kontraktlich verpflichtet, bestimmte Arbeiten für den Bauern oder die Bauersfrau zu erledigen. So mußten sie z. B. in Erntezeiten sowie beim Dreschen helfen. Auch beim Waschen und Schlachten hatten sie dabeizusein. Solange auf dem Hof noch Flachs verarbeitet und gewoben wurde, hatte auch dabei die Häuslingsfrau ihre feste Aufgabe. Oft war das Häuslingshaus zu-

Beim Heuwenden mußten alle mithelfen.

gleich das Backhaus. Besonders beliebt war diese Art von Verpflichtungen nicht. «Da mußte man halt hin», erzählte mir Anna Fricke. Sie ist die Tochter eines Häuslings und hatte vier Jahre lang nach Beendigung der Schule sowohl für ihren Vater als auch für dessen Bauern gearbeitet.
Mit der vorläufigen Landarbeiterordnung von 1919 fiel diese Art von Verpflichtungen weg. Die Häuslinge übernahmen zunehmend den Status von Tagelöhnern, obgleich immer noch mit besonderen Anrechten des Bauern auf ihre Arbeitskraft. In der Realität und dem Bewußtsein der Leute blieben sie jedoch noch lange bestehen.
Häuslingsfrauen hatten, neben den Verpflichtungen gegenüber dem Bauern, dieselben Arbeiten zu verrichten wie auch die Kleinbäuerinnen. Der wesentliche Unterschied bestand nur darin, daß das Land, das sie bzw. ihre Familien bewirtschafteten, nicht ihr Eigentum war.

Tagelöhnerinnen:
Mal einen Tag zwischendurch

Die einzige Form von abhängiger Landarbeit für Frauen, die sich bis heute erhalten hat, ist die der tageweisen oder stundenweisen Beschäftigung. In Zeiten großer Arbeitshäufung, z. B. bei der Kartoffelernte, beschäftigten die Bauern zusätzliche Frauen und Töchter von kleinen Bauern oder Handwerkern aus dem Dorf, die sich auf diese Weise etwas dazuverdienten. Diese Art der Anstellung nahm mit dem Verschwinden des Gesindes allgemein zu. Nicht alle Frauen arbeiteten demnach das gleiche, aber sie verrichteten Arbeiten sowohl in der Innenwirtschaft wie in der Außenwirtschaft. Innerhalb des Hofes besorgten sie alleine die Hauswirtschaft und den Garten. Die Kälber, Schweine und das Geflügel zogen sie meist alleine auf. Die Stallarbeit mit der Versorgung der Kühe teilten sie sich oft mit dem Mann. Die Außenwirtschaft, das waren Hack-

Heu wenden.

frucht-, Getreide- und Futteranbau, übernahm in der Regel verantwortlich der Mann. Die Frau arbeitete aber mit, soweit dieses notwendig war.

Pause.

Schwere Arbeit: Aber Frauen arbeiten gerne

Zeitgenössische Literatur beschreibt die Härte der Arbeit für die Frauen auf dem Land zu Anfang dieses Jahrhunderts. Zu viel und zu schwere Arbeit hätte es gegeben. Die Frauen seien immer überbelastet gewesen. Bis in die 50er Jahre hinein wird dies immer wieder hervorgehoben. Auch meine Gesprächspartnerinnen betonten, daß die Arbeit schwer gewesen wäre. Kartoffelsäcke schleppen, Garben hokken, Getreide auf die Diele bringen, die Dreschmaschine füttern. Frau Mencke war froh, als es Traktoren und Maschinen gab, die die schwere Arbeit abnahmen. Sie war froh, als sie nicht mehr mit den Pferden arbeiten mußte, die manchmal durchgingen oder bissen. «Heute ist alles viel leichter», meinte sie. Sie stellte jedoch mit ihren Aussagen eine Ausnahme dar.
Die meisten Frauen betonten die Belastung durch die Arbeit, doch sei diese nicht so hektisch gewesen, wie jene später mit den Maschinen. Ruhiger wäre das Geschehen gewesen.

Bei der Kartoffelernte wurden viele Frauenhände benötigt.

Kartoffeln setzen in der Nachkriegszeit.

Wahrscheinlich wurde die Handarbeit im nachhinein verschönt, oder aber sie haben ihre Arbeit gerne getan, trotz alledem. Die Art ihrer Erzählungen deutet darauf hin.
Die Arbeit war kaum zu schaffen, aber sie schafften sie doch. Obwohl sie sagten: «Mußte ja gemacht werden», taten sie die Arbeit nicht unwillig. Die Handarbeit, die immer wiederkehrenden Abläufe waren ihr Bereich. Von ihnen wußten sie, daß sie sie konnten, wollten sie sich vielleicht auch gar nicht nehmen lassen.
Wenn meine Gesprächspartnerinnen erst einmal anfingen, über ihre Tätigkeiten zu reden, blühten sie regelrecht auf. Gertrude Petersen stand vom Stuhl auf, um mir besser vormachen zu können, wie die Kartoffeln gehackt wurden. Sie ging durchs Zimmer und führte mir vor, wie sie im Rückwärtsgehen die Rüben gehackt hatte. Den Hafer wiederum hackte man im Vorwärtsgehen. Aufs genaueste beschrieb sie auch, wie in der Getreideernte die Garben aufgestellt wurden.
«Beim Roggen waren es früher, glaube ich, vier Spann oder sechs. Das weiß ich nicht mehr ganz genau. Und vier Garben wurden daneben gesetzt, damit sie nicht umkippten. Und beim Hafer waren sieben sozusagen gestelzt. Zwei, vier, fünf, sechs, sieben in der Reihe. Und da wurde in die Mitte eine hineingestellt und an jede Seite. Das ist ja nun egal, ob es sieben oder sechs sind . . .» Und während sie so erzählte, ging sie immer mehr in der damaligen Arbeit auf.
Die Frauen waren stolz darauf, daß sie so viel und hart arbeiten konnten. «Die Landwirtschaft geht heute zugrunde, weil es keine Bäuerinnen mehr gibt. Eine Bauersfrau, die zum Tennisspielen geht, ist keine Bauersfrau. Das gab's bei uns nicht. Wir haben noch richtig gearbeitet», betonte Wilhelmine Putensen. Sie bauten sich daraus ihr Selbstverständnis auf, ihre eigene Ideologie.
Ob sie mal krank gewesen sei, fragte ich Anna Fricke. «Krank? Ne! Ich weiß einmal, da bin ich am Nachmittag zum Zahnarzt hin, und der hat mir einen Zahn gezogen. Dann habe ich mich hinterher hingelegt.» Auch meine anderen Gesprächspartnerinnen erzählten, daß sie nie krank gewesen wären. Jetzt im Alter

Kartoffeln pflanzen.

komme das eine oder andere. Aber als junge Frau, da gab's das nicht.
«Durch Faulheit wird man krank, aber nicht durch Arbeit.» Eine Frau muß arbeiten, gut wirtschaften, damit sie als Frau anerkannt wird. Und sie hat es getan. Sie hat diese Rolle ausgefüllt – voll Stolz. «Früher war die Arbeit schwer, aber man hatte Freude.» Und heute bleibt ihr nur noch die Erinnerung an die Arbeit, wenn sie alleine zu Hause sitzt, weil ihr Mann schon gestorben ist und ihre Kinder und Enkel woanders wohnen. Ihre Arbeit ist nicht mehr gefragt.

Heu einfahren.

Stroh auf den Boden abladen.

Feldarbeit: Frauen können alles

Die grundlegende geschlechtliche Arbeitsteilung auf dem Feld wies bis in die 50er Jahre dem Mann die Vorbereitung des Bodens und die Einsaat zu. Die Pflege der Kultur, d. h. das Hacken, Unkraut jäten, Steine sammeln u. ä., war Sache der Frau. Bei der Ernte arbeiteten beide zusammen.
Als ein anderes Kriterium für die Arbeitsteilung galt die Schwere der Arbeit, was aber in der Realität nur bedingt ausschlaggebend war. So wird für vorindustrielle Zeiten auch beschrieben, daß Frauen immer auch Tragearbeiten ausgeführt haben. Später galten «schwere» Arbeiten, insbesondere Lasten heben und tragen als Männerarbeiten. Was aber nicht bedeutete, daß Frauen sie nicht verrichtet hätten. Man begründete dies jedoch immer mit dem Mangel an männlichen Arbeitskräften. Auch beim Düngerausfahren, das eine schwere Arbeit war, haben immer Mägde mitgearbeitet. Zu einem guten Teil war dies also ein Bild, das nicht der Realität entsprach.

Getreideernte.

Eine weitere Unterscheidung gewann im Laufe der Technisierung an Gewicht. In der Regel führte der Mann das Gespann, während die Frau die Handarbeit verrichtete. Da die Technisierung zuerst die Arbeitsbereiche des Mannes erfaßte, erleichterte sie ihm die Arbeit und ermöglichte damit eine schnellere Erledigung derselben.
Männer fingen an, mit Maschinen zu arbeiten, und nutzten sie. Sie probierten aus und bastelten daran herum. Viele Gerätschaften wurden auf diese Weise entwickelt. Frauen taten dies nur selten. Damit hatten sie nichts zu tun. Sie konnten sich meist auch nur schwerlich daran erinnern, welche Maschinen sie besessen hatten. Es interessierte sie nicht. Und wenn der Mann nicht da war, und die Maschine mußte erneuert werden, dann mußte darüber der Schwager oder ein anderer Verwandter entscheiden. Frauen taten in diesen Bereichen meist nur das Notwendigste.
Die ersten Maschinen haben den Männern die Arbeit abgenommen oder erleichtert. Plötzlich sind sie Trecker gefahren, und die Frauen haben immer noch die schwere und anstrengende Handarbeit gemacht. Darüber hinaus vermehrte sich die Frauenarbeit, da durch die Intensivierung der Landwirtschaft die Kulturen eine intensivere und aufwendigere Pflege benötigten.
Gleichzeitig vergrößerte die Einführung der Technik die Diskrepanz zwischen der Qualität der verschiedenen Tätigkeiten. Während die Maschinenarbeit immer höhere Anforderungen stellte, bekam die Handarbeit zunehmend den Charakter von unqualifizierter Hilfsarbeit.
Ein Hauptanbauprodukt der Lüneburger Heide bis 1950 war neben Roggen, Hafer,

Gerste, Buchweizen, Rüben und Grünfutter die Kartoffel. Bis zur Jahrhundertwende war sie nur zum eigenen Verzehr angebaut worden. Danach entwickelte sie sich zu einem wichtigen Verkaufsgut. Dies brachte besonders viel Arbeit für die Frauen, da in diesem Wirtschaftszweig bis nach dem Zweiten Weltkrieg noch fast alles von Hand gemacht wurde. Die Entwicklung der Arbeit in diesem Bereich ist typisch für die bäuerliche Arbeit und kann deshalb als Beispiel betrachtet werden.
Bis in die 20er Jahre hinein haben viele Bauern den gesamten Kartoffelanbau, ausgenommen das Vorbereiten der Erde, in Handarbeit erledigt. So berichtete Gertrude Petersen: «Da weiß ich noch, wie ein Bauer das so gemacht hat. Das war so ein runder Stock und da war 'ne Querstange durch. Und der Pflug ging links, und der Mann hat dann immer die Löcher gemacht. Und die Frauen haben die Kartoffeln dann reingeschmissen. Guck, und dann hat er eine Furche drüber gemacht und die nächste Furche wiedergemacht. Und nachher, wie ich denn so weit war, da wurde gepflügt, und da gab es 'ne Maschine, wo schon Löcher gemacht wurden. Da mußten wir auch reinwerfen und nachher wurde zugeeggt.»
Kartoffellegemaschinen, die die Arbeit den Frauen zuerst teilweise und dann ganz abnahmen, wurden erst nach dem Zweiten Weltkrieg entwickelt.
Sobald die Kartoffeln gewachsen waren, mußten sie gehackt und das Unkraut gejätet werden. Dies blieb auch bis in die 60er Jahre und noch länger Handarbeit und wurde fast ausschließlich von Frauen, oft in Lohnarbeit, verrichtet.
Bei den Erntearbeiten ist eine größere Entwicklung zu verzeichnen. Zuallererst mußten die Kartoffeln ganz von Hand aus der Erde gegraben werden. Ein Aufpflügepflug vereinfachte da schon die Sache. Die Frauen hatten dann jedoch das Weitere zu tun, wie Margarethe Heins berichtete: «Da saßen sechs, sie-

Im Garten.

Die Frauen gehen meist neben dem Flügelmäher.

Beim Kartoffeln-Ausharken.

Kartoffelkäfer suchen.

ben Frauen in einer Reihe und suchten mit einem Kratzer die Kartoffeln auf, warfen sie in einen Korb neben sich. Da wurde das ganze Feld gleich so geerntet, daß man nicht nachsuchen brauchte. Ne, die Arbeit war nicht so schwer.» Die Einführung des Kartoffelroders machte dagegen die Arbeit zunächst nicht leichter. «Von Hand war gemütlicher. Da saß man in einer Reihe und konnte bei klönen.» Beim Roder wurden die Kartoffeln soweit hinausgeschleudert, daß die Frauen hin und her gehen mußten, um die Kartoffeln einzusammeln. Die meisten Frauen, mit denen ich gesprochen habe, fanden das Laufen und Bükken anstrengend. Auch konnten sie nicht mehr so gut dabei miteinander reden, da sie zu weit voneinander entfernt waren. Da bei dieser Methode nicht so gründlich geerntet werden konnte, mußte anschließend noch nachgesucht, d. h. ein zweites Mal über den Acker gegangen werden. Das später an den Pflug angebrachte Auffangrad machte die Arbeit wieder leichter, da die Kartoffeln alle in einer Reihe abgelegt wurden.
Waren die Kartoffeln erst mal aus der Erde, mußten sie von den Körben in Säcke gepackt werden. Die Säcke wurden dann wiederum auf den Wagen geladen. Dies machten wenn möglich Männer. Waren aber keine Männer da, wie es in den Kriegszeiten der Fall war, taten auch dies Frauen. Sie arbeiteten dann «wie Männer», wie es hieß.
Die Mechanisierung der landwirtschaftlichen Arbeit brachte eine Verringerung der Arbeitskräfte, am Anfang insbesondere der männlichen mit sich. Die Einführung von Löhnen ermöglichte es zum einen nicht mehr, so viele Knechte anzustellen wie benötigt wurden, auf der anderen Seite wanderten die männlichen Arbeitskräfte in die Industriebetriebe ab. Bäuerinnen, Mägde und Tagelöhnerinnen übernahmen dadurch oft Arbeiten, die früher von Männern gemacht wurden: Pflügen, Kartoffelsäcke tragen und vieles mehr.
Für die Frauen war die Feldarbeit jedoch nicht nur eine zusätzliche Belastung, sondern sie waren auch stolz darauf, alle Arbeiten verrichten zu können.
Im Krieg, als keine Männer auf den Höfen waren, haben sie gepflügt, gedrillt, gemäht und geerntet. Sie haben alle Arbeiten verrichtet. Sie haben die kleinen Kinder bei der Mutter oder Schwiegermutter gelassen und sind auf's Feld zum Melken oder zum Kartoffelernten. Sie konnten mit den Maschinen umgehen und mit den Pferden arbeiten. Es war alles kein Problem. Das einzige Problem schien, daß die Arbeit nie aufhörte. Aber sie haben es trotzdem gemacht. Es ist die Aufgabe der Frau, alles tun zu können. Zu einem aber waren sie nicht bereit:
Sie übernahmen nur selten die Verantwortung für die Gesamtheit des Hofes. Der Großvater, der im Haus war, bestimmte, wann gesät und

Säcke schleppen.

geerntet wurde. Der Schwager oder Neffe des Mannes, der nicht im Krieg war, entschied über eine Neuanschaffung.
Nachdem die Männer aus dem Krieg kamen, haben die Bäuerinnen alle gerne ihre Arbeit und Aufgaben zurückgegeben. Ich habe oft danach gefragt, warum? Die Antwort war: «Das war halt so!»

Gelderwerb:
Der Händler nahm die übrigen Eier

Die traditionelle landwirtschaftliche Frauenarbeit war neben den Arbeiten auf dem Feld insbesondere die Arbeit im Stall. Die Bäuerin zog Kälber, Schweine und Geflügel auf und besorgte die Milchwirtschaft. Dieses waren Bereiche, in denen sie in kleinem Umfange Handel betrieb und sich somit eine gewisse wirtschaftliche Selbständigkeit sicherte.
In vorindustrieller Zeit verkauften Frauen Produkte, die ihrem Tätigkeitsbereich entstammten, fast immer selbst. Es handelte sich dabei vor allem um Butter, Käse, Eier, Kleinvieh (Hühner, Hähne, Gänse), Obst, Beeren und Gemüse. Gelegentlich kamen andere Produkte wie Leinen dazu.
Anfang dieses Jahrhunderts basierte das bäuerliche Leben in der Lüneburger Heide noch größtenteils auf Selbstversorgung. Was vom Kaufmann erworben werden mußte, wurde zum großen Teil mit den eigenen landwirtschaftlichen Erzeugnissen wie Butter, Eier, zum Teil auch mit Rauchfleisch bezahlt. Roux erwähnt im Zusammenhang damit außerdem den Verkauf von Gänseeiern, Küken und Daunenfedern.
In geringem Umfang wurden Waren auch gegen Geld angekauft. Auch Dienstleistungen, wie die des Schusters, Sattlers oder Schneiders, mußten bezahlt werden. Für die häusliche Wirtschaft bedeutete dies jedoch, daß Frauen die für ihren Haushalt notwendigen Dinge selbst erwirtschafteten. So war es bis in die Nachkriegszeit hinein ein Gebot für die Bäuerin, ihr Wirtschaftsgeld selbst zu verdienen. «Dafür mußte das Bargeld nicht herhalten», betonte stolz Wilhelmine Putensen. Bargeld bedeutete für sie Geld, das durch den Erlös von Waren hereinkam, die ausdrücklich für den Verkauf produziert wurden. Dies waren im wesentlichen Rinder, Schweine, Getreide und Kartoffeln. Dieses Geld waren die Einnahmen des Mannes.
Ich trenne diese Einkommensquellen nicht, um den Eindruck zu erwecken, der Mann oder die Frau hätten die von ihnen eingenommenen Gelder privat ausgeben können. Letztendlich floß fast alles zurück in den gemeinsamen Hof. Trotzdem erkennt man an der Art und Weise, wie die Frauen über ihre eigenen Einnahmen sprachen, daß diese neben der wirtschaftlichen auch eine emotionale Bedeutung besaßen, die nicht zu unterschätzen ist.

Kartoffeln suchen.

Pflügen.

Geflügel

Die Aufzucht von Hühnern, Gänsen und Enten war immer eine Einnahmequelle von Landfrauen gewesen. Für Anfang des Jahrhunderts erwähnt Roux den Verkauf von Hühner- und Gänseeiern, Daunenfedern und Küken. Als Besonderheit für die Lüneburger Heide sind die sogenannten Stubenküken bekannt. Diese wurden von Häuslingsfrauen oder Kleinbäuerinnen in ihrer Küche unter der Bank aufgezogen. Spezielle Händler kauften diese dann auf, um sie in Hamburg weiter zu verkaufen. (vgl. Roux, 41)
Mitte der 20er Jahre begann der Staat, die Produktivität der Landfrauen für die Volkswirtschaft zu entdecken. Dabei erschien in fast jedem Artikel der neu herausgekommenen Zeitschrift «Landfrau» in den Jahren 1927–31 ein Beitrag zur wirtschaftlichen Bedeutung der Eierproduktion für Deutschland. Außerdem wurden Rechenbeispiele für den einzelnen Haushalt angegeben sowie praktische Hin-

weise zum Bau von Hühnerställen und der Pflege der Tiere.
Der Verkauf dieser Erzeugnisse erfolgte nur auf individueller Basis, d. h. unorganisiert. Obwohl die Hannoverschen landwirtschaftlichen Hausfrauenvereine in den zwanziger und dreißiger Jahren Eierverkaufsgenossenschaften propagierten, sind im Landkreis Harburg keine entstanden. Das heißt, jede Frau verkaufte ihre Eier an den Kaufmann, an die Eierfrau oder an Verwandte in Harburg, die sie in ihrem Laden weiterverkauften. So erzählte Gertrud Petersen: «Ja also Eier, wenn welche übrig waren, haben wir sie weggegeben. Hier kam ein Eierhändler, irgendwo so aus dem Dorf. Aus dem Nachbarort, aus Ohlendorf, kam so ein alter Mann, der hatte große Körbe und hat die Eier aufgekauft. Und von Wenzendorf kam noch jemand und hat Eier aufgekauft. Die haben sie dann nach dem Markt gebracht. Also was wir übrig hatten, haben wir weggegeben.»

Im Garten.

Bickbeeren

Auch außerhalb des Hofes suchten Frauen Einnahmequellen. In der Lüneburger Heide war dieses der Verkauf von Wildfrüchten, insbesondere Blaubeeren.
«So gehen im Sommer die Frauen und Kinder zum Waldbeerenpflücken. Eine wohltuendere Beschäftigung kann man sich kaum vorstellen, mitten im Wald und bei gesunder, harziger Luft. Auch den ganz Kleinen gefällt es, weil sie sich nützlich machen können. Zum Schluß der Saison hat die Familienmutter auf diese Weise 200 bis 300 Mark dazu verdient.» (Roux, 45) So beschreibt der französische Soziologe Roux die Situation um 1905.
Ganz so wohltuend, wie Roux es beschreibt, war diese Arbeit nach Angaben meiner Gesprächspartnerinnen nicht. Die Motivation bestand demnach weniger darin, viel Geld zu verdienen, als überhaupt zu Bargeld zu kommen. Dies war auch der Grund, warum die

Auch der Garten bringt so manche Mark ein.

Ferkel bringen auch Bargeld ins Haus.

Frauen und Kinder so gern zum Beerenpflükken losgegangen sind, und weniger um der wohltuenden Beschäftigung willen. Gab's dann im nächsten Dorf ein paar Pfennige mehr dafür, so lief man eben abends noch die paar Kilometer hin und zurück. «In den Ferien waren wir ganze Tage Bickbeeren pflücken. Dann waren wir manchmal im Toppenstedter Wald. Da haben wir die Toppenstedter gefragt, und wenn die da zwei Pfennig teurer waren, dann sind wir mit unseren Körben nach Toppenstedt gegangen und mit den leeren Körben nach Haus. Dann haben wir nur gesagt, wenn's morgen nur regnen wollte, daß wir nicht los brauchten», berichtete Margarethe Heins.

Milch und Butter

Milch und Milchprodukte gehörten vor der Intensivierung der Milchwirtschaft in den Verantwortungsbereich der Frau. Mit der Entstehung und Verbreitung der Molkereien wurde die Milch zum Handelsgut. Sie wurde an die Molkerei abgeliefert, wobei die Abrechnung fortan über den Mann geschah. In den Molkereien waren in der Regel Männer beschäftigt, und auch deren Vorstände waren von Männern besetzt. Obwohl das Melken weiterhin überwiegend in den weiblichen Arbeitsbereich gehörte, übernahm den Verkauf der Milch durch die Molkereien nun der Mann. Es stellt sich die Frage, warum nicht die Frauen tätig wurden. Man kann sich die Frage damit beantworten, daß dieses Arbeiten im öffentlichen Bereich waren, die traditionell von Männern ausgeführt wurden. Trotzdem bleibt die Frage: Warum gaben die Frauen eine Einnahmequelle ab, die ihnen ein Stück autarkes Wirtschaften ermöglichte?
Während zu Anfang die großen Bauern fast ausschließlich ihre Milch an Molkereien verkauften, entschieden sich viele Kleinbauern oder Kleinbäuerinnen weiterhin für die Selbstverarbeitung der Milch. Das Aufkommen von Milchzentrifugen im Handel ab der Jahrhundertwende stellte zu Anfang sogar nahezu eine Konkurrenz für die Molkereien dar. Insbesondere die Abbauern kauften sich solche Geräte und stellten selbst Butter her. Durch die Verarbeitung der Milch konnte wesentlich mehr Geld erworben werden als durch den Verkauf der unbearbeiteten Milch. Diese Kleinbäuerinnen waren mehr auf das Geld angewiesen, als ihre Kolleginnen auf den großen Höfen. Für sie waren diese Einnahmen notwendig, um das tägliche Leben bestreiten zu können. Die Großbäuerinnen dagegen hatten so viel mit der Hauswirtschaft zu tun, daß sie keine Zeit mehr hatten, Butter herzustellen. Zudem machten die Molkereien die Auflage, entweder die gesamte oder gar keine Milch an sie zu verkaufen.

Hühner füttern.

Melken ist meist Frauensache.

Das Reinigen vom Milchgeschirr gehört auch dazu.

Ein paar Pfennige nur

Insbesondere für Kleinbäuerinnen waren die Einnahmen durch den Verkauf von landwirtschaftlichen Produkten wichtig. Sie ermöglichten ihnen ein gewisses selbständiges Wirtschaften. Es waren ein paar Pfennige nur, doch bezahlten sie lange Zeit die Krämer damit. Mit dem vermehrten Gebrauch von Industrieprodukten wurden diese Einnahmen jedoch im Verhältnis zum benötigten Bargeld geringer. Gleichzeitig gaben die Frauen immer mehr Bereiche auf, in denen sie Bargeld erwirtschaften konnten, suchten sich stattdessen aber keine neuen. Sie gaben dadurch eine gewisse Selbständigkeit auf.

Was machte die Bäuerin zu ihrer Sache?

Melken.

Die landwirtschaftlichen Arbeiten der Frauen haben sich in dem betrachteten Zeitraum zwischen 1880 und 1950 auf unterschiedliche Weise verändert. Einerseits wurden Bereiche beschnitten, und andererseits kamen neue Aufgaben hinzu.
Des weiteren veränderte sich die Qualität der Arbeit. Der Zeitraum dabei zeigt nur einen Ausschnitt aus einer Tendenz, die schon früher begonnen hatte und bis heute andauert. Traditionell trug die Frau auch Verantwortung im landwirtschaftlichen Bereich. Dieses waren Arbeiten, die meist am Hof ausgeführt wurden: Die Versorgung des Milch- und Kleinviehs, der Schweine und des Geflügels sowie die Bestellung des Gemüsegartens. Die Frau lieferte damit ihren Anteil an der Produktion von Nahrungsmitteln. Der Mann baute dagegen das Getreide und die Hackfrüchte an. Gewöhnlich versorgten sich die Höfe bis in die 50er Jahre mit Nahrungsmitteln fast ausschließlich selbst, wodurch alle diese Arbeiten notwendig wurden. Die finanzielle Lage hätte es nicht erlaubt, Großteile der Nahrung anzukaufen.
Erzeugnisse aus der Tierhaltung nutzte die Bäuerin auch, um Bargeld zu erwirtschaften. Damit erwarb sie zusätzlich notwendige Nahrungsmittel und kleinere Dinge für den Haushalt. Sie erlangte dadurch eine gewisse wirtschaftliche Selbständigkeit: Die Hauswirtschaft konnte finanziell unabhängig vom restlichen Hof betrieben werden und sich selber tragen.
Mit der Intensivierung der Landwirtschaft verloren diese Bereiche an wirtschaftlicher Bedeutung. Der Erlös, den die Bäuerin für Eier, Geflügel und Gartenprodukte bekam, war im Vergleich zu den anderen Einnahmen des Hofes, wie z. B. Kartoffeln und Getreide, gering. Der Krämer konnte in den 50er Jahren oft noch davon bezahlt werden, doch viele industriell gefertigte Waren, die nun gekauft wurden, mußten aus anderen Mitteln bestritten werden. Andere Bereiche entließ die Frau nach und nach aus ihrer alleinigen Verantwortung.
Die Milchwirtschaft, die durch die intensivere Viehhaltung an Geldwert gewann, gab sie teilweise aus ihrer Verantwortung ab. Die Vermarktung überließ sie dem Mann, während sie selber weiterhin die Kühe molk und den Stall ausmistete. Dabei blieb ihr die Arbeit, aber nicht die Einnahmen. Diese flossen in die allgemeine Hofwirtschaft oder an den Mann.
Die Hauswirtschaft und die genannten landwirtschaftlichen Arbeiten haben demnach einst eine Einheit gebildet. Die Bäuerin erwirtschaftete mit dem einen Dinge für das andere. Zunehmend ging diese Einheit verloren, und zugleich verlor die Frau an Selbständigkeit. Ihre einzelnen Arbeiten aber blieben bestehen. Für die Feldarbeit war im wesentlichen jedoch der Mann verantwortlich. Auch wenn die Aufgaben gemeinsam besprochen wurden, war es der Mann, der nach außen wirkte. Je größer der Hof, desto deutlicher war die Trennung. Er verkaufte die Erträge, er erwarb die für den Betrieb notwendigen Dinge. Beide aber, Mann und Frau, arbeiteten auf dem Feld.

Propaganda während des 1. Weltkrieges.

Insbesondere im Sommer fiel die Hauptarbeit eines landwirtschaftlichen Betriebes draußen an. Da wurden ihr die anderen Arbeiten untergeordnet. Hausarbeit lief nur nebenbei. Insgesamt treffen Darstellungen, wonach Bäuerinnen nur einige Stunden auf dem Feld gearbeitet hätten, nur für mittelgroße oder große Höfe zu.
Alle anderen Landfrauen brachten viele Stunden bei der Feldarbeit zu.
Vor der Technisierung verrichteten sowohl der Mann als auch die Frau Handarbeit auf dem Feld. Die Veränderungen betrafen dann zunächst die männlichen Arbeitsabläufe.
Die Aufgaben der Frauen blieben diejenigen, die manuell ausgeführt werden mußten, und bekamen im Vergleich zu den Maschinenarbeiten des Mannes zunehmend den Charakter von Hilfsarbeiten. Die Frauen führten diese Arbeiten jedoch genauso gewissenhaft und eifrig aus wie zuvor.

In zeitgenössischen Quellen wird wiederholt angegeben, daß die Veränderungen in der Landwirtschaft für die Frauen zusätzliche Arbeit gebracht hätten. Es wird allgemein von

Strohladen.

Hühnerfüttern gehörte einst zum Alltag . . .

. . . und später.

1916.

der Überbelastung der Frau gesprochen. Auch meine Gesprächspartnerinnen bestätigten dies. Warum aber verrichteten die Frauen die vermehrte Arbeit, die im Stall und auf dem Feld anfiel? Unter der Prämisse, daß die Arbeit getan werden mußte und daß sie keine andere Wahl gehabt hätten, haben die Frauen gearbeitet. Die Frauen waren stolz darauf, so viel und so hart arbeiten zu können. Es war ein zentrales Element ihres Selbstbildes. Trotz der einschneidenden Veränderungen in der Landwirtschaft in der ersten Hälfte dieses Jahrhunderts hielten Frauen an der traditionellen Arbeitsteilung fest, obwohl sie dadurch an Eigenständigkeit verloren. Da drängt sich die Frage auf: Warum taten die Frauen das? Warum haben sie nicht stärker den Wunsch gehabt, eigenständig zu handeln?
Maria Wegner schrieb dazu 1905, sie könnte es auch noch 1950 geschrieben haben: «In keinem Berufe ist die Frau so fest in alter Hörigkeit verblieben wie in der Landwirtschaft.» Timothy Mason (vgl. Mason, 118 ff.) beschrieb die Arbeitssituation der deutschen Landfrauen in den 30er Jahren. Dabei bemerkte er, daß sie bereitwilliger untergeordnete und schlecht bezahlte Arbeitsverhältnisse eingegangen seien als Frauen in anderen Ländern. Sie seien stärker an patriarchalische Strukturen gewöhnt gewesen und verhielten sich insgesamt unterwürfiger als in anderen Ländern.
Die hiesigen Landfrauen hielten sich lange von den technischen Entwicklungen, die auf dem Land stattfanden, fern. Sie bemühten sich, diese zu ignorieren, und setzten sich z. B. lange nicht mit den neuen Techniken auseinander. Erst wenn die Geräte alltäglich geworden waren, näherten sie sich ihnen. Die Umstrukturierung der Arbeitsbereiche in der Landwirtschaft erforderte eine neue Identitätsfindung für die Landfrauen. Diese Verunsicherung, die daraus für die Frauen entstand, führte augenscheinlich einerseits zu einem Rückzug ins Private. Sie gaben landwirtschaftliche Verantwortungsbereiche ab und wurden zunehmend zu «Hausfrauen». Andererseits stürzte die Frau sich in Arbeit, was gerne ein weibliches Verhaltensmuster in solchen Identitätskrisen ist. Das passende Selbstbild dazu besagt, daß eine Frau arbeiten und gut wirtschaften muß, damit sie als Frau anerkannt wird. Und sie hat es getan, die Rolle voll ausgefüllt. «Durch Faulheit wird man krank. Aber nicht durch Arbeit!»

Wassertragen war auch in den 50er Jahren noch mühsame Handarbeit.

Literatur (Auswahl):

Aßfalg, M., Janshen, D., Mingels, M. und Pretzsch, H.: Dorfalltag von Frauen im Wandel der industriellen Gesellschaft, Berlin 1984.

Bidlingmaier, M.: Die Bäuerin in zwei Gemeinden Württembergs, Berlin, Stuttgart, Leipzig 1918.

Boehm-Lamgarben, E.: Der Anteil der Landfrauen an der landwirtschaftlichen Werterzeugung, in: Der Deutsche Frauenkongress Berlin 27. 2.–2. 3. 1912, Leipzig, Berlin 1912, S. 88–100.

Caesar-Weigel, H.: Das Tagewerk der Landfrau, Berlin 1937, 1950.

Iffland, Th.: Die Arbeit der Bäuerin und die Frauenarbeit in bäuerlichen Familienbetrieben Niedersachsens, in: Berichte über Landwirtschaft, Heft 34, Hiltrup 1956, S. 630–670.

Inhetven, H. und *Blasche, M.*: Frauen in der kleinbäuerlichen Landwirtschaft, Opladen 1983.

Kempf, R.: Arbeits- und Lebensverhältnisse der Frauen in der Landwirtschaft Bayerns, in: Schriften des ständigen Ausschusses zur Förderung der Arbeiterinnen-Interessen, Heft 9, Jena 1918.

Kück, E.: Das alte Bauernleben der Lüneburger Heide, Leipzig 1906.

Maier-Kaienburg, H.: Frauenarbeit auf dem Land in der Zwischenkriegszeit, Hannover 1989.

Mason, T.: Zur Lage der Frauen in Deutschland 1930–1940: Wohlfahrt, Arbeit und Familie, in: Gesellschaft. Beiträge zur Marxistischen Theorie, Nr. 6, 1976, S. 118–193.

Roux, P.: Der Bauer in der Lüneburger Heide, Ehestorf 1991.

Vanja, C.: Frauen im Dorf, in: Zeitschrift für Agrargeschichte und Agrarsoziologie, 34. Jg., Heft 2, 1986, S. 147–159.

Verdier, Y.: Drei Frauen. Das Leben auf dem Dorf, Stuttgart 1982.

Wegner, M.: Die Lage der Landarbeiterinnen, Leipzig 1905.

Abbildungsnachweis:

Sämtliche Abbildungen aus dem Archiv des Freilichtmuseums am Kiekeberg.

Die Bedeutung der landwirtschaftlichen Vereine für den Umbruch im 19. Jahrhundert

von Ute Krohne

Vereine gehören für uns heute zum selbstverständlichen Bestandteil des sozialen Lebens. Dabei ist diese Form des Zusammenschlusses – beruhend auf der freiwilligen Entscheidung von Personen und unabhängig von ihrem persönlichen Stand – noch relativ jung: erst im 19. Jahrhundert setzte sie sich als neue Organisationsform in der Gesellschaft durch.
Zu den frühen Vereinsgründungen im dörflichen Bereich zählten die sogenannten «Landwirtschaftlichen Vereine» – die in gewisser Weise als Fachvereine der Bauern und Landbesitzer bezeichnet werden können. Ihre Gründungsjahre gehen teilweise bis in die erste Hälfte des 19. Jahrhunderts zurück – in eine Zeit also, in der durch die «Bauernbefreiung» und durch neue Erkenntnisse der Agrarwissenschaften die landwirtschaftliche Produktion begann, sich grundlegend zu verändern. Die zum Teil noch bestehenden landwirtschaftlichen Vereine beschränken sich heute im wesentlichen auf Traditions- und Geselligkeitspflege. Damit reichen sie jedoch bei weitem nicht an die Aufgaben heran, die sie im 19. Jahrhundert für die Mitglieder, aber auch für Nicht-Organisierte übernahmen.

De dor boben
oder: Die Anfänge des landwirtschaftlichen Vereinswesens in Deutschland

Schon in den 60er Jahren des 18. Jahrhunderts nahm das Interesse an landwirtschaftlichen Fragen zu. Wachsende Bevölkerungszahlen veranlaßten Fürsten und Landesherren, sich mit Fragen einer ausreichenden Nahrungsmittelversorgung auseinanderzusetzen. Aber auch für den steigenden Bedarf an Steuereinnahmen der Landesherren bildete die Landwirtschaft zu dieser Zeit noch die größte Einnahmequelle und förderte das staatliche Interesse an landwirtschaftlichen Betrieben mit wachsender Steuerkraft. Kenntnisse über die Fortschritte in der landwirtschaftlichen Produktion in England – und den damit möglichen Einnahmesteigerungen – veranlaßten auch Gutsbesitzer und Grundherren, sich mit Verbesserungen der landwirtschaftlichen Produktion auseinanderzusetzen. Aus diesen Gründen fanden sich Mitglieder der gebildeten Oberschicht – Adel und hohe Beamte – in sogenannten ökonomischen und landwirtschaftlichen Gesellschaften zusammen. 1762 wurde die erste in Thüringen gegründet. Weitere Gründungen (z. B. in Celle, Breslau und Potsdam) folgten. Ziel dieser Organisationen war es, den Mitgliedern Fortschritte in der landwirtschaftlichen Produktion zu vermitteln und dem allgemeinen Mangel an Kenntnissen unter der Landbevölkerung abzuhelfen.
Letzteres gelang allerdings kaum. Die Mitgliedschaft in den Gesellschaften blieb auf die Oberschicht beschränkt. Und auch die von ihnen herausgegebenen Informationsschriften fanden keinen Weg in die bäuerlichen Betriebe, deren Besitzer nur selten des Lesens

Festschrift einer der ältesten deutschen landwirtschaftlichen Gesellschaften.

Festschrift
zum
150jährigen Bestehen
der
Königlichen
Landwirtschafts-Gesellschaft
Hannover
1764 1914
E·W·B
Verlag der Landwirtschaftskammer Hannover

und Schreibens mächtig waren. Die von Guts- und Grundherren abhängigen Bauern leisteten ihre Abgaben und blieben an der Selbstversorgung innerhalb einer dörflichen Produktionsgemeinschaft orientiert.
An den Agrarreformen, die von den deutschen Einzelstaaten seit Anfang des 19. Jahrhunderts eingeleitet wurden, hatten die landwirtschaftlichen Gesellschaften nur geringen Anteil. Die staatlichen Maßnahmen zur Aufhebung der Grund- und Gutsherrschaft stießen vielfach auf den Widerstand des Adels, der den hauptsächlichen Teil der Mitglieder in den Gesellschaften stellte. Bis auf wenige Ausnahmen war der grundbesitzende Adel nicht daran interessiert, seine Privilegien (wie z. B. Steuerfreiheit) zu verlieren und auf die Dienste und Abgaben der Bauern zu verzichten.
Für die bäuerliche Bevölkerung bedeuteten die Agrarreformen, deren Umsetzung sich über Jahrzehnte hinzog, eine tiefgreifende Veränderung der Produktion. Gegen Zahlung jährlicher Renten mit bis zu 25 Jahren Laufzeit und/oder gegen Abgabe von Land wurden die Bauern Eigentümer ihres Landes. Durch die sogenannte «Separierung» wurden die von den Dorfmitgliedern gemeinsam genutzten Flächen, die aus größtenteils kaum gepflegten Wiesen, Weiden und Ödländern bestanden, den einzelnen Höfen zugeteilt. Im Zuge der «Verkopplung» entstanden zusammenhängende größere Acker- und Wiesenflächen, deren Bearbeitung unabhängig von den Nachbarn möglich war. Albrecht Daniel Thaer, Justus von Liebig und viele andere trieben die Entwicklung der Agrarwissenschaft, die neue Anbaumethoden, verbesserte Bodenbearbeitung, neue Maschinentechnik, verbesserte Rinderzucht und eine rationelle Betriebsführung lehrte, voran.
Diese Veränderungen trafen auf eine kaum gebildete und traditionell wirtschaftende ländliche Bevölkerung. Wiederum waren es zunächst größere, meist adlige Landbesitzer, aber auch Großbauern, Pächter, Lehrer u. a., die sich zusammenschlossen, um sich zu informieren, weiterzubilden und eigene Erfahrungen auszutauschen. Der Zusammenschluß erfolgte in der Form eines Vereins, als Name wurde fast durchgängig «Landwirtschaftlicher Verein» gewählt.

Auch die kleinen Vereine gaben zu Jubiläumsfeiern Festschriften heraus, in denen Werdegang und Leistungen ihrer Vereinigungen dokumentiert wurden.

De Idee sett sik dörch
oder: Ein Vereinsnetz entsteht

Landwirtschaftliche Vereinsgründungen fanden in allen damaligen deutschen Staaten statt. 1830 bestanden in den preußischen Provinzen bereits 45 Vereine. In den 30er und 40er Jahren des 19. Jahrhunderts setzte dann eine breitere Gründungsbewegung ein. Über die Zahl der Vereine und die Höhe des Mitgliederbestandes liegen allerdings nur unvollständige Angaben vor. Als Anhaltspunkte seien hier nur einige Zahlen genannt: 1856 bestanden im Bereich der preußischen Provinzen und Hannovers 483 Vereine, 1873 erhöhte sich die Zahl im Bereich Preußens auf 973 Vereine und bis 1926 wuchs die Zahl im Deutschen Reich auf über 5300 landwirtschaftliche Vereine mit mehr als 725 000 Mitgliedern an.
Die Organisationsstruktur und der Mitgliederbestand der Vereine entwickelten sich in den einzelnen Staaten und Provinzen sehr unterschiedlich. Sie wurden beeinflußt von Besitzgrößen, Zeitpunkt und Art der Agrarreformen, finanzieller Ausstattung der Vereine u. a. m.
Wesentlichen Einfluß übten jedoch auch die jeweiligen Landesregierungen aus, die Verbesserungen und Steigerungen in der landwirt-

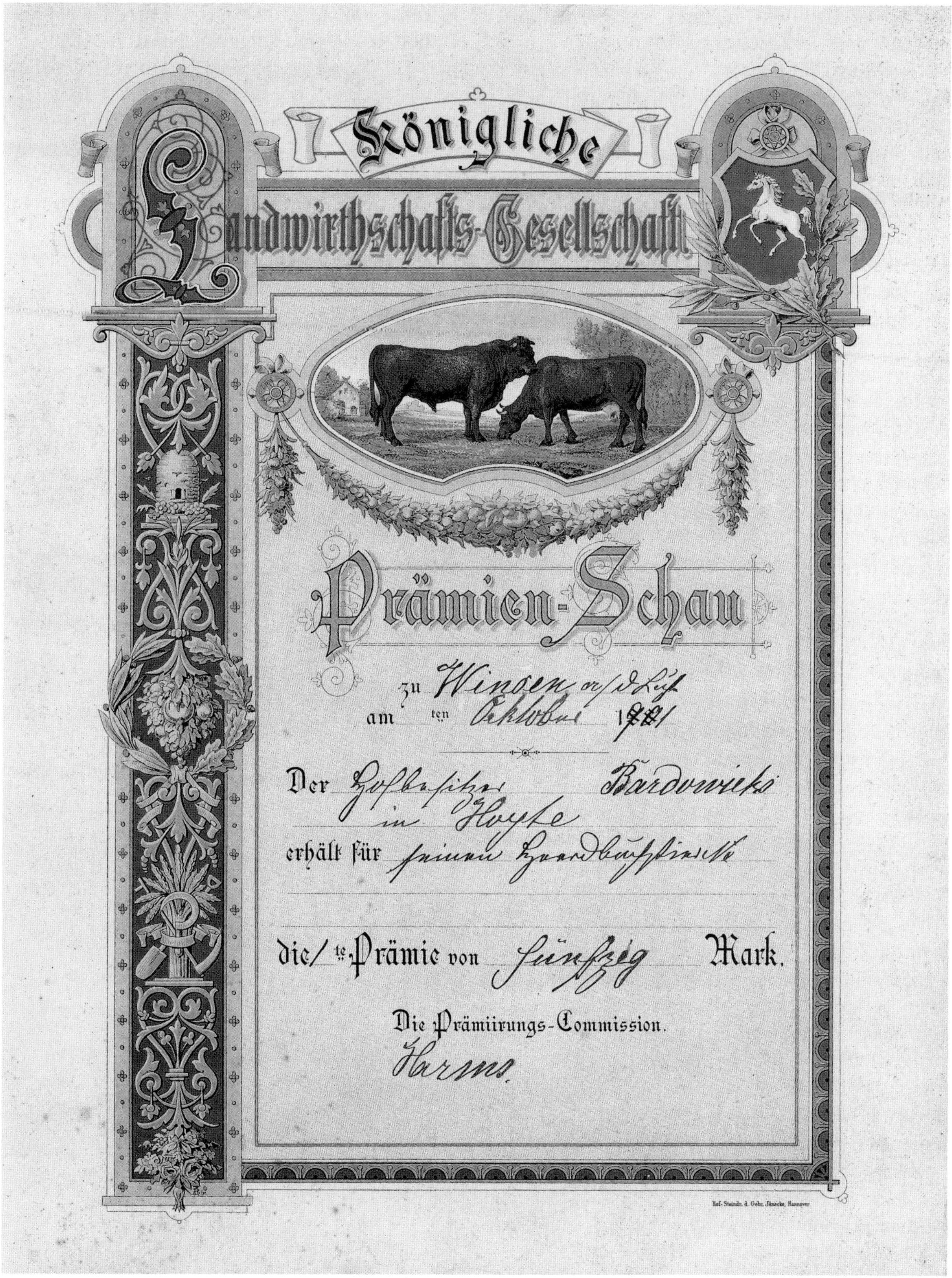

Mit Geldprämien und Urkunden wurden herausragende Leistungen der Landwirte gewürdigt. Sie sollten Ansporn geben und zur Nachahmung anregen.

schaftlichen Produktion durch finanzielle Unterstützungen zu fördern suchten. Dabei griffen die Regierungen zum Teil auf bestehende Vereine oder Gesellschaften zurück, in denen bereits kompetente Landwirte und Staatsbeamte tätig waren. Diese Organisationen erhielten einen Status, der staatlichen Behörden nahe kam, und dienten als übergeordnete Hauptvereine für bestehende oder neugegründete Vereine auf lokaler Ebene. Zum Teil wurden von der Regierung auch selbst Initiativen ergriffen, indem unter finanzieller und personeller staatlicher Mithilfe Vereine als Basis für die Förderung der Landwirtschaft gegründet wurden.

Die sogenannten Haupt- oder Zentralvereine übernahmen in Koordination mit staatlichen Behörden die Verteilung und Kontrolle der finanziellen Beihilfen. Bei Beratungen von Regierungen und Behörden wurden die Vereinsmitglieder als landwirtschaftliche Sachverständige hinzugezogen. Auf diese Weise wirkten die Vereine an Gesetzesvorlagen (wie z. B. dem Seuchenschutz oder zu Einfuhrbestimmungen) und behördlichen Anordnungen mit und nahmen Einfluß auf die Gestaltung staatlicher Förderungsmaßnahmen.

Für das weit verzweigte Netz der untergeordneten Lokalvereine übernahmen die Hauptvereine die Koordination der Vereinsarbeit. Sie stellten sachkundige Hilfe für die Vereinsarbeit zur Verfügung und informierten die Mitglieder durch landwirtschaftliche Zeitschriften, Informationsbroschüren und über Land ziehende Wanderlehrer von neuen Erkenntnissen aus der Agrarwissenschaft sowie allen Bereichen, die die landwirtschaftliche Betriebsführung betrafen.

Insgesamt entstand unter staatlichem Einfluß in den 50er und 60er Jahren des 19. Jahrhunderts eine straffere, aber weiterhin auf freiwilliger Basis beruhende landwirtschaftliche Vereinsstruktur. Den Endpunkt dieser Entwicklung – der starken Durchdringung freiwilliger Vereinigungen mit staatlichen Interessen – markierte die Einrichtung von Landwirtschaftskammern um die Jahrhundertwende. Sie gingen in der Regel aus den Hauptvereinen hervor, und die Lokalvereine wurden den Landwirtschaftskammern angegliedert.

Soviel zu der allgemeinen Entwicklung des landwirtschaftlichen Vereinswesens. Unbeantwortet blieben bisher die Fragen, wer vor allem in den Vereinen auf lokaler Ebene mitarbeitete, wer sie leitete und wie die inhaltliche Arbeit der Vereine eigentlich aussah. Um hierauf Antworten zu finden, wurden Vereinsakten, Protokolle und Festschriften von landwirtschaftlichen Vereinen im Gebiet des heutigen Niedersachsens ausgewertet. Ausgewertet wurden darüber hinaus die in Privatbesitz befindlichen Protokollbücher der Vereine Jesteburg (1909–1933, 1947–1989), Tostedt (1927–1933, 1946–1990) und Winsen an der Luhe (1877–1933) sowie die Chronik des Landwirtschaftlichen Vereins Hittfeld und ein Teil der im Archiv des Landwirtschaftsmuseums Lüneburger Heide e. V. in Hösseringen befindlichen Akten des Provinzialvereins Lüneburg.

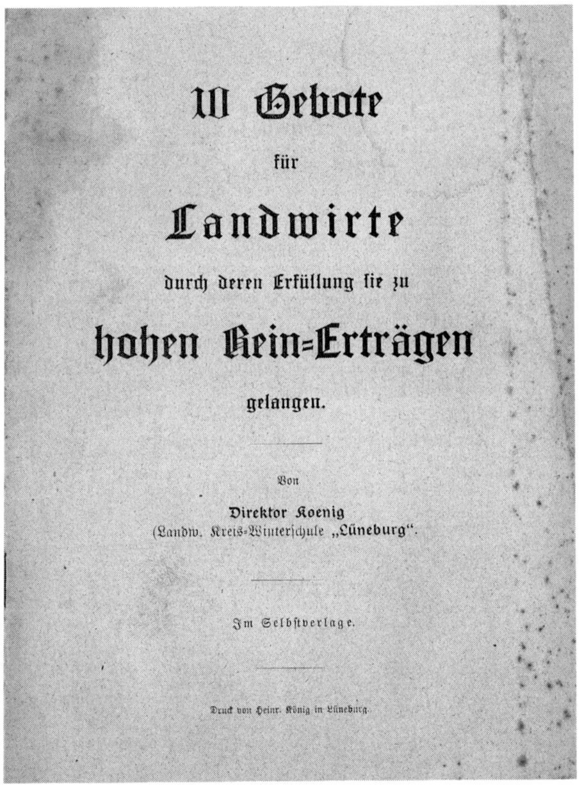
10 Gebote

für

Landwirte

durch deren Erfüllung sie zu

hohen Rein=Erträgen

gelangen.

Von

Direktor Koenig
(Landw. Kreis-Winterschule „Lüneburg".

Im Selbstverlage.

Druck von Heinr. König in Lüneburg.

Bei der Betriebsführung erhielten die Landwirte Hilfestellung durch Fachbücher in allgemeinverständlicher Sprache. Der Bezug zu religiösen Schriften – wie hier durch die «10 Gebote» – war dabei durchaus üblich.

Wi dat im Hannoverschen lopen dä oder: Das Beispiel Niedersachsen

Im ehemaligen Königreich Hannover – wesentliche Teile bilden das heutige Niedersachsen – wurden die Agrarreformen 1831/33 eingeleitet. Die Bauern waren bis zu diesem Zeitpunkt zum großen Teil an Grundherren gebunden. Sie zahlten jährliche Abgaben, hatten aber ein vererbbares Besitzrecht an der von ihnen bewirtschafteten Hofstelle. Trotz einer erheblichen Zahl an kleinbäuerlichen Betrieben zählten über 50 Prozent der Höfe zu den vollbäuerlichen Stellen, deren Landbesitz groß genug war, die Existenz einer Familie sicherzustellen.

Bei den niedersächsischen Agrarreformen wurde Rücksicht auf den Erhalt der Betriebsgrößen genommen. Die Bauern wurden durch Zahlung eines 25fachen Jahresbetrages der bisherigen Abgaben volle Eigentümer ihrer Betriebe. Landabtretungen fanden nur in geringem Umfang statt. Zudem erließ die Regierung im Zusammenhang mit den Reformen Bestimmungen, wie z. B. Unteilbarkeit der Betriebe (Anerbenrecht) und Einschränkungen des Verkaufs von Ländereien, die zum Erhalt der Besitzgrößen beitragen sollten.

Separierungen und Verkoppelungen der Grundstücke hatten teilweise schon vor 1800 eingesetzt; insgesamt zog sich dieser Prozeß aber über nahezu 100 Jahre hin.

In Abhängigkeit von der Lage und Qualität des Bodens war die landwirtschaftliche Produktion in den einzelnen Regionen Niedersachsens sehr unterschiedlich. Die sandigen und nährstoffarmen Gebiete – vor allem im Bereich der Lüneburger Heide – boten nur geringe Möglichkeiten für die landwirtschaftliche Nutzung. In Ostfriesland überwogen Pferde- und Rinderzucht. Auf den schweren Böden in der Hildesheimer Gegend entstanden in den 70er Jahren des 19. Jahrhunderts ausgedehnte Rübenbaukulturen. Relativ karge Böden und kleinere Betriebsgrößen waren in Göttingen vorherrschend.

1830 entstand auf private Initiative mit dem «Land- und forstwirtschaftlichen Provinzialverein für das Fürstenthum Lüneburg» der erste landwirtschaftliche Verein in Niedersachsen.

Die 42 Gründungsmitglieder waren Angehörige des Lüneburger Adels, Gutsbesitzer und Gutspächter, Kaufleute und Beamte. Im Vordergrund der Vereinstätigkeit stand in den ersten Jahren die Weiterbildung und Information der Mitglieder, die sich zu regelmäßigen Versammlungen zusammenfanden. Hier tauschten die Mitglieder Erkenntnisse und Erfahrungen über die neuen landwirtschaftlichen Produktionsmöglichkeiten aus. Dabei ging es unter anderem um den Einsatz neuer Maschinen, die Einführung des Fruchtwechsels und um Düngungsversuche mit Mergel (kalkhaltigem Ton). Zur Information der Mitglieder wurde eine kleine Bibliothek mit Zeitschriften und Büchern eingerichtet.

Die Mitglieder des Provinzialvereins hatten aufgrund ihrer Herkunft eine bessere Bildung, waren finanziell besser ausgestattet und hatten auch durch die Vereinsarbeit einen wesentlichen Wissensvorsprung vor den meisten bäuerlichen Betriebsinhabern.

1837 wurde auf einer Mitgliederversammlung beschlossen, dieses Wissen praktisch zu nutzen und Bauern nach neuem Erkenntnisstand in der Betriebsführung zu unterweisen. Das Hilfsangebot wurde im «Lüneburger Anzeiger» veröffentlicht. Bei jedem Bauern, der sich daraufhin meldete, wurde zunächst jeweils überprüft, «ob er ein zuverlässiger Mann, ein verständiger, tätiger, notdürftig hinreichend bemittelter und in der Ausführung eines wohlbedächtlichen Wirtschaftsplanes beharrlicher Landwirt ist» (150 Jahre, 77). Hatte der Bewerber diese Prüfung bestanden, übernahm jeweils ein Mitglied des Provinzialvereins kostenlos die Ausarbeitung eines Wirt-

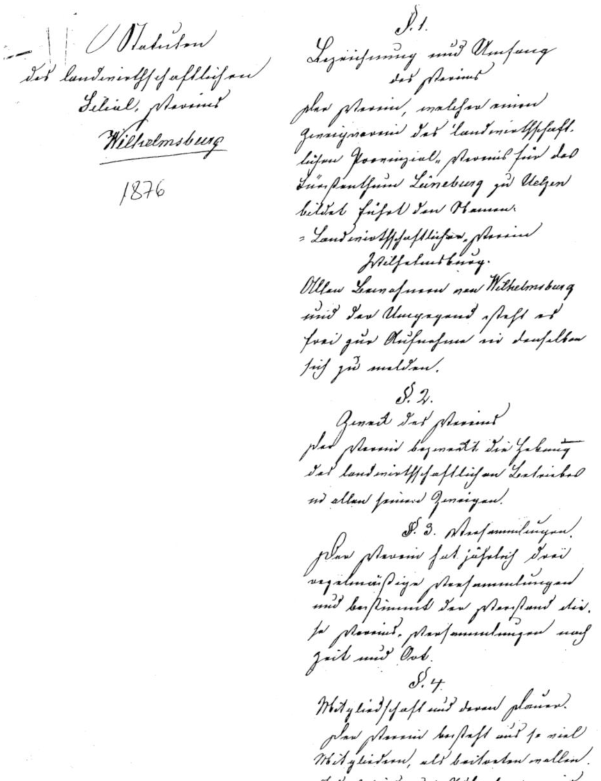
Statuten

Wilhelmsburg

1876

§ 1.

§ 2.

§ 3.

§ 4.

Zunächst verfaßten die Mitglieder bei der Vereinsgründung ihre Statuten selbst und legten sie handschriftlich nieder.

schaftsplanes, in dem nach Untersuchung der Böden und auf der Grundlage hofindividueller Daten für 8–12 Jahre dem Bauern genau vorgeschrieben wurde, welche Pflanzen er im Wechsel auf den einzelnen Grundstücken anbauen, wie der Boden bearbeitet und gedüngt, wie groß der Viehbesatz sein sollte u. a. m. Diese als «Höferegulierung» bezeichnete Arbeit des Provinzialvereins entwickelte sich in den folgenden Jahrzehnten zur wichtigsten praktischen Vereinsarbeit und fand weithin Beachtung.

1835 und 1836 wurden auf Veranlassung der seit 1764 bestehenden Königlichen Landwirtschaftsgesellschaft in Celle und unter Mithilfe von Regierungsstellen in den Regierungsbezirken Hannover und Stade weitere Hauptvereine gegründet. Ziel war es, auch in diesen Landesteilen zur Förderung der Landwirtschaft beizutragen und den Vereinsgedanken weiter zu verbreiten.

Weitere Vereine auf lokaler Ebene entstanden in Niedersachsen in den 40er und 50er Jahren auch ohne Einflußnahme von außen. Bis 1864 arbeiteten im Königreich Hannover ca. 96 Vereine mit mehr als 10 000 Mitgliedern. Zu diesem Zeitpunkt hatten sich in allen acht Regierungsbezirken des Landes Hauptvereine etabliert. In Hildesheim, Osnabrück, Ostfriesland und im Herzogtum Arenberg-Meppen ging die Gründung der übergeordneten Vereinsorganisation auf Initiative bestehender Vereine zurück. In Hannover, Stade und Lüneburg schlossen sich die Lokalvereine den schon bestehenden Hauptvereinen an.

Auch in Hannover übte die Regierung wesentlichen Einfluß auf die Entwicklung der Vereinsstruktur aus. Vereine waren private und freiwillige Vereinigungen; sollten also diese nichtstaatlichen Organisationen staatliche Förderungsmittel erhalten und verteilen, mußten entsprechende Regelungen den kontrollierten und sinnvollen Einsatz der Gelder garantieren. Dies schien am besten durch eine Abstufung der Kompetenzen und Kontrollen von oben nach unten – von der Königlichen Landwirtschaftsgesellschaft über die Hauptvereine auf Bezirksebene bis hinunter zu den Vereinen auf lokaler Ebene – gewährleistet.

Als «Service-Leistung» stellten die Hauptvereine den angeschlossenen Lokalvereinen gedruckte Statuten zur Verfügung, die alle wesentlichen Paragraphen enthielten.

Statuten

des

landwirthschaftlichen

Filial-Vereins

zu

Hittfeld.

Harburg 1859.

C. Hergeröder's Buchdruckerei.

Statuten

des land- und forstwirthschaftlichen Vereins

für Jesteburg und Umgegend.

§ 1.

Zweck.

Der Verein macht sich die Förderung der Landwirthschaft in ihrem ganzen Umfange innerhalb seines Bezirks mit allen dazu geeigneten und ihm zu Gebote stehenden Mitteln zur Aufgabe.

§ 2.

Thätigkeit.

Der Verein wird diesen Zweck zu erreichen suchen:

durch gegenseitige Belehrung der Mitglieder über landwirthschaftlichen Betrieb und landwirthschaftliche Gegenstände in den Versammlungen, namentlich über zweckmäßige Beackerung der Felder, Fruchtfolge, Düngergewinnung und Behandlung, Mergelung, Viehzucht, Fischzucht u. dergl. m.:

durch gemeinschaftlich auszuführende Versuche neuer Bestallungsweisen, neuer Fruchtarten oder Ackergeräthe;

Grootbuur, Lüttbuur und anner Lüüt oder: Die Vereinsmitglieder

Man kann vermuten, daß die schon bestehenden Vereine für viele Neugründungen beispielgebend wirkten und zur Nachahmung anregten. Auch gegen Ende des 19. Jahrhunderts war die Verkleinerung des Vereinsbezirks und damit die Verkürzung der Anfahrtswege für viele Neugründungen ausschlaggebend. Dabei spielte sicher auch eine Rolle, daß die Zusammenarbeit mit den eigenen Nachbarn, mit denen man auch persönlich verkehrte und deren Betrieb man kannte, vertrauter und effektiver war. Nur selten wurde davon berichtet, daß vereinsinterne Auseinandersetzungen zu Abspaltungen und Neugründungen führten.
Die Gründungsmitglieder waren vor allem größere Hofbesitzer. In den meisten Vereinen arbeiteten auch der im Vereinsbezirk ansässige grundbesitzende Adel sowie bürgerliche Gutsbesitzer und Gutspächter mit. Aus diesen Reihen wählten die Mitglieder vieler Lokalvereine auch ihren Präsidenten. Der Präsident repräsentierte den Verein bei offiziellen Angelegenheiten und vertrat oft als Delegierter die Interessen des Lokalvereins im Hauptverein des Bezirks. Diese Position erforderte deshalb Kenntnisse über die recht formalen Verhaltensregeln und Abläufe im Verein. Gefordert waren darüber hinaus ein gewisses Maß an Zeit und Geld sowie Gewandtheit im Umgang mit höhergestellten Personen – Dinge, die den bäuerlichen Hofbesitzern fehlten. Sie übernahmen zunächst die Posten der Vizepräsidenten und arbeiteten in Sonderkommissionen des Vereins mit, in denen praktisches Wissen gefordert war. Erst gegen Ende des 19. Jahrhunderts waren mehrere Hofbesitzer auch im Amt des Präsidenten tätig.
Die Wahl des Vereinssekretärs fiel in der Regel ebenfalls auf Personen, die für dieses Amt aufgrund ihres beruflichen Umgangs mit dem geschriebenen Wort besser qualifiziert waren. Vielfach waren dies die Dorfschullehrer oder auch Kaufleute.
Viele «Vereinsfunktionäre» übten ihr Amt über Jahre oder gar Jahrzehnte aus. Es waren Ehrenämter, denen man sich nicht entzog.
Unter den einfachen Mitgliedern dominierten die Groß- und Mittelbauern. Nicht nur in den Vereinen in Hannover, sondern auch in den anderen deutschen Staaten wurde allgemein beklagt, daß die Kleinstellenbesitzer nicht für die Mitarbeit in den Vereinen gewonnen werden konnten. Sicher spielten dabei traditionelle Schranken eine Rolle: In der Dorfgemeinschaft regelte sich das «Oben» und «Unten» nach der Größe des Grundbesitzes, und diese Hierarchie wurde im sozialen Leben relativ strikt eingehalten.
Aber auch die finanziellen Möglichkeiten beeinflußten die Vereinsmitgliedschaft. Obwohl die Mitgliederbeiträge insgesamt eher niedrig angesetzt waren und einige Vereine die Höhe des Beitrags nach der Größe des Besitzes staffelten: die Mitgliedschaft kostete Geld, und vor allem in Krisenzeiten galt es, auch geringfügige Ausgaben zu vermeiden. Zudem waren die in den Vereinen diskutierten und angeregten Produktionsveränderungen zum Teil recht kostenintensiv und konnten nur von größeren Betrieben finanziert werden.
Neben den Bauern stellten Landhandwerker, Gastwirte, Kaufleute, Mühlenbesitzer u. a. bis zu ein Drittel der Mitglieder. Zum großen Teil selbst im Nebenerwerb Landwirte, war es einerseits fachliches Interesse, das diese Gruppe zur Mitgliedschaft bewog. Die Mitgliedschaft in einem Verein, in dem die dörfliche Oberschicht mitarbeitete, bedeutete jedoch andererseits auch Prestigegewinn und ermöglichte zudem diesen Berufsgruppen den Kontakt zu potentiellen Kunden.

«Wat de Buur ni kennt . . .

. . . dat mutt he leern.» – So könnte man dieses Sprichwort mit verändertem Sinn ergänzen. Aber wo sollten sie lernen? In den Dorfschulen wurden – meist auf der Grundlage der Bibel – lediglich Lesen und Schreiben gelehrt und Grundkenntnisse im Rechnen vermittelt. Regelmäßiger Schulbesuch fand auf dem Land meist nur für wenige Jahre und dann auch nur im Winter statt. Was die späteren Hoferben über die Landwirtschaft lernen mußten, wurde ihnen auf dem elterlichen Hof vermittelt und blieb damit im Rahmen althergebrachten Wissens.
Als erste landwirtschaftliche Fachschule im niedersächsischen Raum entstand 1855 die Ackerbauschule in Ebstorf – die heutige Georgsanstalt. Hier erhielten die Schüler während einer zweijährigen Schulzeit eine fundierte theoretische und praktische landwirtschaftliche Ausbildung. Für Schulbesuch, Un-

terkunft und Verpflegung entstanden den Eltern erhebliche Kosten: Ausgaben, die sich nur große Hofbesitzer leisten konnten. Die lange Schuldauer hätte den kleineren Höfen zudem eine wichtige Arbeitskraft entzogen – auch aus diesem Grund kam für viele Bauernsöhne diese Ausbildung nicht in Frage.
In einer Zeit, in der sich die landwirtschaftliche Produktion entscheidend änderte, schlossen zunächst die landwirtschaftlichen Vereine die Lücke in der fachlichen Weiterbildung. Auf den meist viermal jährlich stattfindenden Vereinsversammlungen nahmen in allgemeinverständlicher Sprache gehaltene Fachvorträge breiten Raum ein. Bis in die 50er Jahre des 19. Jahrhunderts waren die Lokalvereine dabei vorwiegend auf das vorhandene Wissen in den eigenen Reihen angewiesen. Die Mitglieder informierten sich untereinander, tauschten Erfahrungen aus und legten kleine Vereinsbibliotheken an. Erst in der Folgezeit waren es dann vor allem die hauptamtlich angestellten Sekretäre der überregionalen Hauptvereine, die den Vereinsbezirk bereisten und auf den Mitgliederversammlungen Vorträge hielten.

Landwirtschaftlicher Verein Tostedt u. Umgegend

Frühjahrsgeneralversammlung

am **Freitag, den 22. März,** 1929
im „Tostedter Hof".
1 Uhr: Abschlußprüfung der landwirtschaftlichen Schüler.
3 Uhr: Generalversammlung.

Tagesordnung:
1. Bericht des Vorsitzenden;
2. Rechnungslegung;
3. Neuaufnahme von Mitgliedern;
4. Vorstandswahl (stellv. Vorsitzender und Schriftführer);
5. Vortrag von Diplomlandwirt Müller-Magdeburg: „Absatzprobleme in der Landwirtschaft";
6. Verschiedenes.

Der Vorstand.

Landwirthschaftlicher Filial-Verein zu Hittfeld.

Die nächste Hauptversammlung findet am **Sonntage, den 1. März 1863,** im bekannten Vereinslocale statt.

Mitglieder wollen sich gefälligst 3 Uhr Nachmittags einfinden, indem vor der Sitzung, welche präcise 4 Uhr beginnt, mehrere neue Hand-Maschinen und Geräthe, unter andern Imker-Geräthschaften, so wie die Smethwick-Melkmaschine ausgestellt sein und letztere probirt werden wird.

Tages-Ordnung:
1) Bericht über den Fortgang des Vereins.
2) Neuwahl eines Secretairs.
3) Antrag zu einer jährlich zwei Mal in Hittfeld abzuhaltenden Vieh-Auction.
4) Der deutsch-französische Handelsvertrag in Beziehung zur Landwirthschaft.
5) Milchwirthschaft. (Fortsetzung.)

Vor und nach der Sitzung werden die fälligen Beiträge vom Cassirer, Herrn Einnehmer Oppe in Hittfeld, entgegengenommen und wird dringend um deren Berichtigung gebeten.

Noch diene zur Nachricht, daß das Harburger Alaun-Werk auf eine desfallsige Anfrage sich erboten hat, den Vereins-Mitgliedern bis auf Weiteres zu Versuchen von ihren Kalk-Abfällen, welche 90 Procent kohlensauren Kalk enthalten, unentgeldlich verabfolgen zu lassen.

Es dürfte durch diesen Kalk der Mergel zu ersetzen und Wiesen- oder Compost-Dünger durch einen Zusatz davon bedeutend zu verbessern sein. Mitglieder, welche von diesem Kalk holen wollen, haben die nöthige Bescheinigung dazu bei unserm Secretair in Empfang zu nehmen.

Der Vorstand.

Ein Vortrag fehlte auf keiner Vereinsversammlung. Neben rein fachlichen Gesprächen dürfte aber auch die Geselligkeit in den Vereinslokalen nicht zu kurz gekommen sein.

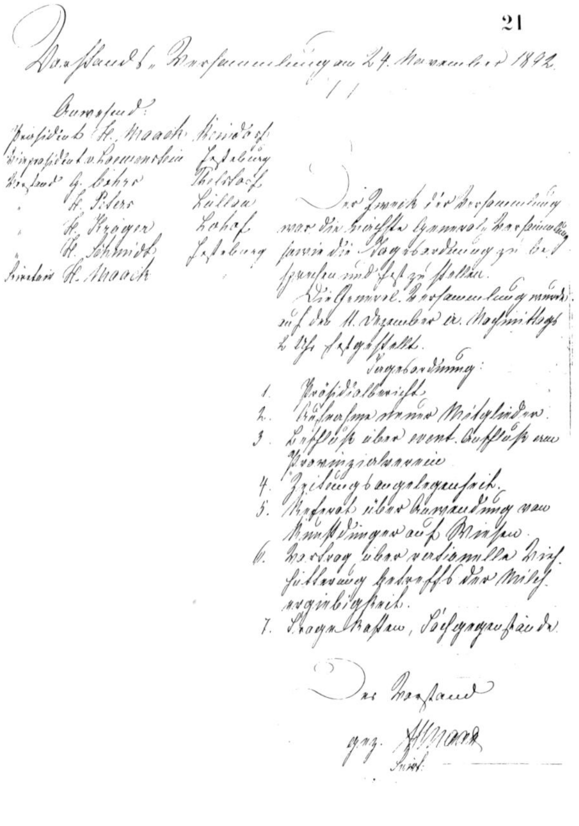

Das System, die Bauern in allgemeinverständlicher Sprache über Neuerungen in der landwirtschaftlichen Produktion zu informieren, wurde von den Vereinen weiter ausgebaut und auch von der 1899 gegründeten Landwirtschaftskammer übernommen. Der Personenkreis, der diese Vorträge hielt, hatte sich aber schon vor der Jahrhundertwende erweitert. So wurden z. B. Fachleute aus der 1853 gegründeten Wiesenbauschule in Suderburg sowie Mitglieder von Genossenschaften und Tierzuchtverbänden von den Vereinen zu Vorträgen eingeladen.
Die Vortragsthemen variierten in den einzelnen Vereinen je nach dem Schwerpunkt der landwirtschaftlichen Produktion der Region. Dabei waren die Vereine bei der Wahl der Vortragsthemen stets um Aktualität bemüht. Eine sehr enge Beziehung entstand auch zwischen den Vereinen und den sogenannten Winterschulen. Sie waren die Vorläufer der heutigen Landwirtschaftsschulen. Wie der Name schon sagt, fand der Unterricht nur im Winter statt, und ermöglichte damit auch kleineren landwirtschaftlichen Betrieben, in den weniger arbeitsreichen Wintermonaten die Söhne für den Schulbesuch freizustellen. Zudem war der Schulbesuch nur mit geringen Kosten verbunden.

In Niedersachsen entstand 1883 die erste Winterschule in Meinersen. Sie finanzierte sich zunächst aus eigenen Mitteln. Die Vereine im Einzugsbereich der Schule beteiligten sich an der Gründung, Ausstattung und finanziellen Unterstützung dieser Schule. In den Vereinen, in denen sich v. a. fortschrittliche und gegenüber Innovationen aufgeschlossene Bauern zusammengefunden hatten, war der Wert einer Ausbildung für die späteren Hoferben erkannt worden. Auch nachdem in den 90er Jahren beim weiteren Ausbau der Winterschulen die Provinzialverwaltungen Einfluß auf die Finanzierung und Regelung der Lehrinhalte nahm, hielten die Lokalvereine die Verbindung zu den Schulen aufrecht. So stifteten sie z. B. aus der Vereinskasse Geld für die Anschaffung von Lehrmitteln oder luden Schüler zu den Vereinsvorträgen ein.
Die Förderung der Winterschulen durch die Vereine schuf eine enge Verbindung, die sich durch die Heranziehung der Winterschuldirektoren zu den Vereinsarbeiten und Vorträgen noch enger gestaltete.
Die Informations- und Weiterbildungsarbeit der Lokalvereine wurde durch die von den Hauptvereinen herausgegebenen landwirtschaftlichen Zeitungen und Bücher unterstützt. Auf den Vereinsversammlungen wur-

Ein «voller Stundenplan» erwartete die Schüler in den Wintermonaten. Neben dem vielfältigen fachlichen Wissen wurde jedoch auch Wert auf Kenntnisse in Deutsch, Geschichte und Religion gelegt.

Landwirtschaftliche Winterschule in Lüneburg.
Stundenplan für das Winterhalbjahr 189 6/7.

Stunden	Klasse	Montag	Dienstag	Mittwoch	Donnerstag	Freitag	Sonnabend
8–9	I	Tierheilkunde, Departementstierarzt Tietze	Geometrie, Oberlehrer Dr. Möller	Tierzuchtlehre, Direktor Petersen	Tierheilkunde, Departementstierarzt Tietze	Physik, Oberlehrer Ahlenstiel	Religion, Senior Gunkel
	II	Ackerbaulehre, Direktor Petersen	Pflanzenbaulehre, Direktor Petersen	Religion, Senior Gunkel	Pflanzenbaulehre, Direktor Petersen		
9–10	I	Betriebslehre, Direktor Petersen	Tierzuchtlehre, Direktor Petersen	Chemie, Apotheker Voß	Forstwirtschaft, Assessor Krause	Buchführung, Direktor Petersen	Betriebslehre, Direktor Petersen
	II	Chemie, Apotheker Voß	Geometrie, Oberlehrer Dr. Möller	Ackerbaulehre, Direktor Petersen		Physik, Oberlehrer Ahlenstiel	Chemie, Apotheker Voß
10–11	I	Physik, Oberlehrer Ahlenstiel	Betriebslehre, Direktor Petersen	Buchführung, Direktor Petersen	Tierzuchtlehre, Direktor Petersen		Chemie, Apotheker Voß
	II	Pflanzenbaulehre, Direktor Petersen	Geschäftsaufsätze, Lehrer Wiesenfeldt	Chemie, Apotheker Voß		Deutsch, Lehrer Helmers	Ackerbaulehre, Direktor Petersen
11–12	I	Deutsch, Lehrer Wiesenfeldt		Rechnen, Lehrer v. d. Ohe	Geschichte, Lehrer Meyer	Deutsch, Lehrer Wiesenfeldt	
	II	Physik, Oberlehrer Ahlenstiel	Deutsch, Lehrer Helmers		Geschäftsaufsätze, Lehrer Wiesenfeldt	Deutsch, Lehrer Helmers	Rechnen, Lehrer v. d. Ohe
2–3	I	Zeichnen, Feld-	Physik, Oberlehrer Ahlenstiel	—	Geographie, Lehrer Meyer	Chemie, Apotheker Voß	
	II	Geographie, Lehrer Meyer	Rechnen, Lehrer v. d. Ohe	Zeichnen, Feldmessen und	—	Rechnen, Lehrer v. d. Ohe	
3–4	I	messen u. Nivellieren, Oberlehrer Dr. Möller	Rechnen, Lehrer v. d. Ohe	—	Rechnen, Lehrer v. d. Ohe	Tierzuchtlehre, Direktor Petersen	
	II	Deutsch, Lehrer Helmers	Physik, Oberlehrer Ahlenstiel	Nivellieren, Oberlehrer Dr. Möller	—	Geschichte, Lehrer Meyer	

Während noch Ende der 80er Jahre den Landwirtschaftsschulen der Ruf vorausging, «lateinische Landwirte zu züchten», konnten diese Schüler in Winsen schon auf eine breite Akzeptanz landwirtschaftlicher Ausbildung zählen.

den die Mitglieder auf für sie wichtige Artikel hingewiesen, und aus den Vereinsprotokollen geht hervor, daß die Vorstände auch Bücher zur Anschaffung empfahlen.

Schon Ende des 18. Jahrhunderts hatte sich die Literatur zu landwirtschaftlichen Fragen vervielfacht. Sie wandte sich jedoch vorwiegend an gebildete Landwirte, die in der theoretischen Aneignung und praktischen Umsetzung von Wissen geübt waren. Erst die Veröffentlichungen der landwirtschaftlichen Vereine waren an ein breiteres Publikum gerichtet und boten für die Bauern kurze und allgemeinverständliche Artikel zu landwirtschaftlichen Themen.

Zudem boten die Zeitschriften aktuelle Informationen über Sitzungstermine und Tagungsordnungen der Vereine, rechtliche Neuregelungen sowie Termine von Tierschauen, Viehauktionen usw.

De Buur krich iesern Hölp
oder: Die neuen Landmaschinen

Das Thema Landwirtschaftstechnik wird in diesem Buch mehrfach aufgegriffen. Auf die Darstellung technischer Entwicklungen kann deshalb hier verzichtet werden. Nicht unerwähnt bleiben soll jedoch die Rolle der Vereine bei der Durchsetzung und dem Einsatz neuer Landmaschinen.
Schon Albrecht D. Thaer hatte während seiner Mitgliedschaft in der Königlichen Landwirtschaftsgesellschaft in Celle den Wert der Landtechnik erkannt und durch den Import und Nachbau vor allem englischer Maschinen auf einen stärkeren Einsatz hingewirkt. Diese Ansätze wurden zunächst von den Hauptvereinen aufgegriffen. Hatten bereits einzelne Mitglieder Maschinen in Benutzung, wurden Erfahrungen über den Wert dieser Maschinen ausgetauscht und – sofern sich diese bewährt hatten – der Ankauf empfohlen. Doch wurden auch noch unbekannte Maschinen und Geräte auf Vereinskosten angekauft, um den praktischen Wert zu erproben.
Aus diesen Ankäufen entstand z. B. im Provinzialverein Lüneburg eine «Geräthekammer», über deren Benutzung in einer Festschrift berichtet wird: «Aus dieser Geräthekammer wurden dann die Maschinen und Geräthe theils zur Probe den Ackerwirthen verliehen, theils auch den verschiedenen Local-Vereinen zu den Ausstellungen hingegeben, um dieselben, besonders die vorzugsweise brauchbaren, schnell bekannt zu machen und den Gebrauch derselben zu verallgemeinern» (Eckert, 102).
In den 60er und 70er Jahren des 19. Jahrhunderts nahmen einige Lokalvereine jedoch auch selbst Kontakte zu Landmaschinenherstellern auf und organisierten im Zusammenhang mit Vereinsversammlungen Maschinenvorführungen oder auch Maschinenkonkurrenzen, auf denen Modelle verschiedener Hersteller in der praktischen Arbeit miteinander verglichen werden konnten.
Die Anschaffung einer Landmaschine bedeutete eine z. T. recht hohe finanzielle Belastung für den Hof; die Entscheidung zum Kauf fiel daher umso leichter, wenn sich der Hofbesitzer vorher über den Wert und die Einsatzmöglichkeiten informieren konnte. Von Vorteil waren die Vorführungen auch für die Hersteller von Landmaschinen. Neben dem eigentlichen Ziel, Verkaufsabschlüsse zu tätigen, wurde eine relativ große Gruppe von Bauern anschaulich über den praktischen Wert neuer technischer Entwicklungen informiert.

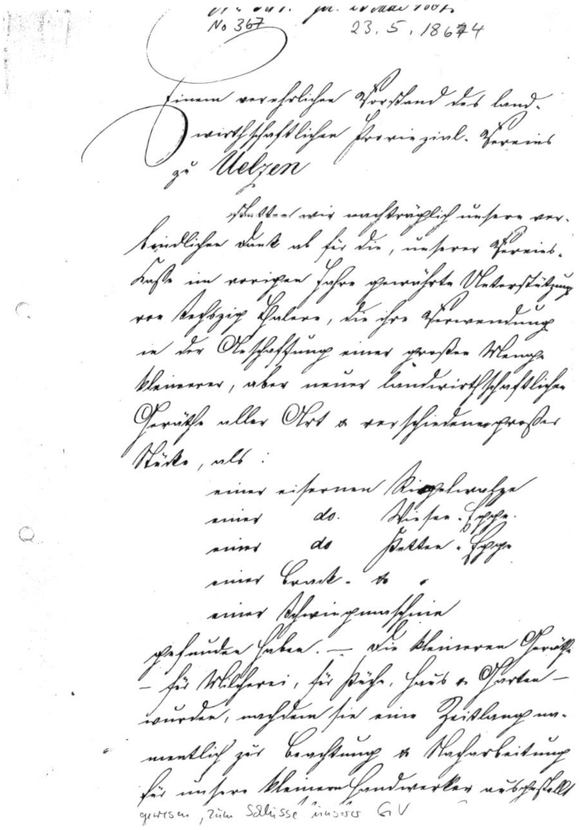
No 367 23.5.1864
Einem verehrlichen Vorstand des land-
wirthschaftlichen Provinzial-Vereins
zu Uelzen

1864 verwandte der Hittfelder Verein die finanzielle Unterstützung des Hauptvereins Lüneburg zur Anschaffung landwirtschaftlicher Maschinen. Diese wurden von einigen Vereinsmitgliedern ausprobiert. Anschließend fand im Verein eine Versteigerung der Maschinen statt.

Auf den Vereinsversammlungen, die häufig im Anschluß an die Maschinenvorführungen stattfanden, konnten Ansichten und Meinungen ausgetauscht werden. So wird im Protokoll des landwirtschaftlichen Vereins Jesteburg berichtet:
«Nach der Vorführung der Maschinen versammelten sich die Landwirte im Meyer'schen Gasthause, wo eine lebhafte Diskussion über das Geschehen entstand. Es wurde beschlossen, den Kartoffelroder «Ideal» von dem Fabrikanten, der persönlich erschienen war, auf Vereinskosten anzukaufen und denselben an die Mitglieder gegen Entgelt zu verleihen ... Der Fabrikant erbot sich, ein zweites Exemplar Herrn P. Meyer/Seppensen zwecks weiterer Probeversuche leihweise unentgeltlich zu überlassen.»

Wett-Pflügen

und

Ausstellung von landwirthschaftlichen Hand-Maschinen und Geräthen, von Feld- und Gartenproducten, von Butter, Käse etc.

mit Prämien-Austheilung,

nebst

öffentlichem Verkaufe von gutem Zuchtvieh

am Dienstage, den 7. October 1862,

zu Hittfeld.

Der landwirthschaftliche Filial-Verein zu Hittfeld wird am 7. October d. J. ein Wettpflügen und eine Ausstellung von landwirthschaftlichen Hand-Maschinen, Geräthen, Producten u. s. w. veranstalten und ladet seine Mitglieder, so wie alle **Freunde der Landwirthschaft hierdurch freundlichst zu einer recht zahlreichen Betheiligung** ein.

Beim Wettpflügen gilt die freieste Concurrenz und werden diejenigen, welche sich daran betheiligen wollen, freundlichst gebeten, sich baldigst, spätestens aber bis zum 5. October d. J., bei Herrn H. H. Schröder in Hittfeld oder beim Secretair des Vereins anzumelden.

Ein Jeder hat 40 □Ruthen (1 Himtsaat) Land, 6 Zoll tief und in Furchen nicht über 8 Zoll breit, regelrecht und vollständig gut umzupflügen.

Wer diese 40 □Ruthen Land in kürzester Zeit regelrecht und vollständig gut umpflügt, ohne seine Pferde in Trab kommen — noch einen übereilten Schritt gehen zu lassen, erhält eine Prämie von 10 Thlr., der Zweite 6 Thlr., der Dritte 4 Thlr.

Wer am besten pflügt und zum Umpflügen seines Stückes die mittlere Zeit inne hält, bekommt 4 Thlr.

Wer seine Pferde am besten führt und nicht mehr als die mittlere Zeit zum gehörigen Umpflügen seines Stückes gebraucht, erhält 3 Thlr.

Außerdem erhalten die Hälfte aller Pflüger, welche am ersten regelrecht und vollständig ihr Stück umpflügen, jeder 1 Thlr., wovon jedoch die, [illegible]che schon eine der ersten 5 Prämien erhalten h[illegible]n, ausgenommen sind.

Bei gleichen Leistungen entscheidet der leichtere Gang des Pfluges, so wi[illegible]ine Vorzüglichkeit überhaupt.

Gegen den Ausspruch d[illegible] Preisrichter ist keinerlei Reclamation zulässig.

Für selbstgebauete landwirthschaftliche Producte, als Saatkorn, Sämereien, Wurzelwerk, Handelsgewächse, Halmfrüchte, Gemüse, Obst u. s. w. sind im Ganzen 20 Thlr. zu Prämien bestimmt.

Außerdem sind für die beste selbstgemachte Tafelbutter ausgesetzt:

ein erster Preis von 5 Thlr.
„ zweiter „ „ 3 „
„ dritter „ „ 2 „

und für den besten Handkäse 2 Thlr.

Für landwirthschaftliche Geräthe und Hand-Maschinen aller Art sind im Ganzen 25 Thlr. bestimmt.

Die Höhe der einzelnen Prämien bestimmen die Preisrichter und werden selbstverständlich nur solche Gegenstände prämirt werden, welche dem Urtheile der Preisrichter nach eine Auszeichnung verdienen; auch hier sind keinerlei Reclamationen zulässig.

Um den Besitzern von gutem Zuchtvieh Gelegenheit zu einem öffentlichen Verkauf zu geben, hat der Verein beschlossen, zur Förderung der Viehzucht an diesem Tage eine öffentliche Auction über anzumeldendes gutes Zuchtvieh, Hornvieh und Schweine abzuhalten.

Einem Jeden steht es frei, derartiges Vieh zum Verkauf zu bringen, nur muß dasselbe vor Beginn der Auction mit Angabe der Verkaufs-Bedingungen beim Secretair des Vereins angemeldet werden.

Es sind bereits

3 Bullen und 16 tragende Starken,

beides echt Angeln'scher Race, zum Verkauf angemeldet. — Fernere zeitige Anmeldungen werden, wenn möglich, vereinsseitig noch publicirt werden.

Tages-Ordnung.

10 Uhr Morgens: Versammlung der Pflug-Gespanne vor dem Kloppenburg'schen Gasthause und Ausloosen der Nummern,
10½ „ Ausrücken zum Wett-Pflügen.
12 „ Einzug und Prämirung der Gewinner.
12½ „ Anfang der Vieh-Auction.
1½ „ Prämirung der ausgestellten Gegenstände.
3 „ Gemeinschaftliches Mittagsessen. — Abends **Ball.**

Hittfeld, den 15. September 1862.

Der Vorstand

des landwirthschaftlichen Filial-Vereins zu Hittfeld.

L. Smidt, p. t. Präses. **W. Brückmann**, Secretair.

Am 7. Oktober 1862 bot der Hittfelder Verein Besuchern und Teilnehmern ein umfangreiches Programm. Den krönenden Abschluß bildete der «Landwirtschaftliche Ball», der in vielen Vereinsbezirken zum gesellschaftlichen Höhepunkt des Jahres avancierte.

De Buur ward Genosse oder: Vereine und Genossenschaftswesen

In dem gerade zitierten Protokollausschnitt klingt schon an, daß die Vereine ihren Mitgliedern nicht nur fachliche Informationen, sondern auch praktische Hilfe boten. In diesem Fall wurde eine Art Maschinengenossenschaft gegründet – eine Einrichtung, die auch heute noch von Landwirten bei Ankauf und Einsatz teurer Maschinen genutzt wird.
Die praktische wirtschaftliche Hilfe der Vereine ging aber weit über diese Maschinengenossenschaften hinaus. Sie bezog sich auf einen Bereich, der erst langsam im Entstehen begriffen war – den landwirtschaftlichen Markt. An die Stelle der Eigenversorgung trat die Produktion für den Markt, und Produktionsmittel wurden von den Bauern zunehmend vom Markt bezogen. Dazu gehörten zur Zucht geeignete Tiere, neue Kulturpflanzen, verbessertes Saatgut, Maschinen und – gegen Ende des Jahrhunderts – Düngemittel und Futterstoffe.
Diese vielfältigen Produktions- und Absatzveränderungen bedeuteten für die landwirtschaftlichen Betriebe nicht nur eine stärkere Einbindung in die Geldwirtschaft; sie erforderten auch, daß sich die Bauern über Bezugsquellen, Qualitätsunterschiede und Absatzmärkte informierten. Schon 1830 hatten die Mitglieder des Provinzialvereins Lüneburg in

Die Viehauktionen der Vereine stellten für viele bäuerliche Besitzer eine gute Gelegenheit dar, Zuchterfolge zu vergleichen sowie selbst Ein- und Verkäufe zu tätigen.

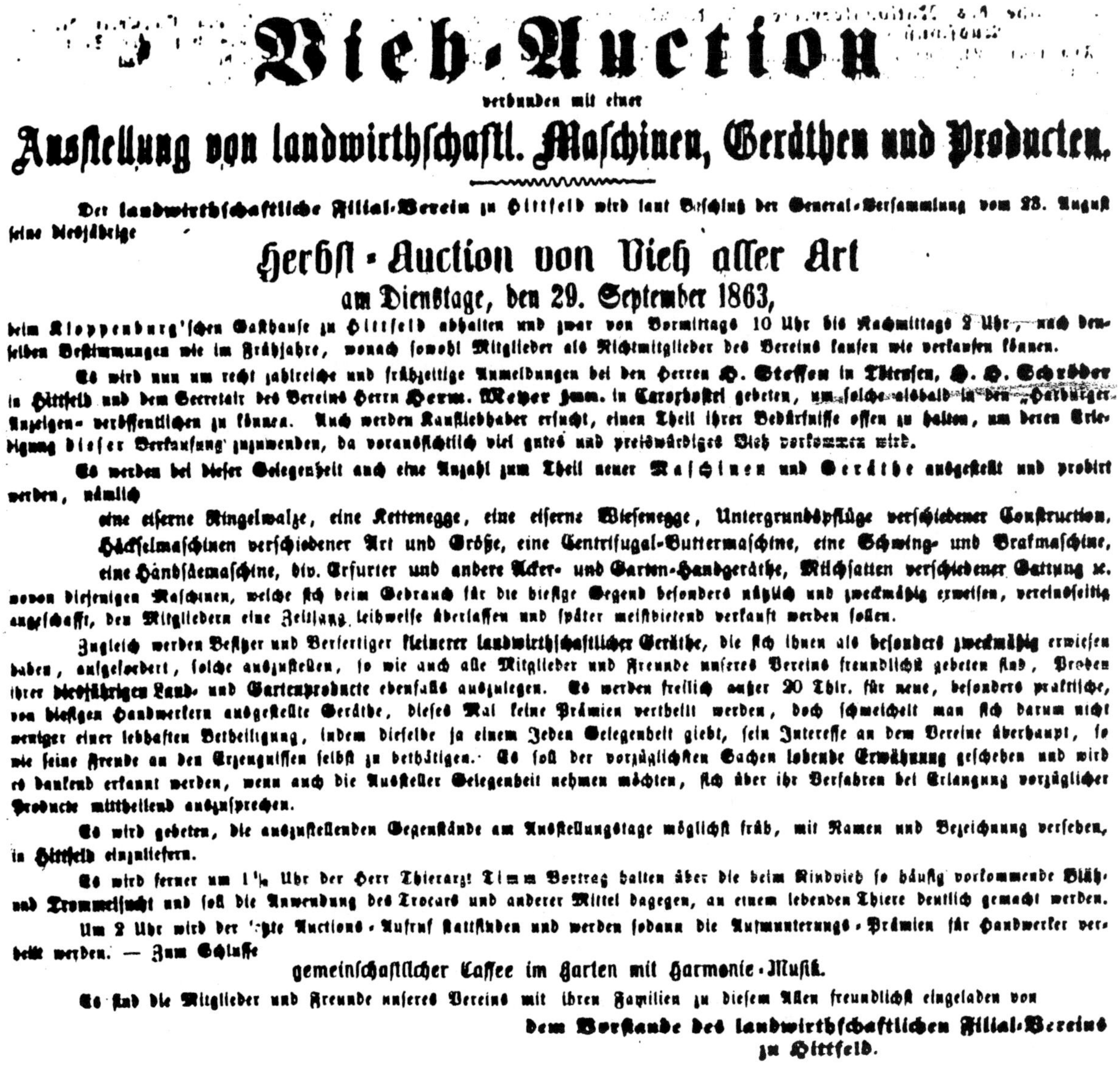

Vieh-Auction

verbunden mit einer

Ausstellung von landwirthschaftl. Maschinen, Geräthen und Producten.

Der landwirthschaftliche Filial-Verein zu Hittfeld wird laut Beschluß der General-Versammlung vom 28. August seine diesjährige

Herbst-Auction von Vieh aller Art
am Dienstage, den 29. September 1863,

beim Kloppenburg'schen Gasthause zu Hittfeld abhalten und zwar von Vormittags 10 Uhr bis Nachmittags 2 Uhr, – nach denselben Bestimmungen wie im Frühjahre, wonach sowohl Mitglieder als Nichtmitglieder des Vereins kaufen wie verkaufen können.

Es wird nun um recht zahlreiche und frühzeitige Anmeldungen bei den Herren H. Steffen in Tötensen, H. H. Schröder in Hittfeld und dem Secretair des Vereins Herrn Herm. Meyer jun. in Carorbostel gebeten, um solche alsbald in den „Harburger Anzeigen" veröffentlichen zu können. Auch werden Kaufliebhaber ersucht, einen Theil ihrer Bedürfnisse offen zu halten, um deren Erledigung dieser Verkaufung zuzuwenden, da voraussichtlich viel gutes und preiswürdiges Vieh vorkommen wird.

Es werden bei dieser Gelegenheit auch eine Anzahl zum Theil neuer Maschinen und Geräthe ausgestellt und probirt werden, nämlich

eine eiserne Ringelwalze, eine Kettenegge, eine eiserne Wiesenegge, Untergrundspflüge verschiedener Construction, Häckselmaschinen verschiedener Art und Größe, eine Centrifugal-Buttermaschine, eine Schwing- und Brakmaschine, eine Händsäemaschine, div. Erfurter und andere Acker- und Garten-Handgeräthe, Milchsatten verschiedener Gattung &c.

wovon diejenigen Maschinen, welche sich beim Gebrauch für die hiesige Gegend besonders nützlich und zweckmäßig erweisen, vereinsseitig angeschafft, den Mitgliedern eine Zeitlang leihweise überlassen und später meistbietend verkauft werden sollen.

Zugleich werden Besitzer und Verfertiger kleinerer landwirthschaftlicher Geräthe, die sich ihnen als besonders zweckmäßig erwiesen haben, aufgefordert, solche auszustellen, so wie auch alle Mitglieder und Freunde unseres Vereins freundlichst gebeten sind, Proben ihrer diesjährigen Land- und Gartenproducte ebenfalls auszulegen. Es werden freilich außer 20 Thlr. für neue, besonders praktische, von hiesigen Handwerkern ausgestellte Geräthe, dieses Mal keine Prämien vertheilt werden, doch schmeichelt man sich darum nicht weniger einer lebhaften Betheiligung, indem dieselbe ja einem Jeden Gelegenheit giebt, sein Interesse an dem Vereine überhaupt, so wie seine Freude an den Erzeugnissen selbst zu bethätigen. Es soll der vorzüglichsten Sachen lobende Erwähnung geschehen und wird es dankend erkannt werden, wenn auch die Aussteller Gelegenheit nehmen möchten, sich über ihr Verfahren bei Erlangung vorzüglicher Producte mittheilend auszusprechen.

Es wird gebeten, die auszustellenden Gegenstände am Ausstellungstage möglichst früh, mit Namen und Bezeichnung versehen, in Hittfeld einzuliefern.

Es wird ferner um 1½ Uhr der Herr Thierarzt Timm Vortrag halten über die beim Rindvieh so häufig vorkommende Bläh- und Trommelsucht und soll die Anwendung des Trocars und anderer Mittel dagegen, an einem lebenden Thiere deutlich gemacht werden.

Um 2 Uhr wird der letzte Auctions-Aufruf stattfinden und werden sodann die Aufmunterungs-Prämien für Handwerker vertheilt werden. — Zum Schlusse

gemeinschaftlicher Caffee im Garten mit Harmonie-Musik.

Es sind die Mitglieder und Freunde unseres Vereins mit ihren Familien zu diesem Allen freundlichst eingeladen von

dem Vorstande des landwirthschaftlichen Filial-Vereins
zu Hittfeld.

ihren Statuten beschlossen, den Verein auch «zur gemeinschaftlich wohlfeilen und besser, als einzeln zu bewerkstelligenden Anschaffung von Futtergewächsen, Gräsern, neuem Saatkorn und guten Vieh-Arten» und «zum besten Absatz der landwirtschaftlichen Erzeugnisse» zu nutzen.

Diese Hilfestellung beim Bezug und Absatz landwirtschaftlicher Produkte wurde auf die Mitglieder der Lokalvereine ausgedehnt, aber auch von den kleineren Vereinen selbst übernommen. Sie organisierten den Einkauf und Transport von Zuchtvieh und führten vereinsinterne oder öffentliche Versteigerungen durch. In Form von Sammelbestellungen wurden Saatgut, Düngemittel, kleinere landwirtschaftliche Geräte und anderes mehr für die Mitglieder günstig eingekauft. Diese «Vereinsgeschäfte» nahmen teilweise einen Umfang an, der schon an die kommerziellen Genossenschaften im Sinne Raiffeisens erinnert. Tatsächlich gingen Bezugsgenossenschaften teilweise direkt aus diesen Vereinstätigkeiten hervor. Insgesamt waren die Vereinsmitglieder wesentliche Förderer des Genossenschaftswesens. Darüber hinaus beteiligten sich die Vereine an der Gründung von lokalen Viehmärkten und Schlachthöfen, Molkereien, Rübenzuckerfabriken und sonstigen Einrichtungen zur Weiterverarbeitung landwirtschaftlicher Produkte.

De dümmste Buur hett de dicksten Kotüffeln? oder: Oktoberfest in Jesteburg

Die Vereinsmitglieder beschränkten sich nicht auf die interne Vereinsarbeit: die Früchte ihrer Bemühungen sollten auch nach außen dokumentiert werden. Oder – wie die pädagogische Argumentation führender Agrarier lautete – die Erfolge in der landwirtschaftlichen Produktion sollten durch die Aufklärungsarbeit der Vereine auch den noch rückständigen Bauern vor Augen geführt werden, Beispiel geben und zur Nachahmung anregen.

Diesem Zweck dienten die Tierschauen und landwirtschaftlichen Ausstellungen, die sich für einige Lokalvereine aus kleinen Anfängen zur umfangreichsten und aufwendigsten Vereinsarbeit entwickelten.

1835 fand die erste landwirtschaftliche Ausstellung in Lüneburg statt. Sie wurde von der Königlichen Landwirtschaftsgesellschaft ausgerichtet und zeigte den Besuchern erste Erfolge in der Tierzucht. Allein im Regierungsbezirk Lüneburg waren es dann in den Jahren von 1850 bis 1880 über 120 Ausstellungen, die von den Lokalvereinen organisiert wurden. An den ersten Schauen beteiligten sich noch relativ wenige Aussteller. Es fehlten Transportmöglichkeiten – Eisenbahnverbindungen bestanden nur auf einigen Hauptverkehrsstrecken –, so daß nur die Bauern aus der näheren Umgebung teilnehmen konnten. So stellten z. B. 1863 in Eschede 40 Vereinsmitglieder 140 Tiere aus – Ergebnisse ihrer Bemühungen, die Rinder- und Schweinezucht zu verbessern.

Die Tierzucht bildete für viele Vereine einen Schwerpunkt der Vereinsarbeit. Im landwirtschaftlichen Produktionskreislauf bedeuteten bessere Bodenbearbeitung und Bodenpflege sowie stärkere Düngung steigende Futtermittelerträge und damit die Möglichkeit, den Viehbesatz zu erhöhen, was wiederum eine Erhöhung der natürlichen Düngemittelproduktion zur Folge hatte. Unter diesen Voraussetzungen konnten die Bauern ihre Produktion von den anspruchslosen und widerstandsfähigen Landviehrassen auf veredelte Rinderrassen umstellen, die mehr Futter brauchten, dafür aber auch wesentlich milch- und fleischergiebiger waren.

Schon in den 40er Jahren begannen vor allem die Provinzialvereine, die Rinderzucht durch Ankauf und Versteigerung hochwertiger englischer Rinderrassen zu fördern. Auf systematische Zucht wurde zu diesem Zeitpunkt jedoch kaum Wert gelegt, so daß auch die Tierausstellungen ein Bild unterschiedlichster Kreuzungs- und Zuchtergebnisse boten. Wesentlich wirkte sich auf die Vereinheitlichung der Zuchtziele die finanzielle Förderung durch die hannoversche Regierung aus. Die Hauptvereine mußten Kriterien und Regelungen entwickeln, um die Gelder zu verteilen und die Rinderzucht sinnvoll zu fördern. Hierbei erhielten die Tierschauen eine ihrer wesentlichsten Funktionen. Die finanziellen Mittel wurden in Form von Prämien an die Aussteller gezahlt, die auf den Tierschauen durch besondere Leistungen hervortraten. Händler wurden von den Prämierungen ausgeschlossen – gefördert werden sollte die Arbeit der bäuerlichen Produzenten.

Das System wurde in den folgenden Jahrzehnten nach und nach ausgebaut und professiona-

Einladung und Programm

zu der am **4. October 1865** stattfindenden

zweiten Thierschau

mit Prämien-Austheilung zu Hittfeld.

Der landwirthschaftliche Filial-Verein zu Hittfeld wird am Mittwoch, den 4. October d. J., von Morgens 9 Uhr an, eine Ausstellung von Thieren, Producten und Geräthen veranstalten, welche der Landwirthschaft angehören und zu derselben in Beziehung stehen, und ladet alle Freunde der Landwirthschaft ein, sich durch eine zahlreiche Zusendung von Thieren, Producten und Geräthen genannter Art bei dieser Ausstellung betheiligen zu wollen.

Es wird mit dieser Ausstellung eine Prämien-Ertheilung für folgende Gegenstände verbunden werden:

I. Hornvieh.

A. Geestvieh.

1. Bullen.

a) Für den besten Zuchtstier .... 10 ℛ
b) „ „ zweitbesten do. .... 8 „
c) „ „ drittbesten do. .... 6 „
und je ein Ehrendiplom,
d) „ „ viertbesten do. ein Ehrendiplom.

2. Milchkühe.

a) Für die beste Milchkuh .... 10 ℛ
b) „ „ zweitbeste do. .... 8 „
c) „ „ drittbeste do. .... 6 „
und je ein Ehrendiplom,
d) „ „ viertbeste do. ein Ehrendiplom.

3. Starken.

a) Für die beste Starke .... 5 ℛ
b) „ „ zweitbeste do. .... 3 „
c) „ „ drittbeste do. .... 2 „
und je ein Ehrendiplom,
d) „ „ viertbeste do. ein Ehrendiplom.

B. Marschvieh.

1. Milchkühe.

a) Für die beste Milchkuh .... 10 ℛ
b) „ „ zweitbeste do. .... 8 „
c) „ „ drittbeste do. .... 6 „
und je ein Ehrendiplom,
d) „ „ viertbeste do. ein Ehrendiplom.

2. Starken.

a) Für die beste Starke .... 5 ℛ
b) „ „ zweitbeste do. .... 3 „
c) „ „ drittbeste do. .... 2 „
und je ein Ehrendiplom,
d) „ „ viertbeste do. ein Ehrendiplom.

II. Schweine.

1. Eber.

a) Für den besten Eber .... 6 ℛ
b) „ „ zweitbesten do. .... 4 „
c) „ „ drittbesten do. .... 2 „
und je ein Ehrendiplom,
d) „ „ viertbesten do. ein Ehrendiplom.

2. Zuchtsaue.

a) Für die beste Zuchtsau .... 6 ℛ
b) „ „ zweitbeste do. .... 4 „
c) „ „ drittbeste do. .... 2 „
und je ein Ehrendiplom,
d) „ „ viertbeste do. ein Ehrendiplom.

III. Schafe.

a) Für den besten Bock .... 3 ℛ
b) „ das beste Mutterschaf .... 2 „

IV. Ziegen.

a) Für den besten Bock .... 2 ℛ
b) „ die beste Ziege .... 2 „

V. Federvieh.

Im Ganzen .... 5 ℛ

VI. Kleinere landwirthschaftliche Maschinen

und Geräthe, Feld- und Garten-Producte .... 30 ℛ
und Ehrendiplome.

Nähere Bestimmungen.

1) Auch Nichtmitglieder können an der Thierschau Theil nehmen und haben gleiche Rechte mit den Vereinsmitgliedern. Nur bei etwaiger gleicher Beschaffenheit zweier ausgestellter Gegenstände wird demjenigen der Vorzug gegeben, welcher einem Vereinsmitgliede angehört.
2) Das zu prämirende Vieh muß mindestens seit acht Wochen im eigenthümlichen Besitz des Ausstellers gewesen sein.
3) Der Eigenthümer mehrerer Stücke Vieh ein und derselben Gattung kann nur für eines derselben die Prämie bekommen.
4) Alle zur Ausstellung bestimmten Thiere, Geräthe 2c. müssen am 4. October spätestens Morgens 9 Uhr auf dem Ausstellungsplatze eingetroffen sein. Die Anmeldungen sind aber spätestens bis zum 1. October bei den Herren Thierarzt Riechelmann in Wilhelmsburg, Oeconom Herm. Meyer in Jesteburg und dem Secretair des Vereins zu machen.
5) Für Rauhfutter zum Unterhalt des Viehes während der Thierschau wird vom Vereine Sorge getragen.
6) Vor Schluß der Ausstellung darf kein zur Ausstellung gebrachter Gegenstand vom Platze geschafft werden.
7) Gegen die Entscheidung der Preisrichter sind Reclamationen nicht zulässig.
8) Den Bestimmungen der Festordner hat sich Jeder unbedingt zu unterwerfen.
9) Gleichzeitig wird eine Verloosung von ausgestellten Geräthen und sonstigen nützlichen Gegenständen der Haus- und Landwirthschaft stattfinden. Loose zu 7½ Gr. sind bei den Vorstands-Mitgliedern zu bekommen.

Tagesordnung.

9 Uhr Morgens: Eröffnung der Thierschau.
12 Uhr Mittags: Findet die Prämiruug statt.
1 Uhr Nachmittags: Gemeinschaftliches Essen à Couvert 12½ Gr.
3 Uhr „ Verloosung und Schluß der Ausstellung.
Nach dem Schluß der Ausstellung: **Ball.**

Nichtmitglieder des Vereins zahlen bei Betretung des Festplatzes 2½ Gr.-Entrée.

Hittfeld, den 1. August 1865.

Der Vorstand des landwirthschaftlichen Filial-Vereins in Hittfeld.

Der sehr aktive Hittfelder Verein bemühte sich besonders um Fortschritte in der Rinderzucht. Regelmäßig fanden Tierschauen statt, auf denen die Erfolge dieser Bemühungen ausgestellt und reich prämiert wurden.

lisiert. Man legte klare Zuchtziele fest und vereinheitlichte dadurch die Tierproduktion in den Vereinsgebieten. Es wurden Kriterienkataloge für die Bewertung der Zuchtergebnisse festgelegt, die die Basis für die Prämierungen auf den Tierausstellungen bildeten. Fachkundige Mitglieder der Vereine erhielten die Aufgabe, als Preisrichter auf den Tierausstellungen tätig zu werden. Mit dem Ausbau der Verkehrswege verbesserten sich auch die Transportmöglichkeiten, so daß 1877 auf Anregung der Hauptvereine eine erste Distrikt-Tierschau stattfand.
Die züchterischen Bemühungen blieben nicht auf die Rindviehzucht beschränkt. Sie wurden ausgedehnt auf die Schweine-, Schaf-, Ziegen- und Geflügelzucht. Auch diese Zuchtergebnisse wurden auf den Tierschauen ausgestellt und prämiert – wenn auch die Prämien nie die Höhe erreichten, die für die Rinderzucht ausgesetzt waren.
Vorbereitung und Ausrichtung der landwirtschaftlichen Ausstellungen blieben in den Händen der Lokalvereine. Die umfangreichen Planungen und Vorbereitungen begannen meist schon Monate vorher mit dem Einholen einer behördlichen Genehmigung und dem Antrag auf finanzielle Unterstützung durch den Hauptverein. Die weiteren Vorbereitungen reichten von der Herrichtung des Ausstellungsplatzes, Planung des Ausstellungsverlaufs bis hin zur Bearbeitung der eingehenden Anmeldungen und Bereitstellung von Unterkünften und Verpflegung für die Tiere.

Durch Zeitungsanzeigen und Plakate warben die Vereine für die Tierschauen. Ein Beispiel dafür ist die vorseitig abgebildete *Einladung des Lokalvereins Hittfeld zur Tierschau am 4. Oktober 1865*. Auf dem Plakat sind die zur Ausstellung zugelassenen Tiergattungen und Teilnahmebedingungen angegeben. Auch die zur Auszahlung kommenden Prämien fehlen nicht, um die Bauern zur Teilnahme anzuregen.
Aus dem Plakat geht außerdem hervor, daß auch landwirtschaftliche Maschinen und Geräte ausgestellt wurden – eine Praxis, die sich in den 60er Jahren bei der Veranstaltung von Tierschauen durchsetzte. Zu den Ausstellern in diesem Bereich gehörten Landhandwerker der Umgebung, aber auch größere Landmaschinenfabriken, die auf diese Weise einem größeren Publikum ihre Produkte vorführen und verkaufen konnten. Der Hittfelder Verein kündigte für seine Ausstellung 1865 auch eine «Verloosung» an. Der Verkauf von Losen, die den Besuchern den Gewinn meist «nützlicher Gegenstände der Land- und Hauswirtschaft» in Aussicht stellte, war bei den Vereinen eine beliebte Methode, um die Kosten der Ausstellung zu senken. Dem gleichen Zweck diente das Eintrittsgeld, das die Nicht-Mitglieder des Vereins für den Besuch der Ausstellung zu zahlen hatten.
Über die Ausstellungen wurde ausführlich in der lokalen Presse und in Fachzeitungen berichtet. Diese Artikel machen deutlich, daß die Ausstellungen sich zu einem Festtag für die Bewohner aller umliegenden Dörfer entwickelten. Da die Vereinsmitglieder vielfach ein Vereinsjubiläum zum Anlaß für die Ausstellung nahmen, wurden Ehrengäste geladen, Festreden gehalten, das Dorf geschmückt und eine Musikkapelle zur Unterhaltung engagiert. Für die Besucher wurde Essen und Trinken bereitgestellt, und für die Vereinsmitglieder schloß der Festtag mit einem Vereinsball ab.
Einen bildhaften Eindruck dieser landwirtschaftlichen Ausstellungen vermittelt ein Auszug aus dem Protokollbuch des Landwirtschaftlichen Vereins Jesteburg über die Ausstellung von 1903:
«Das Fest wurde vom herrlichsten Herbstwetter begünstigt (der Sommer war sehr regnerisch gewesen), so daß der schön gelegene Ausstellungsplatz (Schützenplatz) und die Ausstellungsobjekte einen vorzüglichen Eindruck machten. Gegen 10 Uhr versammelte sich der Vorstand, die Preisrichter und die Kommissionen im Meyer'schen Gasthause, um dann unter den Klängen einer Musikkapelle nach dem hübsch dekorierten Schützenplatze zu marschieren. Hier bestieg der Vorsitzende des Vereins, Herr B. Maack – Reinsdorf, die Vorstandstribüne und eröffnete mit einer Ansprache die Ausstellung. . . . Sodann begannen die Preisrichter ihres Amtes zu walten, wobei es unter den Ausstellungsabteilungen für Rindvieh, Produkte des Feld- und Gartenbaus und für Maschinen besonders viel Arbeit gab. Welche Fülle von Hilfsmitteln der modernen Landwirtschaft zu Gebote stehen, lehrte die Abteilung für Maschinen und Geräte. Diese war außerordentlich reich beschickt worden und führte den hohen Stand des betreffenden Industriezweiges vor Augen. Ein Probepflügen auf einem nahen Acker mit einem neuen Kartoffel-

Festlich ausgestattet, entwickelten sich die landwirtschaftlichen Ausstellungen zum Ausflugsziel ganzer Familien aus der näheren und weiteren Umgebung.

roder hatte zahlreiche Zuschauer angelockt. Die prämierten Rinder wurden, mit einem Eichenkranz geschmückt, an der Preisrichtertribüne vorbeigeführt. Gegen 4½ Uhr begann im Schützenhause das Festessen, welches eine sehr starke Beteiligung fand. Der Vorsitzende brachte das Kaiserhoch aus, worauf sich verschiedene Toasts ernsten und heiteren Inhalts folgten. Der nun folgende Ball verlief in ungetrübter Harmonie.»

Danz op de Deel
oder: Die Vereinsgeselligkeit

Die äußerst formalen Abläufe der Vereinsversammlungen und die fachlichen Themen können wohl kaum mit fröhlicher Geselligkeit in Verbindung gebracht werden. Aber die Versammlungen fanden in den Gastwirtschaften statt – den traditionellen Orten männlicher Geselligkeit nach Feierabend. Es ist zu vermuten, daß vor allem nach den Sitzungen durchaus auch die Geselligkeit zu ihrem Recht kam. Wesentlich offizieller fielen dagegen die von vielen Lokalvereinen einmal jährlich veranstalteten Vereinsbälle aus. Der Landwirtschaftliche Verein Winsen a. d. Luhe z. B. wählte zu diesem Zweck jährlich eine Fest-Kommission, die für die Vorbereitung und Ausgestaltung dieses Höhepunktes des Vereinslebens zuständig war. Der Abend wurde in der Regel mit einem Festessen begonnen, dem sich Musik und Tanz anschlossen. Die Vereinsfeste bildeten zugleich eine der wenigen Gelegenheiten, zu denen auch Frauen an den Vereinsaktivitäten teilnahmen.
Zu geselligen Veranstaltungen entwickelten sich auch die sogenannten «Feldexcursionen». Sie waren ursprünglich von den Vereinen organisiert worden, um den Mitgliedern Versuche mit neuen Getreide- und Feldfruchtsorten, Anbaumethoden u. ä. vor Augen zu führen. Recht bald entstanden aus diesen Exkursionen Tagesausflüge, an denen auch die Frauen teilnahmen. Die Fahrten führten über den Vereinsbezirk hinaus, es wurden Versuchsanstalten, andere Vereine oder auch große landwirtschaftliche Ausstellungen (z. B. in Hannover und Hamburg) als Ziel gewählt.

Schlußbemerkung

Für uns ist heute kaum nachvollziehbar, wie sehr sich die Arbeit des Bauern im 19. Jahrhundert durch Agrarreformen und Erkenntnisse der Landwirtschaftswissenschaft veränderte. In diesem Prozeß übernahmen die landwirtschaftlichen Vereine eine wichtige Rolle als Sammelpunkt vor allem größerer Bauern, die den Veränderungen aufgeschlossen gegenüber standen. Und zumindest in fachlicher Hinsicht wirkten die Vereine zurück auf die weitere Entwicklung der landwirtschaftlichen Organisationen, mit denen sie in enger Verbindung standen. Diese Verbindung riß 1933 ab, nachdem unter nationalsozialistischer Herrschaft die Vereine aufgelöst und in den Reichsnährstand überführt worden waren. Versuche, durch Wiedergründungen nach 1945 an die Entwicklung vor 1933 anzuknüpfen, mißlangen.

Literatur (Auswahl):

Böttcher, F. W.: Die landwirtschaftlichen Vereine in den Königlich Preußischen Staaten, Berlin 1856.
Ebersbach, O.: Die Entwicklung und Organisation des landwirtschaftlichen Vereinswesens, Diss. Leipzig 1926.
Eckert, H.: Der Land- und Forstwirtschaftliche Provinzialverein für das Fürstentum Lüneburg. Festschrift zur Feier der 50jährigen Stiftung, Soltau 1880.
Georgsanstalt Ebstorf 1855–1980, 125 Jahre, Uelzen 1980.
150 Jahre Land- und Forstwirtschaftlicher Provinzialverein für das Fürstentum Lüneburg 1830–1980.
Lohmann: Festschrift aus Anlaß des 100jährigen Bestehens des land- und forstwirtschaftlichen Provinzialvereins für das Fürstentum Lüneburg, Uelzen 1930.
Protokollbuch des Vereins Jesteburg, 1903.
Schneider, K.-H. und *Seedorf, H. H.*: Bauernbefreiung und Agrarreformen in Niedersachsen, Hildesheim 1989.
Stadelmann, R.: Das landwirtschaftliche Vereinswesen in Preußen, Halle 1874.
Statut des Provinzialvereins Lüneburg, Archiv Freilichtmuseum am Kiekeberg.
Wächter, H. H.: Die Landwirtschaft Niedersachsens vom Beginn des 19. bis zur Mitte des 20. Jahrhunderts, Bremen 1959.

Abbildungsnachweis:

Archiv Freilichtmuseum am Kiekeberg.
Archiv Landwirtschaftsmuseum Lüneburger Heide, Hösseringen.
Festschrift zum 150jährigen Bestehen der Königlichen Landwirtschafts-Gesellschaft Hannover 1764–1914.
75 Jahre Landwirtschaftlicher Verein Buchholz in der Nordheide und Umgebung.
König, H.: 10 Gebote für Landwirte, Lüneburg o. J.
Statuten des landwirtschaftlichen Filial-Vereins zu Hittfeld, Harburg 1859.

«Es wurde Licht» – Stromversorgung und Elektrizitätsverwendung bis in die Nachkriegszeit unter besonderer Berücksichtigung des Landkreises Harburg

von Rainald Koch

Die Anfänge in Norddeutschland

Deutschlands erste öffentliche Elektrizitätsversorgung fand 1884 von einer Berliner Blockzentrale aus statt. Elektrizität war im ersten Halbjahrzehnt ihrer Einführung vor allem ein Luxus des wohlhabenden großstädtischen Bürgertums und seiner Wohn- und Festkultur. Hotels und Vergnügungsetablissements waren folgerichtigerweise erste gewerbliche Nutzer von Elektrizität. In den folgenden Jahren erkannten mittelständische Gewerbe und Industriebetriebe den Nutzen von elektrischem Licht und elektrischer «Kraft». Dadurch wurde die Institutionalisierung von Ortszentralen beschleunigt, die sich in Konkurrenz zu den in einigen Fällen schon seit fast einem halben Jahrhundert am Ort betriebenen Gaswerken zu etablieren begannen. 1899 besaßen mit Kiel nunmehr alle deutschen Großstädte (> 100 000 Einwohner) Elektrizitätswerke (fortan EW), und die Bemühung um ihre Einrichtung hatte die Mittelstädte erreicht. Die Hansestadt Lübeck beispielsweise errichtete bereits 1887 als eine der ersten Städte überhaupt ein E-Werk in kommunaler Hand.
In den 1890er Jahren griff dann eine regelrechte Elektrifizierungswelle auf die Kleinstädte über. Zahllose Ingenieurbüros und spezialisierte Baufirmen wetteiferten mit den regionalen Dependencen der elektrotechnischen Industrie einschließlich der Marktführer AEG und Siemens um die Ausfertigung von Plänen und Kostenvoranschlägen und die Bauübernahme bis zur schlüsselfertigen Übergabe des betriebsbereiten Elektrizitätsversorgungsnetzes.
Hauptzweck der Elektrifizierung war bei den städtischen Zentralen im letzten Jahrzehnt des ausgehenden 19. Jahrhunderts noch die Beleuchtung des öffentlichen Raumes, die Straßen- und Platzbeleuchtung und die des privaten (gut-) bürgerlichen Wohnraumes, wo das elektrische Licht nun relativ schnell vom prestigeträchtigen Luxus der Sonn- und Feiertage zum alltäglichen Gebrauch wurde.
Bei der gewerblichen Stromnutzung stand anfänglich die vergleichsweise leicht zu installierende, gleichmäßig gute und helle Ausleuchtung der Werkstatt- und Fabrikräume im Vordergrund, welche die Produktions-, Lager- und Reparaturarbeiten im geschlossenen Raum endgültig vom einfließenden Tageslicht unabhängig machte. Beim Gaslicht war wegen des Herstellungsaufwandes ein vorhandenes öffentliches Gaswerk quasi Voraussetzung, während die Industrie in den frühen Jahren ihrer Elektrizitätsverwendung vielfach auf die Einrichtung von eigenen Anlagen setzte.
In den 1890er Jahren erkannten Gewerbebetriebe in immer stärkerem Maße, daß ihnen die neue Energiedarbietung nicht nur als Arbeitsbeleuchtung, sondern ebenso als direkte Arbeitshilfe von Vorteil sein konnte. Ab etwa 1904, als die Elektrifizierung in den Kleinstädten bereits fortgeschritten war, entstanden zahlreiche Propagierungsschriften, die einer Umrüstung der Werkstätten auf elektromoto-

Elektrisches Licht und Motorantrieb verändern im neuen Jahrhundert den Alltag auch auf dem Land einschneidend.

Der Landwirt als Stromabnehmer wird entdeckt. Elektrisch geht die Arbeit scheinbar von allein.

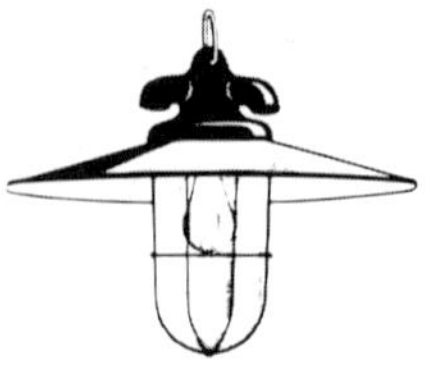

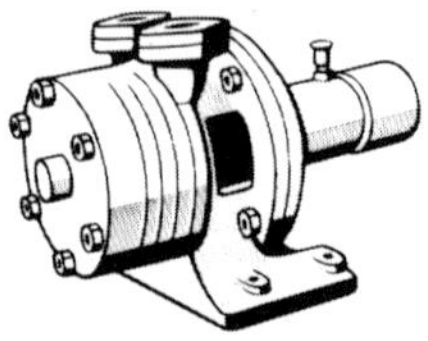

Die drei typischen Stromnutzungen der Anfangszeit: Lampe, transportabler Motor, Wasserpumpe.

risch angetriebene Arbeitsmaschinen und Geräte das Wort redeten. Mit dem Argument einer Arbeitskräfteeinsparung bei Lehrlingen und Gesellen rechneten sie teilweise detailliert Vorteile des elektrischen Stromes vor.

Zum Beispiel Winsen: Frühe Elektrizitätsversorgung in den Kleinstädten der Region

In Winsen wurde die Frage einer zentralen Energieversorgung in den letzten Jahren vor der Jahrhundertwende akut, zumal die Stadt über kein Gaswerk wie Lüneburg verfügte. Nicht Wünsche von Privat- und Geschäftsleuten nach elektrischem Licht gaben den Ausschlag; als notwendig wurde eine zeitgemäße Straßenbeleuchtung erachtet, die noch mit Petroleumleuchten erfolgen mußte.
Magistrat und Bürgervorsteherkolleg, die beiden «städtischen Collegien», hatten Kostenvoranschläge von verschiedenen nord- und mitteldeutschen Unternehmungen eingeholt, wobei man durch die AEG über ihr «Installations-Bureau Hamburg» im Juni 1899 sogar ein detailliertes Projekt mit Planzeichnung der Leitungswege für die Straßenbeleuchtung ausarbeiten ließ. Die Beratungen in der eigens gebildeten «Lichtcommission» und in entsprechenden Versammlungen des «Bürger-Vereins» ergaben jedoch, daß ein auf Wunsch der Commission eingereichter Antrag der Firma Naylor & Lemm (fortan N & L) «auf Ertheilung der Concession zur Erbauung eines Elektrizitätswerkes» für die Stadt die billigste Möglichkeit darstellen würde, an eine Elektrizitätsversorgung zu gelangen. Die Textilfabrik von N & L am Winsener Bahnhof hatte sich gerade eine neue Dampfmaschine einbauen lassen, deren Leistungsfähigkeit so groß bemessen war, daß sie voraussichtlich den Kraftbedarf der städtischen Elektrizitätsversorgung mitdecken konnte. Die Sitzung der städtischen Collegien vom 8. März 1900 nahm den Vertrag an, und noch im gleichen Monat verteilte N & L die Stromlieferungsbedingungen in der Stadt, mit auszufüllenden Fragebögen über gewünschte Anschlüsse.

Elektrisches Licht: Helligkeit, Fortfall des lästigen Lampenputzens und Tarifsenkungen wirken verkaufsfördernd.

Die Bauausführung lag beim Ingenieurbüro Hamburg der AEG. Deren Ingenieur Emil Schiff fertigte einen Bericht über die technische Ausstattung von Kraftwerk und Stromverteilungsnetz an. Mittels Riemen trieb die Dampfmaschine von N & L zwei AEG-Gleichstromdynamomaschinen mit je etwa 90 PS Leistung bei voller Belastung sowie eine kleinere Zusatzmaschine mit 42 PS Kraftbedarf zum Laden von Akkumulatoren in den Betriebszeiten mit geringer Auslastung der Anlage an.
Die Wahl des Gleichstromsystems für die Winsener Stromerzeugung und -versorgung bot gegenüber dem seit Mitte der 1890er Jahre vermehrt üblich gewordenen Wechselstromsystem die Voraussetzung für eine Verwendung von Speicherbatterien. In Winsen ermöglichten die Sammlerbatterien vom System Tudor eine Leistungsabgabe von etwa 40 PS auf drei Stunden. Sie konnten so täglich in den Zeiten der höchsten Maschinenbeanspruchung zugeschaltet werden oder bei Maschinenstillstand während Überholungsarbeiten und nachts einspringen.
Das Netz wurde im Dreileitersystem ausgeführt und hatte eine «Lampenspannung» von 110 Volt. Mehrere Speisepunkte im Stadtgebiet sollten den Spannungsabfall im Netz in erträglichen Grenzen halten. Von dort verzweigten sich die Verteilungsleitungen für die Hausanschlüsse in die einzelnen Straßen. Interessanterweise verlegte man dafür in der Stadt keine Erdkabel: «Die Leitungen werden theils auf sauber bearbeiteten und starken, gefällig angestrichenen Holzmasten, theils an Eisenconstructionen an den Häusern entlang geführt, wobei natürlich auf die örtlichen und sonstigen besonderen Verhältnisse in angemessener Weise Rücksicht genommen wird.»
Diese «Beruhigungsformel» verweist auf die öffentliche Diskussion mancherorts, ob nicht etwa die Fahrleitungsaufhängung der Straßenbahn das Ortsbild «verschandeln» würde.
Schon im Oktober konnte die erste 25kerzige Glühlampe im öffentlichen Raum bewundert werden: Die Wassermühle nahe dem Winsener Schloß richtete sich trotz Bau des öffentlichen Elektrizitätswerkes eine eigene Stromerzeugung ein, zu der auch eine Außenleuchte über dem Eingang gehörte. Die 106 Petroleumleuchten hatten nicht viel mehr als eine Reihe vom Licht umflossener heller Punkte gebildet, die die Umgebung nur schemenhaft erkennen ließen. Die «vorzügliche Straßenbeleuchtung» aus 163 neuen Laternen «mit ihrer langen Reihe elektrischer Glühbirnen» konnte dagegen als eine durchgehende Erhellung des Straßenraumes wahrgenommen werden.
Da zunächst nur eine relativ kleine Zahl von Bürgern finanziell dazu in der Lage war, eine elektrische Innenraumbeleuchtung zu bezahlen, die nicht nur einige Investitionskosten verlangte, sondern auch im Dauerbetrieb zunächst gegenüber Petroleum noch recht teuer kam, stellten elektrische Geschäftsbeleuchtungen einen Publikumsmagneten dar. Außer der Schaufensterbeleuchtung wurden dabei die Verkaufsräume oft mit einbezogen und vermittelten dem Kunden ein Gefühl von der Helligkeit und dem Komfort elektrisch beleuchteter Räume.
Die größte Bedeutung für die meisten Menschen dürfte die elektrische Beleuchtung in ihrer Anfangszeit im Bereich der Festtagskultur gehabt haben. Elektrisch beleuchtete Säle waren eine ganze Zeit lang ein Aushängeschild; machte sich doch diese Investition für den Gastwirt, der sie sich leisten mochte, entsprechend bezahlt. Die ersten Winsener Festivitäten «beim Schein des elektrischen Lichtes»

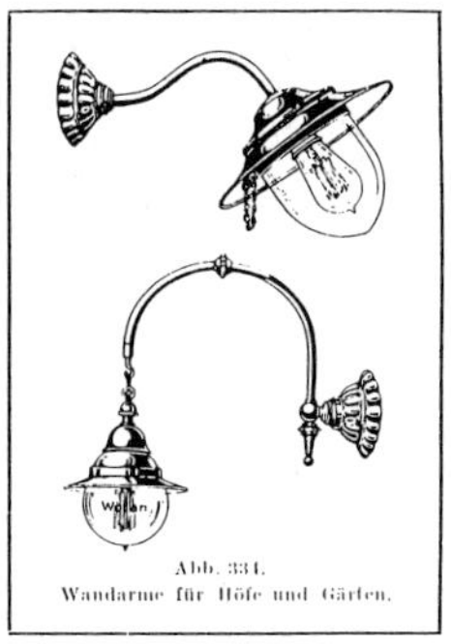

Wandarme für die Hofbeleuchtung.

Werbung für das elektrische Licht.

Anfang November 1900 in «Wesseloh's Etablissement» ließen Stolz aufkommen: «der Ball des landwirtschaftlichen Vereins (. . .) wird in weiten Kreisen unserer Umgegend Gelegenheit bieten, sich von dem neuen Fortschritt zu überzeugen, den Winsen in seiner Entwicklung getan hat».
Dieser Ball, mit vielen Landwirten aus dem Raum Winsen, dürfte seinen Beitrag zur Propagierung der Elektrizität auf dem Lande geleistet haben. Vielleicht sah man das elektrische Licht in diesem Zusammenhang noch als Luxus an. Aber man war darauf aufmerksam geworden. Die Helligkeit des neuen Lichtes war unvergleichlich, sie konnte doch eine große Arbeitserleichterung bedeuten. Und nutzten nicht einige Gewerbetreibende in Winsen schon elektrische Motoren zum Antrieb von Geräten in ihren Werkstätten? Waren solche Motoren nicht vielleicht genauso zum Antrieb bestimmter Geräte auf dem Hof geeignet? Nur, selbst wenn sich herausstellen sollte, daß eine «Licht- und Kraftanlage» für einen nicht ganz unvermögenden Landwirt sogar bezahlbar war: Woher sollte der Strom kommen?

Lokale Anfänge der Stromversorgung
Örtliche Einzelwerke als Wegbereiter der Elektrifizierung auf dem Lande

Die Gemeinde Borstel vor den Toren Winsens dachte über eine ganz naheliegende Möglichkeit nach, wie Strom zu erlangen sei. Konnte man sich nicht vom Elektrizitätswerk in der Stadt anschließen lassen? Um das wohl nach einem ersten Kontakt mit Winsen abschätzen zu können, fragte man bei der Landwirtschaftskammer in Hannover um Rat nach. Die dafür zuständige «Baustelle» bestätigte, «daß die Elektrizität der Landwirtschaft außerordentliche Vorteile bietet und erscheint deshalb die Anlage eines Leitungsnetzes für die Licht- und Kraftversorgung in der Ortschaft Borstel ohne weiteres empfehlenswert (. . .). (. . .). Zu den Annehmlichkeiten, welche das elektrische Licht bietet, gehört vor allen Dingen die größere Helligkeit dem Petroleumlicht gegenüber, die absolute Reinlichkeit, die große Bequemlichkeit und besonders die erhöhte Feuersicherheit.» Damit sind die wichtigsten Vorteile einer elektrischen Beleuchtung auf dem Hof vorgestellt. Die Gemeinde Borstel scheint

Elektrizität auch für den einfachen Haushalt auf dem Land: Licht, Bügeleisen, Kochwärme, letztere meist als Tauchsieder oder Platte.

aber 1904 die Ausgaben gescheut und sich noch nicht an das Winsener Elektrizitätswerk angeschlossen zu haben.
Städtische Stromversorgungsunternehmen waren im allgemeinen nur eingeschränkt bereit, dünnbesiedeltes Umland in ihr Netz aufzunehmen. Denn die Investitionen rentierten sich hier natürlich nicht so schnell. Während in der Stadt die Verlegung von 7 km Leitung ausreichte, um 1000 Anschließer zu erreichen, waren auf dem Lande dafür 70 km nötig, ganz abgesehen davon, daß mit zunächst nur 30 000 abzusetzenden Kilowattstunden (kWh) auf den qkm gerechnet wurde, verglichen mit 3 Mio kWh in der Stadt.
Man konnte sich auch die Winsener Wassermühle zum Vorbild nehmen. Dörfer mit einer Gunstlage an Gewässern, wo sich Mühlenbetriebe eine Elektrizitätserzeugung einrichteten, die dann auch benachbarte Gehöfte und schließlich das ganze Dorf versorgte, besaßen so bereits vor 1905 in Einzelfällen eine Stromversorgung. In der Verbrauchsspitze morgens und abends wurden oft Lokomobilen und Verbrennungsmotoren oder in Schwachlastzeiten aufgefüllte Batteriesätze zugeschaltet. Die Leistungsfähigkeit war jedoch in der Hauptsache von der Wasserdarbietung abhängig und im norddeutschen Flachland ziemlich begrenzt. Da diese Netze zudem auf Gleichstrombasis arbeiteten, u. a. wegen der nur so gegebenen Batterieverwendung, war die Fort-

leitungsfähigkeit des Stromes mit tragbaren Leistungsverlusten auf 1,5 bis 2 km begrenzt, so daß höchstens ein oder zwei Dörfer einer Nachbargemeinde mit angeschlossen werden konnten.

Elektrische Handmelker schon 1914: Durchgesetzt haben sie sich nach ersten Erfolgen in den 30er Jahren in der Nachkriegszeit.

Im Landkreis Harburg entstanden bis zum Ersten Weltkrieg eine ganze Reihe von Stromerzeugern bei Mühlen und kleineren Ortschaften. 1908 gründete z. B. der Ingenieur Erich Vincke ein Ingenieur-Büro mit Installationsabteilung in Wulfsen, das einen Schwerpunkt auf die Projektierung derartiger Kleinelektrizitätswerke legte. Gebaut wurden sie in Dierkshausen (Mühle Klipp), Garstedt, Handorfer Mühle, Hanstedt, Luhdorf, Niederhaverbeck (Garbers), Pattensen (Mühle Winsemann), Ramelsloh, Salzhausen (Reemtsma), Schneede, St. Dionys (Vogelei), Sudermühlen (Mühle Rabeler), Uhlenbusch und Wulfsen.

Am 1. April 1940 ging das Werk in der Gemeinde Pattensen an das Überlandwerk Nord-Hannover (ÜNH) über. Zum 1. 7. 1940 folgten die vorher selbständigen Netze von Ramelsloh, Helmstorf und Harmstorf und nach der offiziellen ÜNH-Gemeindeanschlußliste zum 10. 8. Wulfsen. Im gleichen Jahr gliederte ÜNH noch die örtlichen Werke in Gödenstorf, Oelstorf, Eyendorf und Luhmühlen ein. Kriegsbedingte Schwierigkeiten, an Kraftstoff sowie die verschiedensten Betriebsmittel und Ersatzteile zu gelangen, können als Gründe dafür angesehen werden, warum die kleinen, selbständigen Werke und Ortsnetze an das Überlandwerk verkauft wurden. In diesem Zusammenhang hat aber sicher noch ein anderes Motiv eine Rolle gespielt. In jenem Jahr 1940 verfügte nämlich der «Reichsbeauftragte für Energiewirtschaft», daß kleine, örtliche EVU's dem nächstgrößeren Gebietsversorgungsunternehmen zuzuschlagen wären. Diese

Zwei wichtige milchwirtschaftliche Geräte: Separator und Butterfaß.

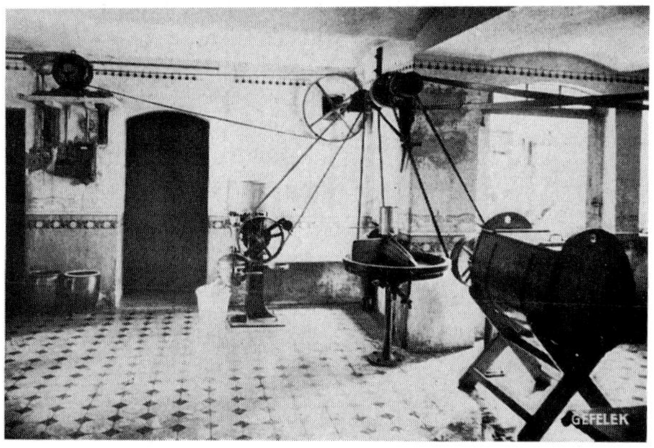

Von einem zentral angebrachten Motor über eine Transmission angetriebene Geräte in einer Milchküche.

Maßnahme des Reichsbeauftragten, dessen Stellung während der NS-Zeit geschaffen wurde, ist nicht nur vor dem Hintergrund einer zentralen Sicherung der Energieproduktion in der Kriegszeit zu sehen. Es spiegelt sich darin auch eine Auswirkung des 1935 verabschiedeten Energiewirtschaftsgesetzes, das eine Vereinheitlichung und Konzentration der Energieversorgung im Sinne und unter Führung von Großversorgungsunternehmen wie der Preussen-Elektra festschrieb.
Am längsten selbständig erhielt sich anscheinend im Harburger Kreisgebiet das E-Werk in Luhdorf, das erst 1957 an ÜNH gelangte.

Kreisweite und regionale Stromversorgung: Elektrizitätsverband Stade und Überlandwerk Nord-Hannover

Aufbau einer zentralen Stromversorgung im Landkreis Harburg

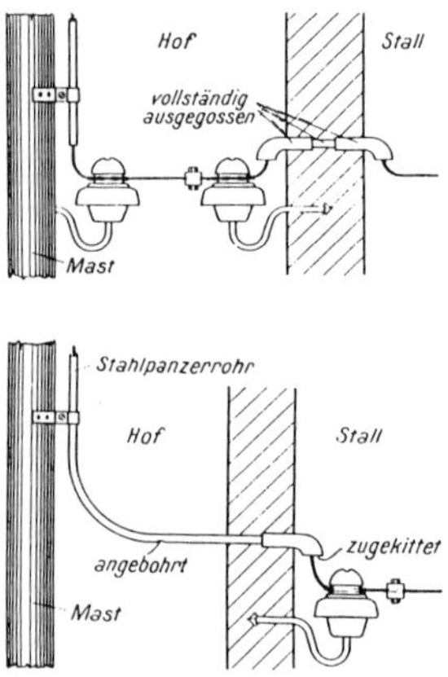

Der Hausanschluß: Möglichkeiten der Stromzuführung zum Stall.

Für eine flächendeckende Versorgung ganzer Landstriche konnten lokale Werke keine wegweisende Lösung darstellen, da Gemeinden ohne Stromversorgung geblieben wären, die aus finanziellen Gründen nicht in der Lage waren, sich ein eigenes E-Werk einzurichten. In Norddeutschland setzten deshalb ab etwa 1905 entsprechende Initiativen auf der Ebene der Landkreise ein, die zumeist von den zuständigen Landräten getragen wurden. Der Landkreis Lüneburg betrieb beispielsweise von 1910 an eine Überlandzentrale für sein Kreisgebiet. Mehrere Kreise konnten sich zudem in einem Gemeinschaftsunternehmen die Baukosten teilen oder gemeinsam gegenüber einem Kraftwerksbetreiber auftreten, um günstigere Stromeinkaufspreise zu erzielen. Ein solches regionales Vorgehen war in Norddeutschland vor dem Ersten Weltkrieg noch eine Besonderheit. Denn fast alle übrigen Landkreise in der preußischen Provinz Hannover gründeten jeweils ihre eigene Kreisversorgung.

Da das Elbe-Weser-Gebiet aufgrund seiner geringen Siedlungsdichte einen relativ schwachen Stromabsatz erwarten ließ, war ein Ausgleich auf städtische oder industrielle Großabnehmer sinnvoll, um Rentabilität, gleichmäßige Betriebsauslastung und investiertes Kapital zu sichern. Siemens hatte in Nordwestdeutschland bereits festen Fuß gefaßt und konnte drei Kraftwerkstandorte seines auf Kraftwerkbau und Einrichtung von Überlandzentralen spezialisierten Tochterunternehmens «Siemens Elektrische Betriebe – S. E. B.» vorweisen, die entweder ein konkretes Planungsstadium erreicht hatten oder in Fertigstellung begriffen waren: In Lübeck-Herrenwyk wurde mit den Gichtgasen des Hochofenwerkes ein Kraftwerk betrieben, das ab 1911 verschiedene Landkreise im Südosten des heutigen Schleswig-Holstein versorgte; in Wiesmoor war ein Kraftwerk mit Torfbefeuerung zur Versorgung ganz Ostfrieslands ge-

Wie gelangt der Strom auf den Hof?

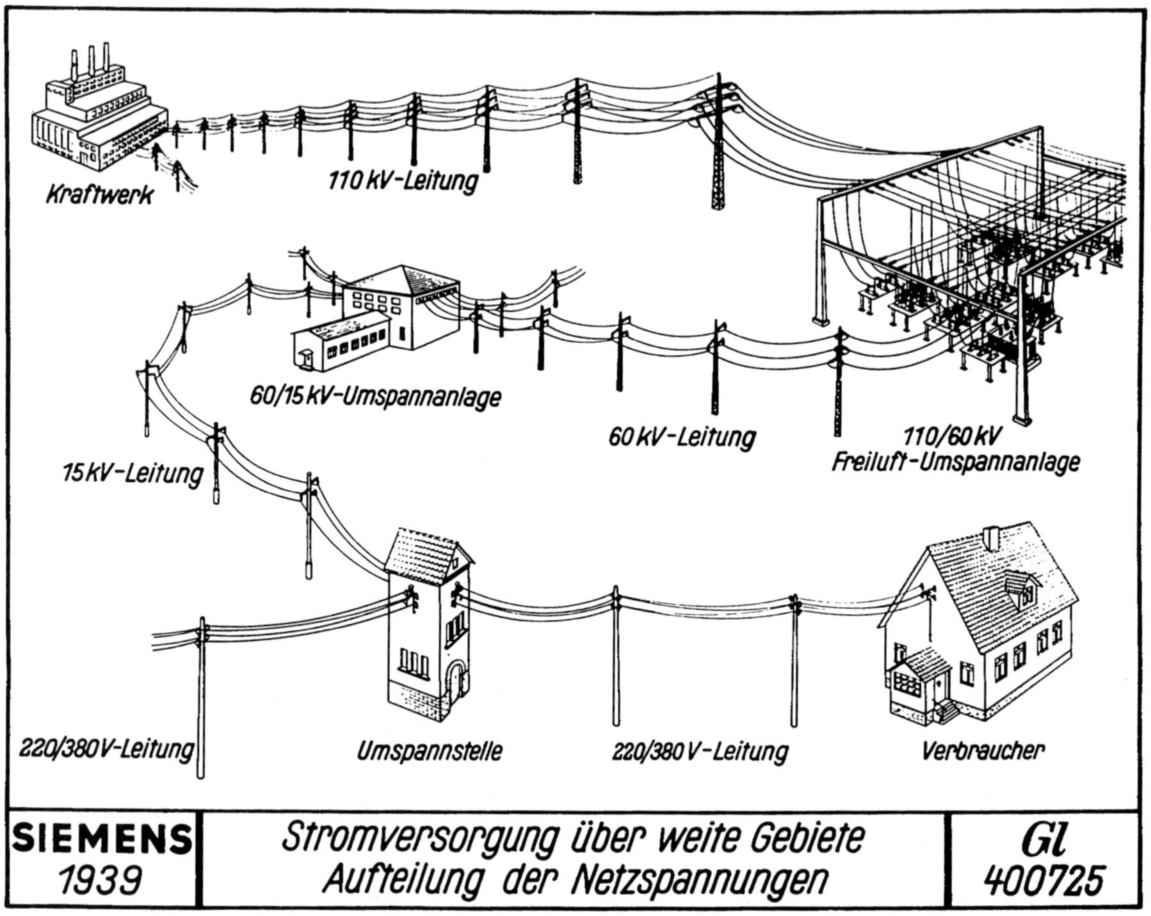

Ein Dorf schließt sich ans regionale Stromnetz an: Leitungsbaukolonne in Hanstedt 1922.

plant und in der Industriestadt Wilhelmsburg mit vertraglicher Fixierung vom 20. 4. 1911 schließlich ein drittes Werk, das von seiner Dimensionierung her gut noch die Landkreise im Elbe-Weser-Raum mitversorgen konnte, obwohl es SEB mittlerweile gelungen war, mit der Stadt Hamburg einen Stromlieferungsvertrag zu vereinbaren.

Die Kreise bildeten eine Verhandlungskommission, der zeitweise auch der Landrat Rötger vom Landkreis Harburg angehörte. Das Interesse des Kreises Harburg an dem wesentlich vom benachbarten Regierungsbezirk Stade getragenen Elektrifizierungsvorhaben mag sich zum einen daraus erklären, daß mit der Gründung der Lüneburger Überlandzentrale ein kreisübergreifendes Unternehmen auf dem Territorium des eigenen Regierungsbezirkes Hannover vorerst nicht in Sicht war. Andererseits lag bei Anschluß der «Stader» Landkreise an das Kraftwerk Wilhelmsburg die Stromzuleitung quasi vor der Haustür. Eine Anlehnung an die jenseitigen Nachbarkreise konnte durch den Sitz an der «Quelle» nur von Vorteil sein.

Die Verabschiedung des preußischen Zweckverbandsgesetzes im Jahre 1911 bot eine geeignete Rechtsform für die Durchführung von Infrastrukturmaßnahmen durch öffentlich-rechtliche Körperschaften, die Kapitalbeschaffung und die Erlangung von entsprechenden Bürgschaften wurden erleichtert. Am 2. 5. 1913 beschloß der Bezirksverband Stade die Gründung des «Elektrizitätsverbandes Stade» (EV Stade), und am 31. 5. 1913 fand seine konstituierende Versammlung statt. Der Beitrittsbeschluß des Harburger Kreistages erfolgte später, aber Anfang 1914 waren alle 16 Mitgliedskreise vertreten, und zwar die des gesamten Regierungsbezirkes Stade außer Verden und darüber hinaus drei zu Lüneburg bzw. Hannover gehörende Kreise: Achim, Blumenthal, Bremervörde, Geestemünde (Land), Hadeln, Jork, Kehdingen, Lehe, Neuhaus an der Oste, Osterholz, Rotenburg, Stade, Zeven, Harburg, Soltau und Winsen.

SEB wurde verpflichtet, das Leitungsnetz auf Kosten des EV Stade zu erbauen und anschließend zu pachten, und richtete dafür im Juli 1913 eine Bau- und Betriebsgesellschaft mit Sitz in Bremen ein: Das «Überlandwerk Nord-Hannover» (ÜNH). Die Stromtarife setzte der Elektrizitätsverband fest.

Trotz Kriegsausbruch im August 1914 gelang es noch, die Zuführungsleitung vom Kraftwerk Wilhelmsburg in das Verbandsgebiet, das Hochspannungsnetz in einer Länge von ca. 80 km in mehreren Kreisen sowie einige Orts-

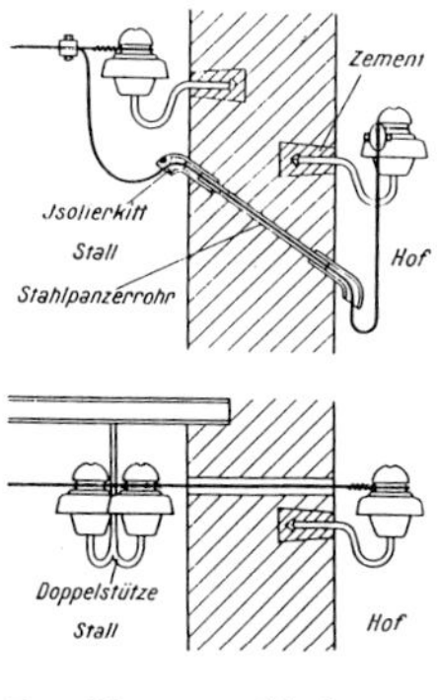

Der Hausanschluß: Möglichkeiten der Stromzuführung zum Stall.

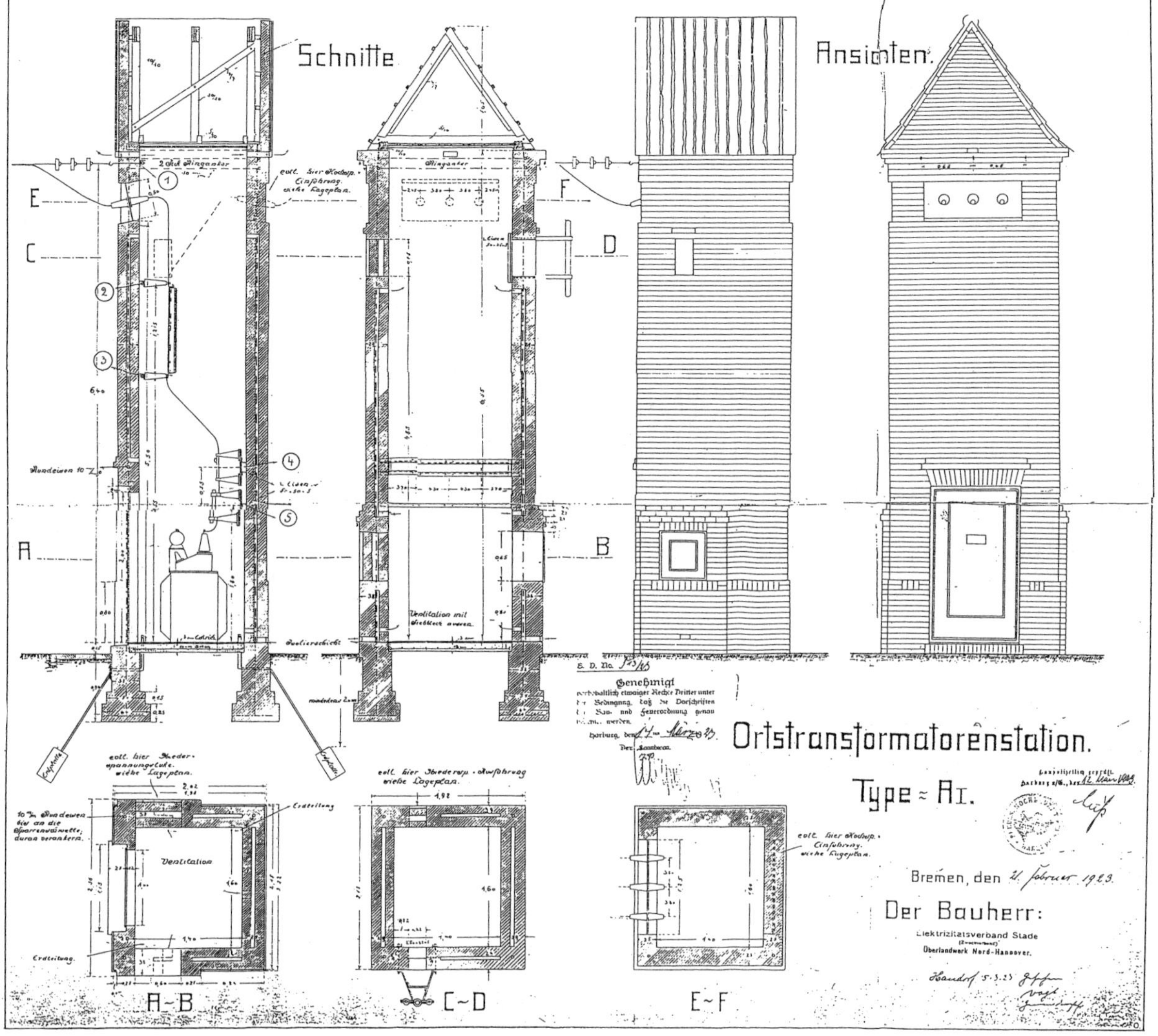

Die örtlichen Trafostationen des ÜNH entstanden nach einheitlichen Bautypen im Heimatschutzstil in rotem Ziegelmauerwerk und mit Satteldach.

Frühes Verbandssiegel des EV Stade.

netze teilweise fertigzustellen. Der «A»-Gemeinde Buchholz und damit einer Stadt im Landkreis Harburg blieb es dabei am 23. 12. 1914 vorbehalten, erster Ort des EV Stade zu sein, der mit Strom beliefert wurde. A-Gemeinden kauften nur den vom EV Stade in seinem Hochspannungsleitungsnetz herangeschafften Strom, um ihn nach Transformierung auf die gebräuchlichen 220 Volt im eigenen Ortsnetz an die Kunden weiterzugeben. Die weit überwiegende Zahl der B-Gemeinden ließ den Strom vom ÜNH «bis zur letzten Lampe» verteilen. Im Landkreis Harburg wurden kurze Zeit später die Netze in Vahrendorf, Sottorf, Leversen-Sieversen, Nenndorf, Eddersen-Hinteln, Emsen, Steinbeck, Otter, Campen und Welle angeschlossen. Ein paar Orte konnten noch in den ersten Kriegsjahren erreicht werden, bevor Materialmangel um 1916 zur Ausbaueinstellung zwang. Schließlich sollte noch das kriegswichtige Kupfer in den Leitungen zur Abgabe ausgebaut und durch Eisen ersetzt werden, was die Leistungsfähigkeit der Stromübertragung und die Betriebssicherheit der Anlagen herabminderte.
Nach Kriegsende 1918 kam der Ausbau infolge Materialmangel und der bald einsetzenden Inflation nur zögernd wieder in Gang. Doch die Mitgliedskreise fanden zumindest an das Hochspannungsnetz Anschluß. Im Januar 1919 mußten die Tarife auf 80 Pfennige für die kWh Lichtstrom und 40 Pfennige für die kWh Kraftstrom neu angesetzt werden. In der Folgezeit gab es immer wieder Preiserhöhungen, die jedoch die wirtschaftliche Situation des Unternehmens kaum bessern konnten. Ab

Herbst 1919 wurde von neuen Anschlußnehmern ein Baukostenzuschuß von 25 Mark pro Brennstelle und 60 Mark pro PS eingefordert. Da die Vertragsgestaltung mit SEB nicht mehr den Wünschen des Elektrizitätsverbandes entsprach, nahm der EV Stade das ÜNH in die eigene Regie. SEB mußte die weitere Stromlieferung für den Verzicht auf die alten Vertragsrechte nach Februar 1921 zugestanden werden, der Verband hatte aber auch kaum eine andere Möglichkeit, den benötigten Strom zu beziehen, zumal eigene Stromerzeugungsanlagen oder konkurrierende Stromanbieter in der Größenordnung von SEB nicht zur Verfügung standen.
Der intensivste Ausbau geschah in den Jahren 1921 bis 1923, als trotz der Inflation etwa 80 Prozent der Orte im Einzugsgebiet des EV Stade ihren Stromanschluß bekamen. Bis 1928 gelang es dem Zweckverband, den Großteil der übrigen Orte im Elbe-Weser-Gebiet an das Stromverteilungsnetz anzuschließen. Es gab aber weiterhin abgelegene Einzelgehöfte und finanzschwache Gemeinden, bei denen ein Anschluß zu aufwendig schien oder wo zuwenig Interessenten die Ausgaben für einen Stromanschluß tätigen wollten oder konnten. Wenngleich in den dreißiger Jahren weitere Orte in das Versorgungsnetz integriert wurden, so dauerte es bei den letzten Orten im Einzugsgebiet des EV Stade doch bis zum Anfang der 50er Jahre. Nach dem 1. Weltkrieg wurden fast nur noch bis zum Endverbraucher reichende «B-Verträge» mit Gemeinden abgeschlossen. Erst in der jüngsten Vergangenheit sind wieder verstärkt Bemühungen von Gemeinden zu registrieren, die Endversorgung in die eigene Hand zu nehmen oder bei der Vertragsgestaltung mit ÜNH einen größeren Einfluß geltend zu machen.
Das Anschlußdatum ist nicht gleichzusetzen mit einer Elektrifizierung des ganzen Ortes. So sollen sich nach Angaben von ÜNH-Mitarbeitern anfangs mancherorts nur fünf «Anschlußwillige» gefunden haben. Trotzdem wurden solche Dörfer angeschlossen, sofern sie nicht übermäßig weit von der Hauptleitung entfernt waren und ein Baukostenzuschuß von der Gemeinde geleistet wurde, unabhängig von den Hofanschlußkosten, die der jeweilige Hofbesitzer selbst zu tragen hatte. In der Anfangszeit der Elektrifizierung und bei nur wenigen Interessenten bedeutete das Votum für den Dorfanschluß zunächst einmal eine Investition in die Zukunft auf Kosten aller zugunsten einiger weniger. Die Herbeiführung entsprechender positiver Beschlüsse im Gemeinderat war trotzdem oft möglich, weil sich in dieses politische Gremium eigentlich nur Dorfbewohner mit gesichertem wirtschaftlichen Hintergrund wählen lassen konnten, also in der Hauptsache einflußreiche Hofbesitzer und andere Mitglieder der örtlichen Elite, in deren Interesse und finanziellem Vermögen wiederum die Einführung der technischen Neuerung Elektrizität lag.
Es war eher die Ausnahme, daß sich fast alle Höfe sofort für einen Stromanschluß entschieden. Sicherlich spielte die geographische Lage des Dorfes eine Rolle. Reiche Marschbauern verfügten am ehesten über die wirtschaftliche Potenz, Kraftstrom zu nutzen und entsprechende Motoren und Geräte schon in den frühen Jahren der Elektrifizierung zu erwerben. In armen Moordörfern hingegen werden zu Anfang nur wenige Einwohner auch nur für die Einrichtung eines Lichtanschlusses zu begeistern gewesen sein. Bis schließlich die Mehrheit der Dorfbewohner elektrisches Licht genießen konnte, dauerte es meistens einige Jahre. Es läßt sich wohl davon ausgehen, daß

Wasserpumpe. Der wettergeschützte Motor ist direkt über Mast an das Ortsnetz angeschlossen.

Das Firmensymbol des ÜNH im Zeitenwandel.

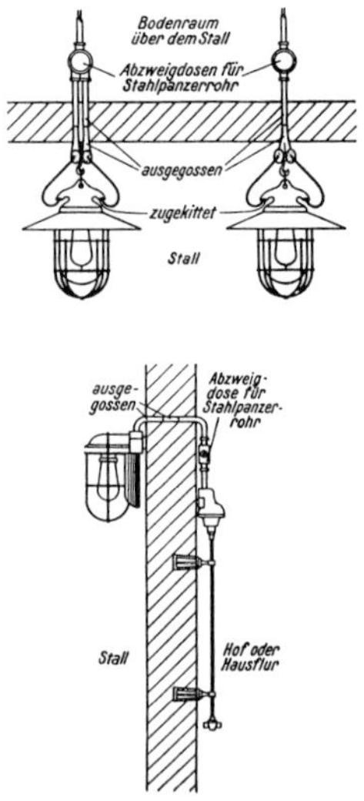

Stallbeleuchtung: Stromzuleitungen und Schalter werden auf der Stallaußenseite verlegt.

in den 30er Jahren das Gros der Höfe elektrische Beleuchtung hatte. Kraftanschlüsse besaß, in der Region unterschiedlich ausgeprägt, nur ein kleiner Teil dieser Höfe. Die Verknappung von Energieträgern in Krisenzeiten wirkte übrigens eher förderlich auf den Entschluß, sich anschließen zu lassen, zum Beispiel während der beiden Weltkriege. Man hatte dann eine von der Rationierung flüssiger Importbrennstoffe unabhängige Energiequelle zur Verfügung und konnte bei Stromabschaltungen immer noch auf die anderen Lichtspender zurückgreifen.

In der zweiten Hälfte der zwanziger Jahre, gegen Ende der Hauptausbauperiode des Versorgungsnetzes bei den meisten Überlandzentralen (ÜLZ), gab es starke Konzentrationsbemühungen in der Elektrizitätswirtschaft. In Norddeutschland sind diese Prozesse maßgeblich vor dem Hintergrund der «Preußischen Elektrizitäts-Aktiengesellschaft» («Preussen-Elektra») zu sehen, deren Gründung vom preußischen Staat betrieben wurde, um seine elektrizitätswirtschaftlichen Interessen in einer Hand gewahrt zu wissen. Neben Bau und Betrieb der Talsperren in Mitteldeutschland und der hochspannungsseitigen Weiterleitung des dort erzeugten Stromes mit dem Verkauf an EVU's übernahm die Preussen-Elektra das Hauptaktienpaket der Firma Siemens Elektrische Betriebe (SEB), soweit es sich um die norddeutschen Kraftwerke und Beteiligungen handelte, und führte sie unter dem Namen «Nordwestdeutsche Kraftwerke AG» (NWK) weiter. Im Hause Siemens war das Interesse an der Tochterfirma erloschen, nachdem ihr Gründungszweck, die Initiierung von EVU's zur Ankurbelung des eigenen Absatzes, durch eine weitgehend flächendeckende Stromversorgung Deutschlands erfüllt zu sein schien. Im Jahre 1929 betrieb die Preussen-Elektra die Gründung eines Gebietsversorgungsunternehmens für Nordostniedersachsen: Die «Hannover-Braunschweigische Stromversorgungs-AG» («HASTRA») mit Sitz in Hannover übernahm in den Folgejahren eine ganze Reihe von kreis- und stadteigenen bis hin zu kleinen genossenschaftlichen EVU's. Darunter befand sich 1930 die Lüneburger Kreisüberlandzentrale, so daß von nun an die HASTRA östlich an das ÜNH angrenzte.

Die Preussen-Elektra war auch daran interessiert, auf das Überlandwerk Nord-Hannover Einfluß zu gewinnen. Zu mehr als telefonischen und letztlich unverbindlichen Kontakten unter Inkenntnissetzung des Regierungspräsidenten in Stade ist es aber um 1930 noch nicht gekommen. Die damit befaßten Verbandsvorstandsmitglieder des EV Stade und ÜNH haben anscheinend großen Wert auf die volle Selbständigkeit ihres Unternehmens gelegt, denn eine formelle Gesprächsaufnahme zögerte sich so lange hinaus, bis die Angelegenheit im Sande verlief. Durch die hohen Kosten des beschleunigten Netzausbaues gerieten zahlreiche EVU's ab Mitte der 20er Jahre an die Grenze ihrer finanziellen Leistungsfähigkeit. Zur Sicherung der Selbständigkeit und um unternehmerisch flexibler zu sein, wurde 1929 das ÜNH in eine Aktiengesellschaft mit dem EV Stade als Alleinaktionär umgewandelt.

Die Kreisreform im Elbe-Weser-Gebiet senkte 1932 durch Zusammenlegungen die Verbandsmitgliederzahl von 16 auf 9. So entstand der neue Kreis Harburg aus dem Alt-

Der sparsame Vorschlag für die Erstinstallation eines Hofes noch 1927:

Einzelbirnen, und nur in Stall und Küche, Schlafzimmer und Kammer.

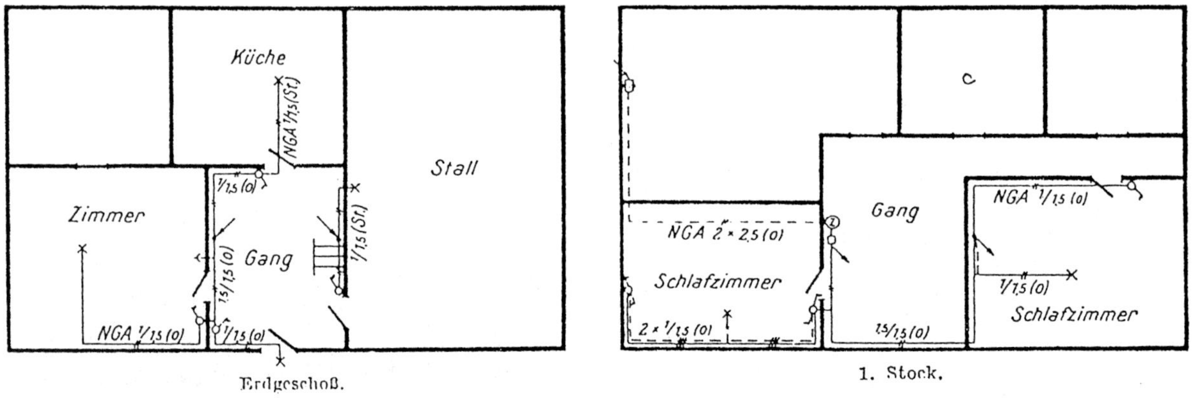

kreis Harburg und dem vormaligen Kreis Winsen. Auswirkungen hatte auch der Gebietsaustausch zwischen Preußen und der Hansestadt Hamburg infolge des Groß-Hamburg-Gesetzes 1938. Die betroffenen Gemeinden um Fischbek im Kreis Harburg wurden fortan durch die Hamburgischen Electricitäts-Werke (HEW) versorgt, im Gegenzug bekam ÜNH die Stadt Cuxhaven dazu.
Mit dem sprunghaft angestiegenen Stromverbrauch nach dem Ende des Zweiten Weltkrieges und den Ausbauprogrammen zur Vergrößerung der Leistungsfähigkeit und der Betriebsfähigkeit des Netzes wurde mehrfach eine bessere Kapitalausstattung des mittlerweile in eine Besitzgesellschaft umgewandelten ÜNH notwendig. Infolge der Aufstockung des Grundkapitals auf 30 Mio. DM wurde nunmehr die Preussen-Elektra beteiligt. Seit 1972 hält sie mit 10 Mio. DM ein Drittel des Aktienkapitals und besitzt damit einen maßgeblichen Einfluß auf das Unternehmen.

Die eigentliche Elektrizitätsverwendung im landwirtschaftlichen Bereich

Bisher wurde im wesentlichen die Versorgungsseite der Elektrifizierung skizziert. Über die Elektrizitätsverwendung ist nur als Lichtquelle etwas gesagt worden. Es wurde schon angedeutet, daß der Lichtstromverbrauch alleine die Ausgaben für eine Elektrifizierung zur Zeit der Jahrhundertwende auf dem Lande nicht hätte rechtfertigen können. In den landwirtschaftlichen Betrieben selbst lag der Schlüssel zum Erfolg einer ländlichen Elektrizitätsversorgung. Nur wenn es gelang, die Landwirte von der Zweckmäßigkeit des Einsatzes der elektrischen «Kraft» zu überzeugen, war der Aufbau durchführbar. Ein Nutzen der Elektrizität im Bereich der landwirtschaftlichen Arbeit selbst mußte sich aber erst erweisen.

Kreissäge mit E-Motor auf Arbeitsplattform mit hochrädrigem Fahrgestell aufgebaut.

Stallinstallation aus blankem Draht: verwendet, bis gegen Tierausdünstungen widerstandsfähige Isoliermaterialien verfügbar waren.

Im schon zitierten Gutachten, das die Baustelle der Landwirtschaftskammer für die Provinz Hannover auf Anfrage der Gemeinde Borstel bei Winsen 1904 angefertigt hatte, kann man dazu lesen: «Was den Kraftbetrieb anbelangt, so wird der Landwirt die teuere Handarbeit und Pferdearbeit hierdurch auf billigerem Wege erlangen. Der Elektromotor kann ohne weiteres in jedem Raume aufgestellt werden, eignet sich zum Antrieb sämtlicher Arbeitsmaschinen und ist im Verbrauch an Energie äußerst sparsam. Die Betriebskosten sind mindestens 30 % billiger als die einer Lokomobile, was bei längerem Gebrauch wesentlich ins Gewicht fällt.» Hier sind einige wichtige Vorteile genannt, die Elektrogeräte für den Landmann bieten mußten, wenn sie sich gegenüber den bisher gebräuchlichen Kraftquellen durchsetzen sollten, die außer bei Wind und Wasserkraft menschlicher oder

Abb. 329. Verlegung auf Isolierglocken im Viehstall.

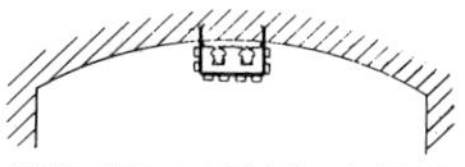

Abb. 330. Verlegung auf Kellerisolatoren im Viehstall.

Aufhängung des blanken Leitungsdrahtes im Stall, mit Bretterrost als Schutzhaube.

Der Elektropflug: Seilgezogener Kipppflug und Motorwagen mit Seil- und Kabelrolle.

Werbung: Fester Elektromotor auf Wandkonsole, für Transmissionsantrieb.

tierischer Natur, wie bei Dreschflegel, Göpel und Zugtier, gewesen waren.
Von seiten der elektrotechnischen Industrie wurde zuerst spektakulären Großmaschinen Aufmerksamkeit geschenkt, während die im Alltag weit häufiger genutzten Kleingeräte zunächst nur am Rande wahrgenommen wurden. Das beste Beispiel aus dieser Frühphase ist der stromfressende Elektropflug. Diese Eigenschaft wurde ganz bewußt in Kauf genommen, da der hohe Stromverbrauch bestimmter Einzelgeräte mithelfen sollte, die Einrichtung eines Stromverteilungsnetzes überhaupt in die Rentabilitätszone zu rücken. Der große Durchbruch blieb elektrischen Feldbearbeitungsgeräten versagt. In ganz Deutschland sind bis Mitte der 20er Jahre nur auf etwa 200 Betrieben Elektropflüge eingesetzt worden. Mit einem Marktanteil von höchstens 10 Prozent gegenüber den gut eingeführten und technisch ausgereiften Dampfpflugsystemen, an die sie im übrigen in Aufbau und Arbeitsweise relativ eng angelehnt blieben, konnten sie sich nicht durchsetzen, bis beide Entwicklungen durch den vielseitigeren Motorschlepper obsolet geworden waren.
Die technischen Bemühungen um die Einführung der Elektrizität in die landwirtschaftliche Arbeit richteten sich nach dem Ersten Weltkrieg, als die Stromversorgung schon flächenhafte Ausmaße anzunehmen begann, auf die Einführung des Elektromotors. Der universell einsetzbare Motor sollte zum Dreh- und Angelpunkt der Elektrizitätsverwendung in der Landwirtschaft werden. Er hatte deshalb robust, zuverlässig und unempfindlich gegen Staubentwicklung zu sein. Leichte Bedienbarkeit durch technisch nicht Vorgebildete war eine weitere notwendige Eigenschaft. Vor allem mußte der Motor mobil sein, auch wenn er nurmehr in der Hofwirtschaft eingesetzt werden sollte. Im Gegensatz zu heute, wo jedes Elektrogerät seinen eigenen eingebauten Motor besitzt, wurde damals davon ausgegangen, daß die bisher von Hand oder von einem Göpel angetriebenen Arbeitsgeräte nun mit einer Antriebswelle mit angeflanschter Riemenscheibe ausgestattet wurden. Die Scheibe trieb der Elektromotor dann über einen Transmissionsriemen an. Der Motor selbst, auf einer Trage mit Holmen, einem Holzschlitten oder meistens auf einem kleinen Wägelchen montiert, konnte auf dem Hof jeweils an den Ort gebracht werden, wo sich die Arbeitsgeräte befanden, mit denen gerade gearbeitet werden sollte. Die Leistung der Motoren variierte von

Möglichkeiten für Elektrizitätsverwendung auf dem Hof, wie sie um 1914 gesehen wurden.

Abb. 1. Die Elektrizität in der Landwirtschaft.

1. Elektrisches Dreschen. — 2. Pferde-Schermaschine. — 3. Elektrisch betriebene fahrbare Brennholzkreissäge. — 4. Transportabler Motor.'— 5. Futterschneider. — 6. Windfege (Klapper) zum Reinigen des Korns. — 7. Häckselmaschine. — 8. Elektrische Melkapparate in Betrieb. — 9. Buttermaschine. — 10. Elektrisches Nähen und Bügeln. — 11. Elektrische Küche. — 12. Elektrisch betriebene Feldbahn.

ca. 2,5 bis 15 PS. Gebräuchlich war der 7,5 PS-Motor, der noch nicht zu groß für die meisten kleineren Geräte war, gleichzeitig aber noch den Antrieb einer Dreschmaschine möglich machte.
Welche Geräte wurden nun im einzelnen durch den Elektromotor angetrieben bzw. wofür wurde seine Verwendung propagiert? Unter den täglich anfallenden Arbeiten war besonders das Häckselschneiden eine Aufgabe, die durch den E-Motor körperlich erleichtert und zeitlich stark verkürzt werden konnte. Die Futterbereitung für die vielfach als Zugmittel und als Arbeitstier eingesetzten Pferde war eine entsprechend wichtige Tagesarbeit. Vergleichbar war das Rübenschneiden für das Vieh, zumal das Rindvieh in manchen Gebieten in seiner früheren Bedeutung als Zugtier höher einzuschätzen ist als das Pferd. Mühlen und Quetschen für verschiedene Zwecke konnten ebenfalls anstrengende und zeitraubende Handarbeit vereinfachen. Für die Gewinnung von Rapsöl auf dem Hof wurden in Norddeutschland Ölkuchenbrecher mit elektrischem Transmissionsantrieb in den zwanziger Jahren in gewissem Maße eingesetzt.

Rübenschneider mit angebautem Kleinmotor, ein Werbeblatt aus den 30er Jahren.

Die Holzzerkleinerung ließ sich mit der elektrisch angetriebenen Kreissäge erleichtern. Holzbeheizte Öfen waren noch bis lange nach dem Zweiten Weltkrieg für die Wohnbereiche die gebräuchlichste Lösung. Zentralheizungen mit Ölfeuerung und später elektrische (v. a. Nachtspeicher-) Heizungen kamen eigentlich erst mit den neu «auf der grünen Wiese» errichteten Aussiedlerhöfen Ende der 50er Jahre auf.

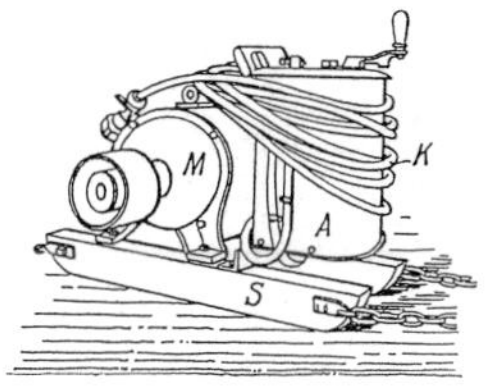

Ortsbeweglicher Elektromotor, auf Schleife montiert.

Relativ schnell scheinen sich elektrisch betriebene Wasserpumpen für die Hofwasserhaltung (Brauch- und Trinkwasser) durchgesetzt zu haben. Vor 1914 wird für sie von der Elektroindustrie in Propagandaschriften für den Landmann kaum geworben, später scheint ihr Einsatz mit einem stationär eingebauten Motor ein «Selbstgänger» gewesen zu sein, sie werden am Rande erwähnt. Zentrale Wasserversorgungssysteme für Dörfer in Norddeutschland richteten in größerem Umfang erst die Wasserbeschaffungsverbände der Nachkriegszeit ein.
Eine besonders wichtige frühe Verwendung des Elektromotors war der elektrisch ausgeführte Drusch. Für die mechanisierte Form des Dreschens gab es drei grundsätzliche Möglichkeiten, entweder den Lohndrusch mit einem angeworbenen Druschunternehmen, die Beschaffung einer eigenen Dreschmaschine oder die Bildung einer Dreschgenossenschaft. Eine eigene Dreschmaschine konnten sich nur solvente Landwirte leisten, deren Betriebsgröße diese Investition rechtfertigte. Allerdings bot es sich an, die Maschine anderen Bauern gegen Entgelt, im Tausch gegen andere Gerätenutzungen oder Mithilfe beim Dreschen auf dem eigenen Hof zur Verfügung zu stellen. Der Elektromotor bot dabei eine sofort betriebsbereite, weniger aufwendige und vor allem erheblich geringere Investitionskosten verursachende Alternative zur Dampflokomobile.
Bis in die 30er Jahre hinein scheint bei vielen Landwirten, die sich Strom legen ließen, der Drusch die einzige Kraftnutzung der Elektrizität gewesen zu sein. Von einem Lüchower Installateur ist bekannt, daß sich die reparaturbedürftigen Motoren noch um 1930 jedes Jahr im Herbst zu Beginn der Dreschsaison auf dem Betriebshof ansammelten, nachdem sie vorher monatelang betriebsunfähig und ungenutzt in der Scheune gestanden hatten. Die

Motor auf Trage treibt einen Ölkuchenbrecher.

wertet werden, wie wenig der Strom selbst für die oben geschilderten Arbeiten – 30 Jahre nach ihrer ersten Propagierung – genutzt wurde.
Für das südlich von Lüchow in der Altmark anschließende Versorgungsgebiet der Landelektrizität Halle kam deren Betriebsleiter Vietze schon 1911 zu dem Schluß, daß der Landwirt «der schlechteste Konsument der Zentrale» sei, weil er im großen und ganzen nur Lichtstrom abnahm.
Im Gesamtverbrauch des Jahres gab es markante Verbrauchsspitzen. Nicht nur ein höherer Absatz im Winterhalbjahr wegen der erhöhten Zahl von Stunden, in denen das Licht eingeschaltet werden mußte, sondern auch eine besonders ausgeprägte Spitze während der Erntesaison, wenn die örtlichen Netze im Gegensatz zum schwachen Verbrauch der übrigen Zeit in einigen wenigen Wochen ganz im anderen Extrem bis an die Grenze der Leistungsfähigkeit belastet wurden. Die jährliche «Dreschspitze» stellte die ländlichen EVU's vor nicht geringe Probleme, da der Ausbau der einzelnen Dorfnetze und damit deren Belastungsfähigkeit nur bis zu einem gewissen Grad erfolgen konnte. Dafür gab es drei Gründe:
– Im Ersten Weltkrieg und dessen Nachkriegszeit stand z. T. nur minderwertiges Leitungs- und Baumaterial zur Verfügung, wie Eisen- statt Kupferdraht und unimprägnierte Holzmasten.
– Das Netz war das übrige Jahr wesentlich geringer belastet, d. h. der Ausbau mußte sich nach dem Normalbetrieb richten.
– Die knappen Finanzmittel ließen den EVU's in ihrer Ausbauphase kaum eine andere Wahl, als das Netz erst einmal nur in einem Maße auszubauen, daß ein störungsfreier Betrieb unter normalen Bedingungen durchschnittlicher Netzbelastung gewährleistet war. Wahrscheinlich war anfangs auch nur schwer abzuschätzen, wann wieviele Netzanschließer überhaupt einen Motor anschaffen und betreiben wollten.
Mit dem Ende der zwanziger Jahre begannen sich wieder neue Tendenzen bei der Entwicklung von Elektrogeräten für die Landwirtschaft abzuzeichnen. Einerseits schlossen sich

Die zentrale Hofwasserversorgung: Zapfstellen und Verbrauch (1953). Geschöpft wurde aus dem Grundwasser.

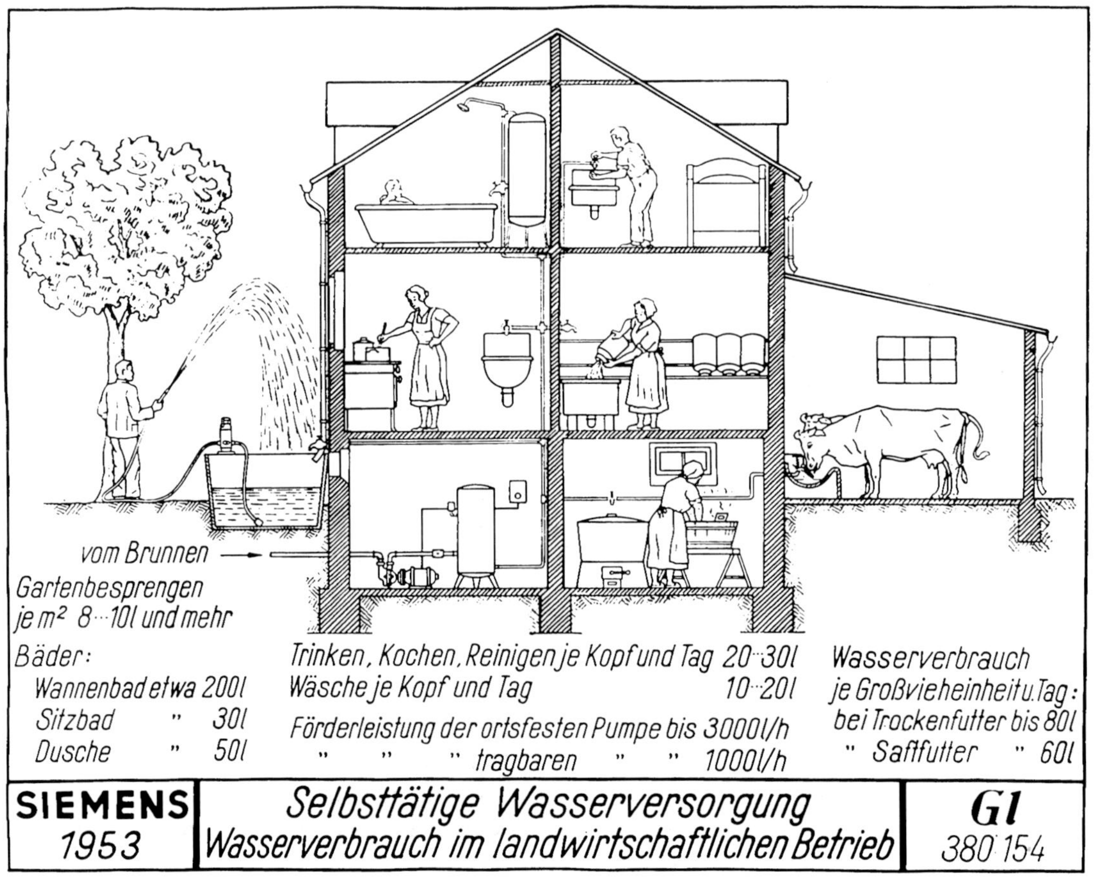

die letzten Lücken im Versorgungsnetz, so daß nun tatsächlich von einer flächendeckenden Versorgungsstruktur gesprochen werden konnte. Dieser Prozeß war weitgehend um 1930 abgeschlossen. Die abgesetzte Strommenge vor Ort befriedigte die EVU's aber nicht. Handarbeit war in den bäuerlichen Betrieben noch weitaus verbreiteter als in der Industrie, wo Rationalisierungswellen und REFA-Methoden einen Strukturwandel brachten.
Kleinere, erschwingliche Motoren und Geräte waren ein Gebot der Stunde, wenn auf den elektrischen Anschluß auch eine massenhafte Stromverwendung folgen sollte. Da viele Höfe nur über einen Lichtanschluß verfügten, wurden Kleinmotoren mit vermindertem Anlaufwiderstand für Einphasenwechselstrom entwickelt, die an die Lichtleitung angeschlossen werden konnten.

Höhenförderer entwickelten sich zu einem universellen Transportmittel bei Hofarbeiten.

Transporteinrichtungen für Erntegut spielten seit den 20er Jahren und erst recht nach dem Zweiten Weltkrieg eine immer stärker zunehmende Rolle. Hier ist weniger an elektrische Feldbahnen zu denken, die um 1900 allen Ernstes von AEG und Siemens mit Blick auf die großen Güter Ostelbiens für Feldabfuhr und Holztransport vorgeschlagen worden sind.
Auf den Höfen ergab sich vielfach die Notwendigkeit, abgeerntetes Korn und Stroh vom Erntewagen in die zweite Ebene hinaufzubefördern. Dabei waren Elevatoren, Förderbänder und Heuaufzüge eine große Arbeitserleichterung. Zuerst tauchten aus Blechröhren zusammenzusetzende Elevatoren auf, die auf der unteren Ebene vom mobilen Elektromotor mittels Treibriemen angetrieben wurden. Förderbänder wurden aufgrund ihrer starren Konstruktion als weniger praktisch angesehen. Andere einzumietende Feldfrüchte und Sackgüter konnten im Prinzip ähnlich behandelt werden.
Ebenfalls für elektrischen Antrieb geeignet waren Getreide-Reinigungsmaschinen für Saatgut, Grobstrohpressen, Kartoffel- und Haferquetschen, Schrotmühlen und Jauchepumpen.

Schrotmühle, von fest fundamentiertem Motor getrieben.

Nicht zu vergessen sind Geräte für die Milchwirtschaft. Zwar setzten sich hier in Norddeutschland Molkereien ziemlich flächendeckend in den größeren Dörfern zu Beginn des 20. Jahrhunderts durch. Für den Eigenbedarf wurde die Milchverarbeitung jedoch noch lange auf vielen Höfen beibehalten. In der Milchküche konnten dann Milchzentrifuge und Buttermaschine durch einen z. B. auf einer Wandkonsole fest angebrachten Elektromotor mittels Transmission betrieben werden.
Zusätzlich begannen die Hersteller und die EVU's, einen neuen Markt für die Elektrizitätsverwendung zu erschließen, nämlich den Wärmemarkt. Zwar hatte es schon vor dem 1. Weltkrieg einzelne elektrische Wärmeeinrichtungen für Landwirtschaftszwecke gegeben, z. B. Brutkissen und beheizbare «Kükenhäuser». In der Praxis war diesen Erfindungen erst kein großer Durchbruch beschieden. Das hing vielleicht damit zusammen, daß die Konstruktionen noch nicht sehr solide ausgeführt waren. Auf Abbildungen wirken die Kükenhäuser wie eine Spielerei und erinnern stark an zeitgenössisches Blechspielzeug, sie sind daher wohl eher als Kuriosum zu werten.
Ein Hemmnis war anfänglich das Fehlen geeigneter Tarife bei den allermeisten ÜLZ. Zwar lagen die Kraftstromtarife durchschnittlich um 30–50 Prozent (?) unter den Lichttarifen, aber für die bei der Wärmestromverwendung nötigen Strommengen war das noch nicht annähernd günstig genug. Erst ab Mitte der 20er Jahre schafften Tarifreformen bei den EVU's, verbunden mit Werbemaßnahmen wie Kundenzeitschriften, Vorträgen mit Vorführungen, Ausstellungen und Schauräumen mit Geräten und Beleuchtungskörpern in den Zweigstellen der EVU's in den Kleinstädten, langsam bessere Voraussetzungen. Die Stromrechnungen waren ebenfalls ein beliebtes Werbemittel. Teilweise veranstalteten auch die Installationsbetriebe in den dreißiger Jahren Sonderschauen zusammen mit der Elektroindustrie.

Elektrisches Bügeleisen auf Werbemarke von 1914.

In den kleineren Städten versuchten die Elektrizitätswerke in den zwanziger Jahren vermehrt, Haushaltswärmegeräte an den Mann bzw. an die Frau zu bringen: vor allem Bügeleisen, Kochplatten und Heizöfen, aufgrund der wirtschaftlichen Wechselsituation allerdings nur mit unterschiedlichem Erfolg. In der Folge wurde auch die bäuerliche Hauswirtschaft mit weit überwiegender Frauenarbeit als Absatzfeld für Hausgeräte entdeckt. Hier kam auf die Frauen noch wesentlich mehr Arbeit zu, da die Hauswirtschaft nur einen Teil der Arbeitspflichten ausmachte und darüber hinaus jede helfende Hand in der Hofwirtschaft benötigt wurde, zumal die Gartenarbeit ohnehin stärker den Frauen überlassen wurde. Bügeleisen, Kochplatten und Tauchsieder setzten sich in der ländlichen Hauswirtschaft am frühesten durch. Zwar entwickelte die Industrie schon um 1930 «Landwirtschaftsherde», die auf den Bedarf der bäuerlichen Großfamilie zugeschnitten waren, ihre Durchsetzung geschah jedoch nur zögernd. Den hohen Anschaffungs- und nicht ganz unerheblichen Betriebskosten stand das Vorhandensein des Feuerherdes entgegen, und für dessen Holznachschub war eventuell eine Kreissäge in Verbindung mit dem Elektromotor beschafft worden. Für den Elektroküchenherd sprach allerdings die Arbeitsvereinfachung, er mußte morgens nicht erst entfacht und nicht ständig unterhalten werden, das Holzhacken für die Öfen wurde vermindert.
Elektroherde und Heißwasserspeicher fanden dann in der zweiten Hälfte der dreißiger Jahre zunehmend Verbreitung, besonders in Verbindung mit den sogenannten «Elektrobeispieldörfern» des Reichskuratoriums für Technik in der Landwirtschaft – «RKTL». Das RKTL richtete in verschiedenen Gegenden Deutschlands in insgesamt etwa 40 Dörfern die Mehrzahl der Höfe «vollelektrisch» mit Elektrowärmegeräten für Haus- und Hofwirtschaft ein. Die meisten Geräte wurden nicht nur von den Landwirten nach Ende der Versuche gerne käuflich erworben, der Stromverbrauch ließ sich für die EVU's auf das vier- bis zehnfache steigern.
Direkt für die Hofwirtschaft wurden ebenfalls Elektrowärmegeräte entwickelt. Der Futterdämpfer galt in den Dreißigern als eines der erfolgversprechendsten Geräte. Er ermöglichte die Dämpfung der Schweinekartoffeln und bewirkte einen besseren Aufschluß und

Elektrisch beheizter Futterdämpfer.

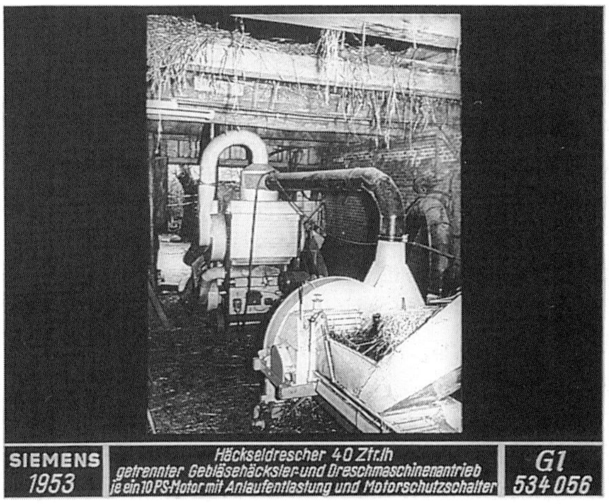

Der Häckseldrescher vereinigte Dreschen, Häckseln und Transport zur Lagerung in sich, verlangte als «Stromfresser» aber den Netzausbau.

somit eine leichtere Nahrungsverwertung durch das Tier. Das Gerät konnte zudem, sobald entsprechende Tarife angeboten wurden, mit dem besonders billigen Nachtstrom beheizt werden. Es muß dazu gesagt werden, daß Futterdämpfer nicht nur auf elektrischer Betriebsbasis gebaut wurden. Es gab sie auch für Kohlefeuerung und Gasbetrieb. Sehr rentabel eingesetzt werden konnte der Futterdämpfer, wenn der Betrieb ein deutliches Gewicht auf die Schweinezucht legte. Es ist die Frage, ob das bei einer nennenswerten Zahl von Betrieben hier vor 1945 der Fall war. Solche Spezialisierungen setzten in dieser Region im Grunde genommen erst nach dem Zweiten Weltkrieg ein, auf Erfahrungen aufbauend, die das «Reichskuratorium für Technik in der Landwirtschaft» (RTKL) in den 30er Jahren in den Versuchsdörfern, die auch mit Futterdämpfern ausgerüstet worden waren, gesammelt hatte. Der Futterdämpfer hat sich später aber in großem Maßstab und überall, besonders für Betriebe mit Beständen ab 50–60 Schweinen durchgesetzt.
Nicht vergessen werden sollte das Radio, ein «Luxusgegenstand», der in den Jahren vor dem Zweiten Weltkrieg allerdings nicht zuletzt aufgrund der nationalsozialistischen Propagandamaßnahmen und der damit zusammenhängenden erschwinglichen Preise für «Volksempfänger» auf dem Lande allgemeine Verbreitung gefunden hat.
In der Landwirtschaft der Nachkriegszeit setzte sich die Elektrizität in der Hofwirtschaft endgültig durch. Insbesondere die stromverbrauchsintensiven Wärmegeräte sollten sich

seit den fünfziger Jahren in vorher kaum denkbarem Maße verbreiten. Die durch den Einsatz des Mähdreschers erforderlich gewordene Getreidetrocknung mit elektrischer Belüftung und Beheizung des Trockengutes am Aufbewahrungsort war eine Verwendungsform von Strom, die mit der zunehmenden Konzentration auf immer größere, auf bestimmte Anbauprodukte spezialisierte Betriebe und hohe Hektarertragszahlen überhaupt erst wirtschaftlich zum Einsatz zu bringen war. Sie verbrauchte mit bis zu 1500 kWh/Jahr allein ein Vielfaches des Dreschstromes der Zwischenkriegszeit und das jeweils über einen konstanten, längeren Zeitraum.
Auf andere moderne Stromnutzungen aus dem Landwirtschaftsbereich soll hier nicht mehr eingegangen werden, das wäre ein Kapitel für sich. Den Schluß bildet eine kleine Statistik, die die Stromverbrauchsentwicklung im Landwirtschaftsbereich in Deutschland illustriert. Allerdings sind dies nur Durchschnittswerte, der tatsächliche Verbrauch pro Hektar weicht je nach der Produktspezialisierung des Einzelhofes mehr oder weniger stark davon nach oben oder unten ab. Gleichzeitig kann die steil ansteigende Verbrauchsziffer aber auch Anlaß zum Nachdenken sein, ob ein weiterer Zuwachs des Stromverbrauches hier zweckdienlich ist, oder ob nicht moderne Elektronik im Zusammenhang mit der Datenverarbeitung Möglichkeiten anbietet, den Energieverbrauch rationeller zu regeln und auszugleichen, z. B. durch Verfahren der Kraft-Wärme-Koppelung oder Biogasanlagen.

«Recycling» um 1914: Messingsockel verbrannter Glühbirnen wurden zur Wiederverwertung gesammelt.

Daten zum Stromverbrauch pro Hektar Landnutzungsfläche

Jahr	kWh pro ha/LN
1938	35
1949	55
1954	79
1960	137
1965	263
1974	>460
1984	613
1986	950

(nach Herrmann 1988, 21)

Heißwasserbereiter für Küche, Bad und Milchküche wurden Anfang der 60er Jahre als «Rest»-Elektrifizierungsmaßnahme bezuschußt.

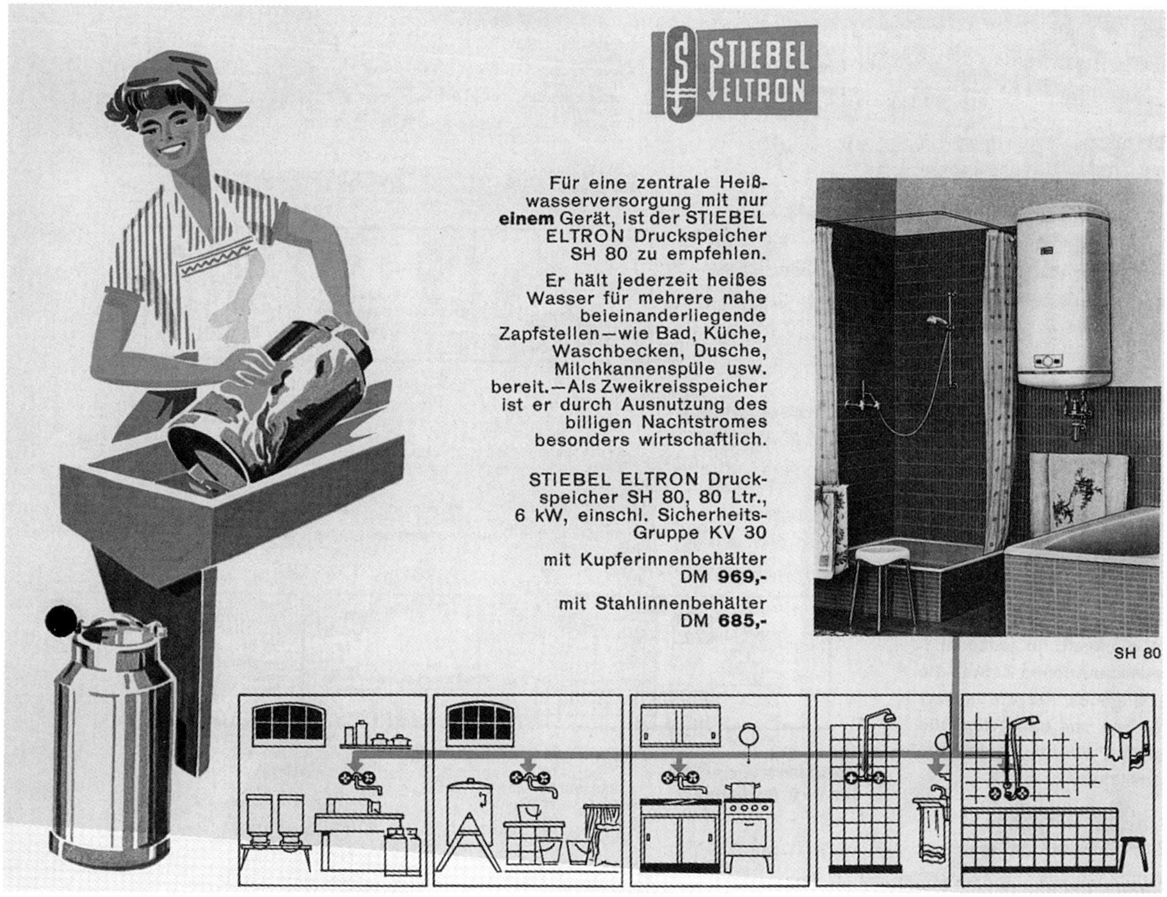

Literatur (Auswahl):

Baustelle der Landwirtschaftskammer für die Provinz Hannover: Gutachten über den Anschluß der Ortschaft Borstel an das Elektrizitätswerk zu Winsen a. d. Luhe, Hannover, 28. 9. 1904.
Elektrizitätsverband Stade (Hg.): 50 Jahre Elektrizitätsverband Stade (Zweckverband) 1913–1963, Darmstadt 1963.
GEFELEK (Geschäftsstelle für Elektrizitätsverwertung e. V.): Die Elektrizität in der Landwirtschaft, 7. Aufl., in: GEFELEK 1915/16.
Herrmann, K.: Die Entwicklung der Elektrotechnik in der Landwirtschaft und in bäuerlichen Haushalten, in: Wessel, H. A. (Hg.): Elektrotechnik, Signale – Aufbruch – Perspektiven, Berlin, Offenbach 1988 (Geschichte der Elektrotechnik, Bd. 7).
Hupfauer, M.: Elektrifizierung der Landwirtschaft, in: Franz, G. (Hg.): Geschichte der Landtechnik im 20. Jahrhundert, Frankfurt 1969, S. 103–118.
Ravens, M.: Einst «elektrische Centrale» – heute Stadtwerke. Ein bedeutsamer Beschluß der «städtischen Collegien» im Jahre 1900, in: Heimatglocken. Unterhaltungsblatt zur Pflege der Heimatkunde, Beilage des «Winsener Anzeiger», Nr. 332 vom Oktober 1965.
Überlandwerk Nord-Hannover (Hg.): Strom zwischen den Strömen (Jubiläumsschrift), Darmstadt 1955.

Außerden wurden freundlicherweise zur Verfügung gestellte Archivunterlagen folgender Unternehmen und Institutionen ausgewertet:
Elektrizitätswerk Dahlenburg AG (EWD), Dahlenburg; Electrum, Museum der Elektrizität und Hamburgische Electricitäts-Werke AG (HEW), Hamburg; Freilichtmuseum am Kiekeberg, Ehestorf; Hannover-Braunschweigische Stromversorgungs-AG (HASTRA), Betriebsverwaltung Lüchow; Stadtwerke Winsen GmbH, Winsen; Überlandwerk Nord-Hannover AG (ÜNH), Bremen.

Abbildungsnachweis:

Archiv Freilichtmuseum am Kiekeberg.
Fischer, G.: Die Elektrizität in der Landwirtschaft, in: Die Entwicklung des landwirtschaftlichen Maschinenwesens in Deutschland, Festschrift zum 25-jährigen Bestehen der Deutschen Landwirtschafts-Gesellschaft, Berlin 1910, S. 374–397.
GEFELEK (Hg.): GEFELEK 1914, Geschäftsstelle für Elektrizitätsverwertung, (Sammlung der herausgegebenen deutschsprachigen Drucksachen des Erscheinungsjahres 1913 und Geschäftsberichte 1912 und 1913), Berlin 1914.
GEFELEK 1915/16 (Drucksachen und Geschäftsberichte 1914 und 1915).
GEFELEK (Hg.): Die Elektrizität in der Landwirtschaft, 7. Aufl., in: GEFELEK 1915/16.
Hanstedt, eine Dorfgeschichte in Wort und Bild, Harburg 1991.
Roebel, C. G.: Elektrizität und Landwirtschaft, in: Technik für Alle, Technik und Industrie, 8. Jg., 1917/18, Stuttgart 1918.
Siemens-Handbuch: Elektrische Installation für Licht und Kraft, Berlin 1927.
Überlandwerk Nord-Hannover (Hg.): Mit Energie voran, 75 Jahre Elektrizitätsverband Stade, Jubiläumszeitung, Bremen 1988.
Werbematerialien der früheren Gerätehersteller Bergedorfer Eisenwerk, CMV (Carl Müller-Verden/Aller), Dahlia, Siegstrom und Stiebel-Eltron (Archiv FLM Kiekeberg).

Tradition und Wandel am Bauernhaus

von Oliver Fok

Das niederdeutsche Hallenhaus

Das Bauernhaus bildet den zentralen Rahmen vieler Handlungen der ländlichen Bevölkerung. Dies trifft besonders beim «Einhaus» zu: Ein Bau, der alle nötigen Funktionen des Landvolkes unter einem Dach vereinigt. Solch ein Haus ist das sogenannte niederdeutsche Hallenhaus, das durch seine Multifunktionalität und Anpassungsfähigkeit neuen Gegebenheiten lange Zeit Rechnung tragen konnte. In ihm wurde nicht nur gewohnt und gearbeitet, sondern auch das Vieh und die Ernte untergebracht. Nur wenige Nebengebäude ergänzten nötigen Arbeits- und Lagerraum auf den Hofstellen, wie z. B. ein separates Backhaus und ein Speicher.

Über Jahrhunderte hinaus hat sich die Bauweise auf dem Lande nur unwesentlich verändert. Die Baulandschaft war geprägt durch Fachwerkbauten mit Strohdach. Das harte Eichenholzfachwerk wurde lose auf einem Fundament aus Findlingen aufgestellt, die Gefache wurden zumeist mit Flechtwerk geschlossen und mit einem Stroh-Lehm-Gemisch verschmiert. In diesen Materialien hat man das Haupthaus wie auch die Nebengebäude errichtet. Nebengebäude erhielten manchmal auch

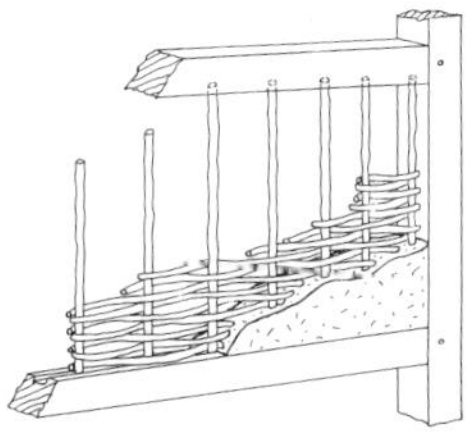

Aufbau einer Fachwerkwand mit Lehm-Flechtwerk.

Niederdeutsches Hallenhaus mit Lehmausfachung.

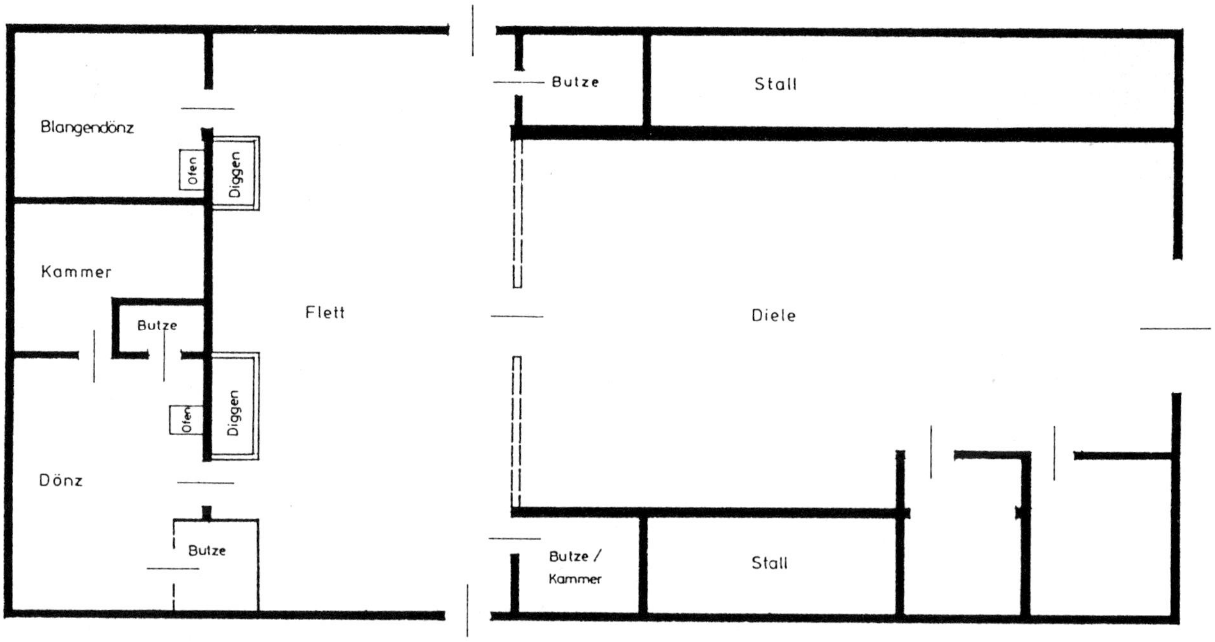

Typischer Grundriß eines niederdeutschen Hallenhauses. Hierbei handelt es sich um den Grundriß des Meybohmschen Hauses im Freilichtmuseum am Kiekeberg.

eine Bretterverschalung. Erst im Laufe der Zeit wurden vermehrt gebrannte Ziegelsteine als Ausfachungsmaterial verwendet. Zunächst nur auf begüterten Höfen anzutreffen, fand die Ziegelausfachung in der zweiten Hälfte des 19. Jahrhunderts eine allgemeine Verbreitung. Das niederdeutsche Hallenhaus zeichnet sich durch einen markanten Grundriß aus, der durch die große Diele geprägt ist. Erschlossen wird sie durch die Grotdör (Einfahrtstor) an der Giebelseite des Hauses. An den Seiten der Diele befinden sich die Ställe. Sie sind zur Diele hin offen, so daß der Bauer von hier aus das Vieh füttern konnte. Hinter dieser «dreischiffigen» Anordnung schließt das querstehende Flett an, welches sich über die ganze Breite des Hauses ausdehnt. Am Ende des Hauses befindet sich das Kammerfach mit der Stube und den Butzen (Wandbetten).
Das Flett wird zum einen durch die Diele, zum anderen durch Eingangstüren (Blangendör) an beiden Traufseiten des Hauses erschlossen. Die offene Feuerstelle ist in der Mitte des Fletts zu finden. Sie wurde entweder aus Feld- oder später auch aus Ziegelsteinen gemauert. Eine andere, im 19. Jahrhundert verwendete Herdstelle ist der Diggen, auch Schwibbogenherd genannt, der im Flett an die Stubenwand angebaut wurde. Von ihm aus konnte man die Hinterladeröfen der Stuben beheizen, so daß das Kammerfach einigermaßen rauchfrei blieb. Der Herd im Haus war der zentrale Punkt, an dem alle Fäden zusammenliefen. Hier wurde nicht nur gekocht und geklönt, sondern von hier aus konnte die Bäuerin auch

Offene Feuerstelle eines niederdeutschen Hallenhauses von 1571, Narjesbergen, Kreis Soltau.

Diggen im Meybohmschen Haus.

Blick in die Diele eines niederdeutschen Hallenhauses von 1571, Narjesbergen, Kreis Soltau.

das ganze Haus überblicken, ob es nun das Vieh in den Ställen, das Gesinde bei der Arbeit oder der hereinkommende Besucher war. Der Fußboden der großen Diele bestand überwiegend aus festgestampftem Lehm. Im Flett waren Ziegel oder Feldsteine verlegt. Das Kammerfach erhielt zumeist Holzfußboden. Die beiden Ständerreihen, die die Diele von den Stallteilen trennen, haben die Hauptlast zu tragen. Auf ihnen ruht die gesamte Dach- und Bodenlast. Aus diesem Grunde wird die Konstruktion des Hallenhauses auch als Zweiständerbau bezeichnet. Die Außenwände bilden nur den äußeren Abschluß, sie haben keine tragende Funktion. Neben den Zweiständerbauten gibt es noch die Sonderformen der Drei- und Vierständerbauten.

Wohnen im Rauch – zwischen Vieh und Ernte

Die Darstellungen sowohl des Bauernhauses als auch der ländlichen Bevölkerung und ihrer Lebensweise in der älteren Haus- und volkskundlichen Forschung waren häufig romantisch beeinflußt, so daß diese Aussagen relativiert werden müssen. Die Beobachter neigten dazu, das Schöne und Zweckmäßige in ihren Beobachtungsobjekten zu betonen und pathetisch auszuschmücken, während Leid und Elend nur vage in den Beschreibungen anklangen. Zum Beispiel schrieb Wilhelm Bomann in seinem noch heute grundlegenden Buch zum bäuerlichen Hauswesen und Tagewerk im alten Niedersachsen:

«*Der niedersächsische Bauernhof ist das schönste Wahrzeichen des Bauerntums unserer Heimat. Haus und Hof haben hier . . . eine Form festgehalten, die ganz und gar den Bedürfnissen und der Sinnesart dieses Menschenschlages entspricht: in allem urwüchsig und echt, sparsam und schlicht, sinnreich und zweckmäßig und doch zugleich voll behaglicher Traulichkeit und stolzer Größe, . . .*» (Bomann, 1)

Und Hermann Allmers berichtet in seinem Marschbuch:

«*. . . oben* [im Bauernhaus] *sind die Balken hoch mit Getreide belastet, denn es liegt hier trocken und wärmt das Haus . . . In den alten Häusern auf der Geest finden wir die schöne, malerische und patriarchalische Sitte des offenen Heerdfeuers, der wie ein Altar des Hauses sich in der Mitte des Hintergebäudes zeigt. . . .* [Hier] *sitzt Alt und Jung traulich um die lodernden Feuerflammen.*» (Allmers, 221 u. 223)

Die Konstruktion eines Zweiständer-Hallenhauses.

Flett eines Bauernhauses mit Rauchwaren an der Decke, aufgenommen 1962 in Hoopte.

Von den für unsere Verhältnisse katastrophalen wohnlichen und hygienischen Verhältnissen ist nicht die Rede. Auch daß es nur direkt am Herdfeuer warm war, wird nicht explizit berichtet. Während die Hände am Feuer gewärmt wurden, verspürte man auf dem Rükken die Eiseskälte, die im ganzen Haus herrschte.
Zur objektiven Beurteilung der tatsächlichen Wärmeverhältnisse im Rauchhaus wurde 1974 vom Museumsdorf Cloppenburg ein Versuch durchgeführt, der Angaben zu den Temperaturen in diesem Haustyp bringen sollte. Hierbei kam man zu dem Ergebnis, daß im Winter trotz der ständigen Beheizung mit dem Herd und dem Aufenthalt von Rindvieh im Haus die Innentemperatur nur 4 bis 6° C über der Außentemperatur lag, d. h. bei einer Außentemperatur von −10° C herrschte im Haus eine Kälte von −6 bis −4° C. Mit Recht kann man von diesem Haus sagen, daß es zwar Wetterschutz bot, aber von einer Klimahülle, wie wir Wohnraum heute verstehen, noch weit entfernt war.
Die offene Feuerstelle in der Mitte des Fletts, aber auch der Diggen hatten noch keinen Schornstein. Da der Rauch des Feuers sich selbst seinen Weg aus dem Haus suchen mußte und dabei alles verrauchte, wird dieses Haus auch als Rauchhaus bezeichnet. Das Rauchhaus trifft man noch häufig in der zweiten Hälfte des 19. Jahrhunderts an, denn der Rauch hatte wichtige Funktionen zu übernehmen. Er konservierte zum einen die Schinken, Speckseiten und Würste, die an Holzstangen an der Flettdecke hingen, und zum anderen die Getreideernte auf dem Dachboden und das Stroh- bzw. Reetdach des Hauses. Für die Bewohner bedeutete dies insbesondere im Winter, wenn keine Außenarbeiten zu verrichten waren, fast ständigen Aufenthalt im Rauch. Hinzu kamen noch der Staub vom Dreschen des Getreides, was eine typische Winterarbeit auf der Diele war, und natürlich die Ausdünstungen des Viehs. Der Bewohner war diesen Einflüssen ständig ausgesetzt, schließlich gab es keine Abtrennung des Fletts von der Diele und den Ställen. Erst wenn man Rauch und Staub nicht mehr aushalten konnte, flüchtete man in die Stube, die sonst nur bei besonderen Anlässen benutzt wurde. Die Landbewohner legten aber trotz allem großen Wert auf die Rauchkonservierung von Ernte und Fleischwaren durch das Herdfeuer – hatte doch das Ende der Rauchkonservierung zwangsweise auch eine veränderte Ernährungsweise zur Folge –, so daß man die Nachteile noch lange Zeit in Kauf nahm.
Noch 1897 prangert August Walbaum in seiner Doktorarbeit die hygienischen Verhältnisse in den noch zahlreich bewohnten alten «niedersächsischen Bauernhäusern» an. Er sieht in diesen Wohnverhältnissen die Verantwortung dafür, daß die gesundheitliche Konstitution der Menschen auf dem Lande so schlecht ist. Insbesondere erwähnt er hier neben den schmutzigen, unhygienischen Butzen und dem Wohnen mit dem Vieh die offene Feuerstelle als Ursache für die überdurchschnittlich hohen Krankheits- und Todesfälle.

Bauen im Wandel

Durch verschiedene Faktoren beeinflußt, konnte das über Jahrhunderte bewährte niederdeutsche Hallenhaus den neuen Anforderungen der modernen Zeit am Wohnen und Wirtschaften nicht mehr genügen. So wurde ein Wandel im ländlichen Hausbau unumgänglich. Je nach Region vollzog er sich früher oder später. Im Landkreis Harburg sind die Anfänge dieses Wandels erst in der zweiten Hälfte des 19. Jahrhunderts festzustellen. Auf breiter Ebene verlief der Wandel um die Jahrhundertwende. In dieser Zeit wurden die Häuser gebaut, die noch heute die Ortsbilder auch der Dörfer des Landkreises Harburg prägen. Erste Tendenzen der Veränderung sind jedoch schon am Anfang des 19. Jahrhunderts festzustellen. Diese betrafen aber vornehmlich die Feuersicherheit der Häuser.

Postkarte von Pattensen um 1905 mit typischen Massivbauten dieser Zeit.

Was waren nun die entscheidenden Faktoren, die den Wandel in der ländlichen Hauslandschaft bewirkten?
Eine Voraussetzung für den Wandel von der traditionellen zu einer «modernen» ländlichen Bauweise war die verbesserte wirtschaftliche Lage des Bauherrn und die betriebliche Notwendigkeit neuer Bauten. Als Stichpunkte für den Aufschwung sind hier vornehmlich zu nennen die Gemeinheitsteilungs-Ordnung, die Verkoppelung, der Einsatz von Kunstdünger, die Technisierung in der Landwirtschaft und die verbesserte Infrastruktur. Insbesondere die verbesserte Infrastruktur u. a. durch Schaffung von Eisenbahnlinien hält Paul Roux in seiner 1906 veröffentlichten Studie über den Bauern in der Lüneburger Heide als den entscheidenden Faktor für die moderne Entwicklung. Die Eisenbahn brachte Stadt und Land einander näher. Dadurch wurden neue Absatzmärkte für die landwirtschaftlichen Produkte erschlossen und städtische Wohn- und Lebensart aufs flache Land gebracht. Eine weitere Folge der verbesserten Infrastruktur war auch eine intensivere Feldwirtschaft, denn Kunstdünger und verbesserte landwirtschaftliche Gerätschaften konnten jetzt leichter in die entferntesten Regionen gebracht werden. Hierdurch wurden die Ernteerträge erheblich gesteigert, wodurch wiederum genügend Futter für eine intensivere Viehwirtschaft vorhanden war. Dieser Wandel führte zu einem Mehrbedarf an Lagerraum, Ställen und Geräteschuppen. Der wirtschaftliche Aufschwung und der damit verbundene Wohlstand führten auch zu neuen Bedürfnissen wie einer verbesserten Wohnkultur. Zweifelsohne wirkte das städtische Vorbild durch den vermehrten Kontakt auf das ländliche Wohnen.
Die Konjunktur in der Bauwirtschaft war also auch das Ergebnis einer intensivierten Landwirtschaft. Doch bedeutete Konjunktur nicht unbedingt auch einen größeren Wandel. Hierfür sind weitere Faktoren vonnöten, weshalb im folgenden auf einige dieser Faktoren, die zum Wandel der ländlichen Bauweise erheblich beitrugen, eingegangen werden soll. Zu nennen wären hier unter anderem die staatlichen Verordnungen, der Wunsch repräsentativ und in gewisser Weise auch städtisch zu bauen, das Aufkommen neuer Baumaterialien, insbesondere die Industrialisierung des Ziegeleiwesens und die verbesserte Ausbildung im Bauhandwerk.

Obrigkeitliche Einflußnahme

Unkenntnis über den Schornstein ist kein Grund dafür, daß das niederdeutsche Hallenhaus ohne Schornstein bis ins späte 19. Jahrhundert hinein gebaut wurde. Schließlich war der Bau von Schornsteinen schon seit Jahrhunderten in den Häusern der niederdeutschen Städte nicht nur üblich, sondern ihre Bauweise auch durch gesetzliche Bestimmungen geregelt. Vielmehr geht – wie schon erwähnt – die Beibehaltung des traditionellen Rauchhauses wesentlich auf die wichtigen Funktionen des Rauches im Bauernhaus zurück.
Erst durch die staatliche Einflußnahme auf das ländliche Bauen konnte man den Mißständen im Rauchhaus begegnen. Die Feuergefährlichkeit des Bauernhauses zu vermindern, war eines der wichtigsten Anliegen zu Beginn des 19. Jahrhunderts. Dieses Übel sollte durch die Feuerversicherungen und die Feuerverordnungen vermindert werden. Die Feuerversicherungen wirkten indirekt auf die Bauweise ein, indem die Prämien sich zum Teil nach der Feuergefährlichkeit der Baumaterialien und der Beschaffenheit der Feuerstellen richteten. Dagegen wirkten die Feuerordnungen direkt auf den Bau. So wurde 1830 von der Königlichen Großbritannisch-Hannoverschen Land-Drostei Lüneburg eine Feuerordnung erlassen, in der durch Reglementierung versucht wurde, der Feuergefahr zu begegnen. Es wurde beispielsweise vorgeschrieben, daß die offene Feuerstelle mit einer dichten, wenigstens 3 bis 4 Fuß hohen Befriedung vom restlichen Flett und der Diele getrennt sein müßte, wenn auf der Diele gedroschen würde. Auch müßten neue Backhäuser 200 Fuß vom nächsten Gebäude entfernt bleiben, und Schornsteine dürften nicht mehr in Holzbauweise aufgeführt werden. Einen Zwang zum Schornsteinbau gab es jedoch noch nicht.
Die Feuerordnung für das Fürstentum Lüneburg von 1865 schreibt erstmals vor, daß Neubauten mit Feuerungsanlagen der Obrigkeit mündlich oder schriftlich angezeigt werden müssen und ein vollständiger Bauplan mit Riß einzureichen ist. Nun wurde auch der Einbau von Brandmauern, Schornsteinröhren und Rauchfängen vorgeschrieben. Bei Neu- oder Umbauten mußte der Kochraum durch bis zur Decke reichende dichte Wände von den übrigen Räumen des Hauses abgetrennt werden. Mit der hieraus entstandenen separaten Küche

Postkarte des Bahnhofes in Bardowiek.

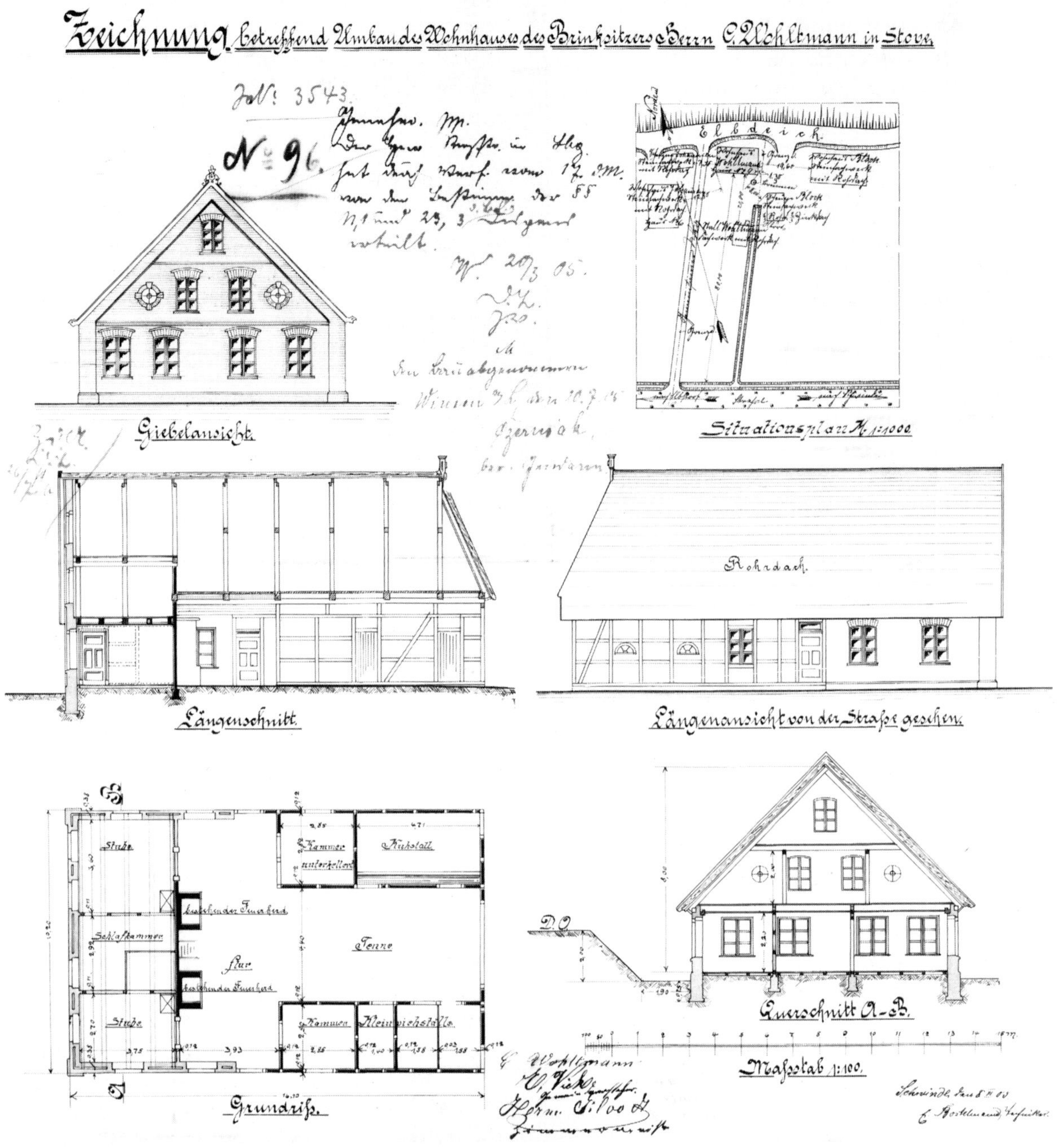

Bauplan zum Umbau eines Rauchhauses im Jahre 1905. Der Wohnteil erhält massive Außenwände mit Hohlschicht. Ein Schornstein wurde trotz des größeren Umbaues noch immer nicht eingebaut.

wurde auch die historische Grundrißform des niederdeutschen Hallenhauses entscheidend verändert. Die offene Feuerstelle, an der die Bäuerin kochen und gleichzeitig das ganze Haus im Blick behalten konnte, wurde als Hausmittelpunkt in einen Raum verbannt. Da sich aber die Verordnungen nur auf Neu- und Umbauten bezogen, konnte man noch Jahrzehnte nach diesen Verordnungen, sogar bis weit in unser Jahrhundert hinein, alte ursprüngliche Rauchhäuser auffinden.

1897 wurde die Feuerordnung für das Fürstentum Lüneburg und die vormals Lauenburgischen Landesteile, mit Ausnahme der selbständigen und amtssässigen Städte, aufgehoben. Anstelle ihrer wurden eine spezielle Bauordnung, die einen viel weitgreifenderen Einfluß auf das ländliche Bauen nahm, und eine neue Feuerordnung erlassen. Damit hatte die staatliche Einflußnahme ein Instrument gefunden, das das ländliche Bauen in geordnetere Bahnen lenkte. U. a. wurde hier erlassen, daß hölzerne oder andere nicht feuersichere Umfassungswände außer bei Aborten, kleinen Schuppen und kleinen Ställen nur bei solchen Gebäuden zulässig sind, die mindestens 9 Meter von benachbarten Gebäuden und mindestens 5 Meter von der Nachbargrenze entfernt bleiben, nur ein Geschoß besitzen und keine Feuerungsanlagen enthalten. Der Paragraph 23 gab Vorschriften für den Bau von Wohnräumen. Hier heißt es zum Beispiel, daß Wohngebäude mindestens in der Höhe über dem umliegenden Erdboden in allen ihren Mauern mit einer Asphalt- oder Dachpappenisolierung versehen werden müssen. Die Erdgeschoßwohnräume müssen 30 Zentimeter über dem Bauterrain angelegt werden. Die Fußböden dürfen nicht mehr aus porösem Lehm oder dergleichen, sondern nur noch aus dichtem Material hergestellt werden. Und die Gesamtfensterfläche muß in der Regel mindestens ¹⁄₁₀ der Zimmergrundfläche umfassen. Auch müssen Wohnräume jetzt eine lichte Höhe von mindestens 2,5 Meter haben. Der Paragraph 26 behandelt u. a. die Aborte. Nun ist für jedes Wohnhaus zumindest ein Abort anzulegen, welcher mit Tageslicht hinreichend beleuchtet wird.

Durch die Bauordnung war man beim Neubau genötigt – sofern man die Bauordnung einhielt, was nicht immer der Fall war –, die Bauweise den neuen Anforderungen, auch nach einem hygienischerem Wohnen, anzupassen. Gerade die Hygiene war zu dieser Zeit ein wichtiges Anliegen geworden. Man diskutierte und erforschte die hygienischen Verhältnisse und versuchte die Erkenntnisse auch im Bauwesen zu verarbeiten. In diesem Rahmen ist auch die schon erwähnte Dissertation von Walbaum zu sehen. Katastrophen wie die Cholera von 1892 in Hamburg verstärkten die Bestrebungen für die Verbesserung der Wohnverhältnisse auch bei den unteren Bevölkerungsschichten. So ist es nicht verwunderlich, daß auf die Einhaltung insbesondere der Bestimmungen, die die hygienischen Verhältnisse regeln, besonderer Wert gelegt wurde. Die später immer wieder modifizierten Paragraphen der Bauordnung führten auch zu einer stärkeren staatlichen Einflußnahme auf die Bauweise, bis hin zur Einflußnahme auf die ästhetische Ausbildung der Architektur. Wenn nötig, wurden Verbesserungsvorschläge für die Gliederung der Fassaden und Fenstereinteilungen oder des Dachaufbaues gemacht.

Damit diese Verbesserungsvorschläge auch in der Bauausführung berücksichtigt wurden, wurde oftmals auch massiver Druck auf den Bauherrn ausgeübt. Druckmittel konnte hierbei ein Dispens, also eine Ausnahmegenehmigung sein, die der Bauherr für eine Grenzbebauung oder einen zu geringen Abstand von Nachbargebäuden benötigte. Die Ausführung flacher Dächer mit Dachpappe wurde insbesondere an exponierter Lage kritisiert oder sogar verboten. Häufig kam man auch zu Kompromissen. Beispielsweise sollte das projektierte Pappdach rot angestrichen oder rotes Ruberoid verwendet werden, wenn schon kein steiles Ziegelsatteldach verwendet werden sollte.

Massivbau: Ausdruck moderner Bauweise

Seit Ende des 19. Jahrhunderts wurden neu zu errichtende Gebäude vermehrt als Massivbauten aufgeführt. Hierbei handelt es sich überwiegend um rote Ziegelrohbauten, die besonders bei den reichen Marschbauern öfters mit Putzornamentik verziert wurden. Eher vereinzelt kommen ganz verputzte Fassaden vor. Diese Tendenz zum Ziegelrohbau auf dem flachen Lande entsprach ganz der Entwicklung der Architektur in den norddeutschen Städten, vor allen Dingen jener in Hannover und Hamburg, die im besonderen Maße durch die Hannoversche Bauschule geprägt wurde. Zunächst hatten die ländlichen Massivbauten größtenteils noch eine innere Holzkonstruktion. Auch wurde öfters der Stallteil noch in Fachwerkbauweise gehalten. Später wurde es üblich, Neubauten auch ganz massiv aufzuführen. Wurden Fachwerkfassaden der alten Hal-

Typischer Massivbau mit Zwerghaus aus der Zeit um die Jahrhundertwende.

Postkarte vom Marschenort Hoopte um 1906 mit reich ornamentiertem Haus.

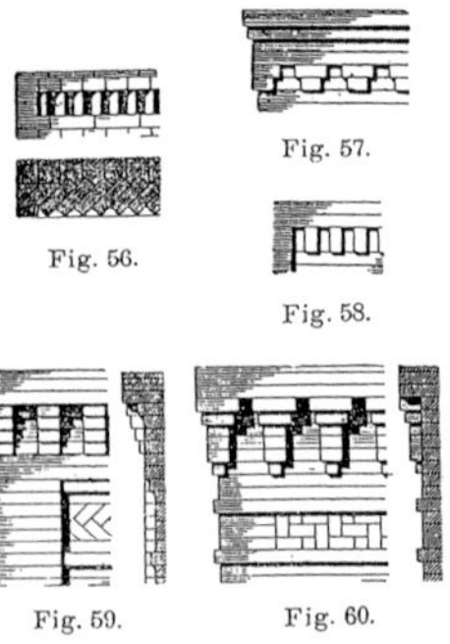

Friese, die häufig verwendet wurden.

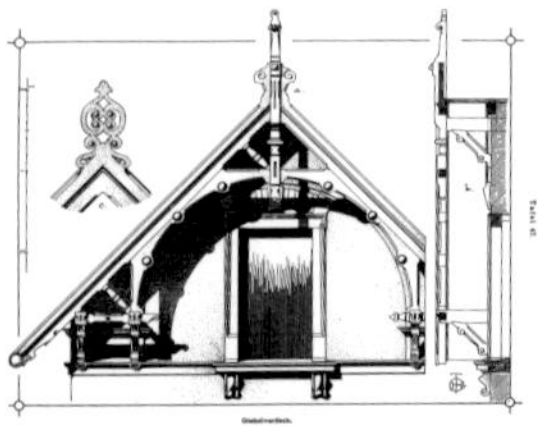

Postamentenpfahl, auch als Giebelkrönung bezeichnet.

lenhäuser baufällig, so ersetzte man ihre Außenfachwerke durch die neue, als modern geltende Massivbauweise. Diese Umbauten findet man anfänglich vornehmlich am Wohnteil, während der Wirtschaftsteil weiterhin als Fachwerkbau erhalten blieb.

Der Gedanke, statt des vertrauten Fachwerks eine massive Außenwand aufzumauern, scheint zunächst bei manchem Landvolk auf Skepsis gestoßen zu sein. So wird noch heute in Oersdorf im Kreis Stade über den Hof Deden erzählt (lt. G. Brunkhorst, Heimatforscher in Oersdorf), daß das Wohnhaus, nachdem es um 1880 durch ein Feuer zerstört worden war, nun als erster Massivbau wieder aufgebaut werden sollte. Die Nachbarn waren gegenüber dieser neuen Bauweise sehr skeptisch. Sie meinten, das Haus würde nicht halten, und es müßten Spanneisen quer durch das Haus gezogen werden, weil die Mauern ja wohl ohne den Fachwerkrahmen auseinanderfallen würden.

Die neue Architektur zeichnete sich durch einige immer wieder anzutreffende Fassadenelemente aus. Hier sind an erster Stelle die Lisenen zu nennen. Als Lisenen bezeichnet man wenig aus der Mauerfläche hervorstehende Pfeiler, ähnlich Pilastern, nur ohne Basis und Kapitell. Sie dienen nicht nur der Fassadengliederung, sondern verstärken auch Hausecken und Mauern. Für die horizontale Betonung wurden Geschoß- und Dachgesimse verwendet. Die Gesimse erhielten oftmals eine Verzierung durch Friese wie dem Zahnschnitt oder dem sogenannten Deutschem Band. Die Fenster des Wohnteils wurden als Flügelfenster, die Gußeisenfenster des Wirtschaftsteils als Sprossenfenster ausgeführt. Fenster und Haustür des Vorderhauses erhielten Oberlichter mit Segmentbogenabschluß. An den Giebeln brachte man gerne Fensterrosetten und spitz in den Himmel ragende Postamentenpfähle an. Form- und Glasursteine, die zu dieser Zeit in den Städten häufig Verwendung fanden, wurden hier wohl auch aus Kostengründen weniger benutzt.

Trotz der erheblichen Veränderung des äußeren Bildes durch die Massivbauweise wurde aber weiterhin bis zum Ersten Weltkrieg noch häufig der Grundriß nach dem Vorbild des niederdeutschen Hallenhauses angelegt. Nun sah man aber eine Brandmauer zwischen dem ehemaligen Flett – jetzt waren hier die Küche und der Flur – und der Diele vor, wodurch der

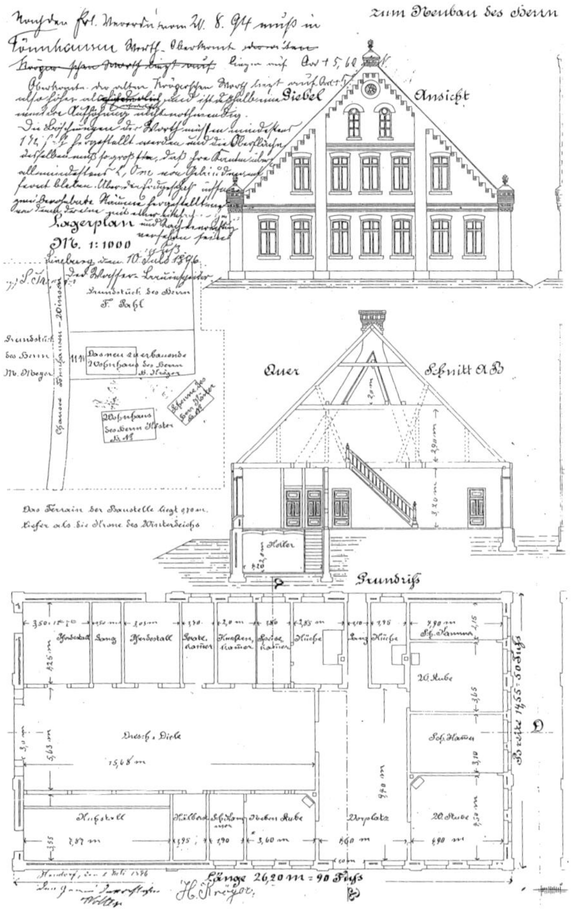

Bauplan für ein Bauernhaus in Tönnhausen, erstellt von Zimmermeister P. Müller aus Handorf um 1896.

Stall vom Wohnraum getrennt wurde, was einen erheblichen Wohnwertgewinn bedeutete. Nis R. Nissen bezeichnet ihrer Bedeutung entsprechend diese Entwicklung sogar als den Kardinalpunkt im Wandel des Bauernhauses (Nissen, 77).

Um die Jahrhundertwende kann von einem wahren Bauboom gesprochen werden. Besonders der Bau von Abbauerstellen (Kleinbauernhöfe), Kleingewerbe-, Handwerker- und Landarbeiterhäusern hatte zu dieser Zeit Konjunktur. Ihren Bedürfnissen angepaßt, entstanden nun auch neue Grundrißaufteilungen und damit verbunden neue Hausformen. Es handelt sich um eingeschossige kleinere Gebäude, die zum Teil mit Kniestock und zur Straße mit einem Dacherker versehen sind. Die Kniestockwohnhäuser sind nicht wie in Schleswig-Holstein mit Dachpappe gedeckt – dies bleibt im Landkreis Harburg eher die Ausnahme (s. u.) –, sondern mit Dachpfannen. Während das alte niederdeutsche Hallenhaus mit der Giebelseite mit Grotdör, also

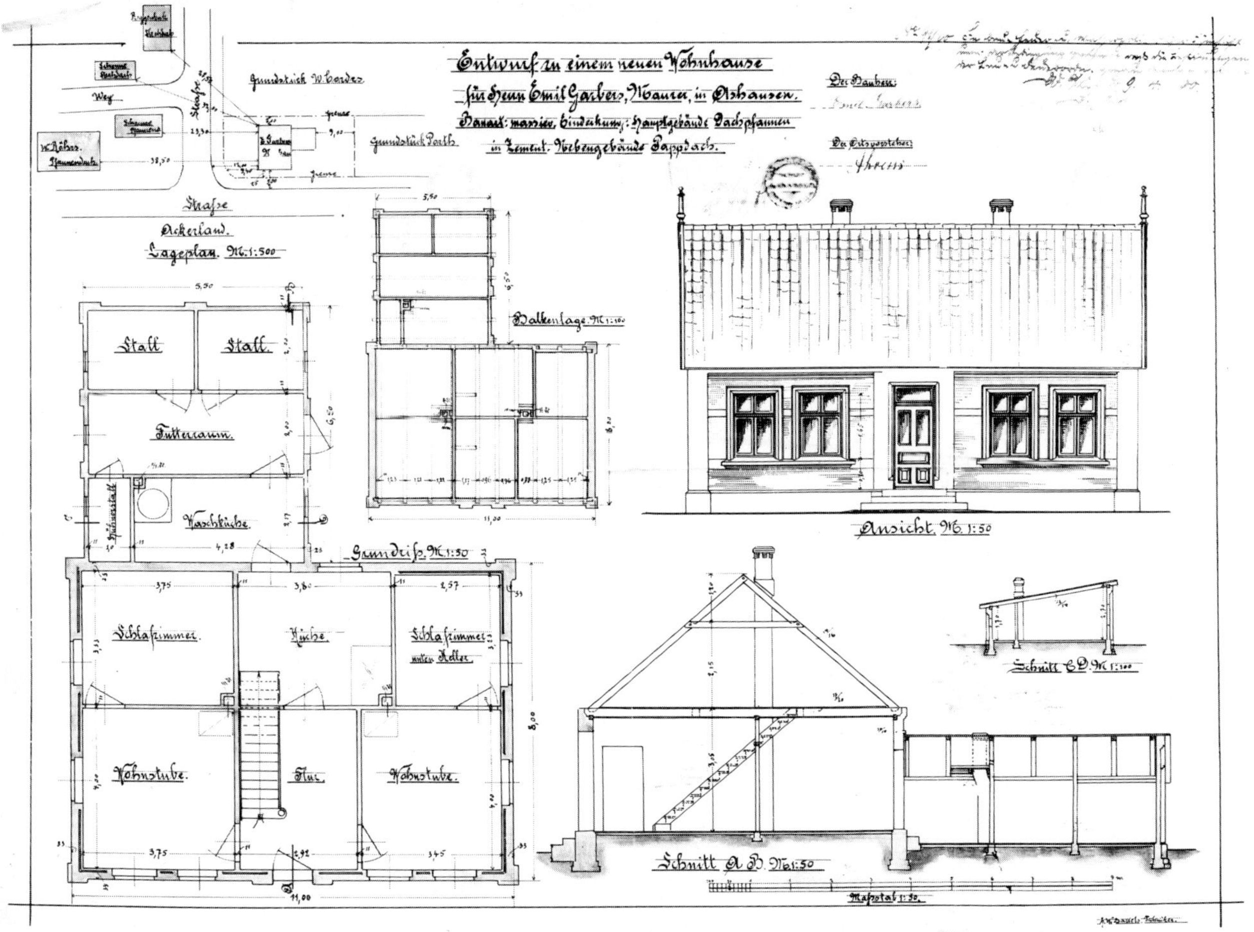

Bauplan für ein Wohnhaus mit Stallteil in Ashausen, erstellt vom Techniker H. W. Bartels um 1900.

dem Wirtschaftsteil, zur Straße ausgerichtet stand, ist bei der neuen Bauweise überwiegend die Traufenseite des Wohnhauses zur Straße hin ausgerichtet worden. Der Wirtschaftsteil ist als Anbau hinter dem Wohnhaus, von der Straße abgekehrt angelegt und so von hier aus nicht zu sehen. Damit gewinnt der im allgemeinen etwas repräsentativer ausgeführte Wohnteil den Vorrang gegenüber dem Wirtschaftsteil. Dies steht ganz im Einvernehmen mit der Entwicklung und dem neuen Stellenwert des Wohnens. Jetzt war nicht mehr alles Bauen auf die Wirtschaft ausgerichtet, sondern Wohnen und Wirtschaften wurden als zwei getrennte Bauaufgaben angesehen. Immer mehr setzte sich eine klare Trennung der Funktionen durch. Die einfache Brandmauer reichte als Abgrenzung beider Bauteile nicht mehr aus. Der Wirtschaftsteil wurde nun unter ein eigenes Dach gebracht, doch nicht gänzlich vom Wohnhaus getrennt. Zwar gab es immer mehr separate Nebengebäude auf dem Hof, trotzdem blieb ein Wirtschaftsteil am Wohnhaus angelegt. Hierbei handelt es sich zumeist um einen Stallteil. Dies scheint auch nicht weiter verwunderlich, bedenkt man, daß die Tiere laufend versorgt werden mußten. So war es vorteilhaft, eine direkte Verbindung des Wohn- und Stallgebäudes beizubehalten. Eine gänzliche Abtrennung des Wohnhauses vom Wirtschaftsteil ist nur bei einigen Objekten festzustellen. Bei diesen Wohnhäusern handelt es sich jedoch zumeist nicht um Bauernhäuser.

Neben der Trennung von Tier und Mensch steigerten noch andere Maßnahmen den Wohnwert. Die noch häufig in den alten Bauernhäusern eingebauten Butzen gab es in den neuen Gebäuden nicht mehr. Sie wurden jetzt durch Kammern ersetzt, die ausschließlich zum Schlafen benutzt wurden. Die abgetrennte Küche war mittlerweile schon selbstverständlich geworden, zumeist gab es sogar eine eigene Waschküche. Die Waschküche, die üblicherweise auch Futterküche war, wurde gerne als verbindender und zugleich ab-

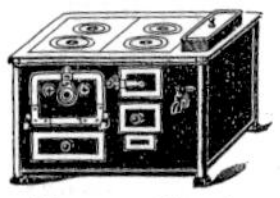

Ausschnitt aus einem Katalog des Eisenwarenhandels Georg Klindworth in Winsen.

trennender Raum zwischen Wohnhaus und Stallteil angelegt. Sie war damit für die Haus- und Stallwirtschaft gleichermaßen günstig gelegen. Zudem verhinderte sie das Eindringen des Stallgeruches in den Wohnteil. Sie diente somit als Geruchsschleuse, die die Stalldünste vom Wohnraum fernhielt. Diese Funktion wurde manchmal von anderen Räumen wie der Diele oder einem Gang übernommen. Auch gab es nun auf jeder Hofstelle einen Abort. Aborte wurden im oder am Stall über der Jauchegrube angelegt und waren zuweilen nur vom Hof aus zugänglich. Dies führte dazu, daß der Nachttopf noch längst nicht ausgedient hatte. Den Abort im Wohnteil fand man nur in sehr herrschaftlichen Häusern, und selbst hier blieb er eher die Ausnahme.
Aber auch in technischer Hinsicht gab es Entwicklungen, die den Wohnwert steigerten. Diese Verbesserungen führten unter anderem dazu, daß die Wohnräume vernünftig beheizt und warmgehalten werden konnten. Die Entwicklung neuer Herde und Öfen, die in Fabriken hergestellt wurden, verbesserte Fenster und Türen, die jetzt mit Profilen versehen waren, sowie die Anwendung von Hohlschichten und Horizontalisolierungen im aufgehenden Mauerwerk trugen hierzu maßgebend bei. Die

Preisliste aus der Jahrhundertwende für Winter's Ventilations-Dauerbrandöfen: Germanen und Patent-Germanen etc.

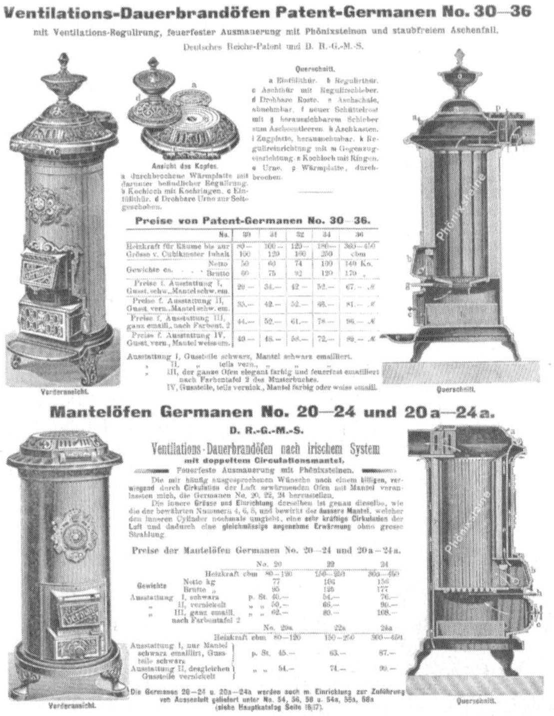

Werbeanzeige im Adreßbuch des Kreises Winsen von 1914.

Hohlschichten im Außenmauerwerk sollten Feuchtigkeit entfernen beziehungsweise fernhalten und den Wärmeverlust durch die Wand vermindern. Horizontalisolierungen, aus Asphaltpappe im Mauerwerk über dem Erdboden angebracht, schützten gegen aufsteigende Feuchtigkeit. Staubige Fußböden wie im alten Hallenhaus gab es nicht mehr. Die Wohnräume erhielten Holzfußboden, wie er auch schon im Kammerfach des Hallenhauses Verwendung fand. Der Flur und die Küche wurden entweder mit Fliesen ausgelegt oder mit einem Terrazzofußboden versehen. Fliesen wurden ebenfalls an die Herdwand angebracht. Für den Kellerfußboden, die Waschküche und andere Nutzräume verwendete man Zementestrich.
Mit der Industrialisierung im Tischlereiwesen wurde die Einrichtung des Wohnbereiches verändert. Die Zeit, in der Wohneinrichtungen über Generationen hinaus benutzt und nur durch einzelne notwendige Möbelstücke ergänzt wurden, war vorbei. Die alte Möblierung zeichnete sich dadurch aus, daß die Möbel zueinander kaum oder sogar keine Formabhängigkeiten hatten. Sie wurden schließlich nicht nur zu verschiedenen Zeiten angeschafft, sondern auch von verschiedenen Handwerkern und manchmal auch an verschiedenen

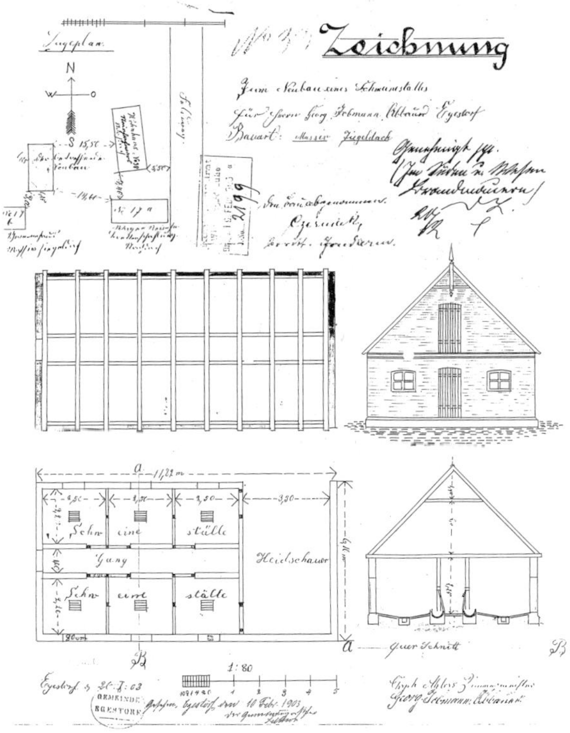

Bauplan für einen Schweinestall in Egestorf, erstellt vom Zimmermeister Chrph. Ahlers um 1903.

Orten hergestellt. Die neuen Möbel kamen nun aus Fabriken oder Werkstätten, die rationell arbeiteten. Über Anzeigen in Zeitungen und Broschüren wurden die Produkte allgemein bekannt gemacht. Man konnte die Möbel wie andere Industrieprodukte über Kataloge bestellen. Besonders beliebt waren Garnituren, sogenannte Komplets, deren Angebot sich weniger nach den tatsächlichen Bedürfnissen des einzelnen am Wohnen, als vielmehr nach dem Wunsch zur Komplettierung der Einrichtung richtete, welche zur Norm geworden war. Die schnellebige Zeit, in der sich der Warenumschlag und damit die Anpassung am immer Neuen beschleunigte, war angebrochen.

Die Entwicklung in der Landwirtschaft verlangte auch einen Wandel bei den Wirtschaftsgebäuden. So wurden wegen der starken Vermehrung des Viehbestandes auch neue Lösungen in deren Unterbringung benötigt. Neben dem am Wohnhaus angebauten Stall wurden auch separate Ställe aufgeführt, sofern es die Viehanzahl erforderte. Hier wurden die Tiere möglichst nach ihrer Art getrennt untergebracht. Bei einer größeren Viehzahl wurden sogar für jede Tierart eigene Stallgebäude gebaut, wobei Schweineställe schon in früherer Zeit als eigenständige Bauten errichtet wurden. Nun kamen noch Rinder- und Hühnerställe hinzu. Reine Pferdeställe gab es kaum, dafür war ihre Stückzahl auf den Höfen zu gering. Die Zeit der Schafe war dagegen vorbei. Hatten die alten Ställe noch keinen festen Boden, so wurden die neuen Ställe mit wasserundurchlässigem Zement- oder Ziegelsteinfußboden und einer Jaucherinne versehen, wodurch die Reinhaltung der Ställe wesentlich vereinfacht und die Jauche in Jauchegruben gesammelt werden konnte. Auch wurde durch genügend Fenster und Belüftungsschächte für eine gute Beleuchtung und Durchlüftung der Stallungen gesorgt.

Stallgebäude wurden nach der Jahrhundertwende wie die Wohnhäuser immer häufiger als Massivbauten ausgeführt. Sofern sie einen Kniestock erhielten, wurde dieser jedoch gerne in Fachwerk gehalten und mit einer Holzverschalung versehen. Zum einen sollten so die Baukosten gesenkt werden, zum anderen ist diese luftigere Außenwand für die Erntelagerung günstiger.

Als selbständige Nebengebäude wurden besonders häufig Scheunen gebaut. Ihre Verbreitung deutet auf gesteigerte Ernten und erschöpfte Lagerkapazitäten der Böden von Wohnhaus und Stall hin. Die Mehrzahl der Scheunen bestand aus Fachwerk mit Holzverschalung und flach geneigtem Pappdach. Manchmal wurde an ihnen ein Wagenschauer, häufig auch nur ein Schirm angebaut, worunter die Geräte und Maschinen abgestellt werden konnten. Größere Höfe hatten entsprechend der Menge ihrer Fuhrwerke und landwirtschaftlichen Geräte auch separate Wagenschauer.

Werbeanzeige im Adreßbuch des Kreises Winsen von 1914.

Aufbau eines massiven Stallgebäudes in Garlstorf. Mit der Massivbauweise gewinnt der Maurerberuf immer mehr an Dominanz auf der Baustelle.

Postkarte des Empfangsgebäudes des Bahnhofes Tostedt, erbaut um 1874.

Wasserturm der Wasserleitungsgenossenschaft zu Stelle, Planentwurf von Zimmermeister W. Brauel um 1912.

Die Hofstellen wurden im Laufe der Zeit teilweise regelrecht mit Wirtschaftsgebäuden zugebaut. Da die Bauordnung aber Vorschriften betreffs der Gebäudeabstände, insbesondere für Gebäude mit brennbaren Außenwänden vorsah, mußten immer wieder Dispenzen mit der Begründung der Wirtschaftlichkeit ausgesprochen werden. Die lockere Aufstellung der Bauten der alten Hofstellen wich allmählich einer engeren, rationaleren Bebauung, wobei immer mehr Gebäude als Anbauten ausgeführt wurden.
Neben der neuen ländlichen Bauweise und der Zunahme der Nebengebäude kamen mit der Industrialisierung auch neue Bauaufgaben auf das flache Land. An erster Stellen seien hier die Eisenbahnbauten wie Stationsgebäude, Güterschuppen und Wärterhäuschen genannt. Noch vor dem Ersten Weltkrieg versuchte man, in einigen Orten des Landkreises eine zentrale Wasserversorgung mit Wasserleitungen aufzubauen. Zwar gab es fast auf jedem Hof einen Brunnen, doch ließ die Wasserqualität manchmal sehr zu wünschen übrig. Für die Wasserversorgung mußten Wassertürme und Pumpenhäuser gebaut werden. Wegen ihrer Funktion wurden sie möglichst an höher gelegenen Plätzen und somit an exponierter Lage errichtet. Damit gewann ihre architektonische Gestaltung für das Ortsbild an Bedeutung. Auch siedelte sich vereinzelt Industrie an. Neben der normalen Landwirtschaft entstanden Mastanstalten für Federvieh, Schweine und Rinder, deren Gebäude eher Industriebauten als Hofanlagen ähnelten.

Baumaterialien

Schon die Hinwendung zum Massivbau zeigt, daß den Baumaterialien beim Wandel der Architektur im 19. Jahrhundert ein besonderer Stellenwert zukam. Dies gilt sowohl für das städtische als auch für das ländliche Bauen, wobei der Wandel im ländlichen Bauen durch die extremen Gegensätze der althergebrachten und neuen Bauweise besonders ins Auge fällt. Die gesteigerte Nachfrage nach Baumaterialien förderte selbstredend die Verbreitung moderner Baustoffe und Entwicklung verbesserter Produktionsmethoden. Die modernen Baumaterialien zeichneten sich durch industrielle Fertigung und manchmal nur scheinbar bessere Eigenschaften wie günstiger Kaufpreis, längere Haltbarkeit und Feuersicherheit aus.
Besonders das Material Eisen zeigt eindringlich, daß nachgesagte Eigenschaften nicht im-

mer das hielten, was sie versprachen. Eisenträger und -stützen galten anfänglich als feuersicher. Doch schon bald machte man die Erfahrung, daß bei Feuer die Eisenteile durch die Hitze stark verformt wurden. Dabei nahmen die Häuser größeren Schaden, als wenn eine Holzkonstruktion verwendet worden wäre. Benutzung fanden Eisenträger auf den Höfen beispielsweise in den Kellerdecken, bei den Stalldecken, insbesondere bei den Schweineställen und bei der Jauchegrube. Als Eisenträger wurden wegen der Kosten nicht selten auch alte Eisenbahnschienen verwendet. Gußeisenfenster, die es als kostengünstiges Industrieprodukt aus den Eisengießereien in den verschiedensten Ausführungen gab, wurden ausschließlich für Wirtschaftsräume (Speisekammer, Keller, Boden, Stall) verwendet. Sie haben den Vorteil, daß sie kaum Pflege benötigen, was bei Wirtschaftsräumen ein wichtiger Faktor ist. Dagegen spielen ihre schlechten Isoliereigenschaften, die sie für Wohnräume unbrauchbar machen, in den Wirtschaftsräumen eine untergeordnete Rolle. Aus Gußeisen wurden u. a. auch Belüftungsgitter und Säulen hergestellt. Diese Massenprodukte konnte man über Kataloge beim Eisenwarenhandel bestellen.
Ein besonders vielseitiger und wichtiger Baustoff ist der Zement. 1796 stellte J. Parker den sogenannten Roman-Zement, ein hydraulisches Bindemittel, her, der aus Kalkmergel mit hohem Tongehalt gebrannt wurde. Joseph Aspdin, Maurer aus Leeds, erfand 1824 einen brauchbaren künstlichen Zement, der durch das Brennen einer Mischung aus Ton und Kalkstein hergestellt wurde. Bekannt wurde dieser Zement unter dem Namen Portland-Zement. 1855 wurde das erste deutsche Portland-Zementwerk in Züllchow bei Stettin gegründet. Der Standort eines Zementwerkes war wie bei den Ziegeleien abhängig vom vorhandenen Rohstoff. Ergiebige Mergellager gab es u. a. auch in Lüneburg, wo eine Portland-Zementfabrik entstand.
In Norddeutschland erlangte der Zement sehr spät, nämlich erst Ende der 1880er Jahre einige Ausdehnung. Die Gründe hierfür scheinen vielschichtig zu sein. Sie liegen u. a. bei der schlechten Qualität des angebotenen Zements und bei der unsachgemäßen Verarbeitung in Folge unzureichender Schulung der Handwerker. Außerdem wurden bei der Berliner Baupolizei Konstruktionen verboten, deren Haltbarkeit allein auf der Festigkeit des Mörtels beruhte. Dieser Haltung folgten viele preußische Ämter. Trotzdem nahm der Siegeszug des Zements seinen Weg. Schließlich ist Zement ein sehr vielseitiges Material, das auf der Baustelle beispielsweise als Fundament- und Mörtelmaterial oder zur Herstellung von Fertigbauteilen wie Fußbodenplatten, Röhren, Spülsteine, Viehtröge, Dachpfannen sowie Fassaden- und Bauwerkschmuckteile verwendet werden konnte.

Industrialisierung des Ziegeleiwesens

Unter den Baustoffen nimmt der Ziegel als Ersatz für den in der norddeutschen Tiefebene fehlenden Werkstein eine hervorragende Stellung ein. Das Ausgangsmaterial für den Ziegel bildet der reichlich vorhandene Lehm (Ton). Er wurde aus der Ziegeleigrube abgebaut, zerkleinert und gemischt, eingeweicht und in Formen gestrichen. Dieses Abstreichen des über die Form hinausstehenden Lehms mit einem Draht oder geraden Brett führte auch zu der Bezeichnung Handstrichziegel. Nach einer längeren Trockenzeit konnten die Rohlinge schließlich zu Ziegeln gebrannt werden.
Die Verbreitung der Massivbauweise und der Bauboom belebten auch im Landkreis Harburg die Ziegelindustrie. Die Vorzüge des gebrannten Ziegelsteins gegenüber anderen Baumaterialien liegen in der Feuersicherheit, Wetterbeständigkeit und Stabilität. Zudem ist der Ziegel ein bodenständiges Baumaterial, das von der nahegelegenen Ziegelei geliefert wurde.
Die vorhandenen Kapazitäten der Ziegeleien, die mit einem oder zwei Öfen arbeiteten, und die zum einmaligen Gebrauch angelegten Feldbrandöfen hätten die vermehrte Nachfrage nach Ziegeln in den Baukonjunkturphasen nur schwerlich bewältigen können. Dementsprechend wurden die Kapazitäten in Konjunkturphasen ausgebaut. Jedoch nahmen die Ziegeleibesitzer moderne Techniken nur zögernd an, schließlich handelte es sich bei den vielen Ziegeleien um zum Teil kleine landwirtschaftliche Nebenerwerbsbetriebe. Das heißt, die Ziegeleibesitzer waren gleichzeitig Landwirte.
Die wichtigsten Erfindungen für das industrialisierte Ziegeleiwesen waren der Ringofen und die Maschinen zur Ziegelherstellung.

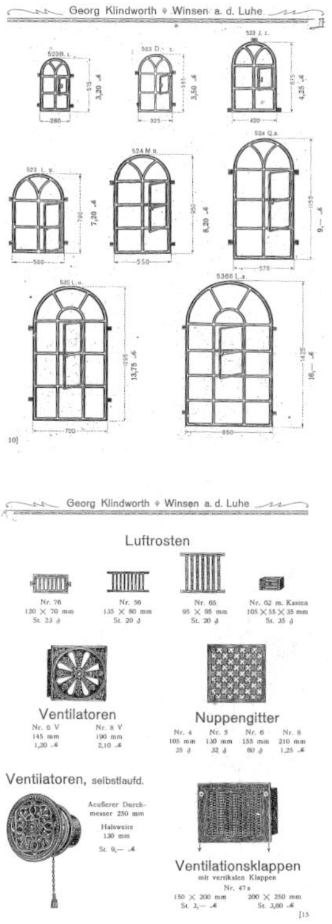

Angebot aus dem Katalog des Eisenwarenhandels Georg Klindworth in Winsen.

Ziegler beim Entnehmen gebrannter Ziegelsteine aus dem Ringofen der Ziegelei Voss in Scharmbeck.

Die Erfindung des Ringofens durch den Baumeister Friedrich Hoffmann in Berlin, 1858 in Preußen und Österreich patentiert, machte den kontinuierlichen Brenn-Betrieb erst möglich. Beim einfachen Brennofen dauerte das Brennen der Steine 6–8 Tage, danach mußte der Ofen noch drei Tage abkühlen. Dadurch herrschte im Betrieb einer Ziegelei mit einfachem Ofen eine Unbeständigkeit im Arbeitsablauf, die mit der Einführung des Ringofens aufgehoben wurde. Ein Ringofen besteht aus 14 oder 16 im Kreis angelegten Kammern, besser Abteilungen genannt, da sie keine festen Abtrennungen voneinander haben. Während ständig eine Abteilung unter Feuer ist, sind die schon befeuerten Abteilungen davor in der Abkühlung, die Abteilungen dahinter durch die Restwärme der befeuerten Abteilung im Vorheizen begriffen. Die beiden am weitesten vom Feuer entfernten Abteilungen werden entleert bzw. mit Rohlingen bestückt. Sind die Ziegel in der befeuerten Abteilung fertiggebrannt, so wird die nächste Abteilung befeuert. Dieses System ermöglichte nicht nur den kontinuierlichen und damit wirtschaftlicheren Betrieb, sondern sparte auch teures Brennmaterial.

Trotz seiner Vorteile setzte sich der Ringofen aber nur zögernd durch. So waren noch 1877 beispielsweise unter den 132 Ziegeleien im Amt Freiburg nur fünf Anlagen mit Ringöfen ausgestattet.
Auch die Verbreitung von Ziegelmaschinen, wie die Schneckenpresse von Schlickeysen (1855), ging nur schleppend voran. Die Gründe hierfür liegen zum einen in den geringen Lohnkosten für die Ziegelstreicher, zum anderen in der größeren Beweglichkeit der Betriebe, was bei ausgedehnten Tonfeldern günstig war. Außerdem benötigte man für die neuen Techniken viel Kapital, wobei Baukonjunkturphasen aber häufig nicht lange anhielten.
Erst nach 1900 kamen die neuen Techniken vermehrt zur Anwendung. Damit entstand auch eine Konkurrenz zwischen Handstrich- und Dampfziegeleien. Schaffte ein Ziegelstreicher in schwerster körperlicher Arbeit mit zwei Hilfskräften 120–150, ein geschickter Streicher sogar 300 Rohlinge pro Stunde herzustellen, so konnten drei Arbeiter in einer modernen Dampfziegelei der Jahrhundertwende 3000–4000 Rohlinge in der Stunde herstellen. In dieser Zeit sanken auch die Ziegel-

Schullehrtafel «Ziegelei». Der Weg des Lehms vom Abbau bis zum gebrannten Ziegelstein.

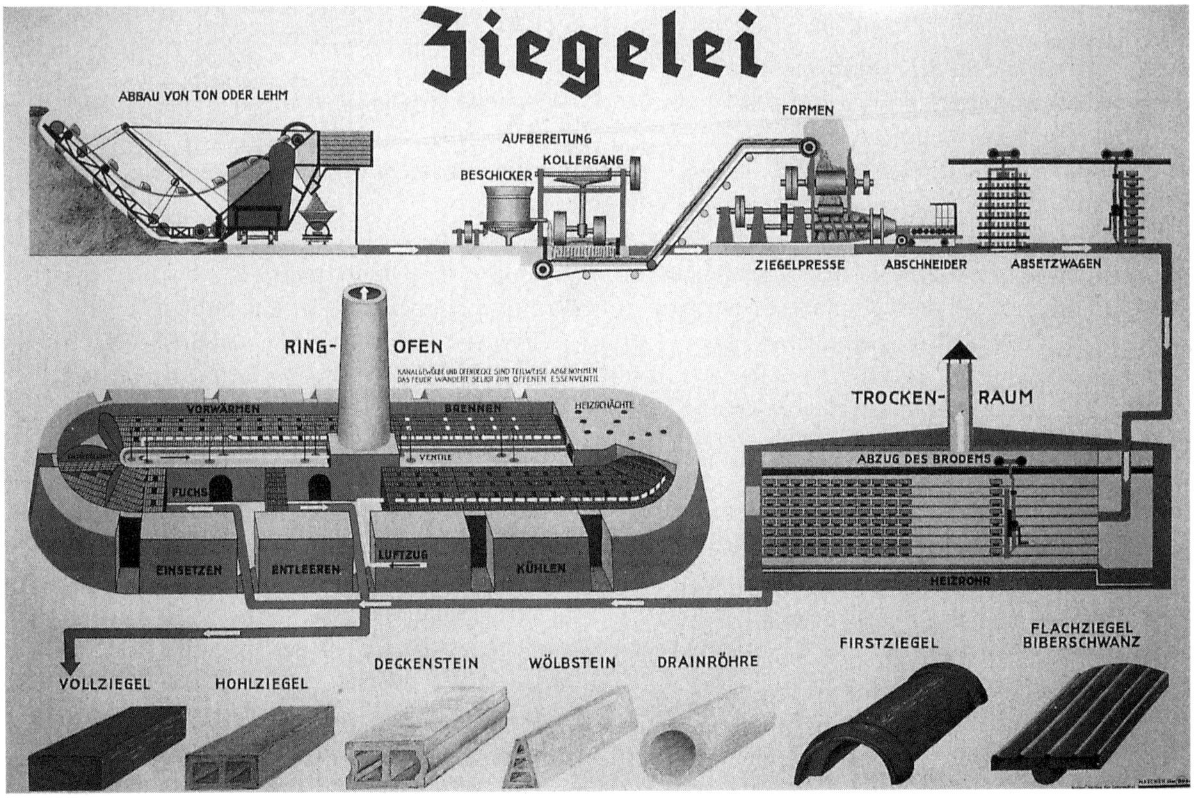

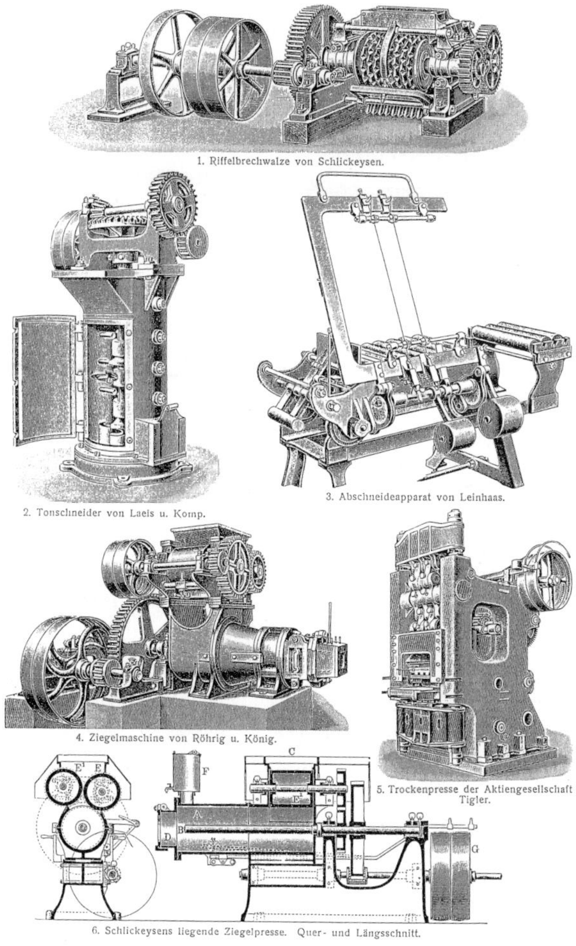

Maschinen für die Ziegelei.

preise. Kosteten 1000 Ziegelsteine um 1870 noch zwischen 34 und 38 Mark, so betrug der Preis um 1900 ca. 22 Mark, wobei die Preise für Handstrichziegel im allgemeinen etwas höher lagen. Die günstige Preisentwicklung mag auch ein Grund dafür gewesen sein, daß selbst bei den unteren Schichten eine Baukonjunktur zu verzeichnen ist, bedenkt man, daß der Ziegelstein der Hauptbaustoff am Haus war.

Vom Weichdach zum Hartdach

Die harte Bedachung ist ein Teil des neuen Bauschaffens. Neben der Dachpappe ist hier besonders die Dachpfanne zu nennen, die das Hauptbedachungsmaterial auf Wohnhäusern im Landkreis Harburg wurde. Für Wirtschaftsgebäude wurde dagegen lieber Pappbedachung verwendet, da für diese eine flache Dachneigung genügte. Bei Anwendung von Pappe wurde meistens ein Pultdach oder flaches Satteldach aufgeführt. Hierdurch konnte bei gleicher Firsthöhe mehr Lagerraum gewonnen werden. Dazu mußten aber die Außenmauern höher aufgeführt werden. Dies geschah im allgemeinen durch Anlegung eines Kniestockgeschosses. Das Pappdach war auch kostengünstiger herzustellen, nicht zuletzt deshalb, weil es nur eine leichte und damit holzsparende Dachkonstruktion benötigte. Doch während beispielsweise in Schleswig-Holstein das Pappdach auch im Wohnhausbau stark verbreitet war, versuchte die Baubehörde des Landkreises Harburg die Verwendung von Pappdächern einzuschränken. Gerade Bauplanungen an exponierter Lage wurden nur dann genehmigt, wenn anstelle des projektierten Pappdaches ein Ziegelsatteldach verwendet werden würde. Man begründete diese Auflage nicht nur mit der besseren ästhetischen Wirkung eines Ziegeldaches und der baulichen Anpassung an schon vorhandene Ziegeldachbauten, sondern auch mit wirtschaftlichen Gründen. Zwar sei ein Pappdach in der Herstellung billiger, doch dessen Wartung würde in den kommenden Jahren mehr Kosten verursachen als die Aufführung eines Ziegelsatteldaches. Die Bauherren nahmen diese Versuche der Reglementierung selten ohne Widerspruch hin. Und das Argument, daß man das Bauholz für den Dachstuhl des Pappdaches schon gekauft und zugeschnitten hatte, ließ den Behörden häufig keine andere Wahl, als den Bau zu genehmigen. Dies geschah aber oft nicht ohne Auflagen, wie die Verpflichtung, das Pappdach stark zu bekiesen oder rotes Ruberoid anstelle von schwarzer Dachpappe zu verwenden.

Als drittes Bedachungsmaterial ist das weniger in Anwendung gekommene Zinkblech zu nennen, welches ebenfalls nur bei Wirtschaftsgebäuden verwendet wurde. Nicht selten wurde von der Behörde verlangt, bei Verwendung eines Zinkdaches das Dach rot anzustreichen, damit es dem Ortsbild angepaßt werde. Kaum eine Rolle spielten im Landkreis Harburg Schiefer- und Kunstschieferdächer.

Modernes Bauen erfordert Fachkräfte

Der Wandel in der Bauwirtschaft führte zu stark gehobenen Ansprüchen an die Bauhandwerker und Bauunternehmer. So mußte durch

Zimmerer auf dem Abbundplatz in Rottorf.

Beim Richtfest in Rottorf.

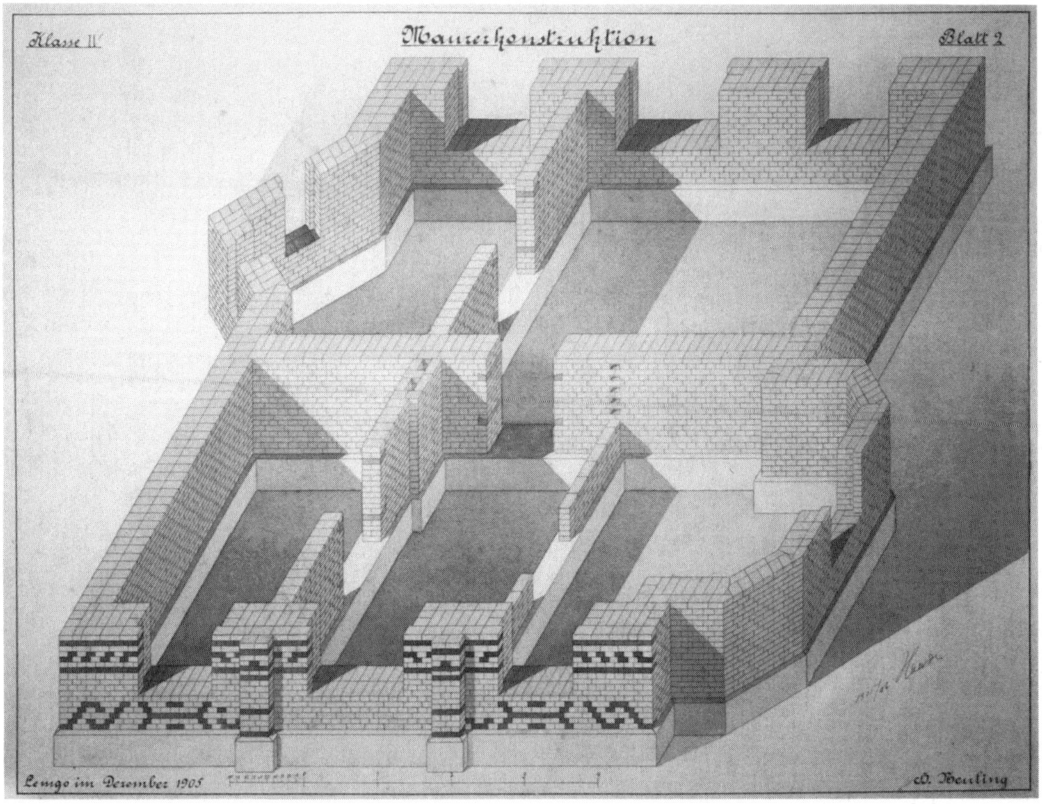

Schulzeichnung «Mauerkonstruktion» des Baugewerkschülers Heinrich Neuling aus Pattensen. Technikum Lemgo im Dezember 1905.

Zünftige Darstellung der Zimmerleute auf einer Postkarte von 1912.

Schulzeichnung zur Formenlehre. Gezeichnet vom Baugewerkschüler Heinrich Neuling aus Pattensen am Technikum in Lemgo im Februar 1907.

die Einführung neuer Baumaterialien und Bautechniken deren richtige Handhabung und Verwendung erst erlernt werden. Die immer komplizierter werdende Bauplanung, zu der der Entwurf mit Planerstellung, die statische Berechnung, die Bauantragstellung, Kenntnisse der ländlichen Bauordnung und Koordinierung der verschiedenen Bauhandwerkertätigkeiten sowie auch die Materialbeschaffung erforderlich waren, setzte außerdem eine verbesserte Ausbildung der Bauhandwerker voraus. Gefördert wurden die Baukenntnisse auch durch ein breites Angebot an Fachliteratur und die Verbreitung von Vorlageblättern, nach denen Baudetails oder sogar ganze Gebäude in moderner Weise gebaut werden konnten.
Eine besondere Weiterbildungsstätte für das Bauhandwerk ist die Baugewerkschule, auch Technikum genannt. Im 19. Jahrhundert entstanden in ganz Deutschland diese Lehranstalten, die zur Aufgabe hatten, Werkmeister, Architekten, Maschinen- und Bauingenieure im theoretischen und praktischen Unterricht heranzubilden. Eine dieser Anstalten war das Technikum in Buxtehude, das 1875 gegründet wurde. Hier wurden Bauhandwerker in drei Semestern in allen Bereichen des Baugewerbes ausgebildet. Architekten und Bauingenieure wurden in vier Semestern unterrichtet. Für das ländliche Bauen im Landkreis Harburg spielten Architekten und Ingenieure jedoch nur eine sehr geringe Rolle. Noch bis in die 1930er Jahre wurden Gebäude überwiegend vom Maurer oder Zimmermann geplant. Die Schülerlisten der einzelnen Jahrgänge der Baugewerkschule Buxtehude zeigen, daß Schüler aus ganz Deutschland und sogar aus dem Ausland hierher kamen, um unterrichtet zu werden. Der Unterricht fand überwiegend im Winter statt, da die meisten Schüler im Sommer auf Baustellen arbeiteten. Neben den Fächern Mathematik, Physik, Chemie, Linear- und Freihandzeichnen wurden u. a. auch Baukonstruktions- und Formenlehre unterrichtet. Programm der Schule war es, daß die Schüler «technisch-wissenschaftlich und künstlerisch soweit hergebildet werden, daß dieselben späterhin den immer mehr steigenden Anforderungen unserer Neuzeit – als Meister –

Baugewerkschuler der Baugewerkschule Buxtehude beim Zeichnen.

Schulklasse der staatlichen Baugewerkschule Buxtehude.

Ehemalige Baugewerkschule Buxtehude.

gewachsen sind» (Festschrift Buxtehude, 9). Damit wurde den Bauhandwerkern eine Zusatzausbildung zum Techniker ermöglicht, die sie in die Lage versetzte, neben der theoretischen Arbeit des Entwerfens und Planens eines Gebäudes auch mit den neuen Baumaterialien und Techniken richtig umzugehen. Denn nur dann konnte sich das Bauen wandeln, wenn auch die Bauhandwerker dem Neuen durch sachverständige Anwendung Vorschub leisteten.

Hermann Kröger aus Putensen als Buxtehuder Baugewerkschüler mit der Schülermütze, 1913.

Literatur (Auswahl):

Allmers, H.: Marschbuch. Land- und Volksbilder aus den Marschen der Weser und Elbe, 4. durchgesehene und verbesserte Aufl., Oldenburg, Leipzig o. J. [1902].

Bomann, W.: Bäuerliches Hauswesen und Tagewerk im alten Niedersachsen, 4. Aufl., Weimar 1941.

Eiynck, A.: Bauernhäuser im Klassizismus, Historismus, Jugendstil. Quellen und Materialien zum ländlichen Hausbau des Westmünsterlandes im Industriezeitalter, Vreden 1990.

Die Entwicklung der Ziegeleien, in: Festschrift zum 150jährigen Bestehen der Königlichen Landwirtschaftsgesellschaft Hannover. 1764–1914.

Festschrift der Staatlichen Baugewerkschule Buxtehude anläßlich der Feier des 50jährigen Bestehens, Nachdruck 1984.

Fok, O.: Der Backstein, in: Harburger Kreiskalender, 43. Jg., 1989, S. 136–138.

Halabala, J.: Herstellung von Möbeln. Konzeptionelle Gestaltung und Konstruktion, Leipzig 1978.

Hansen, N. und Tillmann, D.: Dorferneuerung um 1900 (= Dithmarscher Schriftenreihe zur Landeskunde), Heide 1990.

Krauth, Th. und Meyer, S. F. (Hg.): Die Bau- und Kunstzimmerei mit besonderer Berücksichtigung der äusseren Form, Leipzig 1899.

Linderkamp, H.: «Auf Ziegelei» an der Niederelbe. Zur saisonalen Wanderarbeit lippischer Ziegler im 19. und beginnenden 20. Jahrhundert, Ms. Diss., Kiel 1990.

Meyers Großes Konversations-Lexikon, 6. gänzl. neubearb. u. verm. Aufl., Leipzig, Wien 1907.

Nissen, N. R.: Landwirtschaft im Wandel. Natur und Technik einst und jetzt (= Kleine Schleswig-Holstein-Bücher, Bd. 39), Heide in Holstein 1989.

Der Portland-Cement und seine Anwendung im Bauwesen. Bearbeitet im Auftrag des Vereins Deutscher Portland-Cement-Fabriken, Berlin 1892.

Roux, P.: Der Bauer in der Lüneburger Heide, Ehestorf 1991.

Schmidt, E.: Maurer- und Steinhauerarbeiten, Leipzig 1911.

Walbaum, A.: Das niedersächsische Bauernhaus und seine Gefahren in gesundheitlicher Beziehung (Eine practisch-hygienische Studie.), Inaugural-Dissertation zur Erlangung der Doctorwürde in der Medicin, Chirurgie und Geburtshilfe der hohen medicinischen Facultät der Universität Marburg, Marburg a. L., den 19. Juli 1897.

Abbildungsnachweis:

Archiv Freilichtmuseum am Kiekeberg.
Gemeindearchiv Salzhausen.
Krauth, Th. und Meyer, S. F. (Hg.): Die Bau- und Kunstzimmerei mit besonderer Berücksichtigung der äusseren Form, Leipzig 1899.
Meyers Großes Konversations-Lexikon, 6. gänzl. neubearb. u. verm. Aufl., Leipzig, Wien 1907.
Schmidt, E.: Maurer- und Steinhauerarbeiten, Leipzig 1911.

Die Milch kommt ins Schleudern

von Manfred Sell

Die Geschichte der Milchwirtschaft, von der bäuerlichen Milchverarbeitung bis zur Bildung eines eigenständigen Wirtschaftsbereiches, ist ein komplexer Prozeß. Es ist nicht die Erfindung der Zentrifuge, so wichtig sie auch war, die den Beginn markiert, denn die älteste Meierei wurde schon mehr als 10 Jahre vorher gegründet. Die Zentrifuge allein hätte den Prozeß vielleicht nicht in Gang gesetzt, wenn es nicht eine ganze Reihe von Entwicklungen gegeben hätte, die nahezu zeitgleich abgelaufen sind. Es sind diese Zusammenhänge, die im folgenden vorgestellt werden sollen.
Milchwirtschaft soll hier als ein System verstanden werden, dessen einzelne Elemente ineinander greifen und deren Entwicklungen sich gegenseitig bedingen. Mit einem Satz, die Zeit mußte reif sein für die Milchwirtschaft.
Das Gedankengebäude der alten bäuerlichen Vieh- und Milchwirtschaft gehört genauso zu dem System, wie der technologische Fortschritt, die verbesserten Verkehrswege und die Herausbildung neuer Organisationsformen, der Genossenschaften. Und der ganze Prozeß wäre nicht ohne die Industrialisierung und das damit verbundene enorme Wachstum der Städte auf den Weg gekommen, es entwikkelten sich Absatzmärkte.
Verfolgt man die Geschichte der Milchverarbeitung, stellt man sehr schnell fest, daß sich

Molkerei Zeitung anläßlich der 2. Reichsnährstandsausstellung, Hamburg 1935.

das Produkt Milch wegen seiner geringen Haltbarkeit stark von anderen landwirtschaftlichen Produkten unterscheidet. In der heutigen Zeit, wo es einen nahezu geschlossenen Kühlkreislauf vom Melkstand bis in den Kühlschrank des Verbrauchers gibt, muß man sich vor Augen halten, daß die leichte Verderblichkeit der Milch über lange Zeit grundlegende Veränderungen in Produktion, Verarbeitung und Vermarktung verhindert hat.

Aufrahmung der Milch in Satten, 1. Hälfte 19. Jh.

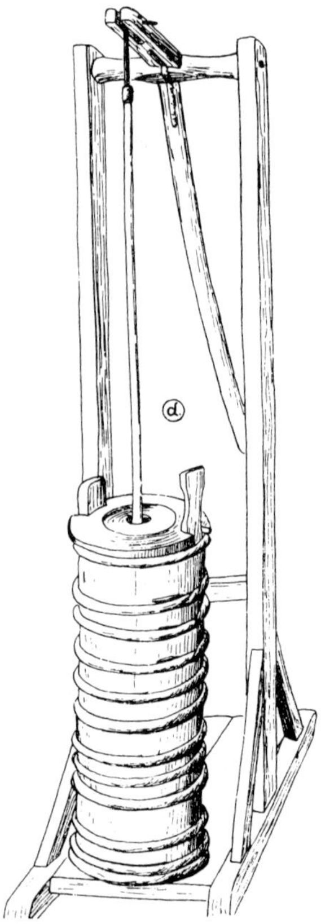

Hölzernes Butterfaß aus der Lüneburger Heide.

Agrarreformen als Voraussetzung für die Entwicklung der Viehwirtschaft

Für die Entwicklung der Viehwirtschaft, und damit der Milchwirtschaft, waren die Agrarreformen von grundlegender Bedeutung. Die alte bäuerliche Flurverfassung verhinderte die Anwendung der rationellen Landwirtschaft, wie sie von den Agrarreformern vertreten wurde. Erst die Durchführung der Gemeinheitsteilung, in Nordniedersachsen etwa auf Grund der 1802 erlassenen «Gemeinheitsteilungsordnung für das Fürstentum Lüneburg», machte eine Neuordnung der Flur auch ohne die Zustimmung aller Betroffenen möglich. Damit war eine Voraussetzung für die weitere Entwicklung geschaffen.
Bis zu dieser Zeit gehörte ein großer Teil der dörflichen Flur der Gemeinschaft der ansässigen Bauern, die sie im Verhältnis ihres jeweiligen Grundbesitzes nutzten. Durch die unterschiedlichen Interessen der Nutzer war eine planmäßige Entwicklung nicht möglich. Erst die Auflösung der Gemeinheiten und die damit vielfach verbundene Verkoppelung, eine Flurbereinigung, machte es möglich, ausreichend Weideflächen und vor allem Wiesen für die Heugewinnung einzurichten. Mit der vermehrten Heuproduktion war es wiederum möglich, einen größeren Bestand an Rindern nicht nur im Sommer auf der Weide, sondern auch winters im Stall zu halten. Vorher geschah es nicht selten, daß das Vieh im Frühjahr, wenn es auf die Weide sollte, nicht mehr in der Lage war, diesen Weg auf den eigenen Beinen zurückzulegen, es mußte auf Schleppen gezogen werden.

Bäuerliche Milchverarbeitung

Über viele Jahrhunderte veränderte sich wenig in der Milchwirtschaft. Da die frische Milch ein sehr empfindliches Produkt war, das nur in verarbeiteter Form als Butter oder Käse über längere Zeit haltbar war, konnte sich ein Milchhandel nicht entwickeln. Die Verarbeitung geschah nach überlieferter Art und Weise auf den einzelnen Hofstellen.
Auf dem Bauernhof lag die gesamte Milchverarbeitung in den Händen der Frauen, der Bäuerin und der Mägde. Auf größeren Höfen und in der Marsch waren eigens Milchmädchen für diese Arbeiten eingestellt. Ein Teil der Milch wurde in der eigenen Wirtschaft verbraucht, Butter auf den nahen Märkten oder an Butteraufkäufer verkauft. Die zurückbleibende Magermilch wurde zur Mästung verwendet.
Eine Schilderung der Milchverarbeitung aus der Lüneburger Heide für die Zeit um 1850

Butterform aus Niedersachsen.

Der Fortschritt in der Rinderzucht: Alter Landschlag und neu gezüchtete schwarzbunte Kuh im Vergleich (1913)

findet sich bei dem Volkskundler Eduard Kück: «Das Einseihen der Milch in die Schalen geschah durch das Seihtuch (Seh-dok), ein Stück ganz losen, selbstgefertigten Leinens, das um den Milcheimer gelegt und an den Seiten zusammengedreht wurde. Für den Rahm (Rohm) hatte die Hausfrau einen Rahmtopf von der Größe, wie er für ihre Verhältnisse paßte; durchweg wurde nicht so viel gebuttert wie heute, da die Kühe nicht so gut im Stande und Äcker und Wiesen weniger ergiebig waren. . . . Der Rahm wurde mit dem Rohm-lepel abgeschöpft; von Zeit zu Zeit hieß es dann: we moet ok boddern, de Pott is full. Im Sommer besorgte die Frau das Buttern, im Winter mehr die Mädchen. Das vom Küfer gefertigte Butterfaß wurde aus dem Keller geholt und, nachdem es durch Wasser gekühlt oder (im Winter) angewärmt worden war, der dicke saure Rahm hineingegossen. Nun galt es, die Butterstange mit ihrer durchlöcherten, die Buttermilch durchlassenden runden Scheibe auf und nieder zu bewegen. Spritzte es durch den Deckel, so wurde ein leinenes Tuch um diesen gelegt. Etwa nach einer Viertelstunde zeigten sich die ersten Butterteilchen um die Butterstange: dat boddert all!» (Kück, 234)
Diese Art der Milchverarbeitung reichte über lange Zeit aus, da die Kühe relativ wenig Milch gaben. Man kann für 1800 von einer Jahresleistung von rund 800 Litern pro Kuh ausgehen, die erst allmählich gesteigert wurde. Kühe wurden noch nicht speziell als Milch- oder als Fleischrind [illegible] ten auf den Höfen [illegible]

Zwecke: als Zugtier auf dem Feld und für den Transport (noch bis in die 50er Jahre unseres Jahrhunderts) und vor allem als Düngerlieferanten. Der Dung wurde nicht nur im Stall gesammelt, wo die Rinder häufig auf Plaggen, d. h. abgeschälten Heidesoden, standen, sondern auch die Hütejungen oder -mädchen mußten darauf achten, daß sie den während des Tages anfallenden Dung im «Koetel-Korf» mit zum heimischen Misthaufen zurückbrachten. Diese Düngerproduktion war noch bis zur Jahrhundertwende weit verbreitet.
Der Erhöhung der Milcherträge pro Kuh stand nicht nur die Verwendung der Kühe auch als Zugtier entgegen, die bei starker Belastung zu einer Verminderung der Milchproduktion führte. Auch eine Verstärkung der Zuchtinteressen setzte erst nach 1850 ein. Interessierte Landwirte kreuzten erstmals systematisch verschiedene Rassen und legten damit die Grundlage für die Herdbücher, die eine Überwachung der Zucht und den sich daraus ergebenen Verbesserungen erlaubte. Eine solche frühe Gründung war z. B. der «Viehzuchtverein der Artlenburger Elbmarsch und Umgebung» aus dem Jahre 1876.
Die Ertragsteigerungen waren über die letzten 200 Jahre gesehen beachtlich. Lieferte die preußische Durchschnittskuh 1816 rund 640 kg Milch, 1864 rund 1100 kg und 1883 rund 1800 kg, so war das nur die Hälfte Leistung des Jahres 1968, nämlich 3771 kg. Hierbei ist zu bedenken, daß es beachtliche regionale Abweichungen von diesen Durchschnittszahlen [illegible]

«Köddelgöffel»

trag einige Jahre vorher (1957) mit 5217 kg wesentlich darüber. Spitzenkühe dieser Region hatten 1984 eine Jahresleistung von über 10 000 kg Milch bei einer Lebensleistung von bis zu 100 000 kg.

Von der Milchsatte zur Zentrifuge

Aufrahmbütte aus Holz.

Für die Weiterverarbeitung der Milch zu Butter werden die kleinen Fettkügelchen aus der Fett-Wasser-Emulsion getrennt. Dies geschah traditionell in Milchsatten, flachen Gefäßen aus Keramik oder Holz. Die frische Milch wurde hineingegossen, und nach einiger Zeit trennte sich das leichtere Fett vom Wasser und setzte sich an der Oberfläche ab. Dieser Rahm, regional auch Flott oder Schmand genannt, wurde dann mit einem Rahmlöffel abgeschöpft. Ältere Leute wissen zu berichten, daß dieses auch ohne Hilfsmittel machbar war, indem man sich des Zeigefingers bediente oder den Rahm einfach von der Magermilch runterpustete.

Milchsatte aus Blech für das holsteinische Aufrahmverfahren.

Die Technik der Aufrahmung in Satten war aus der bäuerlichen Milchverarbeitung bekannt und wurde auch in den ersten Molkereien genutzt. Das Ergebnis war vor allem von der Temperatur abhängig. Je kälter die Milch bzw. ihre Umgebung war, desto länger war sie haltbar. Die Rahmausbeute wurde höher, da die Milch länger stehen konnte, ohne sauer zu werden. Diese Bedingungen waren in der bäuerlichen Wirtschaft allerdings selten gegeben. Die Milchsatten wurden in einen Milchschrank oder auf Borte gestellt, die unter der Stubendecke hingen, um zumindest einen minimalen Schutz vor Staub und Schmutz zu gewährleisten. Die Verschmutzung war in den Wohn-Stallhäusern kaum zu vermeiden.

Aufrahmen nach Destinon, um 1870.

Die auf einem Podest angebrachten Gefäße wurden mit Hilfe eines Schiebers entrahmt, der auf Rollen lief und mit einem lagen Griff versehen war.

Bis zur Mitte des 19. Jahrhunderts waren auf den Bauernhöfen, die keine ausgesprochene Milchwirtschaft betrieben, kaum Milchkammern oder gar kühlende Keller vorhanden. Bei der beschriebenen Verarbeitung der frischen Milch war der gewonnene Rahm zumeist schon sauer, wenn er abgenommen wurde. Auf den kleineren Höfen war der Milch- und damit der Rahmertrag so gering, daß nur alle paar Tage gebuttert werden konnte, der Rahm also spätestens zum Zeitpunkt des Butterns sauer war. Aus diesem Rohstoff ließ sich keine hochwertige Butter erzeugen, die «Bauernbutter» lag im Preis immer unter der «Gutsbutter».

So oder ähnlich waren die Verhältnisse in vielen Regionen, in denen nicht traditionell Vieh- und Milchwirtschaft betrieben wurde. In Holländereien und Gutsmolkereien, wie sie z. B. in Schleswig-Holstein, einer Landschaft mit langer Milchwirtschaftstradition, verbreitet waren, suchte man schon früher nach Verbesserung dieser Verhältnisse, da der Milchverwertung eine größere ökonomische Wertigkeit zukam. Um 1700 war das «holsteinische Aufrahmverfahren» schon weit verbreitet und blieb bis Mitte des 19. Jahrhunderts nahezu unverändert. Die ersten Verbesserungen bestanden vor allem darin, daß eigene Räumlichkeiten für die Arbeit mit der Milch geschaffen wurden. Damit wurde ein bis dahin unbekannter Sauberkeitsgrad erzielt. Außerdem wurde der Raum in die Erde hinein verlegt, um niedrigere Temperaturen zu sichern.

Die Milch wurde auch hier in Holzbütten (Satten) mit einem Durchmesser von 45–48 cm und einer Tiefe von 10–12 cm gegossen. Die Milchmenge pro Satte variierte je nach Jahreszeit und Witterung. Im Winter goß man 12 Liter, im Sommer u. U. auch nur 6 Liter hinein, um zu verhindern, daß die Milch sauer wurde, bevor sich der Rahm abgesetzt hatte. In Schleswig-Holstein waren die bei diesem Verfahren verwandten Satten in den meisten Fällen aus Holz, in anderen Regionen und in späteren Zeiten wurden sie auch aus emailliertem Gußeisen, Glas, verzinktem Blech oder, wie in der bäuerlichen Milchverarbeitung, aus glasiertem Ton hergestellt. Nach einer Untersuchung der milchwissenschaftlichen Versuchsstation in

Kiel, der heutigen Bundesanstalt für Milchforschung, aus dem Jahre 1878 wurden folgende Ergebnisse erzielt (Kirchner, 177):

Temperatur der Luft im Milchkeller °C	Höhe der Schüttung in mm	Aufrahmzeit in Stunden ungekühlt	gekühlt	Aufrahmungsgrad ungekühlt %	gekühlt %
10–13 im Winter	45	38		89,68	88,98
17–22 im Sommer	45	20	25,5	76,89	81,47

Eine Weiterentwicklung des holsteinischen Verfahrens wurde 1843 von dem Holsteiner Gutsbesitzer von Destinon vorgenommen. Hierbei wurde die Milch in flache Wannen geschüttet, die Ausmaße von 2 m Länge bei einer Breite von 60 cm und einer Höhe von 10 cm hatten. Die flach liegenden Gefäße wurden mit Hilfe eines Schiebers entrahmt oder auch mit einer Spindel versehen, mit deren Hilfe das Gefäß an der Stirnseite angehoben wurde. So konnte die schwerere Magermilch abgegossen werden, und der Rahm blieb im Gefäß zurück.
Einer der Vorteile dieses Verfahrens war der geringere Platzbedarf. Benötigte man für die Verarbeitung der Milch beim ursprünglichen «holsteinischen Verfahren» eine Kellerfläche von 1 m^2 pro Kuh, so waren beim Destinon'schen Verfahren nur noch 0,8 m^2 nötig.

Bald wurden aber auch andere Kühlsysteme entwickelt. 1863, übrigens nahezu zeitgleich mit den ersten Versuchen mit Zentrifugen, wurde von dem Schweden Gustav Schwartz eine Eiskühlung für die Aufrahmung vorgestellt. Er benutzte hierfür schmale, hohe Weißblechgefäße mit einem Fassungsvermögen von 30–50 Litern, die in eigens dafür hergestellte Behälter gestellt wurden. Die Räume zwischen den Satten wurden mit Eis und Wasser gefüllt. Die so gekühlte Milch rahmte innerhalb von 12 bis 24 Stunden auf, eine für damalige Verhältnisse außerordentlich kurze Zeit. Dazu kam der relativ geringe Platzbedarf von nur 0,5 m^2 pro Kuh. Der große Nachteil des Schwartz'schen Verfahrens lag in den gro-

Aufrahmen nach Schwartz, Werbung der Maschinenfabrik Ahlborn.

ßen Eismengen, die über das Jahr hinweg benötigt wurden. Eine Anwendung war deshalb nur auf größeren Gütern oder in Molkereien möglich, die Möglichkeiten zur Eislagerung hatten. Als Weiterentwicklung bot sich auch die Verwendung von Wasser zur Kühlung an. Dies war aber nur möglich, wenn fließendes Wasser in ausreichenden Mengen vorhanden war.

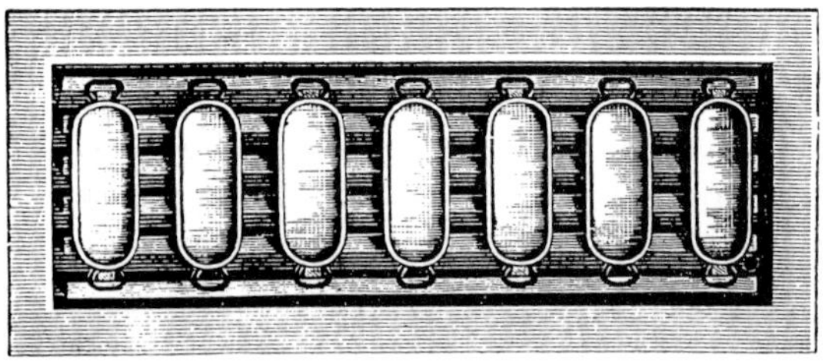

Schwartz'scher Behälter mit einer Reihe von Gefäßen.

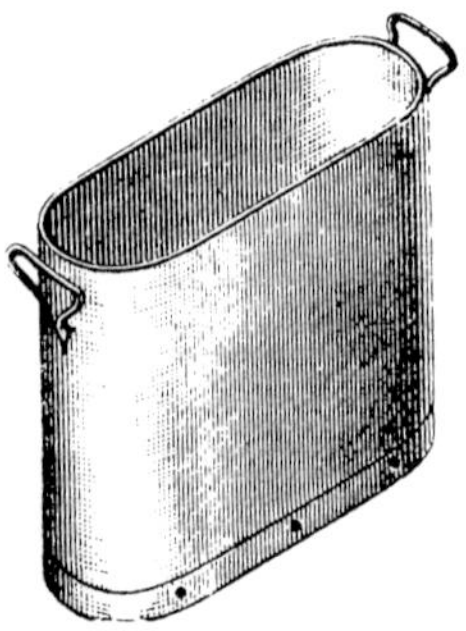

Schwartz'sches Aufrahmgefäß.

Mit dieser Form der Aufrahmung wurde ein Rahm mit 20–25 Prozent Fett erzielt. Bei der damaligen Weiterverarbeitung brauchte man 14–17 Liter Milch für ein Pfund Butter.
Neben den beschriebenen Verfahren gab es noch eine Reihe von Versuchen, die Milchaufrahmung zu verbessern, die allerdings kaum weitere Verbreitung fanden.
Die Zeit, da die Milch in aller Ruhe aufrahmen konnte, ging ihrem Ende entgegen, es kam Bewegung in die Sache.

Die Milch kommt ins Schleudern

1874 wurde in Bremen die Internationale Landwirtschaftliche Ausstellung abgehalten. Es war nicht die erste ihrer Art, landwirtschaftliche Ausstellungen dienten schon seit längerem der Vorstellung von Neuheiten und der Verbreitung von Informationen unter den landwirtschaftlichen Praktikern.
Auf besagter Ausstellung sollte auch eine neue Maschine des Helmstedter Fabrikanten Wilhelm Lefeldt vorgestellt werden, eine dampfbetriebene Zentrifuge zur Aufrahmung der Milch. Lefeldt, der sich bis dahin schon einen Namen mit der Produktion von Butterfässern gemacht hatte, hatte mit diesem Prototyp allerdings weniger Glück. Offensichtlich fehlte die Vorbereitungszeit, um die Maschine zur gewünschten Vorführungsreife zu bringen. Darüber hinaus soll es Absprachprobleme mit dem englischen Maschinenführer der Dampfmaschine gegeben haben; dieser erhöhte im entscheidenden Moment die Geschwindigkeit, statt sie zu drosseln. Das Resultat: Die Milcheimer machten sich selbständig, und der praktische Versuch zeigte überzeugend, daß Eimerzentrifugen für die Praxis im großen und ganzen unbrauchbar waren. Lefeldt wandte sich in der Zukunft der Konstruktion von Trommelzentrifugen zu.
Lefeldt war nicht der einzige, der diesem Prinzip gefolgt war. Auch Anton Prandtl, einer der süddeutschen Molkereipioniere, verfolgte die Entwicklung dieser Idee. Er stellte schon 1864 die erste Eimerzentrifuge dem Publikum vor. Sein Bruder, Professor in der Milchforschungsanstalt Weihenstephan, war auf der internationalen Molkerei-Ausstellung in Frankfurt am Main 1875 mit einer Weiterentwicklung der Eimerzentrifuge vertreten, die er jedoch nicht mehr vorführte, sondern resignierend meinte: «daß durch die ausgestellte Maschine mehr die Unmöglichkeit der continuierlichen Entrahmung durch Centrifugalkraft, als deren Gelingen nachgewiesen werde» (Busch, 74).
Ergebnis all dieser Versuche war, daß fortan das Prinzip der Trommelzentrifuge weiterverfolgt wurde, ein Prinzip, das bis in die heutige Zeit beibehalten wird.
Auch Lefeldt arbeitete an dem Prinzip der Trommelzentrifuge weiter und konnte 1877 auf der Hamburger Internationalen Molkereiausstellung eine Trommelzentrifuge vorstellen, die soweit ausgereift war, daß sie im Anschluß in der Milchwirtschaftlichen Versuchsstation in Raden in Mecklenburg einem längeren Praxistest unterzogen werden konnte. Obwohl mit dem Betrieb dieser Zentrifuge der Nachweis erbracht war, daß man mit diesen Maschinen wirtschaftlich entrahmen konnte, lag ein großes Manko dieser Maschinen in der Tatsache, daß keine kontinuierliche Entrahmung möglich war. Wenn die Rahm- bzw. Magermilchbehälter gefüllt waren, mußte die Zentrifuge angehalten und entleert werden. Dieser Nachteil wurde durch eine konstruktive Verbesserung, die Schwabbschleuder, abgestellt, die es ermöglichte, den Rahm während des Betriebes abzuschöpfen. Damit konnte solange gearbeitet werden, d. h. Vollmilch nachgegossen werden, bis der Trommelinhalt nur noch aus Magermilch bestand. Welche Auswirkungen diese Entwicklung hatte, wird deut-

Schlacht der Milchtöpfe, System Lefeldt. Die gründliche Einfachheit dieser Erfindung und die vollständige Abwesenheit jeglicher Gefahr bei der Bedienung sollte sie jedem empfehlen, der eine Kuh hält. (Auszug aus der Bremer Vorführung. Um Himmels Willen bleibt da weg, die bringen Menschen um.)

lich, wenn man bedenkt, daß die Lefeldt-Zentrifuge 5 bis 10 Minuten für das Anlaufen brauchte und nach dem Abschalten noch 3 bis 4 Minuten nachlief. Die Zentrifuge hatte offenbar eine so große träge Masse, daß die Abbremsung mit den gegebenen technischen Mitteln nicht zu lösen war.
1878 ging eine solche verbesserte Zentrifuge in Kiel in den Dauerbetrieb. Die Molkerei nannte sich stolz «1. Dampf-Zentrifugenmolkerei».
Der endgültige Durchbruch gelang jedoch erst durch die Entwicklung des «Separators» durch den schwedischen Ingenieur de Laval. Hiermit stand jetzt erstmals eine Zentrifuge zur Verfügung, die ohne Unterbrechungen arbeitete.
De Lavals Entwicklung wurde in den folgenden Jahren laufend verbessert, wie übrigens die Vielfalt der Typen und konstruktiven Veränderungen in diesen Anfangsjahren der Zentrifugen nahezu unübersehbar ist.
Ein Meilenstein der Entwicklung war erreicht, als de Laval's Patent mit einer Erfindung des deutschen Clemens Freiherr von Bechtolsheim verbunden wurde, den Tellereinsätzen. Durch diese Konstruktion wurde nicht nur die zu verarbeitende Milchmenge pro Zeiteinheit vergrößert, sondern auch der Entrahmungsgrad gesteigert, und es war gleichzeitig möglich, die Umdrehungsgeschwindigkeit der Zentrifugen zu verringern.
Von Bechtolsheim stellte ein erstes Gerät mit den neuartigen «Alfa-Einsätzen» 1889 auf der DLG-Ausstellung in Magdeburg vor. Die Leistungen erschienen den Zeitgenossen derart unvorstellbar, daß man an Betrug glaubte: 250 Liter in der Stunde bei einer Entrahmung von 99,86 Prozent. Trotz dieses Erfolges fand sich in Deutschland keiner der bekannten Separatorenhersteller bereit, sein Patent zu kaufen.

Lefeldt-Separator 1879.

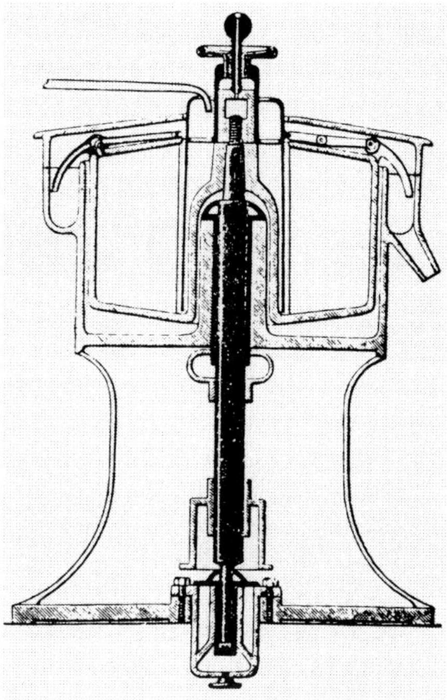

Alfa-Tellersatz.

Durch die Vermittlung des Firmengründers der Bergedorfer Eisenwerke wurde von Bechtolsheim nach Stockholm eingeladen und dort mit der Laval-Gesellschaft schnell handelseinig. Die neuartigen «Alfa-Separatoren» wurden nicht nur in der Fachwelt sehr positiv beurteilt, wie 1891 durch Martiny: «Damit ist außer Zweifel gestellt, daß die in schüsselartigen Milchschleudereinsätzen bestehende Erfindung des Herrn v. Bechtolsheim und deren Anwendung auf den horizontalen Handseparator neu und beachtenswert und als ein erheblicher Fortschritt in der Bauart der Milchschleudern anzusehen ist.» (Nachtweh, 307). Die Separatoren waren ein großer Erfolg. Zwischen 1891 und 1895 wurden 40 000 Stück verkauft. Bis 1904, als das Patent auf die Alfa-Einsätze erlosch, waren 275 000 Alfa-Laval-Separatoren in alle Welt geliefert.

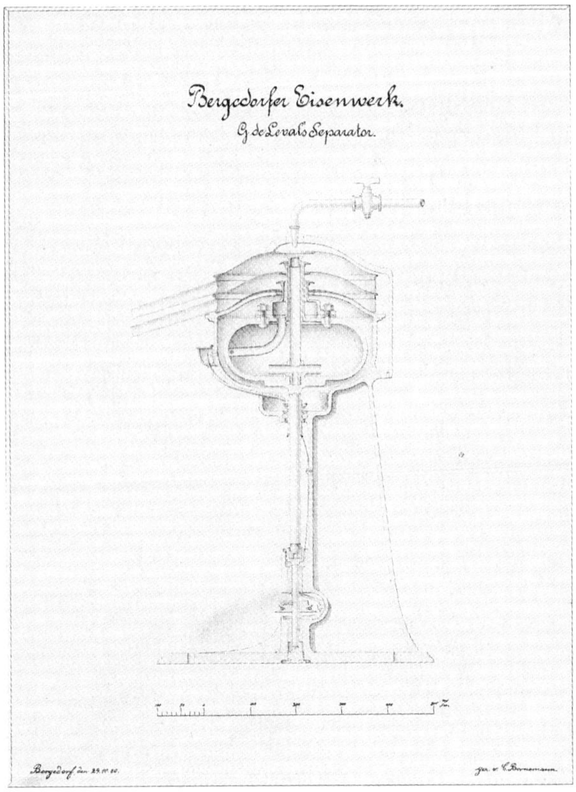

De Laval-Separator 1879.

Den Alleinvertrieb in Deutschland übernahmen die Bergedorfer Eisenwerke. Ihr Gründer, Wilhelm Bergner (1835–1905), war ursprünglich Landwirt und begann später mit der Konstruktion kleiner landwirtschaftlicher Maschinen, Windfegen, Häckselmaschinen und Dreschmaschinen. Ab 1863 baute er seine Eisengießerei vor den Toren Hamburgs auf und nahm u. a. Göpel und Dampfmaschinen in sein Sortiment auf. Mit dem Vertrieb und der Produktion der Alfa-Separatoren überschritt er dann die regionale Verbreitung seiner Erzeugnisse. Nach dem Tod des Firmengründers wurden die Bergedorfer Eisenwerke 1905 eine Tochter der Alfa-Laval.

Interessant ist bei der Entwicklung der Zentrifugen, daß sich das Hauptaugenmerk zu Anfang auf die Entwicklung von Molkereizentrifugen gerichtet hatte. Erst 1886 stellte de Laval die erste brauchbare Zentrifuge für den Handbetrieb vor und legte damit die Grundlage für eine Verbreitung in den bäuerlichen Betrieben. Dadurch bekamen die Separatoren auch für die kleineren Milchwirtschaften große Bedeutung, die riesigen Produktionszahlen werden verständlich.

Einige Zahlen aus dem südlichen Hamburger Umland mögen hier Hinweise geben. Bei den landwirtschaftlichen Betriebszählungen wurde auch nach der Nutzung von Separatoren gefragt. Waren es 1895 im Regierungsbezirk Lüneburg nur 567 Betriebe, die Handseparatoren, und 292, die Kraftseparatoren nutzten, stieg diese Zahl 1907 auf insgesamt 4911. 1925 wurden 25 773 Handzentrifugen und 655 Kraftzentrifugen im gesamten Regierungsbezirk gezählt. Zentrifugen waren damit die mit großem Abstand am weitesten verbreiteten Maschinen auf den Höfen.

Interessant ist diese Entwicklung unter dem Aspekt, daß die massenhafte Verbreitung von Zentrifugen, besonders der Handzentrifugen, parallel zu der ersten Gründungsphase der Molkereien stattfand. Ein Hinweis darauf, daß das verstärkte Interesse an der Milchproduktion und der Vermarktung nicht unbedingt mit der Gründung von Molkereien zusammenhängt. Auch unabhängig davon sahen viele Landwirte in dem Verkauf von Milch und Milchprodukten eine neue Einkommensmöglichkeit.

Mit dem damals erreichten Entwicklungsstand der Zentrifugen war der technologische Weg für die Zukunft der Milchaufbereitung vorgezeichnet: Die verschiedenen Sattenverfahren, wie sie oben beschrieben sind, waren auslaufende Modelle. Der Zentrifugentechnik und speziell den Trommelzentrifugen gehörte der Markt der Zukunft. Die Entrahmung ging im Vergleich zum Sattenverfahren sehr viel schneller, sie nahm viel weniger Platz ein, ein

Separator und glückliche Kühe, Werbung der Fa. Westfalia.

Argument, das auch bei dem Bau von benötigten Räumlichkeiten zählte, und die Entrahmung mit der Zentrifuge war vom Wetter unabhängig.

Von Holländern, Genossen und Meieristen

Bis Mitte des 19. Jahrhunderts kann im nördlichen Niedersachsen kaum von einer ausgeprägten Milchwirtschaft gesprochen werden. Die Verarbeitung der leicht verderblichen Milch erfolgte zumeist auf dem Hof nach altüberlieferter Art und Weise. Milchproduktion im größeren Stil gab es vor allem in den stadtnahen Marschgebieten. Berühmt waren die Milchhändler aus Wilhelmsburg, Altenwerder und Finkenwerder, die die naheliegenden Städte Altona und Hamburg mit Kähnen über die Elbe mit Frischmilch versorgten. Darüber hinaus waren aber auch im nördlichen Niedersachsen auf einigen Gütern «Schweizer» oder «Holländer» für die Milchverarbeitung angestellt.
Anders sah es z. B. in weiten Teilen Schleswig-Holsteins und den Elbmarschen aus. Hier begann man schon frühzeitig, die Technik der Entrahmung fortzuentwickeln. In Schleswig-Holstein entstanden schon früh landwirtschaftliche Großbetriebe mit großen Flächen. Middelhauve geht in seiner Untersuchung der schleswig-holsteinischen Milchwirtschaft davon aus, daß schon im 16./17. Jahrhundert die Milchviehhaltung rentabler wurde, als die bis dahin überwiegend betriebene Ochsenmast. Mit dieser Entwicklung ging die Entstehung eines neuen Berufsstandes einher, des «Holländers». Die Holländer übernahmen und pachteten die Milchverwertung der Höfe, während die Grundeigentümer oder deren Pächter in der Regel die Ackerwirtschaft und sonstigen landwirtschaftlichen Unternehmungen fortführten. Es herrschte also eine geteilte Ökonomie.
Aufgabe des Holländers waren alle Arbeiten, die mit der Milchgewinnung, -verarbeitung und -verwertung zu tun hatten, also Melken, Transport der Milch, Buttern etc. und Schweinehaltung. Die Schweinehaltung wurde zu einem sehr lukrativen Aspekt der Molkerei, da die Schweine mit der vom Holländer frei verfügbaren Molke gefüttert und dann auf eigene Rechnung vermarktet wurden. Dem Holländer wurden durch Pachtvertrag Gebäude gestellt, er mußte aber das ganze Inventar mitbringen. Als Faustregel für die zu zahlende Pacht galt, daß der Verkaufserlös der Butter als Pachtzins abzuführen war. Der Rest, also Molke, Buttermilch, Käse und die Erlöse der Schweinemast, war Einkommen des Holländers. Hiervon mußten allerdings die nicht unerheblichen Kosten bestritten werden. Dazu zählten das Inventar, also z. B. Transportfahrzeuge, die Anspannung, Satten, Butterfaß etc., und die Kosten für das Personal, also u. a. für die berühmten Milchmädchen. Die Melkarbeit war recht aufwendig, da wegen der Weidewirtschaft häufig weite Wege zum Melken und auch beim Transport der Milch zurückgelegt werden mußten.
Neben den Holländern, wie es sie vor allem in Schleswig-Holstein gab, wurde Milchverarbeitung auch von Kuhpächtern betrieben, die sie gegen Zahlung einer Pachtsumme auf eigene Rechnung vermarkteten. 1837 findet sich im

Abbauergesuch des Holländers Schmidt aus Stelle im heutigen Landkreis Harburg ein früher Beleg für die gewerbliche Milchverarbeitung im nördlichen Niedersachsen:
«Um Michaelis 1835 hat er sich als Kuhpächter nach Stelle begeben, wo er sich bis jetzt aufgehalten und sich völlig untadelhaft, sehr fleißig und zur Zufriedenheit der Dorfschaft betragen hat. Da die Einwohner ihre Milch an ihn zuerst vorteilhaft absetzen können, so wünscht deshalb die Dorfschaft sehr, daß er in Stelle einen festen, ungestörten Wohnsitz nehme, auch sich daselbst abbauen möge.»

Betriebsraum der Molkerei Winsen/Luhe vor dem Umbau 1934.

Sattenmolkerei im 19. Jahrhundert.

Die Arbeitsweise der Kuhpächter und Holländer kann, ähnlich wie bei ihren Schleswig-Holsteinischen Berufsgenossen, als eine Vorform der Molkerei angesehen werden.
Neben den schon erwähnten Gutsmeiereien entstanden Molkereien als Wirtschaftsbetriebe ohne eigenes Milchvieh. Die erste Sammelmeierei wurde 1862 in Cismar, Oldenburg, errichtet. Molkereien wurden im Gegensatz zu den Genossenschaften von Unternehmern gegründet, die sich vertraglich der Milchanlieferung der umliegenden Bauern versichert hatten, um sie zu verwerten. Eine erste Genossenschaftsmolkerei wurde 1865 auf der mecklenburgischen Insel Poel von 10 Hofbesitzern eingerichtet.
Die erste Genossenschaftsmolkerei der preußischen Provinz Hannover entstand 1873 in Hildesheim, Winsen/Luhe folgte 1883 als erste Genossenschaft im Landkreis Harburg. In der Anfangszeit wurde der Betrieb ähnlich wie bei den Holländern verpachtet. Erst in den 1890er Jahren ging man dazu über, Meieristen fest anzustellen. Die Anteilseigner waren damit direkt am Ergebnis des Geschäftes beteiligt. Die Gründung in Form einer Genossenschaft war naheliegend, da der enorme Kapitalbedarf, der zur Einrichtung benötigt wurde, von einzelnen Bauern nicht aufgebracht werden konnte. Dies galt auch für die weitere Produktion, die bei der laufenden Weiterentwicklung der Maschinen viel Geld benötigte, um mithalten zu können. Hohe Investitionen verlangte zum Beispiel die Umstellung des Maschinenparks vom Antrieb über eine zentrale Dampfmaschine mit Hilfe von Riemen und Vorgelege zum Einzelmotorantrieb, wie sie im Laufe der 1930er Jahre in den meisten Molkereien durchgeführt wurde. Die Vorteile lagen einmal in der Abschaffung der lichtschluckenden Installationen, außerdem wurden Aggregate nur noch betrieben, wenn sie gebraucht wurden. Dies führte zu einer großen Energieeinsparung.

Betriebsraum der Molkerei Winsen/Luhe nach dem Umbau 1934.

1914 gab es in Hannover 300 genossenschaftliche und etwa 200 in Privatbesitz befindliche Molkereien. In den 1960/70er Jahren reduzierte sich diese Zahl infolge des sich immer weiter verstärkenden Konzentrationsprozes-

Molkereien im Regierungsbezirk Lüneburg 1932.

ses. Am Beispiel des Landkreises Harburg heißt das, daß von ehemals 12 Molkereien, die es im Laufe der Jahre gab, heute keine mehr besteht. Noch 1963 gab es neben Privatmolkereien sechs Genossenschaften, die damals als groß und stark galten. Sechs Jahre später hatten sich zwei davon einem Hamburger Milchwerk angeschlossen, und auch die letzte Privatmolkerei gab den Betrieb auf.

Neue Absatzmärkte entstehen

Durch die Industrialisierung wandelte sich das zahlenmäßige Verhältnis der in der Landwirtschaft Beschäftigten zu den in anderen Bereichen Tätigen grundlegend. Die Stadtbewohner konnten die zu ihrer Ernährung nötigen Lebensmittel nicht mehr innerhalb der Stadtgrenzen produzieren. Für die Landwirtschaft taten sich neue Absatzmärkte auf, dies galt nicht zuletzt für die Milch und Fleisch produzierenden Bauern. Darüber hinaus boten auch die neuen Verkehrsmöglichkeiten, Straßen und vor allem die Eisenbahn, einen verbesserten Transport auch für empfindliche Wirtschaftsgüter.

Noch bis in das 19. Jahrhundert hinein wurde die in Hamburg konsumierte Milch weitgehend in der Stadt produziert bzw. von den Bauern der nahen Elbinseln geliefert. Es waren zumeist die nicht erbberechtigten Söhne

Milchhändler in Hamburg, nach Suhr.

der Bauern von Altenwerder, Finkenwerder und Wilhelmsburg, die als Milchhändler auftraten. Der Handel ging direkt und ohne Zwischenhändler vor sich, die Milch wurde auf der Straße oder in den wohlhabenderen Gebieten an der Haustür verkauft. Sie wurde in Eimern transportiert, hygienische Ansprüche waren noch sehr gering. Der Verlust war teilweise recht hoch, da ein Rücktransport der nichtverkauften Milch kaum möglich war. Milchfälschungen, Streckung der Milch mit Wasser, Einrühren von Substanzen und Färbung waren offensichtlich an der Tagesordnung.
Die Hamburger Polizeibehörde reagierte am 21. August 1818 mit der «Bekanntmachung wider das Herumtragen, Aufstellen und den Verkauf der Milch in unbedeckten Gefäßen und die Verfälschung der Milch» und schuf damit eine erste den Milchhandel regulierende Verordnung. Diese und auch folgende Verordnungen lösten die Probleme allerdings noch nicht. Noch 1894, als ein weiteres hamburgisches Milchgesetz erlassen wurde, zeigten Untersuchungen, daß 43,5 Prozent der gezogenen Proben verfälscht waren, wobei nicht nur die Verlängerung mit Wasser, sondern auch Chemikalienzusätze von z. B. Borax und Borwasser festgestellt wurden. Mit diesem Gesetz wurden auch Qualitätsmaßstäbe für Milch festgelegt. So mußte Vollmilch 2,7 Prozent Fett (nach der Konsummilch-Kennzeichnungsverordnung heute mind. 3,5 Prozent), Halbmilch (teilentrahmte Milch) mind. 1,8 Prozent (heute fettarme Milch 1,3–1,8 Prozent) und Magermilch noch mind. 0,15 Prozent Fett (heute entrahmte Milch höchstens 0,3 Prozent) enthalten. Darüber hinaus wurden bestimmte Maßstäbe hinsichtlich der Gesundheit der Kühe festgelegt, z. B. keine Tuberkulose, Pocken, Gelbsucht etc.
Schon zur Mitte des 19. Jahrhunderts waren diese Milchbauern kaum mehr in der Lage, die rapide wachsende Stadt mit ausreichender Frischmilch und Milchprodukten zu versorgen. Allein zwischen 1885 und 1910 verdoppelte sich die Einwohnerschaft Hamburgs von einer knappen halben auf eine Million.
Eine Statistik aus dem Jahre 1910 zeigt das Absatzgebiet Hamburg, wozu auch die baulich weitgehend verbundenen, damals noch eigenständigen preußischen Städte Wandsbek, Altona und Harburg gezählt wurden. Der tägliche Verbrauch betrug 442 246 Liter. Davon wurden (Meinert, 3):

	Liter	%
im Stadtgebiet erzeugt	13 267	3,0
im Wagen zugeführt	150 364	34,0
zu Schiff zugeführt	35 380	8,0
mit der Bahn zugeführt	243 235	55,0

Die Tabelle macht die wichtige Rolle der Entwicklung des Verkehrswesens deutlich. Ging man um die Mitte des 19. Jahrhunderts davon aus, daß frische Milch auf der Straße nur über eine Entfernung von drei Meilen transportabel war, sah man 1910 einen Radius von 60–65 km um die Stadt als durchaus bequem an. Da eine große Anzahl der in den Jahren davor entstandenen Molkereien in der Nähe von Bahnhöfen gelegen war, waren auch weiter entfernte Landwirte in der Lage, an der Versorgung der Städte teilzuhaben und daran zu verdienen.
Eine Besonderheit der stadtnahen Gebiete und insbesondere der Elbmarschen waren die Milchverwertungsgenossenschaften (siehe auch die Karte auf der Vorseite). Sie sorgten für den gemeinschaftlichen Transport unbearbeiteter Frischmilch in die Stadt. Der zunehmende Anteil der Milch, die nicht über den

Milchprüfung auf der Straße. Berliner Illustrirte.

bäuerlichen Direkthandel vermarktet wurde, wurde über ein sich ständig erweiterndes Netz von Milchhändlern abgewickelt.
Es gab vielerlei Gründe für Klagen über die Qualität der Milch, und so sah sich der «Verein für Socialpolitik» veranlaßt, dieses im Rahmen seiner Untersuchungen über die Lebensverhältnisse der Menschen in Stadt und Land zu untersuchen. In Hamburg gab es 1976 Milchhändler, von denen nur 18 mehr als 2000 Liter täglich verwerteten und zum Teil die Funktion von Großhändlern wahrnahmen. Diese großen Händler hatten auch zum Teil einen Zentrifugenbetrieb, um die nicht abgesetzte Milch zu Butter und teilweise auch zu Käse weiterzuverarbeiten. Der Zugang zum Beruf war durch keine fachliche Kontrolle beschränkt. Die Kleinhändler, von denen viele kaum 100 Liter am Tag umsetzten, hatten neben kleinen Ladengeschäften meistens einen Auslieferungsdienst. Gerade in diesem Bereich herrschten offensichtlich die größten hygienischen Mängel, da nach wie vor aus offenen Gefäßen verkauft wurde, und auch der ständige Transport bei jeder Witterung war dem verderblichen Gut nicht gerade zuträglich.
Diese Verhältnisse änderten sich erst im und nach dem 1. Weltkrieg. In den 1920er Jahren nahmen die Milchhändler ein größeres Warensortiment auf, z. B. Brot, Wurst und alle Arten von Molkereiprodukten. Damit war ein Berufsstand entstanden, der für die Vermarktung des empfindlichen Produktes Milch einstand.
Die Entwicklung der Absatzmärkte war an diesem Punkt genausowenig abgeschlossen wie der technische Fortschritt im Molkereiwesen. Nicht nur beim Bau von Zentrifugen, sondern auch auf dem Gebiet der Butterfertigung sind enorme Fortschritte erzielt worden. Ebenso müssen die Betrachtung der wirtschaftlichen Entwicklung des Molkereigenossenschaftswesens bis hin zur heutigen Konzentration der Großbetriebe und die Entdeckungen auf dem Gebiet der Hygiene einer späteren Betrachtung vorbehalten bleiben.
Neben einem Einblick in ausgesuchte Bereiche sollte hier vor allem die Vielfältigkeit des Prozesses gezeigt werden, der zur Entwicklung der Milchwirtschaft geführt hat.

Literatur (Auswahl):

Beuße, W.: Ländliche Genossenschaften, in: Landkreis Harburg, Oldenburg 1963.
Busch, C.: Die internationale Molkerei-Ausstellung zu Frankfurt a. M., in: Das Molkereiwesen in Dänemark, Schweden und Schleswig-Holstein, Celle 1876.
Festschrift 80 Jahre Milchkontrollverein Winsen/Luhe 1905–1985, Winsen/Luhe o. J. (1985).
Fleischmann, W.: Lehrbuch der Milchwirtschaft, 6. Aufl., Berlin 1922.
Hahn, Chr. D.: Vom Pfennigartikel zum Milliardenobjekt. 100 Jahre Milchwirtschaft in Deutschland, 2. Aufl., Hildesheim 1972.
Kirchner, W.: Handbuch der Milchwirtschaft, 3. Aufl., Berlin 1891.
Kück, E.: Das alte Bauernleben der Lüneburger Heide, Leipzig 1906, Reprint Hildesheim 1982.
Lohmann: Festschrift aus Anlaß des 100jährigen Bestehens des land- und forstwirtschaftlichen Provinzialvereins für das Fürstentum Lüneburg, Uelzen 1930.
Mehl, H. u. a.: Meiereimädchen, Arbeits- und Lebensformen im 19. Jahrhundert, Schleswig 1991.
Middelhauve, L.: Geschichte und Entwicklung der Schleswig-Holsteinischen Milchwirtschaft, o. O., o. J.
Milchwirtschaftliche Erzeugnisse, 5 Teile, München und Leipzig 1912–1915 (Schriften des Vereins für Socialpolitik, Bd. 140). Darin u. a.: Meinert, C.: Die Milchversorgung von Hamburg und Nachbarstädten, München und Leipzig 1914.
Nachtweh, A.: Maschinen und Geräte des Molkereiwesens, in: Fischer, G.: Die Entwicklung des landwirtschaftlichen Maschinenwesens, Berlin 1910, Reprint Düsseldorf 1987.
Rabich, A.: Ein Jahrhundert Molkereiwirtschaft, in: Die deutsche Milchwirtschaft im Wandel der Zeit, Hildesheim 1974.
Rottbohm, F. E.: Die Entwicklung der Milchkontrolle in Hamburg bis zum Jahre 1900, in: Molkereizeitung Nr. 43, Hildesheim 1935, S. 1172.
Teuteberg, H. J.: Anfänge des modernen Milchzeitalters in Deutschland, Münster 1986. Vergl. die dort angegebene Literatur.

Abbildungsnachweis:

Archiv Freilichtmuseum am Kiekeberg.
Bomann, W.: Bäuerliches Hauswesen und Tagewerk im alten Niedersachsen, 4. Aufl., Weimar 1941, Nachdruck Hildesheim 1978.
Deutsche Milchwirtschaft. Die Fachzeitschrift für Molkereien, Käsereien, Milchindustriebetriebe, Heft 37, 11. September 1991.
Deutsche Molkerei-Zeitung, Festschrift 1935, Kempten i. Allgäu.
Flad, M.: Milch, Butter und Käse. Ein Beitrag zur Geschichte der Milchwirtschaft in Württemberg, Bad Buchau 1989.
Hahn, Chr. D.: Vom Pfennigartikel zum Milliardenobjekt. 100 Jahre Milchwirtschaft in Deutschland, 2. Aufl., Hildesheim 1972.
Kirchner, W.: Handbuch der Milchwirtschaft, 3. Aufl., Berlin 1891.
Knudsen, A. V.: Bornholmske andelsmejerier 1886–1986, Bornholms Museum, 1986.
Land- und forstwirtschaftlicher Provinzialverein für das Fürstentum Lüneburg e. V.: Die betriebswirtschaftlichen Verhältnisse der Molkereigenossenschaften im Reg.-Bezirk Lüneburg, Uelzen 1930.
Mehl, H. u. a.: Meiereimädchen, Arbeits- und Lebensformen im 19. Jahrhundert, Schleswig 1991.
Molkerei-Zeitung, Fachblatt für das Gesamtgebiet der Deutschen Milchwirtschaft, Nr. 43, Hildesheim, 28. Mai 1935.
Peßler, W.: Deutsche Volkskunst Niedersachsen, Nachdruck der Ausgabe von 1923, Frankfurt/Main 1984.

Von der Handarbeit zur chemischen Sense – Pflanzenschutz in der Landwirtschaft

von Christine Götze

Hackrechen, ca. 1920.

Neben Aussaat und Ernte gehört die Pflege der Kulturpflanzen zu den wichtigsten Aufgaben in der Ackerbau treibenden Landwirtschaft. Bodenbearbeitungsverfahren wie Eggen, Striegeln, Walzen, Hacken und Häufeln sollen die Wachstumsbedingungen der Kulturpflanzen verbessern. Gleichzeitig stören sie das Wachstum der unerwünschten Pflanzen, der «Unkräuter» und «Ungräser». Diese konkurrieren mit den Kulturpflanzen um Licht, Wasser, Boden und Nährstoffe und werden durch Pflanzenschutzmaßnahmen eingedämmt, ebenso wie Krankheitserreger und Schädlinge, die direkt oder in parasitärer Beziehung die Wachstums- und Entwicklungsbedingungen der Kulturpflanzen beeinträchtigen.
Dabei unterscheidet man zwischen mechanischen Maßnahmen wie Eggen, Hacken, Jäten von Unkräutern und Absammeln oder Fernhalten von Schädlingen, biologischen Maßnahmen wie z. B. Förderung oder Einbürgerung der natürlichen Feinde von Schadinsekten, chemischen Maßnahmen wie der Anwendung von Pestiziden gegen Unkräuter und -gräser (Herbizide), gegen Pilze (Fungizide), gegen Schadinsekten (Insektizide) etc. und integrierten Maßnahmen, die außer der Anwendung aller vorgenannten Möglichkeiten u. a. Sortenauswahl, Pflanzenzucht und Fruchtfolgen verstärkt berücksichtigen.
Neben dem chemischen Pflanzenschutz eröffnen sich in den letzten Jahren durch die Gentechnologie neue Möglichkeiten. So kann Pflanzen durch Genveränderung eine Resistenz gegen Schädlinge, aber auch gegen (Total) Herbizide, die dann noch umfangreicher eingesetzt werden können, «angezüchtet» werden. Dieser Bereich bleibt im folgenden Aufsatz unberücksichtigt.

Im Zusammenhang mit den einschneidenden Veränderungen der Landwirtschaft im 19. Jahrhundert, der Rationalisierung und Technisierung, setzte sich ab der Jahrhundertwende vermehrt, nach dem Zweiten Weltkrieg in großem Umfang, der Einsatz von Chemikalien zum Pflanzenschutz durch.
Nicht zuletzt durch die großen Gefahren, die z. B. von persistenten Mitteln ausgehen, die sich in der Nahrungskette anreichern, oder von bis ins Grundwasser vordringenden Wirkstoffen, ist der Unmut über die Chemie in der Landwirtschaft und somit zwangsläufig auch in der Nahrung besonders in den letzten 20 Jahren gewachsen.

Pflanzenschutz im Lauf der Zeit

Schäden und Krankheiten an Pflanzen sind so alt wie ihre Geschichte selbst. An fossilen Pflanzenteilen gibt es zahlreiche Funde über Flecken, Pusteln und Fruchtkörper pilzlichen Ursprungs. Seit Beginn des geplanten Pflanzenanbaus vor ca. 8000 Jahren im Vorderen Orient haben die Menschen diese Erscheinungen als Minderung der Ernte und u. U. als Existenzbedrohung wahrgenommen. Neben den Schäden an den Pflanzen direkt waren besonders Vorratsschädlinge wie Kornkäfer, Nagetiere und Pilze bekannt. Berichte und bildliche Zeugnisse darüber und über frühe Abwehrmaßnahmen gibt es aus allen frühen westlichen und östlichen Kulturkreisen.
Dabei wurden bei der Vorstellung von der Welt als göttliche Schöpfung Seuchen, Insektenplagen und Pflanzenkrankheiten als Folge des Bösen oder als göttliche Strafe aufgefaßt. Neben Maßnahmen, die wohl aus Beobachtung und Erfahrung resultieren und in gewis-

ser Weise auch heutigen naturwissenschaftlichen Kriterien standhalten, finden sich viele Zeugnisse über magische Handlungen, Schutzrituale und Zaubersprüche zur Schadensabwehr.
Auch in den monotheistischen Religionen wird der Zusammenhang zwischen Krankheit von Mensch, Tier und Pflanze und göttlicher Strafe immer wieder betont. In der Folge kam es zu Bannflüchen und Tierprozessen vor kirchlichen und weltlichen Gerichten. Der erste Beleg findet sich 1320 über einen Prozeß gegen Maikäfer in Avignon, der wohl letzte über einen Tierprozeß aus dem Jahr 1830 in Dänemark.
Die Wurzeln einer naturwissenschaftlich-analytisch orientierten Phyto(Pflanzen)medizin gehen auf die hellenistische Naturlehre zurück. Neben Aristoteles gilt Theoprast (384–323 v. Chr.) als Autorität seiner Zeit. Er beschreibt Schäden durch Insektenfraß, Rost und Mehltau. Aus der Beobachtung der Krankheitsverläufe entwickelte er u. a. Maßnahmen wie Saatgutbehandlung, Sortenwahl und spezielle Anbauverfahren.
In der römischen Literatur wird der Kenntnisstand durch neue Beobachtungen erweitert. Eine Synthese zwischen griechisch-römischer Tradition und Wissen aus dem arabischen Raum gelang im maurischen Spanien.
Auf dieser Grundlage und im Zusammenhang mit der Geschichte der modernen Naturwissenschaften entwickeln sich die Kenntnisse des Pflanzenschutzes in den nächsten Jahrhunderten. So unternahm z. B. M. Tillet (1714–1791) die ersten Feldversuche in größerem Umfang. Er bewies, daß es sich beim Weizensteinbrand um eine infektiöse Pflanzenkrankheit handelt, die durch Saatgutbeizung bekämpft werden kann.
Trotz dieser Erkenntnisse gehen die ersten zusammenfassenden Pflanzenpathologien im 19. Jahrhundert von der antiken Humoralpathologie (danach gehen Krankheiten auf Störungen der Körpersäfte und des Blutes zurück) und der Urzeugungslehre (danach entstehen z. B. Maden aus verfaultem Fleisch) aus, stellen die kranke Pflanze als Einheit dar und wenden sich scharf gegen die neu entstehende Lehre von den Infektionskrankheiten.
Die um 1840 in Europa epidemisch auftretende und verheerende Hungersnöte auslösende Kartoffelkrautfäule löste erneut die Diskussion um die Infektionstheorie aus. Der englische Forscher Berkeley erklärte 1846, daß ein Pilz (Phytophthora infestans) die Krankheit verursacht.
Diese Ansicht vertrat auch J. Kühn in seiner Schrift «Die Krankheiten der Kulturgewächse» von 1858, die als erstes Werk einer landwirtschaftlich orientierten Phytomedizin gesehen wird. Mit den Arbeiten von de Bary über Getreidekrankheiten (1853) wurde die

Die
Krankheiten der Kulturgewächse,
ihre Ursachen und ihre Verhütung
von
Dr. Julius Kühn,
Wirthschafts-Director der Gräflich Egloffstein'schen Besitzungen in Nieder-Schlesien.
Mit 7 Tafeln lith. Abbildungen.
Berlin.
Gustav Bosselmann,
landwirthschaftliche Verlagsbuchhandlung.
1858.

Urzeugungslehre endgültig widerlegt. Das Wissen um die Natur der Schadensfaktoren stellte eine Grundlage für den beginnenden, wissenschaftlich begründeten chemischen Pflanzenschutz dar. Um die Mitte des 19. Jahrhunderts wurde auch die Rolle von Nematoden (Wurzeläälchen) richtig eingeschätzt; und noch vor der Jahrhundertwende waren Bakterien und Viren als Erreger von Pflanzenkrankheiten bekannt. Zuletzt ergänzt wurde die Liste von Erregergruppen 1968 und 1972, als der Nachweis von Mycoplasmen und rickettsienähnlichen Organismen in Pflanzen gelang.

Gerät zum Herstellen einer Eisenvitriolbrühe, Abbildung aus einem Buch über Landmaschinenkunde von 1928.

Chemischer Pflanzenschutz

Die konkrete Umsetzung der wissenschaftlichen Erkenntnisse in einen chemischen Pflanzenschutz begann mit der Anwendung von Kupfersulfat gegen Brandpilze und Schwefel gegen Mehltau. Seit 1761 bzw. 1824 waren hierüber exakte Angaben bekannt. Damit sind zwei «klassische» Fungizide genannt, die bis heute Bedeutung behalten haben.
In größerem Umfang wurden Kupfermittel seit der Entdeckung der fungiziden Eigenschaften der Kupfer-Kalk-Brühe (Bordeauxbrühe) und der Kupfer-Carbonat-Brühe (Burgunderbrühe) Ende der 1880er Jahre besonders im Weinbau angewendet. Stäubeschwefel wurde in der Form von Schwefelkalium in Frankreich seit 1857 gegen echte Mehltaupilze angewendet.
Als erstes organisches Fungizid wurde Formaldehyd in wässriger Lösung und gasförmig seit 1888 zur Getreidebeizung empfohlen.
Etwa um die gleiche Zeit wurde eine wesentlich größere Palette von chemischen Stoffen zur Bekämpfung von tierischen Schädlingen angewendet: Nikotin, Schwefelpulver, Ätzkalk, Tier- und Pflanzenfette, Pyrethrum unter der Bezeichnung dalmatinisches oder persisches Insektenpulver, Petroleum, Carbolineen, Schwefelkohlenstoff, Tetrachlorkohlenstoff, Blausäure, Strichnin, Phosphor, Arsen, Schwefelkalkbrühe (Californische Brühe), Barium- und Quecksilberchlorid sind die wesentlichen Stoffe, denen wir in der zeitgenössischen Literatur begegnen. Darunter finden sich etliche hochgiftige Stoffe, die durchaus auch in «giftigen» Mengen ausgebracht wurden.
Die erste Anwendung von chemischen Pflanzenschutzmitteln in größerem Umfang geschah im Weinbau seit dem letzten Drittel des 19. Jahrhunderts. Die Pilzseuchen Echter und Falscher Mehltau wurden mit Kupfer- und Schwefelmitteln bekämpft. Gegen Schadinsekten, besonders die Raupen des Traubenwicklers und die Rebläuse, wurden arsenhaltige Mittel als die wirkungsvollsten eingesetzt. Hauptsächlich wurden «Schweinfurter Grün» (Kupferacetoarsenit), Blei- und Kalziumarsenat angewendet. Die Giftigkeit der Arsenverbindungen war bekannt, wurde jedoch meist mit Hinweis auf fehlende Alternativen und das erträgliche Maß der Belastung in Kauf genommen. Dabei ging es vorrangig um die Zurück-

drängung der Schädlinge, denn die Ernte war nach dem Einsatz von hochgiftigen Arsenmitteln meist verloren. Dennoch gab es auch bei weniger giftigen Mitteln oder länger zurückliegender Anwendung einen «Verbraucherschutz» nur über den Markt; «behandelte Früchte wurden (...) so billig angeboten, daß die Gesundheitsgefährdung sozusagen Bestandteil des Geschäfts war...» (Milles, 30)
Der bei älteren Weinbauern verstärkt auftretende Haut- und Leberkrebs wird z. T. mit der massiven Anwendung von Arsen und mit Arsenrückständen im «Haustrunk» in Verbindung gebracht.
Arsenmittel blieben bis in die 1950er Jahre dominierend bei der Bekämpfung beißender Insekten. Im Weinbau wurde in Deutschland ihre Anwendung 1942 und 1974 generell verboten. In Europa (Spanien, Italien) und weltweit werden sie bis heute in nennenswerten Mengen eingesetzt.
Daneben standen Nikotinbrühen zur Verfügung, die, bevor Nikotinmittel im Handel erhältlich waren, aus Tabakabfällen und Zigarrenresten selbst hergestellt wurden. Weitere pflanzliche Insektizide waren Pyrethrum, Derris- und Quassiabrühen und -pulver, die wirkten, wenn die Schädlinge wirklich getroffen wurden. Die auf den Blattunterseiten und in den Blattkräuselungen sitzenden Insekten blieben verschont und machten bald weitere Anwendungen nötig.

Nicotinseife, zur Pflanzenreinigung von Ungeziefer, mit Gebrauchsanweisung 1 Büchse 60 ₰ oder 1 ℳ.

Neu! Antiherbium, Radicalmittel gegen alles Unkraut auf Gartenwegen und Höfen, zwischen Pflaster und Mauern, macht das Ausjäten unnöthig und verhindert das Wiederaufleben des Unkrautes. 1 Ko. 1 ℳ.

Neu! Räucherapparat, für Mistbeete u. Gewächshäuser, selbstthätig, gefahrlos, sicher wirkend gegen Läuse, Tripps etc. 1 Apparat mit 25 Unterlagen nebst Gebrauchsanweisung 1 ℳ, 1 Ko. Räucherpulver dazu 50 ₰.

Anzeigen aus einem Gartenbauprospekt von 1899.

Die Entwicklung im Obstbau verlief bis hin zu den angewendeten Mitteln ähnlich, allerdings verspätet um 10–20 Jahre. Um 1900 wurden, aus Amerika übernommen, im Obstbau die Winterspritzungen mit Obstbaumkarbolineum eingeführt, um bereits die Eier der Schädlinge abzutöten.
Im Ackerbau wurden die durch Pilze hervorgerufenen Rosterkrankungen des Getreides durch Saatgutbeizung behandelt. Dabei wurde, um nur einige Stoffe zu nennen, mit Jauche, Urin, Aschenlauge, Kalk, Bittersalz, Eisenvitriol, Salpeter und Schwefel experimentiert.
Als mehr oder weniger erfolgreich setzte sich das mehrfache Befeuchten oder Eintauchen der Körner in Kupfervitriol-Kalkbrühe durch. Gegen die unter den Spelzen des Kornes sitzenden Sporen des Haferflugbrandes wurde bis ca. 1940 Formaldehyd als Beizmittel angewendet. 1910 wurde Quecksilberchlorid als Beizmittel in Deutschland eingeführt. Mit diesem Mittel hatte man in den USA seit 1895 gute Wirkungen erzielt. Organische Quecksilberverbindungen blieben für die nächsten 50 Jahre die meistverwendeten Getreidebeizmittel. In der Frühzeit der Quecksilberbeizmittel ging wiederholt Vieh ein, das aus Unwissenheit oder Leichtsinn mit gebeiztem Getreide gefüttert worden war. Außerdem ist es bis heute wichtig, gebeiztes Saatgut sorgfältig in den Boden einzuarbeiten, damit nicht Vögel und Wildtiere die behandelten Körner aufnehmen. Quecksilberbeizmittel wurden in der BRD nach 1970 durch andere organische Verbindungen abgelöst und 1981 generell verboten.
Die chemische Unkrautbekämpfung im Akkerbau nahm um 1910 ihren Anfang in Maßnahmen hauptsächlich gegen Hederich und Ackersenf, die wegen ihrer bodendeckenden Blattrosetten die Anfangsentwicklung der Getreidekeime behindern. Die Mittel, wie Hederichkainit, verdünnte Salpeter- und Schwefelsäure, Kupfer- und Eisensulfat, wirkten über eine Verätzung der Blätter und brachten bei ungenauer Dosierung Schäden für die Kulturpflanzen mit sich. Auf Wegen und Plätzen, wo das pflanzliche Wachstum komplett bekämpft werden konnte, wurde Natriumchlorat angewendet.

Nach dem Zweiten Weltkrieg

Die genannten Mittel blieben bis in die 40er Jahre die meistverwendeten Pestizide. Nach dem Krieg wurden die Ergebnisse der chemischen Forschung zur Anwendung im Pflanzenschutz umgesetzt. Leider muß man darauf hinweisen, daß diese Ergebnisse oft in der Nähe der Forschung nach chemischen Stoffen für die Kriegsführung und bisweilen wohl mit Men-

Postkarte mit Werbung für Hederich-Kainit.

Werbeprospekt der Firma Bayer zur «Ackerwildkraut»-Bekämpfung.

Unkraut-Ex, ca. 1930. Das Mittel tötet sämtliche Vegetation auf Wegen und Plätzen.

schenversuchen zustande gekommen sind. Die Forschungen gingen dahin, selektiv nur für bestimmte Pflanzengruppen wirkende Herbizide zu entwickeln.
In der Schweiz, Deutschland, England und USA wurden während des Zweiten Weltkriegs sogenannte Wuchsstoffmittel entwickelt, die auf zweikeimblättrige Pflanzen wirken. Chemisch gesehen, handelte es sich dabei um halogensubstituierte Phenoxyessigsäuren, die durch übermäßiges Wachstum den Stoffwechsel der Pflanzen durcheinanderbringen und nach kurzer Zeit zu Verdrehungen der Blattstiele, zu Tumorbildungen und Verwachsungen führen und die Pflanze absterben lassen. Ein großer Erfolg war, daß die Mittel in die Wurzel der Pflanzen gelangten und so auch mehrjährige Pflanzen bekämpft werden konnten. Die Wuchsstoffe haben den Pflanzenanbau, besonders den Getreideanbau stark verändert, da neben den älteren, pflanzenätzenden Mitteln, die gegen Hederich und Ackersenf angewendet wurden, nun erstmals gegen eine große Zahl von Unkräutern vorgegangen werden konnte.
1939 wurde von Paul Müller (Schweiz) die insektizide Wirkung des DDT (Dichlordiphenyltrichloräthan) entdeckt. 1945 wurde in England ein anderer chlorierter Kohlenwasserstoff, das Hexachlorcyclohexan (HCH) entwickelt, das in gereinigter Form später als Lindan bezeichnet wurde. Lindanhaltige Mittel werden bis heute u. a. im Rübenanbau verwendet.
In der Schweiz wurde das als Kontaktgift wirkende DDT umgehend zur Kartoffelkäferbekämpfung eingesetzt. Während des Krieges setzte man DDT vielfach als Mittel gegen Läuse und Wanzen ein. Ab 1942 war DDT in den USA frei auf dem Markt erhältlich und wurde in den folgenden Jahren zur großflächigen Bekämpfung von Insekten angewendet. DDT hat eine Wirkungszeit über längere Zeiträume, so daß es auch nachfolgende Insektengenerationen bekämpft. Aus diesem Grund wurde (und wird) DDT weltweit besonders zur Bekämpfung von Malaria und anderen, durch Insekten übertragene Krankheiten eingesetzt und hat auf diesem Gebiet wohl auch große Erfolge gebracht. DDT galt seit seiner Entdeckung als völlig ungefährlich für Warmblüter und wurde als «Feind der Insekten» glorifiziert. Aber spätestens seit Mitte der 50er Jahre lagen Erkenntnisse über die Toxizität des Mittels vor. Es stellte sich heraus, daß bestimmte chlorierte Kohlenwasserstoffe (Mittel wie DDT, Dieldrin, Endrin, Aldrin) persistent und akkumulierend sind, d. h. sie bauen sich in der Natur nur schwer ab, sie reichern sich über die Nahrungskette in Organismen an und lagern sich besonders im Fettgewebe von Tieren und Menschen ab, so daß sich mit der Zeit gefährliche Mengen ansammeln können. Chlorierte Kohlenwasserstoffe wirken sich schädigend u. a. auf generative (die Fortpflanzung betreffende) Funktionen aus.
Der Einsatz von persistenten chlorierten Kohlenwasserstoffen wurde seit Ende der 60er Jahre in einigen Staaten auf Spezialzwecke reduziert bzw. ganz verboten. In der BRD wurde das Inverkehrbringen und Anwenden von DDT 1972 verboten (lediglich zur Bekämpfung von Läusen, Bettwanzen und Pharao-Ameisen war es bis 1975 erlaubt).
1941 wurde von G. Schrader (Deutschland) die insektizide Wirkung von Phosphorsäure-

DDT Handspritze.

estern entdeckt. Ein thiophosphorsäureesterhaltiges Mittel ist unter dem Namen E 605 bzw. Parathion bekannt geworden. Das Insektizid wirkt als ein Fraß-, Atem- und Berührungsgift. Es ist allerdings auch für Warmblüter stark toxisch, so daß seine Anwendung gegen z. B. Kartoffelkäfer und Forstschädlinge bisweilen hohe «Ausfälle» bei Vögeln und Wildtieren mit sich brachte.

Neu war die «systemische Wirkung» eines Teils der Phosphorsäureester-Mittel, die darin beruhte, daß die Wirkstoffe von den Pflanzen aufgenommen und beißende und saugende Insekten durch die gefressenen Pflanzenteile vergiftet wurden. Diese Wirkung ermöglichte, verborgen lebende Schädlinge ebenso wie die nach einiger Zeit zufliegenden Insekten abzutöten. Eine positive Eigenschaft war, daß die blattlausfressenden Nützlinge, wie z. B. Florfliege und Marienkäfer, nicht direkt geschädigt wurden. Aus der Phosphorsäureestergruppe sind heute nahezu 100 Wirkstoffe bekannt, die gegen die unterschiedlichsten Schädlinge in verschiedenen Kulturen angewendet werden.

Neben den chlorierten Kohlenwasserstoffen und den Phosphorsäureestern wurde ab 1956 die Gruppe der Carbamate für die Agrarchemie erschlossen. Mit Carbamaten gelang es etwa ab 1960, Gräser im Getreidebau zu bekämpfen. Das ist besonders erstaunlich, da die Getreidesorten gewissermaßen Kulturformen von Gräsern sind. Die «Ungräser» hatten sich seit der chemischen Zurückdrängung der Akkerkräuter durch Wuchsstoffmittel in Getreidefeldern stark vermehrt.

Auch für den Rüben-, Kartoffel- und Maisanbau wurden selektive Herbizide entwickelt, so daß die früheren «Hackfrüchte» zu «Spritzfrüchten» wurden. Im Maisanbau ermöglichten Triazine, besonders das Atrazin, eine Ausweitung der Anbauflächen. Das letztgenannte Mittel ist in der Zwischenzeit nicht mehr zugelassen, da es in vielen Gebieten der BRD bis in das Grundwasser eingedrungen ist.

Rückentragbare Spritze, bei der über eine eingebaute Pumpe der nötige Druck hergestellt wird, ca. 1910.

Geräte und Maschinen

Neben den zur Verfügung stehenden chemischen Mitteln veränderten sich natürlich auch die Geräte und Maschinen zur Ausbringung derselben im Lauf der Zeit stark.

Für die frühe Saatgutbeizung waren keine besonderen Geräte erforderlich; alle Gefäße, die nicht mit der Beizflüssigkeit reagierten, waren geeignet. Erst als nach dem Ersten Weltkrieg die Tauchbeizen durch pulverförmige Quecksilbermittel abgelöst wurden, benutzte man spezielle, drehbar aufgehängte Fässer, in denen Saatgut und Pulver vermischt wurden. Um Staubentwicklung zu vermeiden, ging man bald zum sog. Kurz-Naß-Beizen über, wobei eine kleine Wassermenge zugesetzt wurde. Ab dem Ende der zwanziger Jahre entstanden Lohnbeizstellen, die leistungsfähigere Apparate anschaffen konnten. Das heutige Saatgut wird von den Züchtern überwiegend fertig gebeizt verkauft.

Das Ausbringen der Chemikalien in die Kulturen erfolgte bei flüssigen Mitteln zuerst durch Verspritzen mit Strohbüscheln, Reisigbesen oder Heidekrautbüscheln. Pulverförmige Mittel wurden mit Quasten, aus Stoffbeuteln oder Säcken verstäubt. Um größere Flächen bearbeiten zu können, band man mehrere Beutel an Stangen und trug diese zu zweit über das Feld. Blasebälge und maschinell betriebene Verstäuber folgten.

Flüssige Mittel wurden in Amerika ab 1870 mit rückentragbaren Behältern ausgebracht. Aus Rohren und Brausen verteilte man die Flüssigkeit in den Kulturen. Die Brausen wurden vier Jahre später durch Spritzköpfe mit Windungen im Inneren ersetzt, die die Brühen feiner verteilten. Ähnliche Geräte wurden in Deutschland wenig später benutzt. Eine noch gleichmäßigere Verteilung der Mittel wurde möglich, als in geschlossenen Behältern, zunächst durch Handpumpen, ein höherer Druck erzeugt wurde. Solche Geräte wurden in Deutschland ab 1898 gebaut. Mit Luftpumpen wurde im geschlossenen Behälter ein bestimmter Druck aufgebaut, der die Brühe durch die Düsen herauspreßte. Es gab tragbare und auf Karren gebaute fahrbare Spritzen. Rücken- und Handspritzen dieses Prinzips sind heute noch in Gebrauch. Ende der zwanziger Jahre wurden die Handpumpen oder vom Laufrad der Karren angetriebenen Pumpen durch Motorpumpen ersetzt. Die Einführung des Hochdruckschlauches brachte Fortschritte in der Spritzentechnik. Weitere Ziele in der Zeit nach dem Zweiten Weltkrieg waren die feinere Verteilung der Spritzflüssigkeiten durch neue Düsen und damit verbunden die Reduzierung der benötigten Wassermengen. Aller-

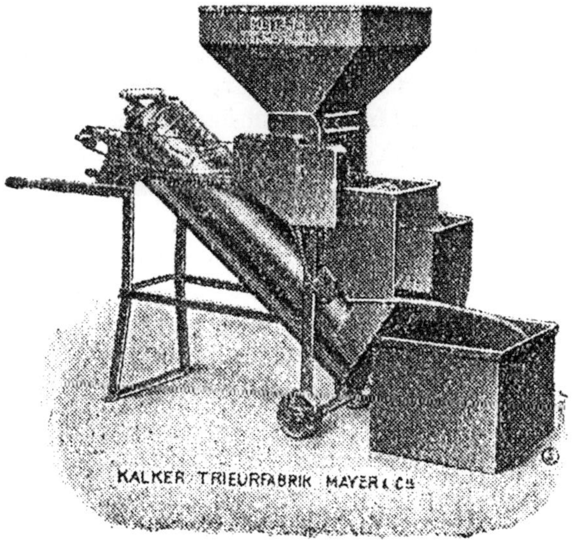

Beizapparat für Naßbeize.

Beizapparat für Trockenbeize.

dings steigt bei feinen Brühetröpfchen die Gefahr der Abdrift. Heute gilt es, durch den Windverhältnissen und der jeweiligen Kultur angepaßte Düsen, Düsenstellungen und Druck dieser Gefahr entgegenzuwirken. In den modernsten Spritzgeräten kann die ausgebrachte Menge durch elektronische Steuerungen der Fahrgeschwindigkeit angepaßt werden, so daß eine immer gleichmäßigere und sparsamere Verteilung der Spritzmittel möglich ist.
Seit 1925 wurden auch Flugzeuge zur Verteilung flüssiger und fester chemischer Mittel eingesetzt. Die Spritzung von Flugzeugen aus ist heute besonders in großflächigen und hohen Kulturen verbreitet. Heute wird der überwiegende Teil der Pestizide in flüssiger Form ausgebracht. Eine andere Applikationsform ist das Nebeln und Gasen, mit dem man in den 1950er Jahren gute Erfolge erzielte, weil sich der ausgebrachte Nebel selbständig über große Flächen verteilte. Genau dies erwies sich aber bald als Nachteil, da der einmal erzeugte Nebel in keiner Weise steuerbar ist. Die Anwendung von Nebeln und Gasen beschränkt sich daher überwiegend auf geschlossene Räume wie z. B. Gewächs- und Lagerhäuser. Gas wird auch zur Bodenentseuchung verwendet.

Rückentragbare Spritze; mit der linken Hand bewegt der Arbeiter (in Abb. nicht sichtbar) den Hebel einer im Behälter angeordneten Membranpumpe, ca. 1910.

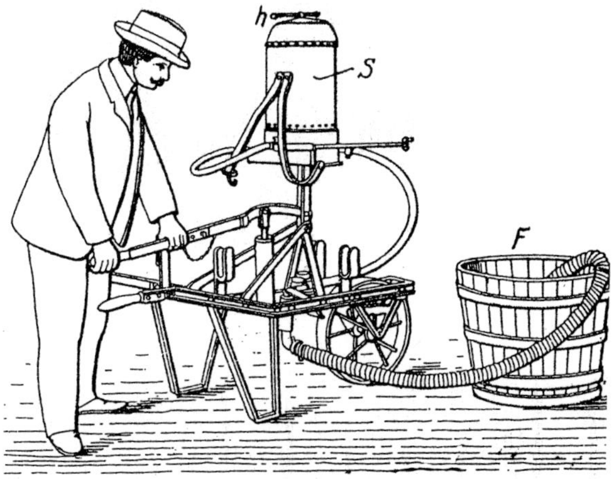

Fahrbare Füllpumpe, ca. 1910.

Die Pestizidanwendung setzt sich durch ...

Der große «Durchbruch» der Pestizidanwendung in der Nachkriegszeit muß im Zusammenhang mit der allgemeinen wirtschaftlichen Entwicklung der Nachkriegszeit gesehen werden. Der ländliche Raum sollte den industriellen Aufschwung durch mehr und preisgünstige Nahrungsmittel und als Arbeitskräftereservoir unterstützen. Es galt daher, die Produktion bei gleichzeitiger Arbeitskrafteinsparung zu fördern. Die Agrarpolitik gab (und gibt bis heute) Anreize zur Intensivierung und Konzentration; «gemischte» Betriebe mit einer den natürlichen Kreisläufen weitgehend angepaßten Wirtschaftsweise verschwanden zugunsten spezialisierter und stark vergrößerter Höfe, auf denen der Bedarf an Agrarchemikalien durch eine umgestaltete Wirtschaftsweise stark zunahm. Diese Umgestaltung bedeutete z. B. stark vereinfachte Fruchtfolgen. Gründüngungs- und Futterpflanzen, die sich günstig auf die Bodenorganismen auswirkten, verschwanden fast ganz. Bei Standardfruchtfolgen mit nur drei oder zwei Arten (z. B. Getreide und Kartoffeln oder Rüben), besonders aber im ständigen Anbau einer Frucht entstanden die Probleme von Monokulturen mit resistenten Schädlingen und «Problemunkräutern». Die Annäherung an Monokulturen geschah nicht nur auf dem einzelnen Acker, in der gesamten Feldflur fanden sich bei engen Fruchtfolgen immer weniger Arten. Durch den ausschließlichen Anbau weniger, erfolgversprechender Arten ging die genetische Vielfalt stark zurück. Wenn die wenigen angebauten Arten von Schäden befallen werden, betreffen die Probleme große Teile der Anbauflächen. In viehloser Landwirtschaft (reine Ackerbaubetriebe) entfiel die organische Düngung. Aber besonders die Düngung mit Mist wirkt sich positiv auf den Humusgehalt des Bodens aus. Nicht an Flächen gebundene Viehhaltung brachte monokulturelle Futterproduktion und Überdüngung der Äcker mit Gülle mit sich. Flurbereinigungen und maschinelle, rationalisierte Anbauverfahren förderten sich gegenseitig. Gestiegene Anforderungen an Saat- und Erntegut waren die Folge ebenso wie die größere Empfindlichkeit der Anbauverfahren.
Ein weiterer wichtiger Punkt waren die gestiegenen Qualitätsvorstellungen der Verbraucher in bezug auf Aussehen, Inhaltsstoffe, Lager- und Transportfähigkeit; so dienen 50 Prozent der chemischen Anwendungen im Obstbau allein der Qualitätssicherung, bei Gemüse 45 Prozent, im Ackerbau 10 Prozent.

Das Beispiel Getreideanbau

Sehr gut lassen sich die oben beschriebenen Zusammenhänge am Beispiel des Getreideanbaus verdeutlichen:
In der BRD hat sich die Getreideanbaufläche absolut und prozentual bei gleichzeitig gesteigertem Flächenertrag erheblich ausgeweitet. Für den Weizenanbau z. B. wurde die Anbaufläche zwischen 1950 und 1973 um 58,1 Prozent, der Flächenertrag um 72,5 Prozent, der Gesamtertrag um 172,9 Prozent gesteigert. Dafür lassen sich folgende Gründe nennen: Die Nachfrage nach Getreide als Viehfutter stieg, gleichzeitig wurden Flächen durch den nicht mehr erforderlichen Futterpflanzenanbau und den Rückgang des Kartoffelanbaus (Kartoffelkonsum nimmt ab) frei. Die EG garantierte Getreidefestpreise. Im Getreideanbau war die Möglichkeit zur Einsparung von Arbeitskräften und zur besonders intensiven Mechanisierung gegeben. Getreidebaubetriebe von einer Größe zwischen 100–150 ha können heute von einer Arbeitskraft bewirtschaftet werden. Das liegt u. a. daran, daß die Unkrautbekämpfung nahezu komplett auf chemischem Wege geschehen kann. Die vollmechanisierte Getreideernte mit Mähdreschern setzte wiederum unkrautfreie Getreideflächen voraus. Doch dies ist nicht die einzige Wechselwirkung bei der Rationalisierung des Getreideanbaus. Wie bereits gesagt, waren Wuchsstoffe die ersten im großen Stil angewendeten Herbizide. Diese selektiven Mittel ließen die zweikeimblättrigen Arten wie Akkerdistel, Ackerhohlzahn, Hederich, Knöterich, Kornblume, Mohn und Senf nahezu ganz verschwinden. Dies führte zu einer Ausbreitung von Gräsern wie Ackerfuchsschwanz, Flughafer, Windhalm und Quecken zu sog. «Problemungräsern». Auch andere Arten, wie z. B. Kamille und Vogelmiere, die durch die Wuchsstoffe nicht so stark beeinträchtigt wurden, nahmen überdurchschnittlich zu. Die selektiven Mittel hatten also zur Selektion im doppelten Sinne geführt.
Ein weiterer Grund für diese Entwicklung ist im Mähdreschereinsatz zu sehen, der sich wie-

Der Allzweck-Bulldog als Schnittmodell.

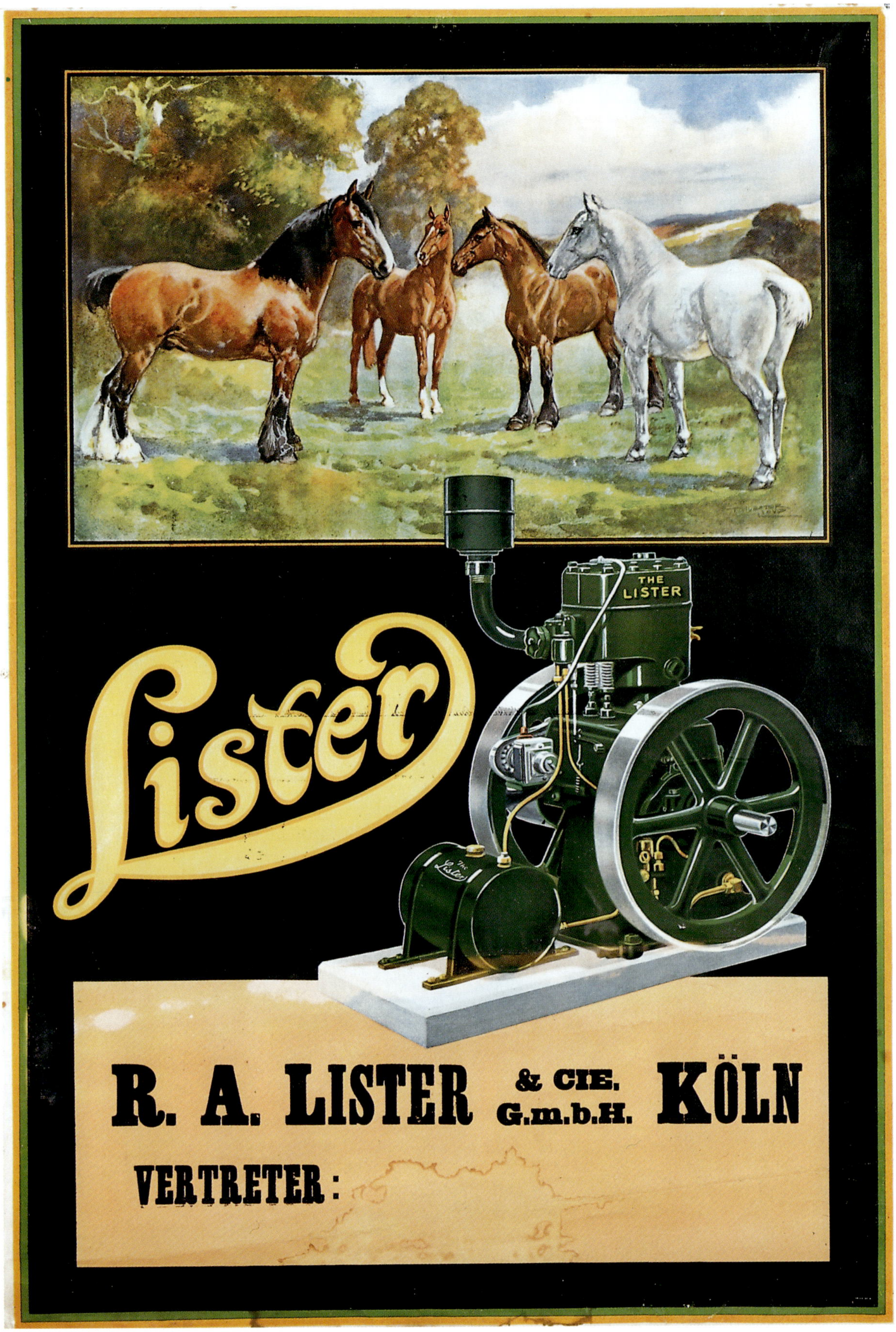

Einer der frühen Stationärmotorenhersteller war die Firma Lister.

Durch Elektromotor angetriebene Heuaufzüge waren auf vielen Höfen vorhanden.

Der Einsatz von Gartendünger verspricht einen voll gefüllten Gemüsekorb.

Der Einsatz von Pflanzenschutzmitteln wurde nicht nur für die Landwirtschaft, sondern auch für den Garten propagiert.

Auch bei der Bekämpfung des Kartoffelkäfers wurden Pflanzenschutzmittel eingesetzt.

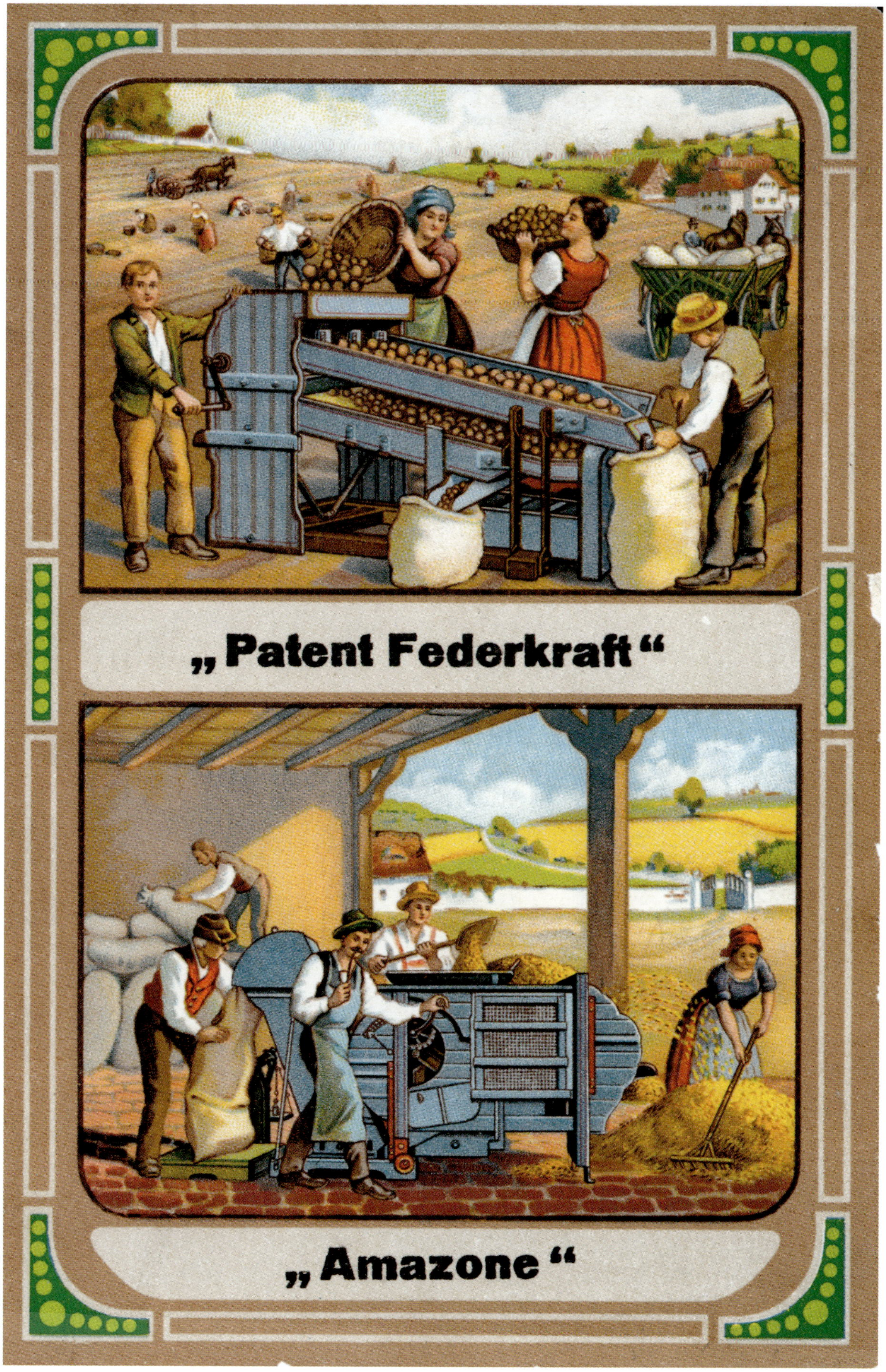

Viele Arbeiten auf Hof und Feld gehörten zum Aufgabengebiet der Frau.

Plakat zur II. Reichsnährstand-Ausstellung 1935 in Hamburg.

Fahrbare Unkrautspritze «Hederichtod» von 1928.

derum aus Gründen der Arbeitskräfteersparnis durchgesetzt hatte und seinerseits am rationellsten bei unkrautfreien Feldern auszuführen ist. Dichter Bodenbewuchs aus z. B. Hundskamille verfilzt die Mähbalken des Mähdreschers und behindert die Ernte. Beim Mähdrusch muß das Getreide möglichst trokken sein, in stark verunkrauteten Schlägen hält sich jedoch Feuchtigkeit lange. Auch wird die Ernte mit dem Mähdrescher etwas später ausgeführt als die Ernte mit der Sense, was die Samen der Ungräser besser ausreifen läßt. Der Mähdrescher mäht das Getreide nicht nur, wie schon der Name sagt, er drischt es in einem Arbeitsgang auch aus. Die gleichzeitig ausgedroschenen Unkrautsamen werden durch eine Sortierung ausgesondert und während des Arbeitsganges auf der Ackerfläche verteilt, so daß der Mähdreschereinsatz direkt zur Unkrautverbreitung (durch das Arbeiten auf vielen Feldern auch von einem Acker zum anderen) beiträgt, andererseits aber unkrautfreie

Moderne Feldspritze, ca. 1980.

Getreidefelder erfordert. In diesem Zirkel ist die Anwendung von mehr und neuen Pestiziden mit anderer Selektivität geradezu unausweichlich.
Dem Getreide, das jetzt nahezu allein auf dem Acker vertreten war, stand die volle Nährstoffmenge zur Verfügung. Die höheren Erträge führten zum «Lagern» der Halme, die zu lang wuchsen, um die schwereren Ähren zu tragen. Ein denkbarer Weg, das Problem zu lösen und gleichzeitig Kosten zu sparen, wären reduzierte Düngergaben gewesen. Dieser Weg wurde nicht eingeschlagen bei der angestrebten Produktivitätssteigerung und der Möglichkeit von Spritzungen mit dem neuen Mittel Chlorcholinchlorid (CCC, ein sog. Wachstumsregler), das die Getreidehalme verkürzte und verdickte, noch bevor dies über Züchtungen erreicht werden konnte. Gleichzeitig konnte dem so behandelten Getreide nun noch mehr Dünger gegeben werden.
Die verengten Fruchtfolgen und der Anbau von Getreide in Monokulturen führten dazu, daß Blattläuse, Blatt-, Ähren- und Halmkrankheiten, hauptsächlich verursacht durch Pilze (die die Ähren wegen der kürzeren Halme jetzt innerhalb der Vegetationsperiode erreichen können), im Getreideanbau ständig zunahmen und die Behandlung mit Fungiziden und Insektiziden mittlerweile zu den Standardmaßnahmen gehört. Dabei ist die Verbreitung von pilzlichen Erkrankungen stark vom Wetter abhängig, so daß die Entwicklung eines anfänglich geringen Befalls nicht eingeschätzt werden kann und die Ausbringung der Pestizide meist vorbeugend geschehen muß. Das vorerst letzte Glied in der Kette ist die Zunahme von Bodenschädlingen und Nematoden im Getreidebau.
Als positiver Aspekt dieser Entwicklung, der sich m. E. allerdings bei genauerem Hinsehen schnell relativiert, sei die Zunahme der Humusanteile im Boden genannt, die auf die geringere mechanische Bearbeitung der Äcker bei Unkrautbekämpfung durch Pestizide zurückgeführt wird. Die Humusanteile des Bodens sind wichtig für den Abbau der Pestizidrückstände. Die das ganze Jahr über ausgebrachten Pestizide haben nachweislich selektive Auswirkungen auf die Bodenorganismen (diese produzieren Humus), so daß die Bodengesundheit auf lange Sicht durch Pestizide mehr gefährdet als gefördert scheint. Das Argument, durch den Pestizideinsatz würden die Felder ruhiger, weil die jätenden und hackenden Menschen nicht mehr dort seien und aus diesem Grund bodenbrütende Vögel verstärkt auf Feldern anzutreffen seien, wird relativiert durch die Beobachtung, daß diese Bodenbrüter auf die Felder ausweichen, weil angestammte Brutreviere selten werden. Auf den Äckern werden die Gelege leider oft durch die gerade zur Brutzeit häufigen Spritz- und Düngefahrten mit dem Traktor zerstört.
Bleibt allein das allerdings nicht von der Hand zu weisende Argument, daß gerade stark rationalisierte Ackerbaubetriebe für die Bauern, über das Jahr gerechnet, annähernd die wöchentlichen Arbeitsstunden bringen, die in allen Bereichen der Wirtschaft für Arbeitnehmer schon lange selbstverständlich sind.

Gesetzliche Maßnahmen und Institutionen

Heute wird der Pflanzenschutz überwiegend mit chemischen Mitteln durchgeführt. Dabei werden chemische Stoffe, die in der Natur Fremdstoffe sind, großflächig in dieselbe ausgebracht. Sie können die Anwender, die Verbraucher und die Umwelt gefährden. Der Umgang mit Pestiziden ist durch verschiedene Gesetze und Verordnungen geregelt.
Im «Gesetz zum Schutze der landwirtschaftlichen Kulturpflanzen» von 1937 waren Maßnahmen zum Schutz der Kulturpflanzen zur Sicherstellung der Ernährung der Bevölkerung vordringlich. Verbraucher-, Anwender-, Umwelt- und Tierschutz wurden nicht oder nur gering berücksichtigt. Das Gesetz enthielt Möglichkeiten, zur Schädlingsabwehr mit Zwangsmaßnahmen in die Landwirtschaft einzugreifen. (Gesetze und Verordnungen zur Schädlingsabwehr gibt es allerdings schon annähernd so lange wie Bemühungen zum Pflanzenschutz.) Zur Durchführung und Überwachung solcher Maßnahmen wurde aufgrund des Gesetzes ein amtlicher Pflanzenschutzdienst eingeführt.
Eine von der Biologischen Reichsanstalt für Land- und Forstwirtschaft seit 1919 durchgeführte freiwillige amtliche Mittelprüfung blieb im Gesetzestext unberücksichtigt. Ohne große Änderungen wurde dieses Gesetz 1949 neu verkündet.
Das «Pflanzenschutzgesetz» von 1968 enthielt neue Bestimmungen zum Gesundheitsschutz von Menschen und Tieren. Obwohl die Her-

Jetzt ist es Zeit

mit

Drescher's Anstreich & Desinfektions Maschinen

die Viehställe gründlich zu desinfizieren um

Krankheiten, Seuchen u. Fliegenplage

zu verhüten und zu bekämpfen.

Kalkmilch und jedes andere flüssige Desinfektionsmittel kann verspritzt werden.

Verlangen Sie ausführlichen Prospekt von

WALDEMAR
HOENING
HANNOVER
Fernruf 26257 / Brühlstr. 7

Viele Anerkennungen! **Fragen Sie den Tierarzt!**

Drescher's Anstreichmaschinen machen sich in einem Tage bezahlt.

Gründliche Desinfektion ist nicht mit dem Pinsel, sondern nur mit der Anstreichmaschine möglich!

In alle Ritzen und Fugen treibt der Druck der Pumpe die Flüssigkeit!

Staubfeine Verteilung der desinfizierenden Anstreichmittel!

Die Arbeit ist fertig, ehe die Leute mit dem Pinsel die Vorbereitungen getroffen haben!

Keine umständlichen Vorbereitungen!
Immer betriebsfertig!
Schnelle und saubere Arbeit!

Die Maschinen schaffen mehr als 20 Mann mit dem Pinsel und liefern einen saubereren und gleichmäßigeren Anstrich, als es bei Pinselarbeit möglich ist. / /. Für hohe Räume werden lange Spritzstäbe verwendet.

Die Flüssigkeit kann bis 8 m Höhe verstäubt und bis auf 10 m Höhe und 12 m Entfernung im Strahl verspritzt werden.

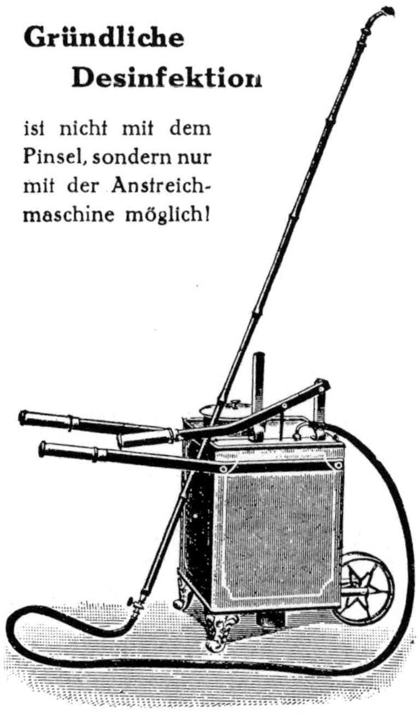

„Apollo" 60 Liter Inhalt, mit eisernem Rad

Preise für die betriebsfertigen Maschinen in Reichsmark ab Fabrik.

„Apollo" fahrbar, 60 Liter Inhalt, Behälter verbleit, außen fein rot gestrichen und lackiert.	mit 3 m Schlauch	mit 4 m Schlauch	mit 5 m Schlauch
ohne Spritzstab	90.–	93.–	96.–
mit Spritzstab, 1 1/4 m lang	95.–	98.–	101.–
mit Spritzstab, 2 m lang	97.–	100.–	103.–
mit Spritzstab, 3 m lang	99.–	102.–	105.–
mit Spritzstab, 4 m lang	102.–	105.–	108.–
mit Spritzstab, 5 m lang	105.–	108.–	111.–
mit Spritzstab, 6 m lang	110.–	113.–	116.–

Anstreichmaschine und Baumspritze **„Ceres"**
25 Liter Inhalt, auf dem Rücken tragbar, mit 1 m Schlauch.

„Ceres" I: Behälter verbleit, außen fein rot gestrichen und lackiert.

„Ceres" II: Behälter ganz aus Messing, außen fein blank poliert.

	„Ceres" I	„Ceres" II
ohne Spritzstab	55.–	69.–
mit Spritzstab, 1 1/4 m lang	60.–	74.–
mit Spritzstab, 2 m lang	62.–	76.–
mit Spritzstab, 3 m lang	64.–	78.–

Für große Leistungen „Phönix" 75 Liter Inhalt, auf starkem Holzkarren mit 45 cm hohem, eisenbeschlagenen Holzrad, Mehrpreis gegenüber „Apollo" RM. 55.—

Spritzstäbe kosten einzeln:

1 1/4 m lang	RM. 5.–	4 m lang	RM. 12.–
2 m lang	„ 7.–	5 m lang	„ 15.–
3 m lang	„ 9.–	6 m lang	„ 20.–

Preise für **Gummischlauch** das m RM. 3.–
Metall-Karbolineum-Schlauch das m . . . „ 6.–

Zu jeder Maschine gehören: 1 Handrohr 0.40 m lang, 1 Verstäuber mit Knie, 1 Strahlmundstück, 1 Abstellhahn, 2 Schlauchanschlußstücke, 1 rundes Einfüllsieb, 1 Verschlußdeckel zum Einfüll-Loch, 1 Kalksieb zur Vorreinigung, 1 Gebrauchsanweisung.

Vielfache Verwendbarkeit als Baumspritze, Wagenwäscher, Handfeuerspritze etc.

Alle Preise sind Reichsmarkpreise (1 RM. = 1/2790 kg Feingold) und gelten freibleibend und ab Fabrik ausschließlich Verpackung. Abbildungen, Maße, Inhalts-, Leistungs- und Gewichtsangaben sind nur annähernd und unverbindlich. — Mit der Herausgabe dieser Liste treten alle bisherigen Preise für die darin verzeichneten Artikel außer Kraft. — 15. Oktober 1928.

30000. XI. 28. K. & K. I.

Die Anstreichmaschinen wurden nicht nur als Desinfektionsmaschinen, sondern auch als Baumspritzen zur Bekämpfung tierischer und pflanzlicher Schädlinge eingesetzt.

steller die freiwillige amtliche Mittelprüfung weitgehend wahrnahmen, wurde in das Gesetz ein Zulassungszwang für Mittel aufgenommen. Mit diesen Maßnahmen reagierte man auf das gestiegene Gefahrenpotential von Pflanzenschutzmitteln für den einzelnen und die Allgemeinheit. Das Gesetz von 1986 nahm erstmalig den Schutz des Naturhaushaltes auf. Ökotoxikologische Prüfungen sind jetzt Bestandteil der Mittelzulassungsverfahren. Pflanzenschutzmittel müssen laut Gesetz nach «guter fachlicher Praxis» angewendet werden. Dabei ist zu prüfen, ob die Anwendung eines Pflanzenschutzmittels angesichts eines drohenden Schadens und seiner Ausmaße überhaupt erforderlich ist. Damit sind Elemente eines integrierten Pflanzenschutzes in das Gesetz aufgenommen worden.

Neben dem eigentlichen Pflanzenschutzgesetz greifen andere Gesetze und Verordnungen in den Umgang mit Pflanzenschutzmitteln ein: das Lebensmittelgesetz, das Abfallgesetz, Wasserschutzbestimmungen, die Gefahrstoff-, die Bienenschutz-, die Pflanzenschutzanwendungs- und die Höchstmengenverordnung.

Die Anwendung nach «guter fachlicher Praxis» ist, wie es im Juristendeutsch heißt, nicht «strafbewehrt». Sie setzt auf die Eigenverantwortung der Anwender in bezug auf die gezielte statt der vorbeugenden Anwendung, bei der Auswahl der geeigneten Mittel und Verfahren, beim Einhalten der Wartezeiten zwischen Anwendung und Ernte, bei der Feldspritzenkontrolle und bei der Ausbildung und laufenden Fortbildung. Obwohl der «Förderzweck», der Schutz der Pflanzen, im Gesetz von 1986 nach wie vor an erster Stelle, vor Gesundheits- und Umweltschutz, genannt wird, sind Elemente enthalten, die auf eine Umorientierung im Pflanzenschutz hinweisen.

Integrierter Pflanzenschutz beinhaltet eine Kombination der möglichen Verfahren, wobei vorrangig biologische, biotechnische, pflanzenzüchterische und kulturtechnische Maßnahmen die Verwendung chemischer Mittel reduzieren sollen. Zum biologischen Pflanzenschutz gehören die Schonung und Förderung von Nützlingen, wie z. B. das Anlegen von Ackerrandstreifen, Hecken und Überwinterungsplätzen zur Verbesserung der Lebensbedingungen von nützlichen Insekten, Vögeln und Kleinsäugern, und das Ausbringen von gezüchteten, natürlichen Feinden bestimmter Schädlinge. Z. B. mit Schlupfwespen, die gegen Maiszünsler eingesetzt wurden, erzielte man bereits gute Erfolge. Das Verfahren ist bis jetzt allerdings teuerer als chemische Mittel und erfordert eine sehr genaue Beobachtung des Schädlingsbefalls. Den Einsatz von Lockstoff-Fallen oder das Aussetzen von sterilisierten Männchen einer Insektenart (das führt zur Verringerung oder Ausfall der folgenden Generation) bezeichnet man als biotechnisches Verfahren. Außerdem sollen standortgerechte, resistente Sorten in ökonomisch und biologisch zweckmäßiger Fruchtfolge angebaut und bedarfsgerecht gedüngt werden, um so einem Befall durch Schadorganismen entgegenzuwirken. Chemische Mittel sollen im integrierten Anbau gezielter und sparsamer nur nach Überschreiten einer «Schadensschwelle» angewendet werden. Diese Schwelle ist erreicht, wenn die finanziellen Einbußen durch den erwarteten Schaden die Kosten für die Mittelanwendung überschreiten. Kritiker stellen fest, daß auch der integrierte Pflanzenschutz (IPS) auf Intensivanbau zielt, daß die Schadenswelle allein ökonomisch bestimmt ist und relativ sinkt, je höher der Wert einer «bedrohten» Ernte ist, und daß seit der Propagierung des IPS (ca. 1980) die Gesamtmenge der angewendeten Mittel nicht gesunken ist. Und diese Gesamtmenge beträgt in der Bundesrepublik pro Jahr immerhin 30 000 Tonnen Wirkstoffe (nicht Pflanzenschutzmittel gesamt, sondern nur die darin enthaltenen wirksamen Bestandteile), verteilt auf die landwirtschaftliche Nutzfläche sind das im Durchschnitt 2,5 kg je Hektar. Diese Zahl steigt auf 4 kg/ha, wenn man das selten behandelte Grünland herausrechnet.

Den Forschungen zum IPS ist zugutezuhalten, daß Kriterien für die Mittelanwendung und die Mittelwahl entwickelt wurden.

Wie hat die Chemie die Landwirtschaft verändert?

Die Chemie hat der Landwirtschaft zuerst in Form von technisch produziertem Dünger seit dem letzten Drittel des 19. Jahrhunderts, später in Form von chemischen Pflanzenschutzmitteln das erste Mal in der Geschichte eine relative Unabhängigkeit von natürlichen Bedingungen wie Bodenqualität, Wetter und Schädlingsbefall gebracht. Neben anderen Faktoren, wie den Agrarreformen, der geziel-

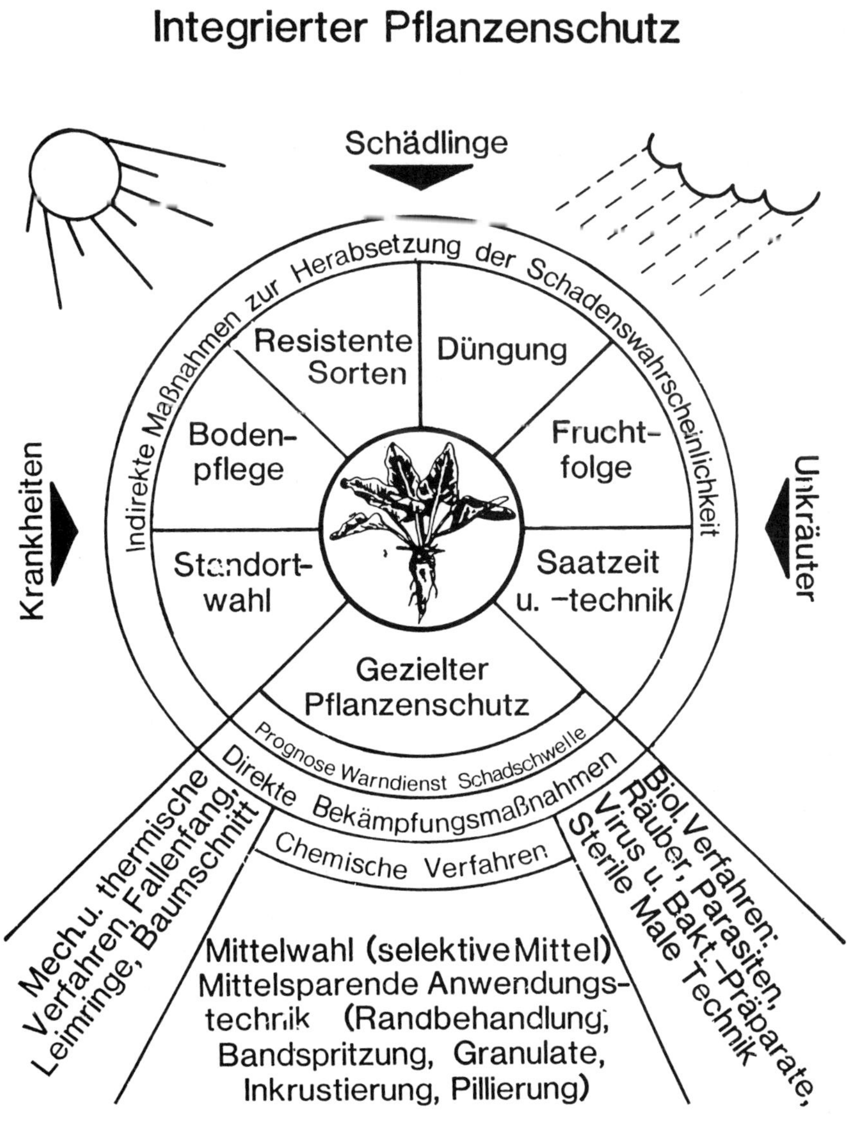

Schema des integrierten Pflanzenschutzes.

ten Vieh- und Pflanzenzucht und dem Einsatz von Maschinen, bedeutete dies die Hinwendung zu einer industriell geprägten Bewirtschaftung. Die landwirtschaftliche Produktion wurde in einer «Rationellen Landwirtschaft» (A. D. Thaer) nach Kosten und Gewinn betrachtet. Die Produktion konnte losgelöst von natürlichen Gegebenheiten gesteigert werden, so daß ökologische Zusammenhänge und Wechselwirkungen immer stärker aus dem Blickfeld gerieten. Der Einstieg in die Agrarchemie wurde vollzogen ...
Ohne nun die einzelnen Bauern von ihrer Verantwortung für den von ihnen bewirtschafteten Teil der Umwelt freisprechen zu wollen, muß man für die ganze folgende Zeit und besonders heute die wirtschaftliche Situation berücksichtigen, unter der die Bauern handeln. Agrarpolitik und Strukturprogramme setzen immer noch auf eine starke Rationalisierung der Landwirtschaft und lassen wenig Möglichkeiten für ökologische Entwicklungen. Obwohl es seit 1989 in allen Bundesländern Förderungen für «umstellungswillige» Bauern gibt, verschärft sich gerade in der Umstellungsphase (bis zu 7 Jahre) von konventioneller auf ökologische Landwirtschaft das Existenzrisiko, da einerseits ein Rückgang der Erträge zu erwarten ist, die Produkte aus der Umstellphase aber noch nicht unter Markenzeichen verkauft werden können.
Und welche Einsparungen von Arbeit, oft besonders monotoner wie Jäten und Hacken, der chemische Pflanzenschutz den Bauern gebracht hat, wurde besonders im Hackfruchtanbau deutlich. Diese Zusammenhänge lassen den Einsatz von Agrarchemikalien oft notwendig erscheinen.

Zukunftsperspektiven

Die Argumente reichen auf der Befürworterseite von dem unmöglichen Verzicht auf den Chemieeinsatz unter Hinweis auf einen Zusammenbruch der ohnehin schon nicht ausreichenden Ernährung der Weltbevölkerung und der Vorstellung, daß der Pflanzenschutz als ein Beispiel von maximaler Naturbeherrschung und Fortschrittsgläubigkeit nicht zum Schutz der Pflanze dient, sondern vom Eingreifen der Menschen in die Natur, von den damit verbundenen Folgen für ihn selbst und seine Umwelt handelt.
Eine der möglichen Antworten auf die kontroversen Standpunkte in der Diskussion um den chemischen Pflanzenschutz könnte der integrierte Pflanzenschutz sein. Dieser sollte bei der Schadenschwelle dem Umweltschutz mehr Gewicht einräumen, denn die Welternährungslage ist nicht allein vom Pflanzenschutz abhängig und das Hungerproblem wohl eher durch eine Reduzierung der Veredelungswirtschaft zu lösen, bei der unter großem Verlust von Nährwert pflanzliche Nahrungsmittel in tierische umgewandelt werden. Genausowenig kann man in einzelnen Wirtschaftszweigen, ohne eine grundlegende Änderung anzustreben, weit hinter die technischen Möglichkeiten der Zeit zurückgehen. Nicht zuletzt sollte man besonders als Verbraucher bedenken, ob man bereit wäre, seine Vorstellungen von der äußerlichen Qualität bei Agrarprodukten zu ändern und gleichzeitig für Produkte, die ohne Agrarchemie produziert wurden, was gleichbedeutend mit höherer Arbeitsintensität und geringerer Ernte ist, höhere Preise zu zahlen.

Literatur (Auswahl):

Beran, F.: Chemischer Pflanzenschutz in Vergangenheit, Gegenwart und Zukunft, in: Chemie der Pflanzenschutz- und Schädlingsbekämpfungsmittel, Bd. 3, Berlin, Heidelberg, New York 1976, S. 1–36.
Biologische Schädlingsbekämpfung, Auswertungs- und Informationsdienst für Ernährung, Landwirtschaft und Forsten (AID), Heft 1030, Bonn 1991.
Braun, H.: Geschichte der Phytomedizin, in: Handbuch der Pflanzenkrankheiten, 1. Bd., 1. Lieferung, 7. Aufl., Berlin, Hamburg 1965, S. 1–133.
Carson, R.: Der stumme Frühling, München 1990 (zuerst Boston 1962, dt. Ausgabe 1963).
Cramer, H.-H.: Zur wirtschaftlichen Bedeutung des Pflanzenschutzes. Historischer Überblick, in: Chemie der Pflanzenschutz- und Schädlingsbekämpfungsmittel, Bd. 1, Berlin 1976, S. 3–15.
Cramer, H.-H.: Ökonomisch-ökologische Wechselwirkungen, in: Chemie der Pflanzenschutz- und Schädlingsbekämpfungsmittel, Bd. 1, Berlin 1976, S. 39–54.
von Esenbeck, N.: System der Pilze und Schwämme, o. O. 1817.
Gallwitz, K.: Pflanzenschutztechnik, in: Franz, G. (Hg.): Geschichte der Landtechnik im 20. Jahrhundert, Frankfurt/Main 1969, S. 238–251.
Hanf, M.: Von der Mechanik zur Chemie. 35 Jahre Pflanzenschutzentwicklung, in: Biologische Bundesanstalt für Land- und Forstwirtschaft (Hg.): 38. Deutsche Pflanzenschutz-Tagung, Berlin 1972, S. 12–41.
Hirn, G. und *Olbrich, M.:* Landwirtschaft – Pestizide als Bestandteil einer industriellen Agrikultur, in: Ruhnau, Altenburger, Bödecker (Hg.): Pestizid-Report, Göttingen 1991, S. 39–84.
Industrieverband Pflanzenschutz e. V. (Hg.): Die Pflanzen schützen – den Menschen nützen, Frankfurt 1987.
König, K.: Sachkundig im Pflanzenschutz, München 1989.
Lehrbuch der Phytomedizin, Berlin, Hamburg 1976.
Mayer, K.: 4500 Jahre Pflanzenschutz, Stuttgart 1959.
Micklitz, H.-W.: Entwicklungslinien in der Geschichte des deutschen Pflanzenschutzrechtes, in: Rehbinder, E. (Hg.): Kolloquium über Pflanzenschutz, Tagungsband Bremen 1988, Düsseldorf 1991, S. 44–69.
Milles, D.: Gegen Hunger hilft Chemie, in: Ruhnau, Altenburger, Bödecker (Hg.): Pestizid-Report, Göttingen 1991, S. 15–38.
Milles, D.: Von Schädlingen und Schädigungen – Zur Geschichte der Pestizidzulassung, in: Rehbinder, E. (Hg.): Kolloquium über Pflanzenschutz, Tagungsband Bremen 1988, Düsseldorf 1991, S. 17–43.
Unger, F.: Die Exantheme der Pflanzen, o. O. 1833.
von Werneck, F.: Versuch einer Pflanzenpathologie und Therapie, o. O. 1807.

Abbildungsnachweis:

Archiv Freilichtmuseum am Kiekeberg.
Fischer, G. u. andere: Die Entwicklung des landwirtschaftlichen Maschinenwesens in Deutschland, Berlin 1910.
Fischer, G.: Landmaschinenkunde, Stuttgart 1928.
König, K.: Sachkundig im Pflanzenschutz, München 1989.
Kühn, J.: Die Krankheiten der Kulturgewächse, Berlin 1858.
Schlipf's Handbuch der Landwirtschaft, 17. Aufl., Berlin 1911.

Erzeugerschlacht und Blut und Boden – Landwirtschaft im III. Reich

von Hans Joska Pintschovius

Vom agrarpolitischen Amt zum Reichsnährstand

Die Weltanschauung der Nationalsozialisten kam in der sogenannten Kampfzeit zunächst ohne das später so heftig gefeierte und umworbene Bauerntum aus. Das Wählerpotential fand sich vor allem im mittelständischen Kleinbürgertum der Städte. Die Landbevölkerung war von der Parteiorganisation nur schwer zu erreichen, folglich standen die Probleme und Sorgen dieser Bevölkerungsschicht nicht im Mittelpunkt der wahlkämpferischen Aussagen. Freilich waren auch die Bauern betreffenden Forderungen im 25-Punkte-Programm der NSDAP erhoben worden, die aber vor allem die größeren Bauern und Grundbesitzer eher beängstigten und wenig geeignet waren, das traditionell konservativ gestimmte Landvolk für den Nationalsozialismus zu gewinnen. «Wir fordern», so war im Punkt 17 zu lesen, «eine unseren nationalen Bedürfnissen angepaßte Bodenreform, Schaffung eines Gesetzes zur unentgeltlichen Enteignung von Boden für gemeinnützige Zwecke.» Was unter «gemein-

Seit 1934 war R. Walther Darré Reichsbauernführer und Ernährungsminister. In Imperatorenpose pflegte er vor der Bauernschaft aufzutreten, hier 1934 anläßlich des Reichsbauerntags in Goslar.

nützige Zwecke» zu verstehen war, erläuterte der «Führer» in «Mein Kampf». Es ging nicht um die Vergesellschaftung des Bodens, wie die Kommunisten forderten, sondern um die Schaffung von Eigentum für landwirtschaftliche Arbeiter, Industrieproletariat und Kleinpächter. Damit sollten die Unterschichten an Grund und Boden beteiligt werden und ihrer klassenkämpferischen Forderungen entsagen. Zum anderen sollte damit die zunehmende Abwanderung der ländlichen Bevölkerung in die Städte eingedämmt und durch eine Rückwanderung der Industriearbeiter, zumindest in das städtische Umland, die Ausweitung der von sozialen Unruhen geprägten Arbeiterquartiere verhindert werden.

Siedlungsprogramme hatten bereits die Politiker der Weimarer Republik gefordert und in vielen Gebieten Deutschlands auch durchgesetzt, doch zeigte es sich sehr bald, daß damit der Landwirtschaftskrise nicht zu begegnen war, die gutgemeinte Absicht an den dringenden Problemen vorbeilief. Zum Ende der 20er Jahre erreichte die Weltwirtschaftskrise auch Deutschland.

Bauernunruhen in Schleswig-Holstein lassen die Nationalsozialisten das revolutionäre Potential erkennen.

Der Gewinner des Weltkriegs war zunächst Amerika, die Kriegsproduktion für die europäischen Partner hatte gewaltige Geldsummen in die Vereinigten Staaten gebracht, die Wirtschaft boomte. Für den Wiederaufbau des zerstörten Europa flossen nun in Friedenszeiten erhebliche Kredite in die daniederliegende Wirtschaft. Als im Oktober 1929 der sogenannte schwarze Freitag die ungesunde Entwicklung offenkundig machte, die Wirtschaft Amerikas zusammenbrach, war notwendige Konsequenz, daß der Kreditstrom abbrach, kurzfristige Anleihen sofort zurückgefordert wurden. Auch die deutsche Landwirtschaft war in den Jahren von 1921 bis 1930 in besonderem Maße mit kurzfristigen Krediten belastet. Zugleich sank die Kaufkraft der Bevölkerung dramatisch, Absatzmärkte brachen zusammen. Die europäischen Staaten, insbesondere jedoch Amerika suchten durch Schutzzölle ihre Märkte zu retten. Kredite der Schuldnerstaaten konnten folglich durch Exporte nicht mehr getilgt werden. Das Drama der deutschen Landwirtschaft vollendete sich, als der Getreidepreis durch die verstärkt auf den Markt drängenden neuen Produktionsländer Kanada und Australien zusammenbrach. Bis zum Ende des Jahres 1931 mußten 11 449 Höfe zwangsversteigert werden. In jenen Ge-

Am Elend des Bauern nach dem 1. Weltkrieg waren für die Nationalsozialisten die Juden schuld. Antisemitische Hetze 1935.

bieten, in denen gehäuft die Gerichtsvollzieher die Forderungen der Gläubiger vollstreckten, kam es zu bäuerlichen Unruhen und Gewalttaten gegen die Staatsmacht. Mit besonderer Bitterkeit erfüllte die Landwirte die Zwangseintreibung der Steuerschulden, so daß sich die Aktionen vor allem gegen die örtlichen Finanzämter richteten. Die Verwüstungen durch Brandanschläge dokumentierten den Haß gegenüber der Reichsregierung, die zum einen auf der Eintreibung der Steuerschulden bestand und zum anderen mit eilends beschlossenen «Notprogrammen für die Landwirtschaft» die Hilfe ad absurdum führte. Wortführer des Bauernprotestes wurde in Schleswig-Holstein Claus Heim, der unter der schwarzen Fahne das Gespenst eines neuen Bauernkrieges beschwor, mit Sprengstoffattentaten den bäuerlichen Unmut unterstrich. Jetzt erst erkannten die Nationalsozialisten das revolutionäre Potential in der Landbevölkerung. In Konkurrenz mit den Kommunisten warb man nun um die Gunst der Bauern. Dies war freilich nicht einfach, denn es fehlte an erfolgversprechenden Rezepten zur Überwindung der Krise.

In der Reichsleitung der NSDAP war der spätere Arbeitsdienstführer Konstantin Hierl Organisationsleiter II und damit verantwortlich für die politische Vorbereitung der Machtübernahme. Hier wurden die strategischen Voraussetzungen erarbeitet, die nach dem Wahlsieg der Nationalsozialisten realisiert werden sollten. Dazu gehörten die Pläne zur «Schaffung eines Volksheeres durch die Wiedereinführung der allgemeinen Wehrpflicht, die Erneuerung des deutschen Volkslebens und die Verbreitung eines Arbeitsdienstes für die deutsche Jugend». Hauptanliegen des Weltkriegs-Majors Hierl waren Wehrfragen und in diesem Zusammenhang der Arbeitsdienst als vormilitärische Ausbildung.
Über einen herausragenden landwirtschaftlichen Fachmann verfügte die Reichsleitung II nicht. Aus einem Konglomerat von Führerworten zur Rettung der deutschen Landwirtschaft entstanden 1929/30 «Parteiamtliche Kundgebungen» der Reichsleitung, in denen in groben Umrissen die NS-Agrarpolitik festgeschrieben wurde. Danach war der Landstand das «Fundament der gesamten Nation, der den besten Schutz gegen soziale Erkrankungen» bot. Die Hebung des Bauernstandes bedeutete, daß Industrie und Handel von ihrer ungesunden volkswirtschaftlichen Führungsrolle zurückgedrängt würden. Solcherart Parolen mochten wohl in den kämpferischen Wahlversammlungen ihre Wirkung zeigen, die Fachleute in den Bauernverbänden waren damit nicht zu locken, ihnen wurde deutlich, daß die Partei die Agrarfragen nicht in den Mittelpunkt ihrer Politik stellte. Überdies fehlte es unter den einfachen mittelständischen Parteigenossen an Verständnis für das Landvolk. In schlechter Erinnerung waren den Städtern noch die «Rübenwinter» des 1. Weltkrieges

«So war es» stand unter diesem 1935 nachgestellten Foto einer «Bauernvertreibung» 1929.

und die mangelhafte Solidarität der Bauern, die in den Notzeiten des Krieges mit Wucherpreisen das Elend der kleinen Leute gefördert hatten. Der Jammer der Bauern über ihr jetziges Unglück erntete nicht selten Schadenfreude.

Bis 1933 hatten die Nationalsozialisten kein agrarpolitisches Konzept.

Noch vor dem Höhepunkt der Landwirtschaftskrise wurde Hitler im Hause Schultze-Naumburg in Saalfeld ein junger Diplom-Landwirt vorgestellt, der sogleich das Wohlwollen des «Führers» erfuhr. Es war R. Walther Darré, erst 35 Jahre alt, als Auslandsdeutscher im besonderen Maße dem «Deutschtum» verpflichtet. Seine agrarpolitischen Vorstellungen beruhten vor allem auf den Arbeiten des Agrarökonomen Gustav Ruhland, dessen Untersuchungen zum Beispiel über die Wald- und Weidewirtschaft der Germanen die Bauernromantik des jungen Darrés förderten. Ruhlands Fazit seiner Forschung, «die Lösung der Agrarfrage ist die Lösung der sozialen Fragen des deutschen Volkes», übernahm Darré gleichermaßen wie die Schuldzuweisung für das bäuerliche Elend: der hemmungslose Kapitalismus und Liberalismus.

Rudolf Walther Darré wird von Hitler zum Leiter des agrarpolitischen Amtes ernannt.

Mit 14 Jahren kam Darré nach Deutschland, wo er dem Wunsch seiner Eltern entsprechend eine Schulausbildung erhielt. Es folgte ein Internatsaufenthalt in England. Kurz vor Beginn des 1. Weltkriegs begann er eine landwirtschaftliche Lehre an der deutschen Kolonialschule in Witzenhausen, die in jenen Jahren die deutschen Überseefarmer ausbildete. Der Krieg unterbrach diese Schulzeit, so daß Darré erst im Herbst 1920 seinen Abschluß machen konnte. Er war nun diplomierter Koloniallandwirt, ein Titel, der angesichts der verlorenen Auslandsbesitzungen wenig berufliche Chancen bot. Sein akademisches Diplom machte er anschließend an der Universität Halle. Der berufliche Werdegang Darrés begann an der ostpreußischen Landwirtschaftskammer. Die Tätigkeit befriedigte ihn wenig, sein Hauptinteresse lag in einer regen publizistischen Aktivität, wobei es ihm weniger um Ackerbau und Viehzucht ging, sondern vor allem um völkischnationalistischen Bauernhistorismus.
1928 erschien sein Buch «Das Bauerntum als Lebensquell der nordischen Rasse» und 1929 «Neuadel aus Blut und Boden». Es folgte ein kulturgeschichtlicher Vergleich über die Wertung des Schweines bei Semiten und Ariern. Mit diesen Veröffentlichungen hatte Darré das

künftige Fundament nationalsozialistischer Bauernpolitik gelegt. Kurz nach seiner Begegnung mit Hitler erhielt er den Auftrag, in der Reichsleitung der Partei das Referat Landwirtschaft zu übernehmen. «Organisieren Sie mir die Bauern», soll Hitler zu ihm gesagt haben. «Ich lasse Ihnen freie Hand.» Am 1. August 1930 trat Darré seinen Dienst im Braunen Haus in München an. Eigenverantwortlich begann er mit dem Aufbau des «Agrarpolitischen Apparates». Als neuer Abteilungsleiter in der Organisationsabteilung II forderte er am 21. 8. 1930 die Gauleiter auf, in ihren Gauabteilungen landwirtschaftliche Fachberater zu ernennen. In einem Merkblatt für diese sogenannten Bauernobleute hieß es: «Jeder Fachberater muß sich als eine Art von Auge und Ohr der Reichsleitung fühlen, d. h. zu erforschen suchen, welche Nöte und Sorgen die ländliche Bevölkerung seines Arbeitsgebietes bedrücken, welche Hoffnungen und Wünsche diese Bevölkerung erfüllen, welche örtlichen stammesmäßigen und landschaftlichen Besonderheiten bei der agrarpolitischen Propaganda der NSDAP berücksichtigt sein wollen.»

1933: Darré wird Reichsminister für Landwirtschaft und Reichsbauernführer.

Die Marschrichtung war damit festgelegt, die NSDAP sollte unter Berücksichtigung der regionalen Besonderheiten das Sprachrohr der Bauern sein, die Bauernnot propagandistisch genutzt werden. Den Fachberatern oblag es, zu den landwirtschaftlichen Verbänden ihres Bereichs enge Kontakte zu suchen. Dabei richtete die Partei ihr besonderes Augenmerk auf den größten und einflußreichsten Verband, den Reichslandbund, der auf Grund seiner konservativen Haltung und der überwiegend «völkisch» gesonnenen Mitglieder am geeignetsten erschien, für eine nationalsozialistische Infiltration empfänglich zu sein. Zum Zeitpunkt der Machtergreifung am 30. Januar 1933 waren nahezu alle Spitzenpositionen des Verbandes mit Nationalsozialisten besetzt; im Präsidium durfte man mit einer satten Mehrheit rechnen. Triumphierend konnte der hannoversche Landesbauernführer ausrufen: «Darré hat den Reichslandbund erobert.»

Die «Eroberung» der weiteren landwirtschaftlichen Organisationen erfolgte nach der «Gleichschaltung» der in Deutschland bestehenden Vereine und Verbände im Verlauf des Jahres 1933. Unter der Führerschaft Darrés wurden sie zur «Reichsführergemeinschaft des deutschen Bauernstandes» zusammengeschlossen. Zugleich übernahm Darré den Reichsverband der landwirtschaftlichen Genossenschaften Raiffeisen e. V., den deutschen Landwirtschaftsrat und schließlich den «Deutschen Landhandelsbund». Zum Reichsleiter erhoben, war R. Walter Darré an die Spitze der ständischen Organisationen gestellt und konnte damit auf Grund des «Gesetzes über die Zuständigkeit des Reiches für die Regelung des ständischen Aufbaus der Landwirtschaft» mit der nationalsozialistischen Ausrichtung des Bauerntums beginnen.

Es zeigte sich, daß der «Agrarpolitische Apparat» der Partei in den Jahren von 1930–1933 generalstabsmäßige Vorarbeit geleistet hatte. Zunächst hatte Darré jedoch eine herbe Enttäuschung hinnehmen müssen. Im ersten Kabinett Hitlers konnte ihm das Ernährungsministerium nicht überantwortet werden, der konservative Koalitionspartner beanspruchte das Wirtschafts- und Ernährungsministerium, das in Personalunion mit Alfred Hugenberg besetzt wurde; doch bereits im Juni 1933 vermochte Hitler mit der «Reaktion» abzurechnen, Hugenberg wurde entlassen und Rudolf Walther Darré zum Reichsernährungsminister ernannt.

Mit dem am 13. 9. 1933 erlassenen «Gesetz über den vorläufigen Aufbau des Reichsnährstandes und Maßnahmen zur Markt- und Preisregelung für landwirtschaftliche Erzeugnisse» konnte das Landvolk entsprechend dem Führerprinzip diszipliniert werden. Auch wenn der vom Reichskanzler ernannte Herr über den Reichsnährstand den Titel Reichsbauernführer erhielt, gebot er nicht nur über das Bauernvolk, zusammengeschlossen im Reichsnährstand waren «das deutsche Bauerntum und die Landwirtschaft, die landwirtschaftlichen Genossenschaften und der Landhandel sowie die Be- und Verarbeiter landwirtschaftlicher Erzeugnisse». Die Zugehörigkeit zum «Reichsnährstand» war besagten Gruppen zur Pflicht gemacht und vereinte damit alle in bezug zur Landwirtschaft stehenden Berufszweige. Das waren: Eigentümer von Höfen, Pächter, aber auch Verpächter, Nutznießer, Familienangehörige, Arbeiter, Angestellte, Beamte und schließlich die Altenteiler und Anspruchsberechtigten aus Pachtverträgen. Ferner gehörten zum Reichsnährstand etwa 40 000 Genossenschaften, wie Spar- und Darlehnskassen, Bezug- und Absatzgenossenschaften, Verwertungsgenossenschaften, Warengenossenschaften und Elektrizitäts-, Ma-

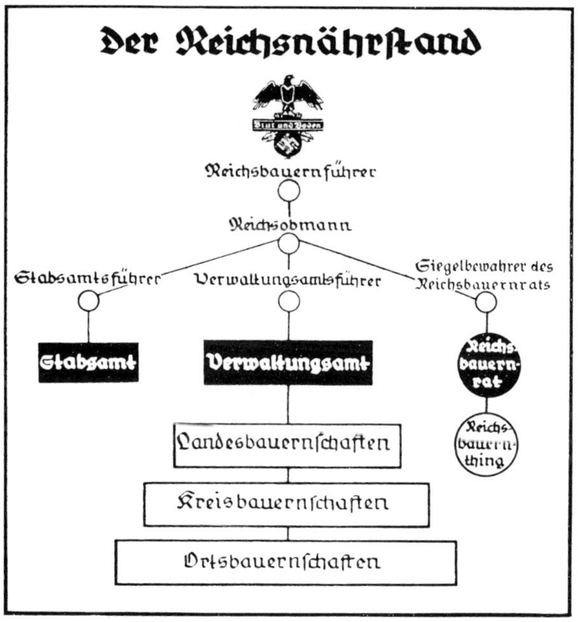

Aufbau des Reichsnährstandes. Von ständischer Selbstverwaltung konnte nicht die Rede sein.

schinen-, Weide- und Dreschgenossenschaften.
Eine weitere Gruppe der Mitglieder stellte der Landhandel, wie landwirtschaftliche Veredelungsbetriebe, Handelsbetriebe mit landwirtschaftlichen Erzeugnissen und Bedarfsartikeln, Getreidehandel, Mühlenbetriebe, Bäkkereien sowie Lagerhausbetriebe. Einige landwirtschaftliche Organisationen, wie der «Reichsbund Deutscher Diplomlandwirte», in dem auch Heinrich Himmler Mitglied war, der «Deutsche Land- und Forstangestelltenverband» und schließlich besonders hervorragende Züchterverbände durften als Vereine weiterhin existieren, wurden aber dem «Reichsnährstand» angegliedert. Dies betraf auch wissenschaftliche Forschungsinstitute, wie die weltweit anerkannte Kaiser Wilhelm Gesellschaft, deren landwirtschaftliche Fachrichtungen der Reichsnährstand in seine Obhut nahm.
Des weiteren wurden Darré die ernährungswirtschaftlichen Zusammenschlüsse, die mit der Regelung der Erzeugung, des Absatzes und der Preisregulierung betraut waren, unterstellt.

Organisation des Reichsnährstandes

Ausdrücklich unterstreicht das «Reichsnährstandsgesetz» den Charakter der Organisation als «Selbstverwaltungskörperschaft des öffentlichen Rechts». Selbstverwaltung war für die NS-Ideologen freilich auch Ausdruck eines verpönten Liberalismus, ein «dauerhafter Protest gegen den Staat», und entsprechend schränkte das Gesetz auch die gestaltende Mitwirkung der Mitglieder ein, indem die «Verantwortung für Volk und Reich» über den ständischen Eigennutz gestellt, der Reichsnährstand als «eine lebensfähige Stütze für den Aufbau, die Erhaltung und die Kräftigung des deutschen Volkes» zur Gemeinnützigkeit verpflichtet und der bäuerlichen Interessenvertretung Grenzen gesetzt wurden. Ausdrücklich wurde festgeschrieben, daß der Reichsnährstand gegenüber den angeschlossenen Personen «gewisse Rechte besitzt», worunter Weisungen und lenkende Eingriffe verstanden wurden. Selbstverständlich war auch der Reichsnährstand nach dem Führerprinzip organisiert und vom soldatischen Grundsatz «der unbedingten persönlichen Verantwortung und des unbedingten persönlichen Gehorsams» geleitet. An der Spitze stand der vom Reichskanzler ernannte Reichsbauernführer, der damit zum Chef über das Stabs- und Verwaltungsamt und zugleich der Vorsitzende des Reichsbauernrates und des Reichsbauerntages wurde. Gleichzeitig war er seit Juni 1933 Reichsernährungsminister. Entsprechend der militärischen Struktur der Verwaltung verstand sich das Stabsamt als «Generalstab» des Reichsbauernführers. Der Leitung der Stabsamtsführer mit sieben Abteilungsleitern, dem Verwaltungsamt, oblag die gesamte Verwaltungsarbeit und wurde als «Reichsspitze» der Reichsnährstands-Selbstverwaltung bezeichnet. Geleitet wurde es vom Verwaltungsamtsführer, der mit der Vertretung des Reichsnährstandes in allen Verwaltungsangelegenheiten betraut war und über sechs Hauptabteilungen verfügte, die inneren Hauptabteilungen A, B, C und Reichshauptabteilungen I, II, III. Die inneren Hauptabteilungen leisteten die Verwaltungsangelegenheiten des Reichsnährstandes, wie Personalien (A), Finanz- und Vermögensfragen (B) und schließlich das Verlags- und Zeitungswesen, Werbung und Propaganda (C). Die Reichshauptabteilungen I–III regelten die großen sachlichen Aufgabenbereiche.

Der Reichsnährstand wird militärisch organisiert.

Der Abteilung I fielen vor allem die Aufgaben der aufgelösten Bauernverbände in bezug auf fachliche Beratungen, Rechtshilfe und schließlich in zunehmendem Maße die weltanschauli-

che Ausrichtung auf den Nationalsozialismus durch Schulungen und Vortragsveranstaltungen zu.
Die vor der Machtergreifung von den landwirtschaftlichen öffentlich-rechtlichen Berufsvertretungen wahrgenommenen Aufgaben der Landwirtschaftskammern, Bauernkammern und des deutschen Landwirtschaftsrates übernahm die Hauptabteilung II. Hier wurden vor allem die Voraussetzungen für die Produktionssteigerungen erarbeitet und in die Praxis umgesetzt, u. a. die sog. «Erzeugerschlacht» organisiert.
Die Abteilung III regelte sämtliche Marktfragen. Dazu gehörten die Verteilung der Lebensmittel vom Erzeuger bis zur Be- und Weiterverarbeitung. Ferner oblag dieser Abteilung die Marktüberwachung, die Aufsicht über das Marktrecht, das Genossenschaftswesen und den Landhandel sowie die Organisation des Marktkreditwesens.

Der Reichsnährstand wird dem Wehrstand an die Seite gestellt.

Als weitere Institutionen des Reichsnährstandes gab es noch den Reichsbauernrat, der als fachlicher Beirat den Reichsbauernführern zur Seite gestellt war, und den Reichsbauerntag, der alljährlich als große bäuerliche Propagandaschau veranstaltet wurde.
Der Reichsführung weisungsgebunden unterstellt folgten auf der mittleren Ebene die Landesbauernschaften mit jeweils einem vom Reichsbauernführer ernannten Landesbauernführer. Die Verwaltung der Landesbauernschaft entsprach im wesentlichen der Reichsspitze. Leiter des Landesverwaltungsamtes war der Landesobmann. Auch dem Landesbauernführer war ein Bauernrat beigegeben, die alljährliche Ausrichtung eines Landesbauerntages desgleichen zur Pflicht gemacht.
Es folgten die Kreisbauernschaften unter der Leitung eines Kreisbauernführers und Kreisobmanns und einer gleichen Verwaltungsstruktur. Auf der untersten Ebene als kleinste örtliche Untergliederung herrschte ein Ortsbauernführer, der der Ortsbauernschaft vorstand.
Die nationalsozialistische Führung wurde nicht müde, die generalstabsmäßige Gliederung des Reichsnährstandes zu preisen. «Auf Grund der nunmehr eingeführten Ordnung und Übersicht ist es uns überhaupt erst möglich, wie ein Feldherr an seinem Frontabschnitt, Lücken und Mängel festzustellen und abzustellen», läßt Darré durch Wilhelm Kinkel seinen Bauern mitteilen und fährt fort: «Die heutige verantwortungsbewußte und weitschauende Volksführung hat aus jener schweren Not [dem 1. Weltkrieg] die Erkenntnis gezogen, daß ein Wehrstand nur einen Sinn

Reichsbauerntag 1936 in Goslar.

hat, wenn ihm ein gleichwertiger, leistungsfähiger Nährstand zur Seite steht. Ja, man erkennt, daß sogar der Nährstand die Voraussetzung des Wehrstandes ist.» Die landwirtschaftlichen Berufszweige, militärisch organisiert und in Frontstellung gebracht, konnten nun zur Erzeugerschlacht aufgefordert werden. Feldherr war Walther Darré, der als hoher SS-Führer in schwarzer Uniform in Imperatorenpose vor seine Bauern trat und in markigen Worten Arbeit und gerechten Lohn versprach.

Die Erzeugerschlacht

Ziel der Erzeugerschlacht war die Steigerung der Erträge je Flächeneinheit, Verbesserung der Tierleistung bei gleichbleibender Futtermenge und die Freistellung von Flächen für die Wiederaufnahme neuer Erzeugerzweige, insbesondere für die Fett- und Bekleidungswirtschaft. Das ferne Ziel der Verantwortlichen war eine weitgehende Importunabhängigkeit und Devisenersparnis. Volkswirtschaftlich war die Erzeugerschlacht jedoch nicht unproblematisch. Es war eine Gratwanderung und tangierte unterschiedliche Interessen, zum Beispiel des Wirtschafts- und Außenministeriums.

Wehrstand und Nährstand, für die Nationalsozialisten eine militärisch organisierte Einheit.

Voraussetzung für die Erzeugerschlacht war eine strenge Marktordnung des Binnenmarktes, die mit den Wettbewerbseinschränkungen für die marktbrechenden ausländischen Erzeugnisse in Einklang gebracht werden mußte und überdies erhebliche Gefahren in sich barg, da sie leicht zu einer außenpolitischen Isolierung führen konnte und eine Einschränkung der Ausfuhrindustrie bedeutete. Die Lösung dieses Problems oblag den für die verschiedenen Erzeugnisse eingerichteten Reichsstellen, etwa für Getreide, Futtermittel, Milcherzeugnisse etc., die durch lenkende Eingriffe die unterschiedlichen Interessen zu koordinieren und damit die Voraussetzungen für bilaterale Agrarvereinbarungen mit anderen Staaten zu schaffen hatten. In Zusammenarbeit mit dem Wirtschaftsministerium wurde so der Rahmen der deutschen Außenhandelspolitik abgesprochen bzw. die wirtschaftspolitischen Vorteile des Tauschhandels mit anderen Staaten geprüft. Dabei überwogen die staatlichen Interessen, der Reichsnährstand hatte sich volkswirtschaftlichen Gesamtinteressen zu fügen. Die Regelungen des Binnenmarktes und die Einfuhrsperren versprachen den Bauern die Verbesserung ihrer Lebensverhältnisse, die Produktionssteigerungen stellten den in der Landwirtschaft Tätigen eine Angleichung ihres Einkommens an die Industrielöhne in Aussicht.

Ziel der NS-Landwirtschaftspolitik ist es, eine weitgehende Importunabhängigkeit zu erreichen.

Höhere Gewinne als Voraussetzung für die Entschuldung der Betriebe war ein weiteres Ziel, da die staatlichen Maßnahmen nur begrenzte Erfolge zeigten. Sechs Jahre nach der Machtergreifung sah die Bilanz der NS-Agrarpolitik nicht gut aus. Auf der deutschen Landwirtschaft lasteten noch 11 Milliarden RM Schulden. Im Vergleich zum Jahre 1932 war bei den Kleinbetrieben die Kreditbelastung leicht angestiegen (um ein Prozent), bei den Mittel- und Großbetrieben nur um 4–5 Prozent zurückgegangen. Verglichen mit den von der Landwirtschaft erzielten Erträgen und Erlösen waren diese Zahlen jedoch bedrohlich und zeigten, daß die Erzeugerschlacht zum Grabenkrieg geworden war.

Der Gesamtertragswert der deutschen Landwirtschaft betrug im Wirtschaftsjahr 1937/38 rund 12½ Milliarden RM, der Verkaufserlös ca. 9½ Milliarden RM. Solche Zahlen forderten düstere Prognosen heraus; sie zeigten, daß

Trotz aller Anstrengungen: Die Verschuldung der deutschen Landwirtschaft geht nicht zurück.

die Schuldenlast dem Gesamtertragswert entsprach und 1½ Milliarden RM höher als der gesamte Verkaufserlös war.
Die Fachleute des Reichsnährstandes mußten bei Kriegsausbruch eingestehen, daß das Reichsnährstandsgesetz, die Maßnahmen zur Markt- und Preisregelung, die Entschuldungsgesetze und die Steuergesetze nicht die gewünscht rasche Wirtschaftsbesserung erbracht hatten. Auch die Bemühungen, die industriellen Produkte für die Landwirtschaft kostengünstiger abzugeben, schufen keine wesentliche Entlastung. Für Landmaschinen, Kunstdünger, Stromverbrauchstarife wurden zwar die Preise gesenkt, wobei zum Beispiel bei der Produktion von Landmaschinen die Wehrproduktion Vorrang hatte und es zuweilen Lieferungsschwierigkeiten gab.

Nur in Teilbereichen ist ein Erfolg beschieden. Trotz Rüstung, die Mechanisierung geht voran.

Eine alte Forderung der landwirtschaftlichen Interessenverbände nach kostendeckender Preisgestaltung durfte vom Reichsnährstand nicht erhoben werden, das hätte eine Preissteigerung zur Folge gehabt, die im Hinblick auf die Lohnpolitik nicht erwünscht war. Eine höhere Belastung der Verbraucher verbot sich aus gesamtwirtschaftlichen Überlegungen. Von einigen Ausnahmen abgesehen blieben

Aufruf zur vermehrten Fettproduktion.

Als wirtschaftliche Erfolge ausbleiben, bemühen die NS-Politiker eine neue Bauernromantik.

die Preise stabil, Kostensenkung versprach man sich durch rationelle Verteilungsmethoden, durch die die Zwischenhandelsverdienste niedrig gehalten werden konnten, doch blieben solcherart Bemühungen ein Tropfen auf dem heißen Stein. Auch die Modernisierung der Landwirtschaft durch technische Verbesserungen zeigte nur begrenzte Erfolge. Dennoch wurden mit einer Vielzahl von Beihilfen Betriebsstrukturverbesserungen eingeleitet und auch durchgesetzt. Geldmittel flossen für den Bau von Silos, Jauchegruben, Düngersammelanlagen und Güllegruben. Stallverbesserungen und die Anschaffungen von Technik wurden günstig finanziert. Daneben suchte man die Wohnungsverhältnisse der Landarbeiter zu verbessern. Die Forderung nach einer Modernisierung der Landtechnik und effektivem Einsatz landtechnischer Geräte wurde weltweit in der Landwirtschaft erhoben. Der deutlich auch in Deutschland zu verzeichnende Mechanisierungsschub in der Mitte der 30er Jahre hob sich nicht von den anderen Industrienationen ab. Dennoch waren die Ausgabensteigerungen für Maschinen und Ackergeräte im Reich durchaus imponierend. 1932 investierten die Landwirte 138 Millionen RM in die Mechanisierung, 1939 war diese Summe auf 593 Millionen RM gestiegen. Das bedeutete freilich, trotz staatlicher Hilfen, auch eine Vermehrung der Schuldenlast, die man durch genossenschaftlichen Einsatz zu vermindern suchte und zu diesem Zweck, zum Beispiel in Häusern bei Bibrach, Versuchsprojekte förderte. Im Zusammenhang mit den nach wie vor drängenden Problemen wurde die Forschung zu gewaltigen Anstrengungen aufgefordert. Zumindest theoretisch versprach man sich in der nahen Zukunft eine Produktionssteigerung um 50 Prozent, die dazu notwendigen Gelder für Investitionen waren freilich nur bedingt vorhanden.

Das Erbhofgesetz

Angesichts der schleppenden Fortschritte bei der versprochenen Gesundung der Landwirtschaft und der noch immer deutlichen Unterbewertung der landwirtschaftlichen Arbeit glaubte die Reichsleitung, durch eine propagandistische Aufwertung des Bauerntums beschwichtigend wirken zu müssen. Zu sehr klaffte ein Unterschied zwischen den Lobpreisungen des Deutschen Bauerntums als

«Grundlage des deutschen Volkskörpers» und den tatsächlichen ökonomischen Verhältnissen. Darrés Bauernromantik und Blut-und-Boden-Mythos vollendete sich an dem Versuch der Neogermanisierung des Bauernstandes, der er mit dem Erbhofgesetz Gestalt gab. Eine gesetzliche Erbregelung war freilich keine neue Errungenschaft der Nationalsozialisten und durchaus sinnvoll und notwendig. Lediglich das weltanschauliche Fundament, der NS-Rassenwahn, war eine aberwitzige Zugabe, die zunehmend in den Vordergrund gestellt wurde.
Als 1831 durch das sogenannte Ablösungsgesetz die Bauern im Königreich Hannover ihre Abgaben und Dienste mit dem 25fachen (später 8fachen) der jährlichen grundherrlichen Belastungen ablösen konnten, um aus den Verpflichtungen des Grundherren entlassen zu werden, die Höfe in das Eigentum der Bauern gelangten, drohte der Landwirtschaft schwerer Schaden. Die Bauern durften nun den Hof teilen oder verkaufen. Aus diesem Grund wurde 1874 für die preußische Provinz Hannover ein Höferecht und Anerbenrecht erlassen. Freiwillig konnte der Eigentümer beim zuständigen Amtsgericht seinen Hof in eine Höferolle eintragen lassen. Damit ging beim Tode des Bauern, wenn kein Testament vorhanden war, der Besitz ungeteilt auf den Anerben über, die Geschwister mußten abgefunden werden. Dieses und in anderen Gebieten Deutschlands ähnliche Gesetze waren die Grundlage auch des Erbhofgesetzes. Es regelte die Unveränderlichkeit, Unverschuldbarkeit und Unteilbarkeit des Erbhofes. Im Gegensatz zum hannoverschen Anerbengesetz schränkte allerdings das neue NS-Gesetz das Recht des Bauern an seinem Grund und Boden erheblich ein. Entsprechend der nationalsozialistischen Ideologie und dem Rückgriff auf eine fragwürdige Germanenforschung sollte der einzelne Bauer nur noch auf dem Hof Treuhänder seiner Sippe und seines Volkes sein und verpflichtet werden, den zukünftigen Anerben den Besitz so weiterzugeben, wie er ihn von den Vorfahren übernommen hatte. Überdies sollte er sich den Forderungen der allgemeinen Volkswirtschaft unterordnen und den Leitspruch verinnerlichen «Du bist nichts – Dein Volk ist alles». Veräußerungen des Bodens und eine Verschuldung waren nicht möglich. Gestattet war nur eine männliche Erbfolge, den weiblichen Erben standen lediglich eine berufliche Ausbildung und eine Aussteuer zu. Trotz der erheblichen Schmälerungen der Rechte des Höfners stieß das Gesetz, soweit es der Erhaltung der Höfe diente, auf Zustimmung. Das Bestreben, gesunde, ungeteilte Höfe den Erben zu übergeben, ist alte bäuerliche Tradition, und staatlicher Schutz gegenüber unvernünftigen Erben war stets willkommen.
Das Erbhofgesetz konnte wohl den Bestand der Höfe sichern, doch eine Verbesserung der wirtschaftlichen Situation vermochte es nicht zu leisten. Nicht wenige Landwirte hatten bald den Eindruck gewonnen, daß die neogermanische Renaissance, der Bauernmythos die ungelösten Probleme zukleistern sollte. Künstler nahmen sich des deutschen Bauern an. In Öl, Holzschnitt und Bronze schufen sie ein romantisches Bauernideal, nordische Menschen hinter hölzernem Urväterpflug und nährende Bauernmütter symbolisierten eine weitere Aufgabe des Reichsnährstandes: für die Arterhaltung des Blutes zu sorgen, das Bauerntum als Lebensquell des Volkes, als Züchtungsmaterial der arischen Rasse zu schützen und zu pflegen.
«Der Bauer», so schreibt Johannes von Leers in einer landwirtschaftlichen Lehrbuchreihe des Reichsnährstandes, «trägt außerdem, da

Das Bauerntum soll als «Rasschumus» den deutschen Volkskörper gesunden lassen.

Deutsche Künstler waren aufgefordert, sich bäuerlicher Themen anzunehmen.

er kaum Rassemischung mit sehr fremdartigem Blut durchgemacht hat, auch rassisch das Erbe unseres Volkes am reinsten . . .» Trotzdem hatte die «Rasse- und Siedlungspolitische Abteilung» im Reichsnährstand vollauf zu tun, den als Voraussetzung der Erbhofbauernschaft geforderten arischen Nachweis zu prüfen und Anleitungen für die Anfertigung eines Stammbaumes zu geben. Als Musterstammbaum war die bäuerliche Ahnentafel des «Führers» vorgeschlagen.

Das Erbhofgesetz erreicht das Gegenteil seiner Absicht. Die weichenden Erben verlassen das Land.

In die geforderte optimale Saat- und Viehzucht waren die Menschen eingeschlossen. Mit dem Erbhofgesetz verband sich die Hoffnung, die Voraussetzung einer Gesundung des Bauerntums einzuleiten, Bildung, Kultur und Sittlichkeit des Standes zu heben, dabei sollte die wirtschaftliche Konsolidierung die Voraussetzung sein. Doch in bezug auf die ökonomischen Bestimmungen des Gesetzes zeigten sich sehr bald erhebliche Mängel, die von den Fachleuten im Reichsnährstand zwar erkannt wurden, die abzustellen ihnen in der Auseinandersetzung mit den Ideologen jedoch nicht möglich war.

Die Größe der Erbhöfe sollte zwischen 15 und 124 ha liegen. Dabei blieben die Bodenqualität und andere, zum Beispiel regional bedingte Ungleichheiten unberücksichtigt. Die Folge war, daß zu Erbhöfen erhobene Betriebe sich wirtschaftlich unterschiedlich entwickelten.

Ein 15 ha großer Hof in der fruchtbaren Magdeburger Börde konnte ausreichende Erträge vorweisen, während ein 125-ha-Betrieb in der Lüneburger Heide erhebliche Schwierigkeiten haben konnte.

«Neuadel aus Blut und Boden» war der Titel eines Buches von Walther Darré, und entsprechend dieser Forderung sollte als neues Adelsprädikat die Bezeichnung «Bauer» nur dem Besitzer eines Erbhofes zustehen. Damit waren jene diskriminiert, die nicht das Emailleschild mit der Aufschrift «Erbhof» an ihre Hauswand nageln durften. Ein Großgrundbesitzer erhielt diesen Ehrentitel nur, wenn er sein Gut verkleinerte, der Kleinbauer mußte seine Stelle vergrößern, anderenfalls stand beiden nur die Bezeichnung Landwirt zu.

Widersprüchlich waren auch die rigorosen Erbregelungen, zum einen versprach man eine besondere Familienförderung und lobte den bäuerlichen Sippenzusammenhalt, zum anderen erwiesen sich die Bestimmungen für die weichenden Erben als landfluchtfördernd. Baugrundstücke für Bruder und Schwester durften nicht aus dem Grundeigentum herausgenommen werden, die Geschwister waren also im wahrsten Sinne des Wortes zum Weichen gezwungen. Sorge getragen werden mußte lediglich für eine Berufsausbildung, die nicht immer auf dem Lande ermöglicht werden konnte und zumeist auch wenig attraktiv war, so daß die Stadtflucht durch diese Regelung, entgegen der eigentlichen Absicht, gefördert wurde. Dieses empfanden die Betroffenen zuweilen nicht nur als ungerecht, es widersprach auch der verwandtschaftlichen Fürsorgepflicht.

Der Reichsnährstand – Selbstverwaltungskörperschaft?

Der Reichsnährstand und insbesondere sein Führer hatten mit großem propagandistischen Aufwand der Bauernschaft versprochen, Sachwalter ihrer Interessen zu sein. In seinen großen Auftritten auf Massenkundgebungen wurde Darré als Schutzpatron der Bauern gepriesen. In grenzenloser Selbstüberschätzung zeigte sich der Bauernführer in der Pose des für die Erhaltung der Scholle kämpfenden, ersten Bauern der Nation. Dabei geriet er zuweilen in peinliche parteipolitische Auseinandersetzungen, so als er eine Gedenkstätte für die

Sachsenunterwerfung durch Karl den Großen in Verden errichtete. Darré verfügte, daß im sogenannten Sachsenhain für jeden ermordeten sächsischen Edeling ein Findling an das historisch umstrittene Massaker erinnern sollte.
Die erwartete breite Unterstützung der «bäuerlichen Nachkommen» der Sachsen blieb aus, die hohen Kosten hielt man für ungerechtfertigt, und die zahlreichen Pannen bei der Projektierung ließen die nüchternen Norddeutschen schmunzeln. Schließlich gelang es doch, die Gedenkstätte fertigzustellen.
Das nun als Denkmal für den Reichsbauernführer konzipierte Ehrenmal sollte Karl den Großen als Sachsenschlächter schmähen. Darré wollte höchstselbst die Einweihung vollziehen und sein historisches Weltbild in einer Rede kundtun. Zu seinem Entsetzen mußte er jedoch erleben, daß anläßlich des Parteitages 1936 in Nürnberg Rudolf Hess dem Führer die Nachbildung des Schwertes Kaiser Karls überreichte und Hitler mit dem von Darré als Mörder gebrandmarkten Frankenkaiser verglich. Die Aktion Sachsenhain wurde mit Stillschweigen bedacht, der Propagandarummel abgeblasen.
Das Kernland deutschen Bauerntums lag für Darré in Niedersachsen, und ausgerechnet in diesem Gebiet verlor er seine Reputation sowohl bei den Bauern als auch innerhalb der Parteihierarchie.
Schmerzlicher als seine Sachsenhainschlappe war eine Auseinandersetzung mit Bauern der Lüneburger Heide, die ihn um Hilfe ersucht hatten. In Vorbereitung der Wiederherstellung der allgemeinen Wehrpflicht plante die Reichswehr einen großen Truppenübungsplatz inmitten der Heide. Mehrere Dörfer sollten zu diesem Zweck geräumt, deutsche Bauern von ihrer angestammten Scholle vertrieben werden. Mit markigen Worten versprach der Bauernführer Hilfe, gelobte feierlich, Front gegen diesen Plan zu machen und die Interessen der Betroffenen kämpferisch zu vertreten. Doch ein Wink «von oben» genügte, den Reichsbauernführer verstummen zu lassen, der zugesagte Protest blieb aus, als die Wehrmacht auf der Ausführung der Planung bestand. Die Teilnahme Darrés an den Versammlungen der erregten Bauern wurde abgesagt. Was im nationalsozialistischen Staat undenkbar erschien geschah, die Bauern hißten wieder schwarze Fahnen. Vom Reichsbauernführer im Stich gelassen mußte die Landesführung ihre Hilflosigkeit bekennen und sich sogar Schmähungen des Reichskanzlers Hitler anhören. Im Gegensatz zu bereits üblich gewordenem Brauch, Angriffe auf den Führer mit einer Einweisung in ein KZ zu ahnden, blieben Zwangsmaßnahmen gegen die protestierenden Bauern aus.
Die Parteileitung betrachtete den Reichsbauernführer als Schuldigen, der durch sein Hilfsversprechen Öl in das Feuer der Erregung gegossen und zudem feige die Auseinandersetzung vermieden hätte. Das Versprechen Darrés, den «Nährstand zum Ehrenstand» zu erheben und zugleich der erste Vertreter der bäuerlichen Interessen zu sein, konnte nicht gehalten werden. Er gehörte nicht zur Spitze der NS-Hierarchie, und zunehmend sank sein Ansehen. Im Widerstreit zwischen Reichsinteressen und Standesforderungen mußten letztere zurücktreten. Insbesondere an Walther Darré gerichtet, ließ der Organisationsleiter der NSDAP, Dr. Robert Ley, eine Denkschrift anfertigen, in der er deutlich machte, daß eine ständische Vertretung unerwünscht sei, da «der Nationalsozialismus keine Parallelität von politischen Funktionen und Aufgaben der Berufs- und Wirtschaftsgruppen kennt. Die politische Willensbildung liegt bei der Partei.»

Rudolf W. Darré verliert seinen Einfluß in der Parteispitze und sein Ansehen bei den Bauern.

Der Reichsnährstand und die Kriegswirtschaft

Schuld am Untergang Deutschlands waren für die Nationalsozialisten die «Novemberverbrecher» des Jahres 1918. Juden und Sozialdemokraten waren für die Streiks verantwortlich, mit denen der Front in den Rücken gefallen worden war. Der Dolchstoß war jedoch nach Auffassung der NS-Ideologen nur möglich, weil die kaiserliche Führung eine richtige und nötige Kriegsvorbereitung versäumt, den Nährstand vernachlässigt, das Volk dem Hunger preisgegeben hatte. Die Erfahrungen des Ersten Weltkriegs sollten sich nach dem Willen der «NS-Führung» nicht wiederholen, Nährstand und Wehrstand wurden als Einheit verstanden.

Von Anbeginn war der Reichsnährstand an der Kriegsvorbereitung beteiligt.

In diesem Sinne wurde das Ernährungsministerium bereits seit der Gründung des Reichsverteidigungsrates im April 1933 in die Planung und Vorbereitung der Wiederaufrüstung hinzugezogen und mit der Vorbereitung einer Kriegswirtschaft beauftragt. Erste Erfolge waren nach einem Jahr zu vermelden: Die Ein-

führung von Lebensmittelkarten war vorbereitet, die ernährungswirtschaftliche Forschungsstelle hatte überdies einen Kriegsernährungsplan erarbeitet. Bei Kriegsausbruch konnte Hitler triumphierend der Weltöffentlichkeit mitteilen, daß die Lagerhäuser gefüllt, die Ernährungsgrundlage des deutschen Volkes gesichert wären.
Der Aufbau und die Zielsetzungen des Reichsnährstandes hatten sich als Instrument der Kriegsvorbereitung bewährt. Marktordnung und Erzeugerschlacht erwiesen sich als gezielt installierte Steuerungsinstrumente für die Ernährungswirtschaft im Kriege. Im Gegensatz zum 1. Weltkrieg verfügte das Reich im August 1939 über eine erhebliche Reserve an Grundnahrungsmitteln. Etwa 6 Millionen t Getreide waren eingelagert. Des weiteren verfügte man über 600 000 t Fett. Auf eine Bevorratung weiterer Lebensmittel hatte man zugunsten der erstgenannten Reserven weitgehend verzichtet, da zum Beispiel die Eigenerzeugung an Zucker sich als ausreichend erwiesen hatte und festgestellt war, daß nur 25 Prozent der deutschen Kartoffelerträge in die Haushalte flossen, aber 70 Prozent der industriellen Weiterverarbeitung zugeführt wurden.

Blockadesichere Länder werden als landwirtschaftliche Handelspartner in die NS-Wirtschaft eingebunden.

Kriegsplakat des Reichsnährstandes.

Aus der Erzeugerschlacht wurde 1944 die Ablieferungsschlacht.

Problematisch verhielt es sich in bezug auf die Fleischproduktion. Bei Kriegsausbruch war die Fleischversorgung zwar sichergestellt, doch war in Zukunft mit Engpässen beim Futtergetreide zu rechnen. Dem erheblichen Kalorienverlust bei der Verwertung pflanzlicher Erzeugnisse über den Tiermagen mußte begegnet werden, der Tierbestand, insbesondere der der Schweine, reduziert bzw. auf den zur Verfügung stehenden Futterrest abgestimmt werden.
Vorrangig war die Versorgung der Bevölkerung mit Brot und Kartoffeln, die Lieferungen an tierischem Eiweiß sanken auf ein Minimum. Bei einem jährlichen Einfuhrbedarf von 2 Millionen t Brot- und Futtergetreide und 400 000 t Fett war errechnet worden, daß bei kriegsbedingter Verringerung der Importe, normalen Ernteerträgen und strikten Rationierungsmaßnahmen für etwa 3 Jahre Reserven vorhanden waren. Vor diesem Hintergrund ist die Äußerung Darrés verständlich, daß «die ganze Arbeit der Agrarpolitik seit der Machtergreifung . . . bereits unter dem Zeichen der Vorbereitung für einen eventuellen Krieg stand.»
Bei optimaler Vorsorge blieb die Sorge um den Außenbeitrag der deutschen Ernährungswissenschaft, die Einfuhr der im Lande nicht,

oder nicht ausreichend, produzierten Agrargüter. Im Verlauf der ernährungspolitischen Kriegsvorbereitung war man auf Grund der katastrophalen Erfahrungen des 1. Weltkriegs mehrgleisig verfahren. Das hieß: Förderung der Eigenproduktion, handelsvertragliche Vereinbarungen mit blockadesicheren Partnerländern und schließlich militärstrategische Planungen bzw. schnelle Landeroberungen, die zumindest den Lebensmittelbedarf der Truppe sicherten. Zunächst war dabei die wichtigste Herausforderung des Reichsnährstandes, in Absprache mit dem Wirtschafts- und Außenministerium eine blockadesichere Außenhandelspolitik zu begründen. Auf überseeische Importe mußte verzichtet werden, zumal die militärische Führung einen ausreichenden Geleitschutz für die Handelsflotte ausschloß. Aus militärstrategischen Gründen boten sich als Handelspartner die Staaten Südosteuropas an; sie lagen im Einflußbereich der deutschen Waffen und waren überdies dem Blockadezugriff der Westmächte entzogen. Sehr früh banden die entsprechenden Reichsstellen die Südosteuropäer, die vom Agrarexport abhängig waren, in die deutsche Handelsvertragspolitik ein, garantierten die Abnahme großer Teile ihrer Agrarproduktion zu Preisen, die über denen des Weltmarktes lagen, und boten überdies als Kompensation deutsche Industriewaren an. Sukzessive und wie in einem Spinnennetz verwoben band man die Handelspartner in die deutsche Agrarpolitik ein. Der deutsche Importbedarf betraf in erster Linie Futtergetreide und Ölfrüchte, so daß zunehmend eine Umstellung der landwirtschaftlichen Produktion in den südosteuropäischen Staaten eingeleitet wurde, die den Bedürfnissen des mächtigen deutschen Abnehmers entsprach. Um größere Erträge zu erzielen, lief eine Modernisierung der Betriebe einher, insbesondere durch die Lieferung deutscher Landtechnik erfolgte eine weitere wirtschaftliche Verflechtung, zumal die technischen Exporte des Reiches ein erhebliches Außenhandelsdefizit zugunsten des Reiches begründeten und die Staaten Südosteuropas in eine unauflösbare Kreditabhängigkeit brachten. Daß diese Wirtschafts- und Handelsverträge auch außenpolitische Konsequenzen hatten, war Absicht und entsprach den haushoferschen «geopolitischen» Vorstellungen, die einen Teil der nationalistischen Führer wesentlich geprägt hatten, sie garantierten zumindest, daß die südosteuropäischen Staaten sich nicht auf die Seite der Westmächte schlugen. Bis kurz vor Kriegsende blieben die Länder Südosteuropas ein wesentlicher Nahrungslieferant des Reiches.

Die Ausplünderung der besetzten Gebiete erweist sich als grundsätzlicher Fehler.

Nicht vorhersehbar, gleichwohl in die ernährungswirtschaftliche Planung einkalkuliert, waren die mit den militärischen Blitzkriegserfolgen verbundenen Zugriffsmöglichkeiten auf die Agrarprodukte der besetzten Gebiete. Wiederholt versprachen die NS-Führer der deutschen Öffentlichkeit mit dem Hinweis auf den eroberten Raum eine Verbesserung bzw. Sicherung der Versorgungslage. Weniger die Fachleute des Reichsnährstandes als die politischen Führer überschätzten allerdings diese Ernährungsreserven, zeigte es sich doch, daß diese Länder kaum Vorsorge getroffen hatten und gleichermaßen und zuweilen in noch stärkerem Umfang von Importen abhängig waren, die nun durch die Blockade ausblieben.

Kalorienzuteilung verdeutlicht die Untermenschentheorie der Nazis.

Am 6. August 1942 hatte Hermann Göring in einer Besprechung mit den Leitern der deutschen Dienststellen in den besetzten Gebieten auf die Ausplünderungsmöglichkeiten verwiesen und versichert, kein Deutscher brauche zu hungern, da man auf die okkupierten Länder keine Rücksicht zu nehmen gedenke. Die schlechten Ernten in der Heimat, so verlangte er, sollten durch verstärkte Lebensmittellieferungen

Holzschnitt von E. Grunwald: Die kämpfende Front und die schaffende Heimat empfangen das Brot vom Bauern.

Die deutsche Landwirtschaft trägt auch während des Krieges die Hauptlast der Versorgung.

rungen aus dem besetzten Ausland ausgeglichen werden. Überdies war die Wehrmacht befugt, den Eigenverbrauch der Truppe zu requirieren. Doch die Entnahmen waren nur begrenzt möglich, die Sicherheitskräfte und die militärische Führung warnten vor Hungerunruhen und Streiks, wie sie im letzten Kriegsjahr tatsächlich, zum Beispiel mit dem großen Eisenbahnerstreik in Holland, dann auch in außerordentlich prekärer militärischer Situation eintraten.

Gerechte Lebensmittelversorgung wird erreicht.

Die Versorgung der Bevölkerung in den besetzten Gebieten erfolgte im Rahmen politischer Erwägungen und war in den Westgebieten weitaus besser als im Osten. Die festgelegten Normalverbraucherrationen dokumentieren eindrucksvoll die Wertung und Absichten der NS-Führung. Mit 1980 Kalorien pro Tag lag im Jahre 1943 die deutsche Bevölkerung an der Spitze. Es folgte das Protektorat mit 1920, die Niederlande mit 1765, Norwegen mit 1430 und schließlich Polen mit 850 Kalorien. Ohne jegliche Rücksichtnahme plünderte man entsprechend der Göring-Forderung die Sowjetunion aus. Insbesondere die ukrainische Kornkammer versprach eine sorgenfreie Ernährungsgrundlage, die man ohne Skrupel auszubeuten trachtete. Sowohl das Reichswirtschaftsministerium als auch das Ernährungsministerium hatten sich jedoch verrechnet. Die Lieferungen aus der Sowjetunion erreichten nur 10 Prozent dessen, was im Rahmen des Hitler-Stalin-Paktes an Deutschland geliefert wurde. Trotz der brutalen Ausbeutungspolitik, oder gerade deswegen, war eine Ertragssteigerung nicht zu erzielen. Das Land war gerade in der Lage, die deutschen Besatzungstruppen zu ernähren, die wenigen Überschüsse waren für die Ernährungswirtschaft Deutschlands unerheblich. Länder wie die Niederlande, Dänemark und Frankreich erbrachten eine wesentlich höhere Ausbeute. Der Grund für die Misere im Osten lag in der völlig verfehlten und bornierten Sklavenhaltermentalität der Reichsbevollmächtigten. Plan- und sinnlos wurden die noch vorhandenen Arbeitskräfte, Frauen und Männer, abgezogen und als «Fremdarbeiter» der deutschen Landwirtschaft und Industrie zur Verfügung gestellt. Repressalien gegen die Zivilbevölkerung und menschenunwürdige Arbeitsbedingungen lähmten die Einsatzfähigkeit, die gewachsenen Agrarstrukturen wurden überdies zerschlagen, ohne daß eine Planung für einen Neubeginn vorhanden gewesen wäre. Die Unfähigkeit, in den besetzten Ge-

1935 warb das Plakat zum Reichsbauerntag noch friedlich, ein Jahr später wird das Ziel der NS-Politik bereits deutlich.

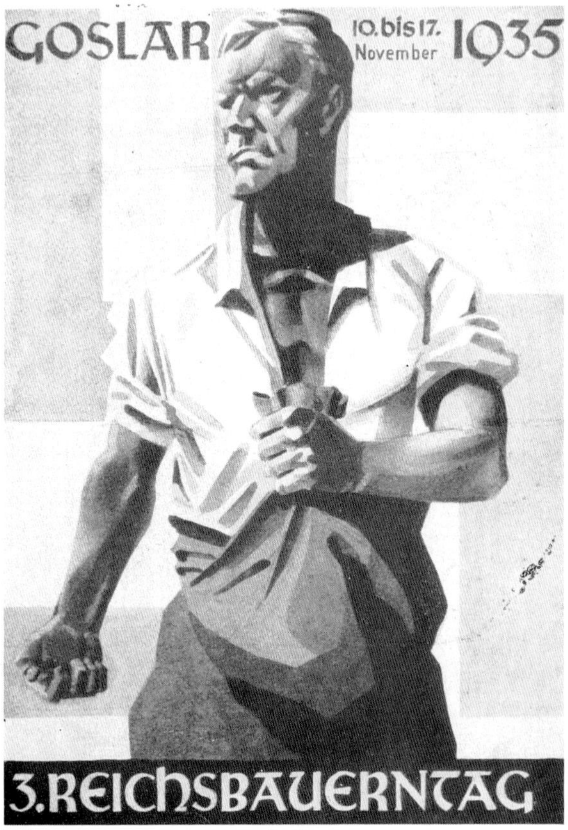

Reichsnährstand

Blut und Boden

Wochenblatt

der Landesbauernschaft Niedersachsen

So wie der deutsche Soldat wird auch das deutsche Landvolk weiterhin an Einsatzbereitschaft sich von niemand übertreffen lassen!

Nummer 1 / 96. Jahrgang / Hannover, Georgstr. 7 (Steintor) / Den 1. Januar 1943

bieten eine geordnete landwirtschaftliche Produktion aufzubauen, etwa entsprechend den Vorstellungen einiger einsichtiger Fachleute des Reichsnährstandes, hatte zur Folge, daß das durch den Angriffskrieg zusammengeraubte gewaltige weltgrößte Wirtschaftspotential ungenutzt blieb. Die deutsche Landwirtschaft war noch immer die Grundlage der Versorgung, und mit Ausnahme der Ernteausfälle 1941/42 konnten die Erträge nahezu auf dem Friedensstand gehalten werden.
Als die Herren des Reichsnährstandes 1947 vor den Schranken des alliierten Gerichts standen, verhehlten sie nicht ihren Stolz über die geleistete Arbeit, bestritten, an der Vorbereitung eines Angriffskrieges beteiligt gewesen zu sein mit dem Hinweis, die staatlich gelenkten Instrumentarien einer gezielten Landwirtschaftspolitik nur im Hinblick auf die Bewältigung der Weltwirtschaftskrise geplant und ausgeführt zu haben. Als Beweis brachten sie die geringe Ausbeute aus den besetzten Gebieten vor. Ihre organisatorischen Verdienste um die gerechte Lebensmittelverteilung an die Bevölkerung wollten sie als philantropischen Einsatz gerühmt wissen.

Zusammenbruch der Versorgung auf Grund der Transportprobleme.

Verantwortlich für die Rationierung waren die Landesernährungsämter bzw. die Ernährungsämter, in denen der Reichsnährstand für die Beschaffung, staatliche Stellen für die Verteilung verantwortlich waren. In Absprache mit der Reichsgesundheitsführung suchte man entsprechend des Nahrungsbedarfes der verschiedenen Altersklassen und der Arbeitsleistung die vorhandenen Lebensmittel gerecht zu verteilen. Für die Planer erwies es sich zuweilen als schwierig, den Forderungen der politischen Führung gerecht zu werden. Kleine Korrekturen mußten von der Parteikanzlei genehmigt werden, größere Eingriffe in die Lebensmittelversorgung wurden von Hitler entschieden. Das hatte zur Folge, daß dringend notwendige Einschränkungen zuweilen unterblieben und auf die schwindenden Reserven zurückgegriffen werden mußte. Dies lag allerdings weniger an einem Rückgang der Produktion, sondern vor allem am Zusammenbruch des Verteilersystems und des Transportwesens.

Literatur (Auswahl):

Franz, G. (Hg.): Quellen zur Geschichte des deutschen Bauernstandes in der Neuzeit, Darmstadt 1976.
v. Gönner, (Hg.): Spaten und Ähre, Heidelberg 1937.
Leevs, I.: Bauerntum, Berlin 1935.
Müller, I.: Deutsches Bauerntum zwischen gestern und morgen, Würzburg 1940.
Reichle, H. und *Saure, W.*: Der Reichsnährstand, Aufbau, Aufgaben und Bedeutung, Berlin o. J.
v. Rheden, H.: Verschiedene Beiträge und Verlautbarungen, in: Wochenblatt der Landesbauernschaft in Niedersachsen, Jahrgänge 1937/38.
Riecke, H. J.: Ernährung und Landwirtschaft im Kriege, in: Bilanz des II. Weltkrieges, Oldenburg, Hamburg 1953.
Sonnemann, Th.: Gestalten und Gedanken, Hannover 1975.

Abbildungsnachweis:

Archiv Freilichtmuseum am Kiekeberg.
Archiv des Reichsnährstandes, Bd. 2, Berlin 1934.
Archiv des Reichsnährstandes, Bd. 3, Berlin 1935.
Archiv des Reichsnährstandes, Bd. 4, Berlin 1936.
Archiv des Reichsnährstandes, Bd. 5, Berlin 1938.
Wochenblatt der Landesbauernschaft, Hannover Nr. 10, Hannover 1936.
Wochenblatt der Landesbauernschaft, Hannover Nr. 13, Hannover 1936.
Wochenblatt der Landesbauernschaft, Hannover Nr. 10, Hannover 1940.
Wochenblatt der Landesbauernschaft, Hannover Nr. 25, Hannover 1943.
Wochenblatt der Landesbauernschaft, Hannover Nr. 35, Hannover 1943.
Wochenblatt der Landesbauernschaft, Hannover Nr. 42, Hannover 1943.
Zentner, C. (Bearb.): Ein Volk, ein Reich, ein Führer, Bd. 2, Hamburg o. J.

Ostdeutsche Agrargeschichte im Überblick (1945–1990)

von Christine Papendieck

Gründliche, kritische und realistische Geschichtsaufarbeitung der im Herbst 1990 auslaufenden «DDR-Geschichte» ist auch oder gerade für den Bereich der Landwirtschaft notwendig. Hier wie anderswo gilt es, manche der bisher diktierten offiziellen Geschichtsdarstellungen zu überprüfen und zu korrigieren. Nicht überstürzte Schwarz-Weiß-Malerei, sondern Realismus ist als Grundlage unserer gemeinsamen Zukunft gefragt. Diesem Anliegen und dem Wunsch nach besserem gegenseitigen Verstehen und Verständnis von Ost- und Westdeutschen will auch der folgende Beitrag dienen. Dabei kann es sich aber nur um einen ersten Versuch zur Überblicksdarstellung handeln. Eine wissenschaftlich fundierte Aufbereitung der DDR-Geschichte im allgemeinen und ihrer Agrargeschichte im besonderen setzt ein umfassendes Detailstudium der historischen Quellen voraus und wird noch einen langen Zeitraum in Anspruch nehmen.

Die erste Zeit nach dem Krieg

Die bis zum Ende des Zweiten Weltkrieges herausgebildete Agrarstruktur war die Folge vielfältiger historischer, politischer, wirtschaftlicher und sozialer Einflüsse. Auf dem Gebiet der ehemaligen DDR machten Großgrundbesitzer und großbäuerliche Wirtschaften 11 Prozent der Gesamtzahl landwirtschaftlicher Betriebe aus und verfügten über einen Anteil von 59,2 Prozent der landwirtschaftlichen Nutzfläche. Die ungleiche geografische Verteilung der Betriebsgrößengruppen fand ihren Ausdruck in recht deutlichen territorialen Strukturunterschieden. Die Landwirtschaft Mecklenburgs und Brandenburgs wurde geprägt durch Großbauern und Grundbesitz, während in großen Teilen Sachsens und Thüringens klein- und mittelbäuerliche Wirtschaften überwogen.

Mit der Eroberung Berlins durch die Rote Armee und der bedingungslosen Gesamtkapitulation der deutschen Wehrmacht endete am 8. Mai 1945 der Zweite Weltkrieg. Menschliche und materielle Trümmer waren die Hinterlassenschaft des Nationalsozialismus. Daß die von den Alliierten festgelegte Aufteilung Deutschlands in vier Besatzungszonen und die von ihnen bestimmte Demarkationslinie für die nächsten vier Jahrzehnte die Grenze zweier Welten bedeuten würde, ahnten angesichts von Not, Elend und Verzweiflung wohl

Die politische Zielrichtung der Bodenreform. KPD-Propaganda.

nur wenige. Die sowjetische Militäradministration (SMAD) übernahm mit ihrer Einrichtung am 9. Juni 1945 die oberste Regierungsgewalt in ihrer Besatzungszone und lenkte von da an die Geschicke im Auftrag der damaligen UdSSR-Regierung. Der Aufbau und die Entfaltung des gesamten politischen, gesellschaftlichen und wirtschaftlichen Lebens verliefen nunmehr vorrangig nach sowjetischem Vorbild und wurden durch den Erlaß entsprechender Befehle und Verordnungen gesteuert. Auf diesem Wege erfolgte am 10. Juni 1945 die Zulassung von «antifaschistisch-demokratischen Parteien und Organisationen» in der sowjetischen Besatzungszone. Am folgenden Tag schon meldete sich die KPD mit einem programmatischen «Aufruf an die Werktätigen in Stadt und Land» zu Wort. Er enthielt die «Liquidierung des Großgrundbesitzes, der großen Güter der Junker, Grafen und Fürsten und Übergabe ihres ganzen Grund und Bodens sowie des lebenden und toten Inventars an die Provinzial- bzw. Landesverwaltungen zur Zuteilung an die durch den Krieg ruinierten und besitzlos gewordenen Bauern» als eine der Hauptforderungen. Von seiten der deutschen Kommunisten war dieses Verlangen keineswegs neu und ist auch nicht ausschließlich dem Einfluß der Besatzungsmacht zuzurechnen. Bodenreformmaßnahmen wurden bereits in früheren agrarpolitischen Erklärungen und Programmen der KPD gefordert. Maßgeblichen Anteil an deren Ausarbeitung und der späteren Verwirklichung in der SBZ hatte der ehemalige kommunistische Reichstagsabgeordnete Edwin Hoernle. Hoernle (1883–1952) war nach 1945 erster Präsident der Deutschen Verwaltung Land- und Forstwirtschaft in der SBZ und später Leiter der Hauptverwaltung Land- und Forstwirtschaft in der Deutschen Wirtschaftskommission.

Aufrufe und Anträge nach Landerfassung und -aufteilung des Großgrundbesitzes, die allerdings weniger radikal waren, kamen im Juni und Juli 1945 auch von den anderen Parteien (SPD, CDU, LDPD). Um die von der SMAD und KPD getragene Agrarpolitik durchsetzen zu können, galt es, bestimmte ideologische Voraussetzungen zu schaffen und einen möglichst großen Teil der Bauernschaft dafür zu gewinnen. Der Ernährungssicherung als vordringlichste Aufgabe, aber auch dem eben genannten Ziel diente die groß angelegte Gemeinschaftsaktion zur Einbringung der Ernte im Sommer 1945. Neben den Kommunisten wandte sich beispielsweise der SPD-Zentralausschuß der SBZ am 6. Juli 1945 an alle «Genossen und Freunde, alle Arbeiter und Bürger. . ., sich für die Einbringung der Ernte einzusetzen», und wies auf die komplizierte Situation hin: «Dringend ist die Bereitstellung von Kräften auf den Feldern und in den Scheunen! Wege und Brücken, Geräte und Maschinen müssen mit Beschleunigung wieder hergestellt und die Transportmittel in Gang gebracht werden! Wir wollen den Bauern helfen! Der Bauer muß aber auch wissen, daß der Arbeiter keine Geräte, keine Maschinen und keine Waren fertigen kann, wenn er unzureichend zu essen hat! Der Bauer wird deshalb alle verfügbaren Lebensmittel zur gerechten Verteilung für die übrige Bevölkerung an bestimmten Stellen abliefern! Arbeiter und Bauern sind eine Notgemeinschaft!. . .» (Archiv, Agrarmuseum Wandlitz).

Junkerland in Bauernhand

Die Durchführung dieser organisierten Erntekampagne geschah bereits in unmittelbarer Vorbereitung auf die Bodenreform, ganz besonders in dem Streben, das sogenannte

Propagandistisches Plakat, 1945.

«Bündnis» zwischen Arbeiter- und Bauernschaft herzustellen. Mit Beginn der Ernte 1945 erfolgte auch die Einführung eines neuen Ablieferungssystems (SMAD-Befehl Nr. 40 vom 18. Juli 1945). In Verbindung mit einer differenzierten Teilablieferungspflicht wurden Erfassungspreise für das Ablieferungssoll und höhere Aufkaufpreise für die frei verfügbaren Produkte («doppeltes Preissystem») festgelegt. So sollte vor allem das Interesse der Bauern an rascher Produktionssteigerung und besserer Versorgung der Bevölkerung mit Nahrungsmitteln gefördert werden. Diese und andere Maßnahmen waren zugleich Inhalt einer gezielten politischen Kampagne der SMAD und KPD zur raschen Verwirklichung ihrer Bodenreformabsichten. Am 3. September 1945 beschloß die Landesverwaltung der Provinz Sachsen die erste Verordnung über die Bodenreform. Die anderen Länder und Provinzen der SBZ folgten bis zum 10. September 1945. Ein von den vier Blockparteien (KPD, SPD, CDU, LDPD) unterzeichneter Aufruf, der wenige Tage später erschien, sollte deren Einhelligkeit und Zustimmung offiziell dokumentieren. Daß die mehrheitliche Zustimmung mehrtägige Diskussionen erforderte, macht Widerstand deutlich. Der richtete sich vor allem gegen die entschädigungslose Enteignung des gesamten Grundbesitzes. Während die Differenzen zwischen SMAD/KPD und SPD laut DDR-Geschichtsschreibung «geklärt» wurden, gingen die Auseinandersetzungen mit den anderen Parteien weiter. Sie verschärften sich und führten schließlich zur Absetzung der Parteivorsitzenden Dr. W. Koch (LDPD), Dr. A. Hermes und Dr. W. Schreiber (beide CDU). Unter dem kommunistischen Slogan «Junkerland in Bauernhand» nahm man die Durchführung der Bodenreform in der SBZ zügig in Angriff. Entschädigungslos enteignet wurde jeglicher Grundbesitz von über 100 ha mit allem toten und lebenden Inventar, außerdem der Besitz von Kriegsverbrechern, Kriegsschuldigen und Naziaktivisten unabhängig von der Größe. Nicht unter die Bodenreform fielen kirchlicher Grundbesitz, der Boden landwirtschaftlicher und wissenschaftlicher Forschungsinstitutionen, Lehr- und Versuchsanstalten, Stadt- und Gemeindeland sowie genossenschaftlicher Besitz. Insgesamt 3,2 Millionen ha Land (ein-

Die Bodenreform in Aktion – Gut Helfenberg bei Dresden.

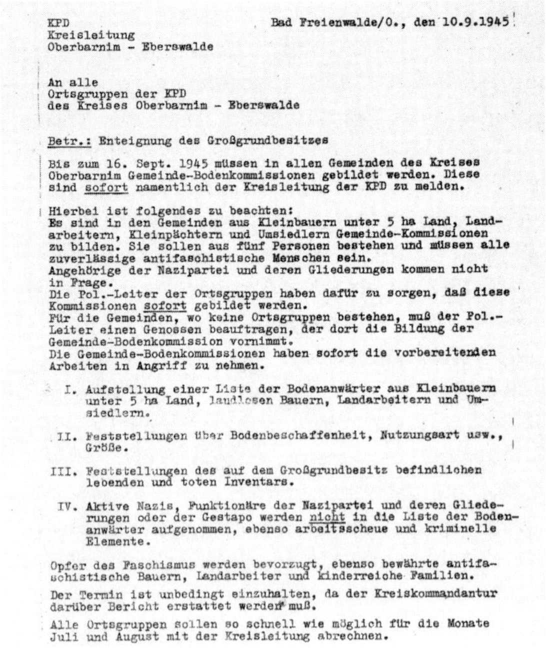

KPD
Kreisleitung
Oberbarnim - Eberswalde

Bad Freienwalde/O., den 10.9.1945

An alle
Ortsgruppen der KPD
des Kreises Oberbarnim - Eberswalde

Betr.: Enteignung des Großgrundbesitzes

Bis zum 16. Sept. 1945 müssen in allen Gemeinden des Kreises Oberbarnim Gemeinde-Bodenkommissionen gebildet werden. Diese sind sofort namentlich der Kreisleitung der KPD zu melden.

Hierbei ist folgendes zu beachten:
Es sind in den Gemeinden aus Kleinbauern unter 5 ha Land, Landarbeitern, Kleinpächtern und Umsiedlern Gemeinde-Kommissionen zu bilden. Sie sollen aus fünf Personen bestehen und müssen alle zuverlässige antifaschistische Menschen sein.
Angehörige der Nazipartei und deren Gliederungen kommen nicht in Frage.
Die Pol.-Leiter der Ortsgruppen haben dafür zu sorgen, daß diese Kommissionen sofort gebildet werden.
Für die Gemeinden, wo keine Ortsgruppen bestehen, muß der Pol.-Leiter einen Genossen beauftragen, der dort die Bildung der Gemeinde-Bodenkommission vornimmt.
Die Gemeinde-Bodenkommissionen haben sofort die vorbereitenden Arbeiten in Angriff zu nehmen.

I. Aufstellung einer Liste der Bodenanwärter aus Kleinbauern unter 5 ha Land, landlosen Bauern, Landarbeitern und Umsiedlern.

II. Feststellungen über Bodenbeschaffenheit, Nutzungsart usw., Größe.

III. Feststellungen des auf dem Großgrundbesitz befindlichen lebenden und toten Inventars.

IV. Aktive Nazis, Funktionäre der Nazipartei und deren Gliederungen oder der Gestapo werden nicht in die Liste der Bodenanwärter aufgenommen, ebenso arbeitsscheue und kriminelle Elemente.

Opfer des Faschismus werden bevorzugt, ebenso bewährte antifaschistische Bauern, Landarbeiter und kinderreiche Familien.

Der Termin ist unbedingt einzuhalten, da der Kreiskommandantur darüber Bericht erstattet werden muß.

Alle Ortsgruppen sollen so schnell wie möglich für die Monate Juli und August mit der Kreisleitung abrechnen.

Anordnung zur Durchführung der Bodenreform.

schließlich Wald und Seen) wurden dem Bodenfonds zugeführt. Erfassung und Aufteilung des Bodens sowie des toten und lebenden Inventars übernahmen sogenannte Bodenreformkommissionen der Gemeinden, Kreise und Provinzen. Den Mitgliedern dieser Kommissionen oblag es auch, Landbewerber auf ihre Eignung zu prüfen und Verteilungsvorschläge an eine öffentliche Versammlung der Bodenbewerber zu unterbreiten. Die Parzellen mußten unter den Bewerbern verlost werden. Gegen eine Gebühr, die einer mittleren Roggenernte entsprach (1945 etwa 200 Mark je Hektar), erfolgte die schuldenfreie Übergabe des Landes und wurde urkundlich bestätigt.
Die Bodenreform, die im September 1945 begann, war im Frühjahr 1946 im wesentlichen abgeschlossen, der größte Teil des Bodens sogar schon bis Ende Oktober 1945 verteilt. Im Ergebnis der Bodenreform wurden 2,2 Millionen ha land- und forstwirtschaftliche Nutzfläche aus dem oben genannten Gesamtbodenfonds an 559 089 private Bodenempfänger (Landarbeiter, Kleinbauern, Umsiedler und Flüchtlinge) vergeben, der Rest ging in Staatsbesitz über. 210 276 sogenannte Neubauernwirtschaften gingen daraus hervor, und 125 714 bestehende bäuerliche Kleinbetriebe bekamen Boden zugeteilt. Die Bodenreform veränderte die frühere Agrarstruktur radikal. Wirtschaften bis 20 ha LN machten 1949 90,6 Prozent aller Betriebe aus und verfügten über 64,1 Prozent der gesamten landwirtschaftlichen Nutzfläche. In den Gegenden mit ehemals vorherrschendem Grundbesitz (Mecklenburg, Brandenburg) gab es nun die meisten Kleinbetriebe.
Mit Hilfe der sowjetischen Besatzungsmacht gelang es hier der KPD (und später SED), ihre agrarpolitischen Ziele in kürzester Frist zu verwirklichen. Für die Radikalität und das Tempo der Bodenreform waren machtpolitische Gründe ausschlaggebend. Die Art und Weise ihrer Durchführung wurde maßgeblich von den moralischen und menschlichen Qualitäten der handelnden Personen bestimmt. Einerseits bekamen von Hoffnungslosigkeit, Verzweiflung und Hunger gequälte Menschen, denen der Krieg alles zerstört und genommen hatte, eine neue Lebenschance für die Zukunft. Andererseits traf viele, deren «einzige Schuld» darin bestand, mehr als 100 ha Boden zu besitzen, die Rigorosität der Aktion sehr hart. Kritik und Fehler durften hier jedoch kein Gegenstand öffentlicher Diskussion sein. In der Regel galten sie als «feindliche Propaganda» oder

Bodenreformurkunde.

wurden als «Bagatellen . . . eines Reformwerkes, das in Deutschland nicht seinesgleichen hat . . .», abgetan.
Wenige Monate nach Kriegsende setzte die Bodenreform deutliche Zeichen für die Unvereinbarkeit der Interessen der Siegermächte, was letztendlich zum Scheitern der gemeinsamen Besatzungspolitik führte und schließlich die wirtschaftliche und politische

Eingangsgestaltung einer Maschinenausleihstation – Widerspiegelung ihrer politischen Bedeutung.

Spaltung Deutschlands zur Folge hatte. Um die zahlreichen kleinen Neubauernwirtschaften mit ihren durchschnittlich 8 ha Wirtschaftsfläche existenzfähig zu machen, waren umfangreiche Hilfsmaßnahmen notwendig. Oft fehlte es an den grundlegendsten Wirtschaftsbedingungen wie Wohn- und Stallgebäuden, Vieh, Arbeitsgeräten und Maschinen. Daher erhielten die Neubauern in den folgenden Jahren eine Reihe von Vergünstigungen bei der Beschaffung materieller und finanzieller Wirtschaftsmittel. Eine wichtige Regulierungsfunktion erfüllten auch die im März 1949 geschaffenen volkseigenen Erfassungs- und Aufkaufbetriebe, die die Abnahme von Agrarprodukten zu festen Preisen garantierten.

Die landtechnische Versorgung

Besonders kompliziert stellte sich die landtechnische Versorgung dar. Traktoren und Technik enteigneter Betriebe waren im Zuge der Bodenreform in zentralen Maschinenhöfen zusammengefaßt worden, die zunächst örtlichen oder territorialen Einrichtungen der Bauernhilfe unterstanden: sogenannte Komitees der gegenseitigen Bauernhilfe, die im Zuge der Bodenreform entstanden waren.
Aus ihnen ging 1947 eine zentrale Vereinigung der gegenseitigen Bauernhilfe (VdgB) hervor, die zugleich die Funktion einer politischen Massenorganisation hatte.
Um den politischen und ökonomischen Einfluß der SED zu sichern, entstanden 1949 mit Beginn der Planwirtschaft staatlich geleitete Maschinenausleihstationen (MAS). Sie waren nicht nur für die landwirtschaftliche Produktionsorganisation wichtig, sondern sollten vor allem auch «politisch-ideologische und kulturelle Funktionen» erfüllen. Das Beispiel der MAS spiegelt deutlich wider, wie einseitig die damaligen Fördermaßnahmen auf eine politische Motivation der Bauern gerichtet waren.
Zur Aufstockung des völlig unzureichenden Technikbestandes lieferte die UdSSR im Frühjahr 1949 1000 Traktoren, 540 LKW sowie weitere Großgeräte für die MAS. Den Aufbau einer eigenen Landtechnikproduktion in der SBZ/DDR erschwerten vor allem das Fehlen größerer landtechnischer Produktionsstätten, der Mangel an Roh- und Brennstoffen und die Demontage von Betrieben des Landmaschinenbaus für Reparationen. Die Industrie für Schlepper und Landmaschinen, einschließlich der Zubehörindustrie, befand sich vorrangig in Westdeutschland. Im Herbst 1949 kamen die ersten Traktoren aus «DDR-eigener» Herstellung in die MAS. Zu dieser ersten Traktorengeneration gehörten die Typen: «Pionier», «Brockenhexe» und «Aktivist», die in den folgenden Jahren das Bild ostdeutscher Landwirtschaft prägten. Der Traktorenbestand in den MAS wuchs rasch an. Er stieg von 11 668 im Jahr 1950 auf 22 185 im Jahr 1952. Über die Verteilung hatte bereits die DWK (Deutsche Wirtschaftskommission, bis zur DDR-Gründung am 7. 10. 1949 von der SMAD in ihrer Besatzungszone eingesetzte «provisorische Regierung») entschieden: 80 v. H. sollten den MAS bereitgestellt werden, und 20 v. H. kamen in die volkseigenen Land- und Forstwirt-

Russischer Kettenschlepper KD 35.

Begutachtung der Technik in einer MAS im Oderbruch 1949.

Agrarpropaganda der SED.

schaftsbetriebe. Für die selbständig wirtschaftenden Altbauern blieb nichts übrig. Sie mußten weiterhin mit der herkömmlichen Technik arbeiten, für die es oft weder Ersatzteile noch Zubehör gab. Für den von den MAS gelenkten Einsatz der Traktoren galt das Prinzip, die Technik vorrangig für Neubauern bereitzustellen. Die Bezahlung wurde auf der Grundlage einer nach Betriebsgröße gestaffelten Tarifgestaltung geregelt (kleine Betriebe = große Subventionen). Betriebe bis zu 10 ha zahlten 1949 beispielsweise 29,– Mark für 1 ha Pflügen; Bauern, die mehr als 20 ha bewirtschafteten, kostete das 41,– Mark. Mit solchen Maßnahmen wollte die SED die Masse der Bauern für den Aufbau eines Arbeiter- und Bauernstaates nach sowjetischem Muster gewinnen. Eine politische Schlüsselfunktion für die Entwicklung der ostdeutschen Landwirtschaft nach sowjetischem Vorbild besaßen auch die volkseigenen Güter (VEG), die aus den im Zuge der Bodenreform in Landeseigentum überführten Saatzucht-, Viehzucht- und Versorgungsbetrieben hervorgingen. Sie sollten zu Musterbetrieben ausgebaut werden, um die Überlegenheit des sozialistischen Großbetriebes zu demonstrieren. Einen breiten Raum zur Einflußnahme auf die bäuerliche Arbeits- und Lebensweise auf dem Lande nahmen umfangreiche fachliche, politische und kulturelle Maßnahmen ein. Zu ihnen zählten Winterschulungen der Bauern, die Errichtung von Abendfachschulen, der Ausbau des landwirtschaftlichen Ausbildungswesens u. a. Neben der fachlichen Qualifizierung, die insbesondere für viele Neulandwirte sehr notwendig war, bot sich hierbei eine besonders günstige Möglichkeit zur politischen «Erziehung».

Die Gründung der DDR führt zu landwirtschaftlichen Produktionsgenossenschaften

Nach Gründung der DDR im Herbst 1949 vollzog sich allmählich ein Wandel in der SED-Agrarpolitik. Der Produktionszuwachs in der Landwirtschaft ging nur relativ langsam voran. Es widersprach auch den parteipolitischen Grundsätzen, daß ein Drittel der pflanzlichen und ein Viertel der tierischen Marktproduktion des Jahres 1951 aus den großbäuerlichen Betrieben stammte, die damals noch 23,9 Prozent der landwirtschaftlichen Nutzfläche bewirtschafteten. Ihre beträchtliche wirtschaftliche Stärke und der daraus resultierende gesellschaftliche Einfluß auf dem Land wurde von der SED als Gefahrenquelle für die

weitere Entwicklung angesehen, und eine Agitationskampagne gegen die Großbauern begann. Andererseits war es aussichtslos, die gewünschten und für die Verbesserung der Versorgungssituation notwendigen Produktionssteigerungen der Landwirtschaft auf der Grundlage einer zersplitterten Parzellenwirtschaft zu erreichen. Ein Fünftel der neugegründeten Kleinbetriebe hatte bis zum 30. Juni 1953 trotz Kreditbegünstigung, Preisvorteilen, bevorzugter Lieferung von Betriebsmitteln usw. schon aufgegeben. Die Kleinbetriebe waren, ob beabsichtigt oder nicht, zum Hindernis für eine effektive Agrarproduktion geworden. Weder die beginnende Technisierung der Landwirtschaft noch der verstärkte Einsatz wissenschaftlicher Kenntnisse konnten das Problem lösen. Mit dem Ziel der Koordinierung und einheitlichen Leitung der agrarwissenschaftlichen Forschung wurde am 1. 1. 1951 die Deutsche Akademie der Landwirtschaftswissenschaften zu Berlin (DAL) als Nachfolger der DLG in der DDR gegründet.
Einerseits sicher als logische Konsequenz, andererseits wohl mehr als Ergebnis politischen Druckes und einer von langer Hand durch die SED vorbereiteten Aktion schlossen sich im Frühjahr 1952 die ersten Bauern (vorrangig Neubauern, ehemalige Industrie- und Landarbeiter) zu genossenschaftlichen Produktionsformen zusammen. Die staatliche Propaganda

«Pionier»-Fahrt: Ankunft neuer Traktoren im Kreismaschinenhof Rostock 1950.

Traktor «Aktivist» 1950.

feierte sie als «Pioniere der Genossenschaftsbewegung». Über die Hälfte von ihnen waren Mitglieder der SED. Den offiziellen Startschuß zur Kollektivierungskampagne gab die zweite Parteikonferenz der SED im Juli 1952 mit dem Beschluß zum «planmäßigen Aufbau des Sozialismus» in der DDR. Im Zuge einer gleichzeitigen Verwaltungsreform wurden die Länder aufgelöst, es entstanden neue Bezirke und Kreise. Die zentralistische Leitungs- und Kontrollfunktion der SED, von entscheidender Bedeutung für die sogenannte «sozialistische Umgestaltung der Landwirtschaft», verstärkte sich beträchtlich. Den nun erst offiziellen agrarpolitischen Kurs zum Aufbau von landwirtschaftlichen Großbetrieben begleiteten vielfältige ökonomische Maßnahmen. Sozusagen mit Zuckerbrot und Peitsche sollten die Bauern zur Gründung bzw. zum angeblich «freiwilligen» Eintritt in landwirtschaftliche Produktionsgenossenschaften (LPG) bewegt werden.
So wurden 1950 z. B. erst einmal die vom Staat festgelegten Erzeugerpreise für «freie Spitzen» (als «freie Spitzen» bezeichnete man die den Bauern nach Erfüllung der Ablieferungspflicht [«Soll»] verbleibende Mehrproduktion zur freien Verwendung) erhöht, für Klein- und Mittelbauern das Getreideablieferungssoll herabgesetzt und ein Krediterlaß für aufgenommene Baukredite gewährt. Wenig später folgte dagegen eine grundsätzliche Anhebung des Ablieferungssolls, die alle Bauern, auch die kleinen, recht hart traf. Innenpolitische und wirtschaftliche Spannungen, die schließlich zum Aufstand vom 17. Juni 1953 führten, zwangen die Partei zum Nachgeben. Eine staatliche Verordnung gewährte «Erleichte-

Werbung für die LPG.

rungen in der Pflichtablieferung und zur weiteren Entwicklung der bäuerlichen Wirtschaften». Im gleichen Zeitraum legte ein anderer Regierungsbeschluß «Vergünstigungen für die landwirtschaftlichen Produktionsgenossenschaften und ihre Mitglieder» fest. Diese gestatteten z. B. den Technikeinsatz der MAS in den LPG zum niedrigsten (für Kleinbauern festgelegten) Tarif, die bevorzugte Belieferung mit Saatgut und Dünger, die Gewährung verbilligter Kredite und eine zweijährige Steuerbefreiung. Die bisherigen MAS wurden zu Maschinen-Traktoren-Stationen (MTS) umgewandelt. Deren wichtigste Neuheit bestand in einer politischen Abteilung der SED, welche das gesamte gesellschaftliche und kulturelle Leben im Dorf in ihren Händen konzentrierte und kontrollierte. In den nachfolgenden Jahren entstanden zahlreiche Kulturhäuser auf dem Land, die sich zu Zentren der staatlich gelenkten Kommunikation und Kultur auf den Dörfern entwickelten. Zur Aus- und Weiterbildung für LPG-Mitglieder und künftige Leiter wurden spezielle Hoch- und Fachschulen eingerichtet. Staatliche oder wissenschaftliche Institutionen bzw. Industriebetriebe übernahmen Patenschaften für die LPG und sollten den Start in die genossenschaftliche Produktion erleichtern und fördern. Mit einer von ihr gesteuerten Kampagne unter dem Motto «Industriearbeiter aufs Land» wollte die SED ihren Einfluß in den LPG weiter erhöhen. Bis 1955 folgten «31 422 Genossen und klassenbewußte Arbeiter» diesem Parteiaufruf. Um den Bauern den Schritt in die LPG zu erleichtern, wurden (dem sowjetischen Vorbild entsprechend) drei verschiedene Musterstatuten für die Genossenschaftsbildung angeboten: Die LPG Typ I, bei der nur das Ackerland gemeinsam bewirtschaftet werden sollte, war die niedrigste Stufe der Kollektivierung. Eine Zwischenform stellten die LPG Typ II dar. Neben der landwirtschaftlichen Nutzfläche waren hier auch Zugtiere, Maschinen und Geräte in die Genossenschaft einzubringen. Diese Variante wurde relativ selten praktiziert.

Die höchste Stufe der Kollektivierung verkörperten die LPG Typ III, dabei waren von den Mitgliedern alle land- und forstwirtschaftli-

MTS-Technik («Pionier» mit Mähbinder) beim Ernteeinsatz 1954.

chen Flächen, die Wirtschaftsgebäude, Zugtiere, Maschinen, Geräte sowie Zucht- und Nutzvieh zur genossenschaftlichen Nutzung einzubringen.
Der Boden blieb bei allen Typen formaljuristisch Eigentum der Bauern.
Bis 1953 gab es 4961 LPG, die 11,6 Prozent der LN der DDR bewirtschafteten. Die Zahl erhöhte sich bis 1955 auf 6047 Genossenschaften, die 19,7 Prozent der LN bearbeiteten. Es waren überwiegend schwache bzw. nicht mehr existenzfähige Bauernwirtschaften, die sich in den ersten Jahren zur genossenschaftlichen Produktion entschieden.
Die mit Beginn der Kollektivierung einsetzende Flucht in den Westen, insbesondere von Groß- und Mittelbauern, Widerstand in den Dörfern, bis hin zu Brandstiftungen und Viehtötungen, wurde von den offiziellen Medien totgeschwiegen oder als Folge der westdeutschen Propaganda und einer angeblichen Abwerbungsaktion verleumdet.
Eine Reihe von Parteibeschlüssen, Verordnungen und anderen gesetzgeberischen Maßnahmen sollte die Kollektivierungskampagne fördern und legitimieren.
Besondere Aufmerksamkeit widmete man der Entwicklung neuer Agrartechnik, mit deren Hilfe die LPG ihre Überlegenheit gegenüber dem einzelbäuerlichen Betrieb beweisen sollten. Außerdem machte zunehmender Arbeitskräftemangel die rasche Mechanisierung der Landwirtschaft dringend erforderlich. Vor allem die neuen Traktorentypen aus eigener Produktion (z. B. der Geräteträger RS 08/15, genannt «Maulwurf», und die Vielzwecktraktoren der «Famulus»-Reihe) wurden zu sichtbaren Zeichen der Mechanisierungsfortschritte.
Anfang der fünfziger Jahre nach sowjetischen Konstruktionsunterlagen gebaute «S4»-Mähdrescher und ab 1957 die daraus entwickelte Eigenproduktion E 175 «Patriot» kamen vorrangig in den LPG zum Einsatz. Ab 1958 standen die ersten Vollerntemaschinen für Kartoffeln und Zuckerrüben zur Verfügung. In den Wirtschaften der noch existierenden Einzelbauern waren dagegen die Maschinen und Geräte Ende der fünfziger Jahre größtenteils überaltert und verschlissen. Ein Regierungsprogramm zur Herstellung von Landtechnik für Einzelbauern blieb unerfüllt. Zusätzlich erschwerte ihre Lage, daß die MTS-Technik laut staatlicher Anordnung vorzugsweise für LPG eingesetzt werden sollte. Die von der Partei angestrebte Steigerung der Naturalerträge wurde bis Ende der fünfziger Jahre jedoch nicht erreicht. Der nach Abschaffung der Lebensmittelkarten (Mai 1958) sprunghaft angestiegene Verbrauch von Agrarprodukten hatte Schwierigkeiten in der Versorgungssituation zur Folge. Die SED-Führung entschloß sich daher, wahrscheinlich auch auf Druck der KPdSU, zum schnellen Abschluß der Kollektivierung. Unter der Devise «Der Apfel ist reif» wurde eine politische Massenkampagne gestartet. Pausenlose Agitationseinsätze von Partei- und Staatsfunktionären, Medienpropaganda, ökonomischer und psychischer Druck durch staatliche Behörden, Strafandrohung und Inhaftierung auf der Grundlage konstruierter Beschuldigungen umfaßte die Palette sogenannter «Überzeugungsarbeit». Kritik – auch aus den eigenen Reihen oder von anerkannten Fachleuten – wurde nicht geduldet. Am 26. April 1960 verkündete eine offizielle Regierungserklärung die «Vollgenossenschaftlichkeit» und feierte sie als den Sieg eines tausendjährigen Kampfes der deutschen Bauern um ihre Befreiung. In vielen Dörfern wurden aus diesem Anlaß traditionelle Volks- und Erntefeste organisiert. Traditionspflege und heimatliches Brauchtum waren ansonsten lange Zeit verpönt im offiziellen Kulturleben.

Im Zuge der Kollektivierung werden die Grenzsteine beseitigt.

Propagandafeldzug soll Kollektivierung fördern.

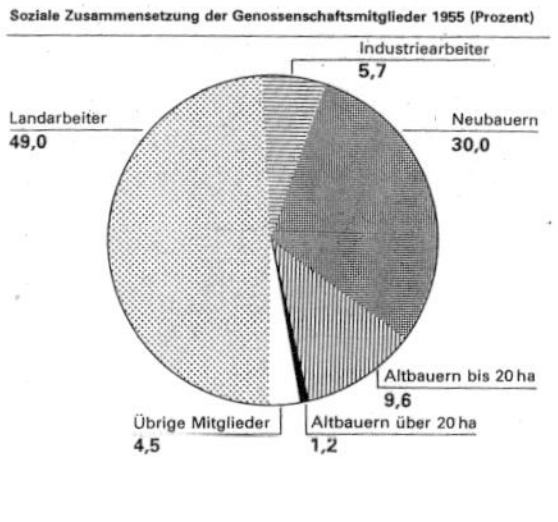

Der neue Slogan nach Abschluß der Kollektivierung.

Erst in den siebziger Jahren begann man allmählich, sich darauf zu besinnen. Gleichzeitig erklärte die damalige DDR-Regierung gegenüber der Bundesregierung die Bereitschaft, «ein Abkommen abzuschließen, wonach kein einziger deutscher Bauer durch wirtschaftlichen, finanziellen und anderen Druck gezwungen werden darf, sein Land aufgeben zu müssen». Angesichts der soeben beendeten Aktion nichts als eine betrügerische Manipulation.

Nach Abschluß der Kollektivierung wurden im Jahr 1960 in der DDR 92,7 Prozent der landwirtschaftlichen Nutzfläche von genossenschaftlichen und volkseigenen Betrieben bewirtschaftet. Zur gleichen Zeit befand sich aber noch mehr als die Hälfte des gesamten Viehbestandes in Privatbesitz. Die zuletzt «gewonnenen» Bauern, hauptsächlich wirtschaftlich starke Einzelbauern, entschieden sich zum überwiegenden Teil für den Typ I der LPG. Die Beibehaltung ihrer privaten Viehwirtschaft unter Ausnutzung aller vom Staat für LPG-Mitglieder eingerichteten Vergünstigungen schuf gute Bedingungen für die Verbesserung ihres Lebensstandards. Mit der in den folgenden Jahren beginnenden Entwicklung zur «Groß-LPG» Typ III durch den Zusammenschluß oft zahlreicher kleiner Produktionsgenossenschaften stoppte man diese nicht beabsichtigten Nebenerscheinungen wieder. Dem offiziellen «sozialistischen Frühling» folgten mit Beginn der sechziger Jahre zunächst bittere Winter. Extreme Witterungsbedingungen, aber auch unzureichende materielle, ökonomische und personelle Grundlagen für den rigorosen Übergang zur Kollektivwirtschaft führten zum Rückgang der Agrarproduktion. Erst nach 1963 ging es allmählich wieder aufwärts. Die schlechten Ernteergebnisse und die infolge Futtermangels verringerten Tierbestände brachten Komplikationen bei der Fleisch- und Butterversorgung mit sich. Die SED-Agrarpolitik orientierte nun auf eine industriemäßig produzierende Landwirtschaft. «Boden und Technik in eine Hand» lautete die staatliche Devise zur Integration der MTS in die landwirtschaftlichen Produktionsgenossenschaften. Die ehemaligen MTS-Stützpunkte wurden zu Reparaturwerkstätten

Mähdrescher E 175 «Patriot» – Technik im Dienst der Parteipropaganda.

umgebildet, aus denen später die Kreisbetriebe für Landtechnik (KfL) hervorgingen. Mit der Technik wurde auch ein großer Teil der Arbeitskräfte in die LPG aufgenommen. Aus diesen politisch und fachlich geschulten Kräften gingen zahlreiche Spezialisten und Leiter der zukünftigen Agrarbetriebe hervor. Den bis in die siebziger Jahre stetigen Arbeitskräfterückgang in der Landwirtschaft konnte diese Aktion jedoch nicht aufhalten. Raschere Fortschritte bei der Mechanisierung der landwirtschaftlichen Produktionsprozesse wurden zur zwingenden Notwendigkeit.

Ein gescheitertes Agrarkonzept der fünfziger Jahre.

1963 beschloß daher der VI. Parteitag der SED folgende Aufgaben:

für 1963/64:	bessere Ausnutzung vorhandener Maschinensysteme,
bis 1968:	Ergänzung vorhandener Maschinensysteme,
für 1968–1975:	Entwicklung und Einführung eines neuen Maschinensystems (Übergang zur Vollmechanisierung).

Übergang zur Vollmechanisierung

Die Anfänge erster einfacher Kooperationsbeziehungen zwischen den Genossenschaften wurden in den folgenden Jahren zielstrebig erweitert. Zunehmende Konzentration und Spezialisierung, die Schaffung immer größerer, industriemäßiger Landwirtschaftsbetriebe charakterisierten die siebziger Jahre. Betriebsstrukturen von mehreren tausend Hektar, die sich über verschiedene Dörfer erstreckten, prägten zunehmend das Bild der Landwirtschaft. Neubauten industriemäßiger Tierproduktionsanlagen (heute «Denkmäler» agrarpolitischer Öko-Sünden) wurden zu weithin sichtbaren Zeichen der sozialistischen Agrarproduktion. Auf den Feldern hielt eine neuentwickelte Maschinengeneration Einzug. Zu ihr zählten Traktoren der 90-PS-Klasse (ZT 300) und selbstfahrende Erntemaschinen für die Getreide- und Futterproduktion (z. B. Mähdrescher E 512, Schwadmäher E 301, Häcksler E 280). Neben der eigenen Landtechnik kamen, basierend auf RGW-Beschlüssen (RGW – Rat für gegenseitige Wirtschaftshilfe, ehemalige Wirtschaftsvereinigung des damaligen Ostblocks) zur internationalen Arbeitsteilung, auch sowjetische Traktoren (z. B. die 200-PS-Schlepper K 700) in der DDR-Landwirtschaft zum Einsatz. Die damit erreichte zahlenmäßige Stärkung der energetischen und materiell-technischen Basis der Landwirtschaft hatte jedoch erhebliche praktische Schattenseiten: u. a. Instandhaltungs- bzw. Instandsetzungsprobleme infolge Ersatzteilmangels, ungenügende technische Abstimmung mit vorhandenen Maschinensystemen usw. Zwar berief sich die Partei ständig auf die spezifischen landwirtschaftlichen Produktionsbedingungen, bei ihren agrarpolitischen Entscheidungen spielten jedoch derartige theoretische Überlegungen für die SED kaum eine Rolle. Die Agrarpolitik wurde von Parteitag zu Parteitag bestimmt. Organisierte Wettbewerbe und andere Massenaktionen sollten die praktische Durchsetzung fördern. Die Schaffung immer größerer, spezialisierter Produktionseinheiten, «als wesentliches Merkmal industriemäßiger Agrarproduktion», gipfelte in der ökonomischen und juristischen Trennung von Pflanzen- und Tierproduktion. Aus den entstandenen kooperativen Abteilungen wurden Ende der siebziger Jahre selbständige spezialisierte LPG Pflanzenproduktion oder Tier-

ZT 300.

Schwere Technik (K700) bei der Futterkonservierung im Einsatz.

produktion gebildet. Ein agrarpolitischer Fehltritt, dessen Folgen sich bis zuletzt in der landwirtschaftlichen Praxis der DDR auswirkten und die bis zur Gegenwart spürbar sind.

Korrekturen aus der Sackgasse

Anfang der achtziger Jahre waren Korrekturbemühungen erkennbar. Überspitzte Betriebsgrößen wurden zurückgenommen, und der als Schlagwort benutzte Begriff von der industriemäßigen Produktion wurde zurückhaltender eingesetzt. Die Tätigkeit von Kooperationsräten, die als Verbindungsglied zwischen den selbständigen Tier- und Pflanzenproduktionsbetrieben fungierten, wurde aufgewertet und sollte verbindlicher und wirksamer gestaltet werden. Der Versuch, auf diese Weise die administrativ zerschnittenen Fäden zwischen Pflanzen- und Tierproduktion wieder zu knüpfen, scheiterte.
Nach außen stets dokumentierte Erfolge der sozialistischen Landwirtschaft ließen bewußt außer acht, daß sie unter den spezifischen DDR-Bedingungen der allgemeinen Abgeschirmtheit erreicht wurden. Umfangreiche Subventionen, isolierte, politisch motivierte Agrarpreisgestaltung für Erzeuger und Verbraucher, staatlich garantierte Abnahme der Erzeugnisse u. a. verzerrten ein reales Bild. Nicht umsonst orientierte der X. Parteitag der SED auf ein «bedeutendes Leistungswachstum in der Agrarproduktion bei einem günstigeren Verhältnis von Aufwand und Ergebnis».
Neue Töne, die Erschließung von Leistungsreserven, die Forderung, mehr, besser und billiger zu produzieren, das Besinnen auf beste bäuerliche Erfahrungen in Verbindung mit wissenschaftlich-technischen Erkenntnissen («Bauernpraxis + Wissenschaft = Höchsterträge», Slogan eines von der damaligen SED-Bezirksleitung Frankfurt/Oder initiierten Wettbewerbs) warfen Schatten der Unzufriedenheit auf das Erreichte und mündeten in einer «neuen ökonomischen Strategie» der SED-Agrarpolitik. Agrarpreisreformen, Ko-

Häcksler E 280.

steneinsparungen u. a. m. sollten zur «umfassenden Intensivierung der Agrarproduktion» beitragen und die «stabile Versorgung der Bevölkerung mit Nahrungsmitteln und der Industrie mit Rohstoffen aus der eigenen landwirtschaftlichen Produktion» zunehmend sichern. Die vierzigjährige Geschichte der DDR-Landwirtschaft spiegelt eine vornehmlich politisch motivierte Agrarwirtschaft wider. Unter der uneingeschränkten Herrschaft der SED, bis zum Beginn der Liberalisierungspolitik GORBATSCHOWS fest gebunden an die KPdSU, wurden radikale Veränderungen in der Landwirtschaft herbeigeführt. Es entstand eine konstruierte, den natürlichen und ökonomischen Verhältnissen oft entgegenstehende einheitliche Agrarstruktur auf der Basis von Großbetrieben. Von Partei und Staat zentral gelenkt, waren politisch-ideologische Kriterien für die Organisation der Agrarproduktion von absolutem Vorrang. Ob Bodenreform, Kollektivierung oder Industrialisierung der Agrarproduktion, erst erfolgte die Schaffung der (agrar)politischen Tatsachen, anschließend versuchte man, sie mit vielfältigen Programmen und Maßnahmen wirtschaftlich, sozial, fachlich, juristisch etc. zu gestalten. Als Einzelaktion oder Schwerpunktaufgabe aus dem Gesamtkomplex der Landwirtschaft herausgelöst, dienten sie nicht selten der bloßen Umsetzung einer Parteidoktrin, deren Prinzipien den gesellschaftlichen Realitäten widersprachen, d. h. sie wurden vielfach zum reinen Selbstzweck.

Der Einsatzbereitschaft, dem Improvisationstalent, der noch nicht überall wegspezialisierten Fachkompetenz von Bauern und Landwirten ist es zu verdanken, daß sich dennoch zahlreiche landwirtschaftliche Produktionsgenossenschaften zu wirtschaftlich stabilen Betrieben entwickelten. Oft erfüllten sie darüber hinaus in ihrem Territorium auch zahlreiche kommunale und soziale Aufgaben.

Mit der politischen Wende brach das gesamte zentralistische Agrargefüge zusammen. Nach fast zwei Jahren deutscher Einheit zeichnen sich über den Trümmern der «sozialistischen Agrarproduktion» Konturen marktwirtschaft-

Kartoffelernte.

Ein neues Bild: Blockade der Zufahrtsstraße nach Berlin – Bauernprotest gegen Agrarbeschlüsse der letzten DDR-Regierung im Sommer 1990.

licher Neuordnung ab. Daß nach der einst verordneten Kollektivierung die nun geforderte Reprivatisierung für viele ehemalige Genossenschaftsbauern durchaus eine bittere Medizin ist, müßte verständlich sein. Nach dreißig Jahren rundum geregelter LPG-Tätigkeit sind das Alter der Bauern, ihre oft zu einseitige Qualifikation, materielle und finanzielle Aspekte recht handfeste Bedenken und nicht nur Angst vor dem Risiko des marktwirtschaftlichen Neubeginns. Neben der Orientierung auf den einzelbäuerlichen Haupt- und Nebenerwerb sollten unter den speziellen ostdeutschen Bedingungen auch die neuen gemeinschaftlichen Produktionsformen gleichberechtigte Entwicklungschancen haben. Eine dementsprechend vielfältige, ökologisch bestimmte und im Hinblick auf den gemeinsamen europäischen Markt wettbewerbsfähige Agrarproduktion wäre ein wünschenswertes Ergebnis des begonnenen Wandels der ostdeutschen Landwirtschaft.

Literatur (Auswahl):

Autorengemeinschaft: Antifaschistisch-Demokratische Umwälzung auf dem Lande (1945–1949), Berlin (O) 1984.
Autorengemeinschaft: Früchte des Bündnisses, 2. Aufl., Berlin (O) 1985.
Autorengemeinschaft: Die Landwirtschaft der DDR, Berlin (O) 1980.
Bach, M. und *Bauer, A.*: Mein lieber Schollenfresser. Traktoren in der DDR, in: Historischer Kraftverkehr 1991, Heft 2–6.
Dewitz, F.: Zu den Aufgaben der Landtechnik nach dem VI. Parteitag der SED, in: Deutsche Agrartechnik, Jg. 13 (1962), Heft 8.
Klemm, V. (Federführung): Von den bürgerlichen Agrarreformen zur sozialistischen Landwirtschaft der DDR, 2. überarbeitete und ergänzte Aufl., Berlin (O) 1985.
Krebs, C.: Der Weg zur industriemäßigen Organisation der Agrarproduktion in der DDR. Die Agrarpolitik der SED 1945–1960, in: Schriftenreihe Forschungsgesellschaft für Agrarpolitik und Agrarsoziologie e. V., 284, Bonn 1989.
Land. Forst. Garten. Kleine Enzyklopädie, Leipzig 1959.
Lietz, B.: Effektives Wirtschaften wird lohnender und zwingender, in: Einheit, Jg. 39 (1984), Heft 6.
Merl, S. und *Schinke, E. (Hg.)*: Agrarwirtschaft und Agrarpolitik in der ehemaligen DDR im Umbruch. Gießener Abhandlungen zur Agrar- und Wirtschaftsforschung des europäischen Ostens, Bd. 178, Berlin 1991.
Semmelmann, H.: Genossenschaftsbauern im Ringen um die Verwirklichung der Wirtschaftsstrategie unserer Partei, in: Einheit, Jg. 39 (1984), Heft 6.

Abbildungsnachweis:

Archiv Agrarmuseum Wandlitz.
Dokumente zur demokratischen Bodenreform im Land Brandenburg, Potsdam 1966.
Illustrierte historische Hefte, 20, Berlin (O) 1979.

Die Agrarrevolution in der alten Bundesrepublik seit 1950

Ursachen, Verlauf und Folgen

von Fritz Lachenmaier

Um den gewaltigen Wandel anschaulich zu machen, den die westdeutsche Landwirtschaft in den vergangenen 40 Jahren durchlaufen hat, werden gern Zahlenvergleiche zwischen 1950 und 1990 publiziert. Zwei Beispiele von vielen: Die Zahl der landwirtschaftlichen Betriebe hat sich von über 1,6 Millionen auf 600 000 verringert. Und die Zahl der Verbraucher, die ein einziger Landwirt mit seiner Hände Arbeit ernährt, hat sich im gleichen Zeitraum von 10 auf 70 erhöht. Obwohl die Zahlen stimmen, sieht die Wirklichkeit differenzierter aus.

Zahlen unter der Lupe

Als landwirtschaftlichen Betrieb zählt die amtliche Statistik alle Höfe mit einer Nutzfläche von mehr als einem Hektar (100 × 100 m). So kleine Betriebe reichten auch früher nicht aus, eine Familie zu ernähren. Schätzungsweise die Hälfte jener 1,6 Millionen Betriebe dürfte gelegentliches oder dauerndes Zusatzeinkommen gehabt haben. Nach Betriebsformen – Voll-, Zu- oder Nebenerwerbsbetrieb – gliederte die Statistik erst später.

Claas Mähdrescher «Dominator» beim Abtanken.

Die Entwicklung zur Vollmechanisierung verlief revolutionsartig.

Vier Agrarrevolutionen nach 1950.

Daß ein Landwirt heute siebenmal so viel Mitbürger ernährt wie 1950, ist ebenfalls richtig. Dafür ist aber sein Kapitalaufwand kräftig gestiegen, wie aus den jährlichen Abschreibungen für Maschinen und Gebäude eindrucksvoll hervorgeht: Sie schnellten von einigen hundert Millionen auf 11 Milliarden DM hoch. Bei den zugekauften Betriebsmitteln ist es ähnlich. Diese «Vorleistungen» sind zu berücksichtigen, will man die Zahl der Ernährten pro Landwirt vergleichen.

Die Relativierung der gängigen Zahlenvergleiche soll die epochalen Leistungen nicht im geringsten schmälern, die die deutschen Landwirte in den vergangenen 40 Jahren vollbracht haben. Mit Recht wird von einer Agrarrevolution gesprochen, einmalig in der mehrtausendjährigen Agrargeschichte. Eigentlich waren es sogar vier Revolutionen, nämlich eine technische (Maschinen und Gebäude), eine biologische (Pflanzen- und Tierzucht), eine chemische (Pflanzenernährung und Pflanzenschutz) und eine organisatorische (bis zum Computer als Hilfsmittel des Betriebsleiters). Wissenschaft, Wirtschaft, Beratung und eine große Zahl von Pionierlandwirten trugen gleichermaßen zum Fortschritt auf allen Gebieten bei. Zusammen bewirkten sie, daß heute viel weniger Bauern viel mehr erzeugen und daß ein mittlerer Vierpersonen-Verbraucherhaushalt nicht mehr 46, sondern nur noch 16 Prozent seines Einkommens fürs «tägliche Brot» ausgeben muß (die Zahlen würden sich bei Berücksichtigung der Subventionen nur unwesentlich ändern). Die Differenz von 30 Prozent des Einkommens hat wesentlich zur Steigerung des Lebensstandards der westdeutschen Bevölkerung beigetragen, zum «Wohlstand für alle».

Im Gegensatz zu den meisten Revolutionen in der Geschichte verlief die geschilderte Agrarrevolution fast lautlos. Jahr für Jahr säten und pflegten und ernteten die Bauern wie ihre Vorfahren. Tag für Tag versorgten sie ihr Vieh, werktags, sonntags, feiertags. Der innerlandwirtschaftliche Anpassungsprozeß und die außerlandwirtschaftlichen Einkommensteigerungen stellten gleichzeitig Hunderttausende von bäuerlichen Familien vor schicksalhafte Entscheidungen. Viele gaben ihren Hof auf, die meisten im Generationswechsel. Hinter den Schlagworten vom «Höfesterben» und «Bauernsterben» steckt eine Vermögensumschichtung großen Stils. Rund eine Million Hektar Land konnte für Siedlungs-, Verkehrs- und Industriebauten verkauft werden; vier weitere Millionen Hektar werfen jährlichen Pachtzins ab. Andere machten weiter, pachteten Land zu, rationalisierten, investierten und nahmen das Risiko einer hohen Fremdkapitalbelastung auf sich. Wieder andere wirtschaften als Nebenerwerbslandwirte weiter.

Suche nach einer neuen Identität

Erst die EG-Agrarpolitik mit ihren Überschüssen und die Horrormeldungen über «Gift im Kochtopf» weckten das Interesse der Massenmedien, nicht immer fachlich und nicht immer fair. Das Image der Bauern in der Öffentlichkeit sank rapide und zwang sie zur Suche nach einer neuen Identität. Vom täglichen Brot wird kaum mehr gesprochen. Andere Aufgaben und Funktionen rücken in den Vordergrund: das Bauerntum erhalten, die Tragfähigkeit der ländlichen Räume sichern, die Kulturlandschaft pflegen, den Artenreichtum

Landwirtschaftliche Betriebe nach Größenklassen (in 1000)[1]

Von – bis ha	1949	1960	1970	1980	1990	± in %
1 – 2	306	230	155	103	79	– 74
2 – 5	553	387	251	155	112	– 80
5 – 10	404	343	233	149	106	– 74
10 – 20	256	287	268	181	130	– 49
20 – 30	72	79	104	103	80	+ 11
30 – 50	40	43	53	75	76	+ 90
über 50	16	16	19	31	48	+ 200
Zusammen	1647	1385	1083	797	631[2]	– 62

[1] Zahlen abgerundet

[2] Davon 364000 Haupterwerbsbetriebe und 267000 Nebenerwerbsbetriebe

der Fauna und Flora nicht gefährden – und bitte ja kein «Gift». So steht es um die deutsche Landwirtschaft der neunziger Jahre. Die Zukunft bleibt ungewiß. Auf der einen Seite stehen weitere Agrarpreissenkungen vor der Tür, auf der anderen Forderungen nach zweistelligen Gehaltserhöhungen im außerlandwirtschaftlichen Bereich. Am Horizont taucht die 30-Stunden-Woche auf. Ein viehhaltender Landwirt steht allein am Wochenende acht Stunden im Stall.

Die Hungerjahre vor 1950

Vergessen wir nicht die Jahre davor. Dem totalen Krieg folgte die totale Niederlage. Deutschland lag 1945 buchstäblich in Trümmern. Die Demontagen der Siegermächte und der «Morgenthauplan», der Deutschland in einen Agrarstaat zurückverwandeln wollte, taten ein übriges. Das Volk konnte nicht einmal mit dem Lebenswichtigsten versorgt werden. Millionen von Vertriebenen und Flüchtlingen aus dem Osten strömten in die westlichen Besatzungszonen und mußten in dem zerstörten Land untergebracht werden.
Am schlimmsten war der Hunger. Die Lebensmittelzuteilung sackte von 2400 Kalorien während des Krieges auf 1500 ab. Rund eine halbe Million Menschen starben in den ersten Nachkriegsjahren an Unterernährung und Entkräftung. «Produzieren, produzieren und abliefern, abliefern» verlangten die Ernährungsämter von den Bauern. Doch die Landwirtschaft befand sich in einem desolaten Zustand. Viele Bauern waren gefallen oder vermißt oder noch in Gefangenschaft. Betriebsmittel gab es fast keine zu kaufen, der Maschinenbestand war veraltet, der Viehbestand reduziert.
In dieser Situation wirkte der amerikanische Marshallplan (1947) mit seiner großzügigen Wirtschaftshilfe zum Wiederaufbau Europas wie eine Initialzündung, auch in den Köpfen des geschlagenen und deprimierten deutschen Volkes. Die mutige Währungsreform (1948) mit ihrem Geldwertschnitt von 10:1 ermöglichte dann den Übergang von der Zwangswirtschaft zur Marktwirtschaft. Der damalige Zweizonen-Wirtschaftsrat hob im industriell-gewerblichen Sektor alle Bewirtschaftungsmaßnahmen auf und gab die Preise frei.

Ludwig Erhard als Wegbereiter der sozialen Marktwirtschaft.

Außenschutz für Agrarprodukte

Nicht so auf dem Gebiet der Land- und Ernährungswirtschaft. Hier lehnte der liberale Ludwig Erhard eine Liberalisierung rundweg ab. Eine Preisfreigabe, so seine Begründung, würde die Lebenshaltungskosten verteuern und damit die Absatzchancen der Industrie drastisch verringern. Noch mußte die Hälfte aller Agrar- und Ernährungsgüter importiert werden, noch lagen die Weltmarktpreise über den Inlandspreisen. Nach allgemeiner Ansicht würde die westdeutsche Landwirtschaft niemals in der Lage sein, die Bevölkerung aus heimischer Produktion zu ernähren; die Agrarimporte mußten aus den industriellen Exporterlösen bezahlt werden.
Andererseits sollten Verbraucher und Erzeuger nicht den ständigen Preis- und Angebotsschwankungen des Weltmarkts ausgeliefert sein. Schon 1950/51 verabschiedete der Bundestag – in voller Übereinstimmung mit dem Deutschen Bauernverband – Marktordnungen für die wichtigsten Agrarprodukte. Ihr wesentlicher Inhalt: für Inlandsprodukte mehr oder weniger staatlich festgesetzte Preise, für Importgüter eine Schleuse in Form der Einfuhr- und Vorratsstelle mit der Möglichkeit, sie nach Mengen und Preisen der Inlandsversor-

gung anzupassen. Damit waren die agrarpolitischen Weichen auf Außenschutz gestellt, anfänglich zum Schutz der Verbraucher, später zum Schutz der Erzeuger. Daß es bald keine echten Weltmarktpreise mehr geben sollte, sei hier nur am Rande erwähnt.

Vom Kleinschlepper zum Ackergiganten

«Produzieren, produzieren», diese Forderung an die Bauern ging auch nach 1950 weiter; der Staat subventionierte sogar den Mineraldünger. Als neue Forderung kam hinzu: rationalisieren, um billig zu produzieren!
Die deutsche Landwirtschaft galt in der Tat als rückständig, sowohl im Vergleich zu anderen Wirtschaftszweigen als auch zur Landwirtschaft einiger Nachbarländer. Erst wenige Jahre vor Kriegsbeginn hatte der Ackerschlepper Gummireifen bekommen und war damit auch für nicht arrondierte bäuerliche Betriebe geeignet. Die gleichzeitig einsetzende Rüstungsproduktion verhinderte größere Stückzahlen. Es lag also ein gewaltiger Investitionsstau vor. Die traditionellen Schlepperfirmen entwickelten neue, der westdeutschen Agrarstruktur angepaßte Kleinschlepper mit 10- bis 12-PS-Motoren. Weitere Firmen stiegen in das Geschäft ein. Auf der Ausstellung der Deutschen Landwirtschafts-Gesellschaft (DLG) 1950 in Frankfurt am Main zeigten bereits 30 Hersteller nicht weniger als 80 Schleppertypen.

Der Ackerschlepper revolutionierte die Landwirtschaft.

Der Ackerschlepper war es denn auch, der die Landarbeit und damit die Landwirtschaft revolutionierte. Entgegen allen Bedarfsschätzungen kauften die Bauern Schlepper auf Teufel komm raus; 1960 zählte man bereits 800 000, 1975 gar 1,3 Millionen Stück. Bei den modernen, der Schlepperleistung angepaßten Landmaschinen verlief die Entwicklung ähnlich. 1960 sah man nur noch Mähdrescher die Getreidefelder ernten.
Dabei fehlte es nicht an warnenden Stimmen vor einer «Schlepperitis». Wissenschaft und Beratung rechneten nämlich noch einige Jahre mit zwei verschiedenen Mechanisierungssystemen: einer Teilmechanisierung mit einfachen, billigen Maschinen im Eigenbesitz und den teureren in überbetrieblicher Nutzung für die kleineren Betriebe – und einer Hochmechanisierung für die größeren. Doch auch die kleineren Bauern wollten nicht hinter einem Einachsschlepper hergehen, wenn der Nachbar bequem auf einem Vierradschlepper saß; sie wollten nicht den ganzen Winter über dreschen, wenn der Mähdrescher das schon beim

Getreideernte Anfang der fünfziger Jahre, schleppergezogener Mähdrescher mit Absackstand.

Fendt-Schlepper «Farmer 312 LSA».

Ernten konnte; sie wollten auch nicht mehr tage- oder wochenlang mit krummem Rücken Kartoffeln und Rüben auflesen, nachdem neue Rodemaschinen diese mühselige Arbeit mechanisch erledigten. Wer wollte es ihnen verdenken! Mit den Betriebsgrößen wuchsen die Maschinengrößen, die Ackerschlepper beispielsweise um jährlich 2 PS bis zu den heutigen «Ackergiganten» von 80–100 PS und mehr. «Größer – schneller – komfortabler – unbezahlbar» faßte ein Kenner die stufenweise Entwicklung sarkastisch zusammen. Heute liegt die deutsche Landwirtschaft mit ihren Maschinenkosten im europäischen Vergleich weit an der Spitze – auch, aber nicht nur wegen ihrer ungünstigeren Agrarstruktur.

Segen, nicht Fluch

Es gibt viele gute Gründe für jenes atemberaubende Tempo der Motorisierung und Mechanisierung. Landwirtschaft ohne Maschinen war ja nicht die «gute alte Zeit», als die sie manche Nostalgiker heute darstellen. Es war harte Knochenarbeit von der frühen Jugend bis ins hohe Alter. Erst die Technik ermöglichte eine Annäherung der landwirtschaftlichen Arbeitsbedingungen an die der Industrie, soweit die Natur eine solche überhaupt zuläßt. Dazu kam der Sog der wieder anlaufenden Industrie anfangs der fünfziger Jahre, der die Abwanderung von Arbeitskräften aus der Landwirtschaft leicht machte, zumal sie höhere Löhne und bessere Arbeitsbedingungen bieten konnte. Ein Glück, daß es Maschinen gab, die die Abwanderer ersetzten. Bald fanden sich die bäuerlichen Familien allein auf dem Hof und verlangten von den Maschinen «Einmannbedienung», eine weitere Perfektion. Nicht zu unterschätzen auch die hohe Schlagkraft, die Ackerschlepper und moderne Landmaschinen in die Betriebe brachten. Jetzt konnte man sich die optimalen Zeiten für die Feldarbeiten aussuchen, den Boden besser bearbeiten, das Heu unverregnet bergen, Lagergetreide ohne Verluste mähen und vieles andere. Der Anteil der Technik an der nun einsetzenden Ertragssteigerung ist unbestritten; Fachleute schätzen ihn auf etwa 25 Prozent. Und noch eins: Die Maschinen nahmen den Arbeitsspitzen ihre bisherige Hektik.

Maschinen ersetzen abwandernde Arbeitskräfte.

Bleibt die Frage, weshalb die Landwirte so nachdrücklich auf eigenen Maschinen bestanden und bestehen und die Kostensenkung einer überbetrieblichen Nutzung nicht viel stärker ausschöpfen, sei es in Form nicht organisierter Nachbarschaftshilfe, organisierter Maschinenringe oder Lohnmaschinen. Nun, die meisten Arbeitsgänge sind termingebunden und müssen mit der entsprechenden Spezialmaschine in einer eng begrenzten Zeitspanne erledigt sein. Die Eigenmaschine steht immer rechtzeitig zur Verfügung, bei der Fremdmaschine fehlt diese Sicherheit. Mindestens befürchten die Landwirte das. Deshalb betrachten sie die höheren Kosten der Eigenmaschine als eine Art Risikoversicherung, wie übrigens die Maschinenleistung, die sie aus demselben Grund lieber etwas zu groß als zu klein wählen.

Ein eher irrationaler Grund für die Eigenmaschine ist der «freie Bauer auf freier Scholle», der von niemandem abhängig sein möchte. Genau das schätzt ja jeder Bauer an seinem Beruf, genau dafür nimmt er manche Erschwernisse in Kauf. Die Zwangskollektivierung in der ehemaligen DDR und der Mansholtplan haben ihn in dieser Einstellung noch bestärkt.

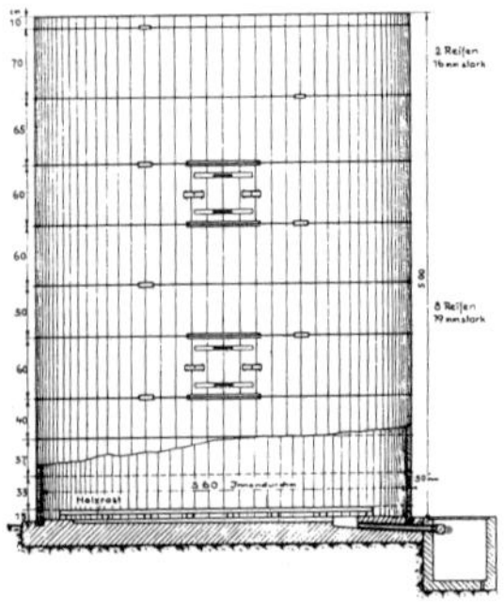

Rosenheimer Holzhochsilos erscheinen nach 1950 auf den Bauernhöfen.

Weichenstellung Richtung Strukturverbesserung

Die Landwirte und ihre Politiker erkannten schnell, daß die Agrartechnik der Agrarstruktur davonlief, wie sie aus der Bauernbefreiung und den Erbsitten hervorgegangen war. Schlepper und Landmaschinen verlangten größere Schläge und größere Betriebe. Der Ruf nach einer «Verbesserung der Agrarstruktur» wurde laut; Bundesminister Heinrich Lübke (1953–1959) stellte die ersten Weichen. Das Flurbereinigungsgesetz (1953) war bei seinem Amtsantritt schon verabschiedet. Er baute dieses wichtige Instrument weiter aus, galt doch die Hälfte der über 13 Millionen Hektar Landwirtschaftsfläche als bereinigungsbedürftig. In den süddeutschen Realteilungsgebieten dominierte die Zusammenlegung der zersplitterten und zu kleinen Feldstücke, im norddeutschen Anerbengebiet die Regelung der Wasser- und Wegeverhältnisse.

Lübkes neues Programm basierte auf den folgenden vier Säulen: Aussiedlung ganzer Gehöfte aus beengten Dorflagen in die Feldmark – damit verbunden eine Betriebsaufstockung mit den Flächen aufgebender Kleinlandwirte – Althofsanierung innerhalb der Ortschaften, sofern Platz vorhanden war – Freiwilliger Landtausch und Beschleunigte Zusammenlegung als Ergänzung zur aufwendigen und langwierigen behördlichen Flurbereinigung. Zur Begründung sagte der Minister ganz offen, daß höhere Agrarpreise den Kleinbauern mit ihren geringen Verkaufsmengen wenig nützen. Er wollte seine Strukturverbesserung als «Hilfe zur Selbsthilfe» verstanden wissen. Tüchtige Landwirte sollten die Chance erhalten, ihre Fähigkeiten zu entfalten. Viele haben sie mutig genutzt. Die Zahl von 25 000 Aussiedlungen in der Statistik verbirgt das Ringen in ebenso vielen Familien um eine so tiefgreifende und auch riskante Entscheidung. Die Zahl der Althofsanierungen beträgt ein Mehrfaches davon, alle mit beispielhafter Ausstrahlung in die Nachbarschaft.

Die großzügige staatliche Förderung des Programms blieb nicht ohne Kritik damals; sie käme zu wenig Landwirten zugute. Heute gibt es in den süddeutschen Realteilungsgebieten ganze Landkreise, in denen die Aussiedlerhöfe den harten Kern der Vollerwerbsbetriebe ausmachen. Fast noch wichtiger aber sind die Impulse, die auf das landwirtschaftliche Bauwesen ausgingen, auch auf die Wohnhäuser und damit auf den Bereich der Landfrauen. Die Älteren erinnern sich noch an den Zustand der hundert und zweihundert Jahre alten Bauernhäuser, ihre Küchen, ihre sanitären Einrichtungen. In den heutigen Bauernmuseen herzig anzuschauen – aber darin arbeiten? Die Technik der Nachkriegszeit hatte zunächst nur die Außenwirtschaft verändert. «Wenn Urgroßvater heute auf die Erde zurückkäme», so die damalige Vorsitzende des Landfrauenverbandes, Gräfin Leutrum, «würde er sich nicht mehr zurechtfinden. Urgroßmutter dagegen könnte weitermachen, wo sie aufgehört hat.»

Von der Stellvertreterin zur Mitunternehmerin

Jetzt boten Aussiedlungen, Althofsanierungen und die anlaufende Wohnhausförderung Gelegenheit, auch die Landfrauenarbeit zu rationalisieren. Architekten, Arbeitswirtschaftler,

Landfrauen und ihre Beraterinnen setzten sich zusammen und entwarfen arbeitsparende Küchen, den Einbau von Bad und Toilette, Warmwasserbereitung, Sammelheizung und die richtige Zueinanderordnung aller Räume. Waschmaschinen und Gefrierschränke (ursprünglich als Gemeinschaftsanlagen im Dorf) nahmen dem Waschtag und Schlachttag seine Schrecken. Moderne Herde und Küchenmaschinen kamen hinzu. Mit alledem überwand nun auch der bäuerliche Haushalt seine Rückständigkeit und näherte sich dem städtischen

Aussiedlerhof mit separatem Wohngebäude.

Die Rolle der Bäuerin verändert sich.

Haushalt an. Besonderheiten blieben, etwa die Mehrgenerationenfamilie auf dem Hof, häufig mit pflegebedürftigen Altenteilern, und die Mitarbeit der Frau im Betrieb.
Im Rückblick läßt sich jene Aufbruchzeit im bäuerlichen Wohnen und Haushalten auch als Wendepunkt im Selbstverständnis und Selbstbewußtsein der Landfrauen datieren. Sie hatten zwar schon im Krieg «ihren Mann gestanden», aber doch mehr als Vertreterin der abwesenden Männer. Jetzt waren sie zum Mitplanen und Mitdenken regelrecht aufgefordert und wuchsen in die Rolle der Mitunternehmerin hinein. An den späteren Computerkursen für die Landwirtschaft nahmen sie schon wie selbstverständlich teil. Die Befreiung von der täglichen Arbeitsüberlastung gab ihnen endlich auch Zeit, gelegentlich aus dem Hof herauszukommen, Abstand vom Alltag zu gewinnen und mit anderen zusammen ihren Horizont zu erweitern. Die Rede ist von den 14 000 Landfrauenvereinen auf Orts- und Kreisebene mit ihren 550 000 Mitgliedern, die zum Leben im Dorf, auch zum kulturellen Leben auf dem Lande, vermutlich so viel beitragen wie staatliche Fördermittel.

Rehwinkel und die Disparität

Im revolutionären Wandel müßten jetzt die Ertragssteigerungen in Feld und Stall folgen. Im zeitlichen Ablauf rückte die Agrarpolitik mehr und mehr in den Vordergrund. Mitten im Wirtschaftswunder begann es zu gären unter den Bauern. Das Wort «Disparität» machte die Runde. Zigtausende von Landwirten demonstrierten. Sie forderten ein Paritätsgesetz zur wirtschaftlichen und sozialen Gleichstellung der Landwirte mit allen anderen Erwerbstätigen. Edmund Rehwinkel warf Bundeskanzler Adenauer den Fehdehandschuh hin. Er war nach dem Rücktritt von Andreas Hermes 1954 in das Triumvirat an der Spitze des Deutschen Bauernverbandes und 1959 zum alleinigen Präsidenten gewählt worden. Ein Bauernführer von echtem Schrot und Korn! Er witterte hinter Lübkes Plänen die Gefahr, die Strukturpolitik verdränge eine «aktive Preispolitik» auf den zweiten Rang, und wehrte sich vehement dagegen.

Was war geschehen? In einer großen Kraftanstrengung und mit hoher Fremdkapitalbelastung hatten die deutschen Landwirte ihre Rückständigkeit überwunden. Trotzdem mußten sie erkennen, wie ihr Lebensstandard allmählich hinter dem steigenden Wohlstand ihrer Umgebung zurückblieb. Die außerlandwirtschaftlichen Löhne und Gehälter stiegen, die Arbeitszeiten sanken, die soziale Absicherung gegen alle Risiken des Lebens wurde immer perfekter. Auto- und Reisewelle hatten die «Freßwelle» nach der Hungerzeit abgelöst (Stichworte VW-Käfer und Mallorca) und waren zu Statussymbolen der Gesellschaft aufgerückt. Der Wertewandel in Richtung Materialismus begann sich abzuzeichnen. Entsprechend weniger galten die traditionellen Werte des Bauerntums, mit Gottes Segen das tägliche Brot zu schaffen, fleißig und sparsam die ererbte Scholle zu bewirtschaften und sie an die nächste Generation weiterzugeben. Daß jener beginnende Wertewandel einmal in unserer heutigen organisierten Anspruchsgesellschaft enden würde, ahnte man um die Mitte der fünfziger Jahre freilich noch nicht.

Veränderte Urlaubsgewohnheiten beeinflussen die Landwirtschaft.

Aus dem vom Bauernverband geforderten «Paritätsgesetz» wurde 1955 ein «Landwirtschaftsgesetz». Es garantierte zwar nicht jedem Landwirt ein bestimmtes Einkommen, verpflichtete gleichwohl den Gesetzgeber, «die Landwirtschaft mit den Mitteln der allgemeinen Wirtschafts- und Agrarpolitik – insbesondere der Handels-, Steuer-, Kredit- und Preispolitik – in den Stand zu setzen, die für sie bestehenden naturbedingten und wirtschaftlichen Nachteile gegenüber anderen Wirtschaftszweigen auszugleichen». Die Bundesregierung hat nach dem Gesetz jährlich einen Bericht über die Lage der Landwirtschaft vorzulegen (Grüner Bericht, später Agrarbericht), und zwar gegliedert nach Betriebsgrößen, -typen, -systemen und Wirtschaftsgebieten. Darin muß auch der «Abstand» zum gewerblichen Vergleichslohn (Disparität) angegeben sein.

Das Gesetz war von Anfang an umstritten, sowohl sein Sinn und Zweck als auch seine Methoden der Gewinnermittlung. Immerhin zeigen die Agrarberichte Jahr für Jahr, daß es «die Landwirtschaft» gar nicht gibt, auch nicht nur Groß- und Kleinbetriebe, sondern daß die Verhältnisse einschließlich der Qualifikation der Betriebsleiter äußerst differenziert sind. Die Spannweiten in den Betriebsergebnissen enthüllen eine erstaunlich hohe «innere Disparität». Die statistischen Durchschnittswerte spiegeln die Wirklichkeit nur unvollkommen wider.

Neue Agrarsozialgesetze

Zudem erweiterte das Landwirtschaftsgesetz das agrarpolitische Instrumentarium weit über die Preis- und Strukturpolitik hinaus. Es bestimmt unter anderem, die soziale Lage der in der Landwirtschaft tätigen Menschen an die vergleichbarer Berufsgruppen anzugleichen. Damit war der Weg für die nun anlaufende Agrarsozialgesetzgebung bereitet. Eine Versicherung gegen Berufsunfälle gab es schon. 1957 folgte die Altersversicherung, nicht als Vollrente, sondern als Bargeldzuschuß zur freien Kost und Logis der Altenteiler auf dem Hof. Das Altersgeld war an die Betriebsabgabe gekoppelt; der Gesetzgeber erreichte damit die erwünschte Verjüngung der aktiven Landwirte. Spätere Ergänzungsgesetze erweiterten den Personenkreis und erhöhten die Leistungen. Seit neuestem ist das Altersgeld dynamisiert wie die Renten der allgemeinen Rentenversicherung. Als dritte Säule der Agrarsozialpolitik folgte 1972 eine gesetzliche Krankenversicherung für Landwirte, auch sie verbunden mit dem Anspruch auf eine Betriebs- oder Haushaltshilfe im Notfall – eine große Beruhigung gerade für die bäuerlichen Familienbetriebe ohne fremde Arbeitskräfte. Die Bundesregierung leistet beträchtliche Zuschüsse zur Beitragsentlastung der Landwirte. Der Gesamtzuschuß wird 1992 die 6-Milliarden-Grenze überschreiten (einschließlich der Leistungsaufwendungen für Altenteiler). Das ergibt rein rechnerisch durchschnittlich 12 000 DM je Betrieb und Jahr.

Die Anfänge dieser Sozialausgaben gelten auch als Beginn der «direkten Einkommensübertragungen».

Die Europäische Gemeinschaft

Zurück in die fünfziger Jahre, zur Gründung der Europäischen Wirtschaftsgemeinschaft (EWG, später EG). Der eigentliche Motor für die europäische Einigung war politischer Natur. Nie wieder Krieg zwischen den europäischen Nachbarvölkern, so lautete die Devise. Wer wollte ihr nicht freudig zustimmen nach den Schrecken zweier Kriege. Auch das wirtschaftliche Argument leuchtete ein: Mehr Wohlstand für alle durch mehr Wettbewerb in

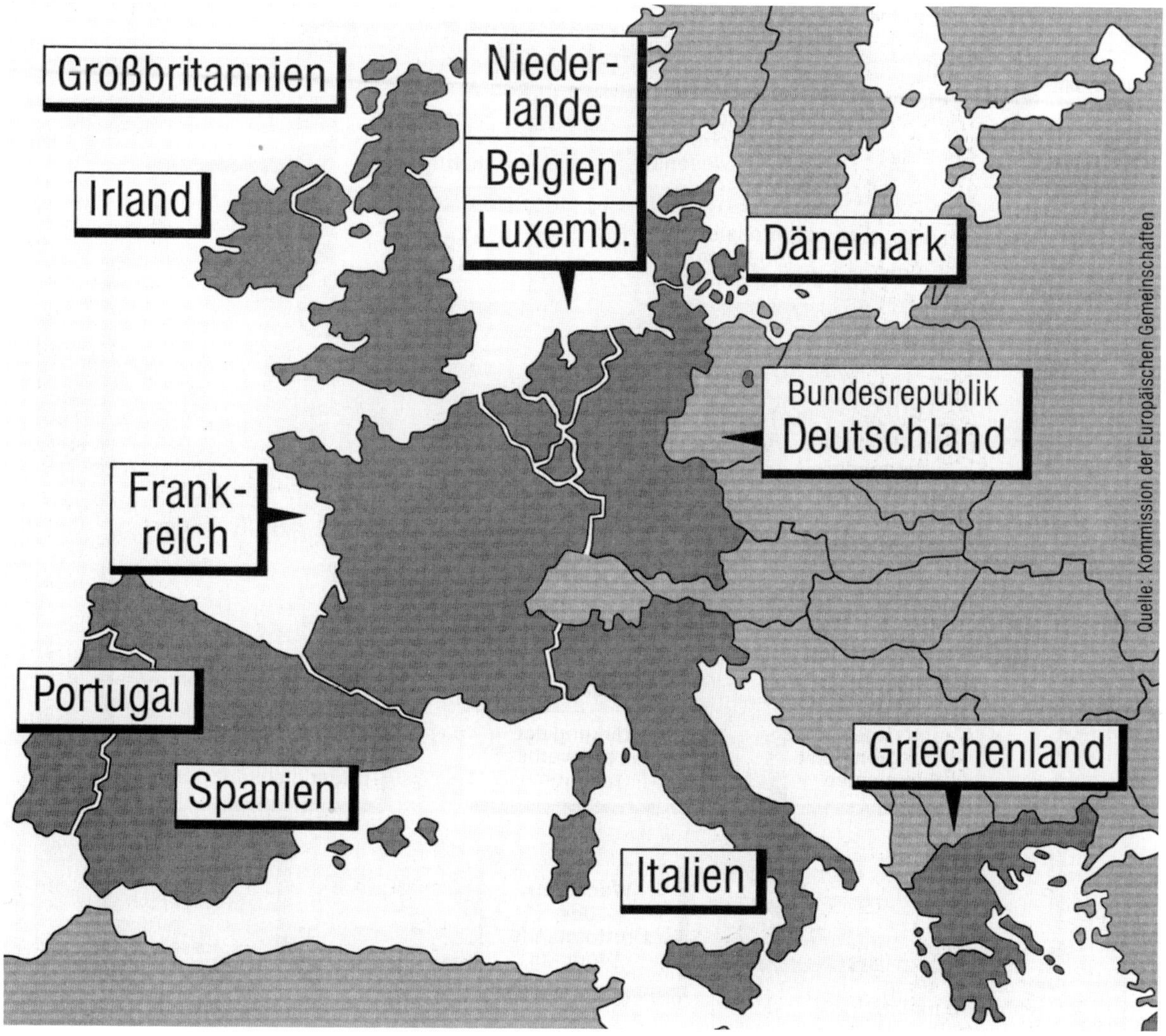

Die Europäische Gemeinschaft.

Kerndaten der EG-Zwölfergemeinschaft[1)]

	B	DK	D	GR	E	F	IR	I	L	NL	P	GB
Bevölkerung, Mio.	9,9	5,1	61,7	10,0	38,8	56,0	3,5	57,5	0,4	14,8	10,3	57,2
Landw. Fläche, Mio. ha	1,4	2,8	11,9	5,7	27,1	30,8	5,7	17,3	0,1	2,0	4,5	18,0
Einwohner je 100 ha Landw. Fläche	711	183	518	175	143	182	62	332	297	733	227	317
Landw. Betriebe, 1000	79	86	671	704	1540	912	217	1974	4	117	384	243
davon über 20 ha. %	30	57	31	3	15	51	40	7	58	32	5	59

1) Zahlen von 1987 und 1988, abgerundet

einem großen Wirtschaftsraum ohne Zölle und Handelshemmnisse. Nur so könne Europa zwischen den beiden Supermächten USA und Sowjetunion bestehen. Der Vertrag trat am 1. Januar 1958 in Kraft, damals mit sechs Mitgliedern, später wurden es zwölf. Er sollte in den folgenden zwölf Jahren stufenweise verwirklicht werden. Für eine gemeinsame Agrarpolitik enthielt er nur allgemeine Zielsetzungen wie eine angemessene Lebenshaltung für die landwirtschaftliche Bevölkerung und angemessene Preise für die Verbraucher. Noch im selben Jahr einigte sich die Agrarministerkonferenz in Stresa darauf, wie die Ziele verwirklicht werden sollen:

Keine freie Preisbildung auf Agrarmärkten.

Die Gemeinschaft wird auch für Agrarerzeugnisse zum Binnenmarkt; wettbewerbsverzerrende nationale Beihilfen sind nicht mehr erlaubt – Das Einkommen der Landwirte wird über die Preise gesteuert; für die gesamte Gemeinschaft gelten gleiche Agrarpreise, die der Ministerrat jährlich festsetzt – Die entstehenden Kosten werden gemeinsam finanziert – Ein gemeinsamer Außenschutz gegenüber Einfuhren aus Drittländern sorgt für eine Präferenz der Erzeugnisse des Binnenmarktes – Für alle wichtigen Agrarprodukte gelten europäische Marktordnungen, ausgestaltet nach den Besonderheiten des jeweiligen Produkts und seiner Bedeutung für die Einkommen der Landwirte. Leitbild der EG-Agrarpolitik soll der «bäuerliche Familienbetrieb» sein (ein Beschluß, der später zu vielen Mißverständnissen führen sollte).

Schon ein oberflächlicher Blick auf die Tabelle nach dem heutigen Stand vermittelt einen Eindruck von der Kompliziertheit des Systems, obwohl sein Grundgedanke ganz einfach gedacht war: Die freie Preisbildung durch Angebot und Nachfrage am Markt wird außer Kraft gesetzt. Statt dessen legt der EG-Ministerrat die Preise für jedes einzelne Produkt jährlich fest (Richtpreis, Orientierungspreis). Fallen sie um einen bestimmten Betrag darunter, kauft die EG zu einem bestimmten Preis auf (Interventionspreis) und lagert ein, um einen weiteren Preisrückgang zu verhindern. Ebenso dient die Regulierung des Außenhandels der Preisstützung im Innern: Importe werden verteuert (Abschöpfung), wenn ihre Preise unter denen der Gemeinschaft liegen, Exporte verbilligt (Erstattung), um die eingelagerten Überschüsse wieder loszuwerden. Die praktische Durchführung erwies sich dann, wie gesagt, als noch viel komplizierter. Die wichtigste spätere Erfahrung kann hier schon vorweggenommen werden: Je perfekter die Preisstützung, um so größer die Überschüsse, um so höher die Kosten. Auch ein weit verbreiteter Irrtum muß hier schon korrigiert werden: Es ist nicht so, als habe die europäische Agrarpolitik die deutschen und europäischen Landwirte zu Mehrproduktion gezwungen. Nein, die kombinierten Preis- und Abnahmegarantien haben eine Mehrproduktion ermöglicht. Die Landwirte aller Mitgliedsstaaten wären schlechte Unternehmer, hätten sie diese Chance nicht genutzt, um mit den immer vorauseilenden außerlandwirtschaftlichen Einkommen Schritt zu halten.

Stürmische Übergangszeit

Die Bauern säten und pflegten und ernteten auch in der Übergangszeit (1958–1968) weiter wie immer. In ihrer freien Zeit verfolgten sie die EG-Diskussionen ebenso interessiert wie mißtrauisch. Ihnen ging es hauptsächlich um die gemeinsamen Agrarpreise. Noch lagen sie weit auseinander, bei Weizen beispielsweise um mehr als 10 DM je Dezitonne zwischen der Bundesrepublik Deutschland und Frankreich. Als Hochkostenland lag Deutschland eben auch mit den Preisen am höchsten. Der Streit zwischen «Preispolitikern» und «Strukturpolitikern» entbrannte in voller Schärfe.

Hier der Bauernverband mit Präsident Rehwinkel an der Spitze. Zur Erhaltung eines gesunden Bauerntums forderte er kompromißlos die Übernahme der deutschen Preise für die Gemeinschaft. Bei 200 000 Betriebsaufgaben seit der Währungsreform und 800 000 Nebenerwerbslandwirten mit befriedigenden Einkommen von außerhalb sei die Strukturreform im wesentlichen gelaufen beziehungsweise werde von allein weiterlaufen. Der Staat dürfe sie auf keinen Fall über die Preise künstlich forcieren. Eine Preiserhöhung in den anderen Mitgliedsländern werde zu keiner wesentlichen Produktionssteigerung führen, und wenn, könnten die Überschüsse ohne weiteres exportiert werden.

Dort die Betriebs- und Marktwirtschaftler. Sie hielten EG-Preise auf deutschem Niveau für unrealistisch und favorisierten deshalb eine weitere Strukturverbesserung. Die Gemeinschaft liege schon fast bei der Selbstversorgung

Die wichtigsten Instrumente der EG-Marktorganisationen

Instrument \ Marktorganisation	Pflanzliche Erzeugnisse									Tierische Erzeugnisse				
	Getreide	Reis	Zucker	Raps/Rübsen	Erbsen, Acker- und Puffbohnen	Obst und Gemüse	Wein	Tabak	Hopfen	Rindfleisch	Schaffleisch	Schweinefleisch	Geflügelfleisch und Eier	Milch und Milcherzeugnisse
Richtpreis	x	x	x	x	–	–	–	–	–	–	–	–	–	x
Orientierungspreis	–	–	–	–	–	–	x		–	x	–	–	–	–
Grundpreis	–	–	x	–	–	x	–	–	–	–	x	x	–	–
Zielpreis	–	–	–	–	x	–	–	x	–	–	–	–	–	–
Interventionspreis	x	x	x	x		–	–	x	–	x	–	–	–	x
Auslösungspreis	–	–	–	–	x	–	x	–	–	–	–	–	–	–
Ankaufpreis	–	–	–	–	–	x	–	–	–	x	–	x	–	–
Rücknahmepreis	–	–	–	–	–	x	–	–	–	–	–	–	–	–
Mindestpreis	–	–	x	–	x	–	x	–	–	–	–	–	–	–
Referenzpreis	–	–	–	–	–	x	x	–	–	–	x	–	–	–
Schwellenpreis	x	x	x	–	–	–	–	–	–	–	–	–	–	x
Frei-Grenze-Preis	x	x	x	–	–	–	x	–	–	x	–	–	–	x
Angebotpreis	–	–	–	–	–	–	–	–	–	–	–	x	x	–
Einschleusungspreis	–	–	–	–	–	–	–	–	–	–	–	x	x	–
Abschöpfung	x	x	–	–	–	–	–	–	x	–	x	x	x	x
Zusatzabschöpfung	–	–	–	–	–	–	–	–	–	–	–	x	x	–
Ausgleichsabgabe	–	–	–	–	–	x	x	–	–	–	–	–	–	–
Zoll	–	–	–	x	–	x	x	x	x	x	–	–	–	–
Erstattung	x	x	x	x	x	x	x	x	–	x	x	x	x	x
Beihilfe	x	x	x	x	x	–	x	–	x	x	x	x	–	x
Prämie	–	–	–	–	–	x	–	x	–	–	x	–	–	x
Produktions-/Mitverantwortungsabgabe	x	–	x	–	–	–	–	–	–	–	–	–	–	x

x = wird angewandt; – = wird nicht angewandt.
Quelle: Pacina, H.: Agrarlexikon, 8. Aufl., Hannover 1991.

Die Tabelle verdeutlicht die Komplexität des Agrarmarktes.

(die Bundesrepublik noch nicht, aber jetzt zählte nur noch die Gemeinschaft); eine Übernahme der deutschen Agrarpreise würde schnell zu Überschüssen führen. Im berühmten «Professorengutachten» von 1962 errechneten die Autoren, daß eine Senkung der deutschen Agrarpreise tatsächlich hohe Einkommensverluste für die deutschen Landwirte nach sich ziehe. Angemessene Pro-Kopf-Einkommen seien dann nur möglich, wenn weitere 600 000 Vollarbeitskräfte aus der Landwirtschaft ausscheiden würden. Dabei entstehende Härten müßten selbstverständlich vom Staat gemildert werden, wie überhaupt wei-

tere gezielte Maßnahmen den Strukturwandel zu wettbewerbsfähigen Betrieben begleiten sollten.
1967 wurde der deutsche Getreidepreis als Eckpreis aller Agrarpreise gesenkt, wenn auch nicht so stark wie befürchtet, und durch vorübergehende Ausgleichszahlungen gestreckt. Viele Kleinlandwirte hatten ihre Lage offenbar eher wie ihre Professoren beurteilt als wie ihre Präsidenten; die prognostizierte Zahl von 600 000 Ausscheidenden war früher erreicht als vorausgesagt.

Größere Bestände als Voraussetzung zur Kostensenkung.

Kosten senken!

Professoren und Präsidenten konnten sich streiten, die Landwirte mußten handeln. Ihnen war klar, daß der Wettbewerb schärfer, der Kampf um Marktanteile härter werden würde. Also die Kosten senken! Aber wie? Durch Betriebsvereinfachung und Spezialisierung, sagten Wissenschaftler und Berater, allen voran der unvergessene Heinz Dobert von der Landwirtschaftskammer Schleswig-Holstein in Kiel. Er riet seit etwa 1960 zu einer «Landwirtschaft nach Maß» und malte unermüdlich die Vorzüge eines spezialisierten «Milchmeiers», «Schweinemeiers» usw. gegenüber dem bisherigen «Vielmeier» aus. Die Technik hatte inzwischen auch die Ställe erreicht und verlangte dort «technisierungswürdige Bestandsgrößen», so wie die Feldmaschinen vorher maschinengerechte Schlag- und Betriebsgrößen erzwungen hatten. 40 bis 50 Kühe im modernen Boxenlaufstall mit Melkstand machen nicht mehr Arbeit als 20 Kühe im alten Anbindestall, 400 bis 500 Mastschweine im technisch ausgerüsteten neuzeitlichen Schweinestall nicht viel mehr als 40 bis 50 im alten Stall mit eigener Ferkelaufzucht. Die Legehennen wanderten um jene Zeit schon in große Käfiganlagen und damit zum großen Teil aus der Landwirtschaft hinaus; sie wurden Gewerbebetriebe, auch steuerlich. Den schnellen Fortschritt auf allen Gebieten, so Dobert weiter, könne ein einzelner Landwirt gar nicht mehr verfolgen und in die Praxis umsetzen. Gefragt seien in Zukunft die Spezialisten auf einem oder zwei Betriebszweigen, auf diesen aber echte Könner. Im Prinzip also Arbeitsteilung auch in der Landwirtschaft, die in der Industrie zu so hohen Produktivitätsfortschritten geführt hat.

Ähnlich wie bei den Aussiedlungen und Althofsanierungen war wieder eine große Zahl überlebenswilliger Landwirte bereit, diesen Weg zu gehen und das damit verbundene Risiko zu tragen, das heißt sich mit dem Bau eines modernen Stalls hoch zu verschulden. Um so erstaunter waren sie, sich 10 bis 20 Jahre später aus dem bäuerlichen Familienbetrieb ausgegrenzt und als «Agrarfabrik» am Pranger der öffentlichen Meinung wiederzufinden. Damals hatten sie als «moderne landwirtschaftliche Unternehmer» gegolten. Die statistischen Durchschnittsbestände von 17 Kühen und 70 Schweinen je Betrieb (1990) täuschen. 20 000 Betriebe halten 40 Kühe und mehr, fast 15 000 halten 400 Schweine und mehr.
Auch die überbetriebliche Zusammenarbeit als Mittel zur Kostensenkung kam wieder ins Gespräch während der Übergangszeit. Erich Geiersberger stellte 1959 seine Idee von Maschinenringen vor und gab damit der überbetrieblichen Maschinennutzung neuen Auftrieb. Der Bundestag verabschiedete 1969 das Marktstrukturgesetz. Danach können unter bestimmten Voraussetzungen Zusammenschlüsse von Landwirten zu Erzeugergemeinschaften gefördert werden, um deren Marktposition im Konkurrenzkampf auf den Nahrungsmittelmärkten zu stärken.

Böses Erwachen

Brüssel, 1. 7. 1968: Übergangszeit beendet, Europäische Wirtschaftsgemeinschaft in Kraft, alle Binnenzölle abgeschafft. Die Politiker jubelten, die deutsche Exportindustrie war guter Dinge, die Verbraucher freuten sich über das reichhaltigere Angebot in den Geschäften. Die Agrarpolitiker sahen alles an, was sie gemacht hatten, und siehe da, es war nicht gut: wachsende Überschüsse bei Weichweizen, Milch und Zucker, volle Selbstversorgung bei Schweinefleisch, Eiern, Geflügel und Kartoffeln. Die EG-Preise lagen zwischen 30 und 85 Prozent über den (schon nicht mehr echten) Weltmarktpreisen. Die Kosten für alle Preisstützungen zusammen hatten fast 10 Milliarden DM im Jahr erreicht, davon allein die Hälfte für Milch. Sie setzten sich zusammen aus Verarbeitungs-, Lager- und Umschmelzungskosten, Verbilligungsaktionen und Exportsubventionen, letztere sehr zum Ärger der traditionellen Agrarexportländer. Der Ruf nach einer Reform der EG-Agrarpolitik war unüberhörbar.

Mansholtplan

Sicco Mansholt, damals EG-Agrarkommissar, eröffnete den Reigen mit einem Memorandum (1968), das als «Mansholtplan» in die Geschichte einging. Das eigentliche Problem, so heißt es darin, seien nicht die Kleinbetriebe, sondern die Tatsache, daß infolge der allgemeinen Entwicklung (sprich außerlandwirtschaftliche Einkommen) immer mehr Betriebe in die Kategorie der «Grenzbetriebe» abrutschten, der zu kleinen Vollerwerbsbetriebe. Er schlug ein weitgefächertes Bündel von Anpassungsmaßnahmen vor, deren Verwirklichung ungeheure Summen verschlungen hätte. Was den Mansholtplan zu Fall brachte, waren aber seine rigorosen Strukturziele. In zehn Jahren sollte die historisch gewachsene Agrarstruktur Europas durch Teil- und Vollfusionen kleiner und mittlerer Betriebe einer Großbetriebsstruktur weichen. Das war den Landwirten zu viel. Sie demonstrierten den Mansholtplan mitsamt seinen sinnvollen Teilen kurzerhand vom Tisch. Sachlich war in der Tat die Strukturpolitik mit der Brechstange ein großer Fehler, psychologisch ihre überfallartige Verkündigung ein noch größerer. Die Deutschen kreideten Mansholt zusätzlich an, daß er mit der Nebenerwerbslandwirtschaft überhaupt nichts im Sinn hatte.
Heute sehen die Mansholtschen Zahlen von damals gar nicht mehr so spektakulär aus. Was sich aus den Landwirtschaftlichen Produktionsgenossenschaften (LPG) in der ehemaligen DDR zur Zeit an Betriebsgrößen und Betriebsformen entwickelt, liegt weit darüber und veranlaßt manchen westdeutschen Agrarpolitiker zum Überdenken des «bäuerlichen Familienbetriebs».

Höcherlplan, Schillerplan

Die Bundesregierung legte im Mansholtjahr zwei eigene Arbeitsprogramme vor. Bundesminister Hermann Höcherl (1965–1969) erkannte die Notwendigkeit eines Strukturwandels sehr wohl, wollte ihn aber evolutionär und kontinuierlich gestalten, auch mit Hilfen für die Aussteiger. Bundeswirtschaftsminister Karl Schiller wollte die wirtschaftliche Erschließung strukturschwacher Räume ankurbeln, insbesondere durch Industrieansiedlung. Die Menschen, vorab die ländliche Jugend, sollten auf dem Lande bleiben können, auch wenn sie ihr Auskommen nicht mehr in der Landwirtschaft fanden.

Ertl differenziert

Nach Mansholt sollten nur Großbetriebe überleben.

Höcherls Nachfolger Josef Ertl (1969–1983) konnte auf dessen Vorschlägen aufbauen. Er differenzierte als erster die staatlichen Hilfen nach einer «Förderschwelle». Einzelbetriebliche Investitionsförderung gab es ab 1971 nur noch für entwicklungsfähige Betriebe. Sie mußten an Hand eines Betriebsentwicklungsplans nachweisen, daß sie vier Jahre nach der Hilfe (hauptsächlich Zinsverbilligung) den gewerblichen Vergleichslohn erreichen. Weitere Voraussetzungen waren eine abgeschlossene Berufsausbildung einschließlich Fachschulbesuch und die Verpflichtung zur Buchführung. Wer die Förderschwelle nicht erreicht, konnte das Soziale Ergänzungsprogramm in Anspruch nehmen, Umschulungsbeihilfen und anderes. Er wolle, betonte Ertl wiederholt, vor falschen Erwartungen warnen und die Landwirte vor Fehlinvestitionen mit der Folge von Vermögensverlusten bewahren.
Was folgte, überraschte selbst die Fachwelt und beweist einmal mehr, daß rationales Denken nicht alles ist in der Politik. Das Soziale Ergänzungsprogramm wurde wenig in Anspruch genommen, das Investitionsprogramm immerhin von 50 000 Landwirten in den folgenden zehn Jahren. Die öffentliche Diskussion aber beherrschte der Vorwurf vieler Landwirte an den Minister, er lasse ihnen nur die Wahl zwischen «wachsen oder weichen». So wörtlich hätten sie ihre Forderung nach paritätischem Einkommen nicht gemeint. Sie wollten Bauern bleiben und ihre Höfe weiter bewirtschaften, auch wenn sie den Vergleichslohn nicht auf Heller und Pfennig erreichten. So sah sich Ertl genötigt, die Förderschwelle zu flexibilisieren und zu regionalisieren und um eine Überbrückungs- beziehungsweise Aufstiegshilfe zu ergänzen. Aus den ursprünglich strengen Selektionskriterien wurde nur mehr eine Art Orientierungsgröße. Ertls Nachfolger Ignaz Kiechle (seit 1983) schaffte

die Förderschwelle gleich nach seinem Amtsantritt ganz ab.
Geblieben ist dagegen eine zusätzliche Förderung aller Landwirte, auch der Nebenerwerbslandwirte, in den «von der Natur benachteiligten Gebieten», die Bund und Länder gemeinsam festlegen. Mit einer Ausgleichszulage sollen auch weniger ertragsfähige Böden weiter bewirtschaftet und so die Kulturlandschaft gepflegt und erhalten werden. Nach mehrmaliger Erweiterung der Gebiete und Anhebung der Zulagen kommen heute 250 000 oder 40 Prozent aller Landwirte in den Genuß von jährlich durchschnittlich 3000 DM. Bei vielen anderen Förderungen erhalten Betriebe in diesen benachteiligten Gebieten günstigere Konditionen.
Die Bauern nahmen mit, was kam. Aber viele erkannten die Zeichen der Zeit und trafen ihre Entscheidungen mehr oder weniger unabhängig von der Agrarpolitik. Das sprunghafte Ansteigen der «Wachstumsschwelle» beweist das Tempo des Wandels. Sie bezeichnet die Betriebsgröße, unterhalb der die Zahl der Betriebe abnimmt und oberhalb der sie zunimmt. Sie lag 1970 noch bei 20, 1990 bereits bei 50 Hektar im Bundesdurchschnitt, mit großen Unterschieden zwischen Nord- und Süddeutschland.
In Brüssel konnte man sich nicht zu durchgreifenden Reformen durchringen, alle Ansätze dazu scheiterten an nationalen Sonderinteressen. Man versuchte weiterhin, mit administrativen Maßnahmen alle Unterschiede zu «harmonisieren», vom schottischen Hochland bis Sizilien und vom Atlantik bis zur Ägäis. Und man hielt daran fest, mit einer Flut von Paragraphen und einem Heer von Beamten, die Landwirtschaft aus dem Marktgeschehen herauszuhalten.

Höhere Leistungen in Feld und Stall

Leistungsexplosion in Feld und Stall.

Von der Technik als Grund für den revolutionären Wandel war schon die Rede. Als weiterer Grund kommt die ebenso revolutionäre Steigerung der Hektarerträge und der tierischen Leistungen hinzu, Folgen aus der Kombination des mechanischen, biologischen und technischen Fortschritts: verfeinerte Anbautechnik, ertragreichere Sorten und entsprechend höhere Düngung, besserer Pflanzenschutz, weniger Verluste bei der Ernte und Lagerung. Spezialisten im Acker- und Pflanzenbau praktizieren heute die gezielte «Bestandsführung» und erzielen damit unter günstigen Verhältnissen weit über dem Durchschnitt liegende Spitzenerträge. Bei den tierischen Leistungen liegen die Dinge ähnlich. Seit Einführung der künstlichen Besamung bei Rindern und Schweinen verbreiten die besten Vererber die erwünschten Leistungseigenschaften noch schneller in die bäuerlichen Ställe. Analog dem Pflanzenbau müssen auch hier die höheren Leistungen «angefüttert» werden. Hier spricht man von moderner «Herdenführung» und meint damit eine optimale Kombination aus Züchtung, Fütterung und Haltung. Zur besseren Überwachung der Tiere, zusätzlich zum menschlichen Auge, ist die Elektronik schon weit verbreitet. Auch hier heben sich die Leistungen der Spezialisten weit vom Durchschnitt ab. Das Problem des billigen Importfutters aus Drittländern kann hier nur am Rande erwähnt werden; es ist ein Sorgenkind bis heute.

Verarmte Fruchtfolgen

Noch mehr Sorgen bereitet sowohl der Landwirtschaft als auch dem Naturschutz die Konzentration des Anbaus auf nur noch wenige Kulturen und als Folge davon eine Verarmung der Fruchtfolgen. Sie sind logische Folgen veränderter Rahmenbedingungen: unterschiedliche Preis- und Abnahmegarantien, unterschiedliche Technisierungsmöglichkeiten, veränderte Tierbestände (Pferde/Hafer), veränderte Fütterung (Schweine-Getreide, Rinder-Maissilage) und veränderte Verzehrgewohnheiten der Verbraucher. Seit die EG die Preise

Erträge und Leistungen im Vergleich

	1935/38	1988/90
Weizen dt/ha	22	66
Kartoffeln dt/ha	185	362
Zuckerrüben dt/ha	317	536
Wiesen-Weiden		
Heuwert dt/ha	48	83
Milchleistung kg/Kuh	2480	4830
Legeleistung Eier/Henne	120	258

für Ölsaaten ähnlich stützt wie die für Getreide, lockern Raps und Sonnenblumen die Fruchtfolgen wieder mehr auf. Trotzdem vermitteln die überwiegenden Getreide-Mais-Fruchtfolgen den äußeren Eindruck einer Monotonie, der schließlich im Vorwurf der «Monokulturen» endete.

Veränderte Verzehrgewohnheiten

Auch die Verzehrgewohnheiten der Deutschen haben sich seit 1950 gründlich gewandelt. Das blieb nicht ohne Folgen für die Landwirtschaft. Der Verzehr an hochwertigen tierischen Erzeugnissen wie Fleisch und Eiern hat stark zugenommen, der an kohlehydratreichen pflanzlichen (Getreide, Kartoffeln) entsprechend abgenommen. Zugenommen hat auch der Verbrauch an Obst und Gemüse – alles Zeichen des gestiegenen Lebensstandards. In der Vorkriegs- und ersten Nachkriegszeit erzielte die Landwirtschaft noch zwei Drittel ihrer Verkaufserlöse aus pflanzlichen Produkten und ein Drittel aus tierischen. Heute ist das Verhältnis genau umgekehrt. Der Schwerpunkt der Produktion und damit der Arbeit verlagerte sich von den Äckern in die Ställe. Der Veredlungsgewinn trug wesentlich zur Steigerung der Einkommen bei, ohne ihn wäre der «Abstand» noch größer.

Schwerpunktverlagerung vom Acker in den Stall.

Pro-Kopf-Verbrauch ausgewählter Nahrungsmittel im Vergleich (kg/Jahr)

	1950/51	1989/90
Getreide (Mehlwert)	100	66
Kartoffeln	186	72
Fleisch insges.	39	100
Eier in Stück	136	249
Obst	54	90
Gemüse	49	82

Zugenommen hat auch der Verzehr an be- und verarbeiteten Erzeugnissen gegenüber unbearbeiteten. Das hatte zur Folge, daß der prozentuale Anteil am Ladenpreis, der den Erzeugern zufließt, immer weiter zurückging. Er liegt 1990 im Durchschnitt bei 36 Prozent, mit großen Unterschieden, je nach dem Grad und den Kosten der Verarbeitung, von 70 Prozent bei Eiern über 50 Prozent bei Milch und Milcherzeugnissen, 35 Prozent bei Fleisch und Wurstwaren bis auf weniger als 10 Prozent bei Brot und Backwaren. Das ist eine bittere Erfahrung für die deutschen Landwirte: Die Verbraucherpreise haben sich von den Erzeugerpreisen abgekoppelt! Der Getreidepreis etwa geht seit sieben Jahren ständig zurück, der Brotpreis aber steigt, weil die steigenden Löhne, Mieten, Energiekosten usw. der Mühlen und Brotfabriken und Bäckereien den Löwenanteil des Ladenpreises verschlingen. Die Landwirtschaft ist vom Nahrungsmittelproduzenten mehr und mehr zum Rohstofflieferanten geworden.
Andererseits stützt und fördert die Verarbeitung den Verbrauch; man denke nur an die beliebten Produktinnovationen aus Milch (Joghurt) und Kartoffeln (Chips). Dasselbe gilt für die vielen Fertig- und Halbfertigessen, die Tiefkühlkost und vieles andere, die ihrerseits dazu beitrugen, daß viele Hausfrauen heute einer Berufstätigkeit nachgehen können.
Hätte es angesichts dieser Entwicklung für die Landwirtschaft nicht nahegelegen, ihre Produkte möglichst lange in der Hand zu behalten und auf diese Weise die Verarbeitungs- und Großhandelsspanne selber mitzunehmen? Teilweise ist es gelungen, teilweise schiefgegangen und teilweise erst gar nicht versucht worden. Über die Gründe wurde viel gerätselt. Wahrscheinlich ist die Ausbildung der landwirtschaftlichen Fach- und Führungskräfte doch zu einseitig auf die Produktion ausgerichtet.

Urlaub auf dem Bauernhof.

Marktnischen

Dafür haben viele bäuerliche Familien etwas anderes entdeckt, nämlich eine Marktnische. Gesamtstatistisch spielen die Alternativen zur klassischen Agrarproduktion eher eine untergeordnete Rolle, sind kein «Allheilmittel», wie immer wieder betont wird. Im Einzelfall können sie den Besitzern kleiner und mittlerer Betriebe sehr wohl das Zubrot bringen, das ihnen das Bauer-Bleiben ermöglicht. Zudem erscheint die Perspektive mancher Marktnische sicherer und ausbaufähiger als die vieler Agrarprodukte. Dazu gehört beispielsweise der Urlaub auf dem Bauernhof, den rund 20 000 Betriebe anbieten. Dazu gehört die Direktvermarktung, der die Horrormeldungen über «Gift in der Nahrung» neuen Auftrieb gab. Entweder bringt der Bauer seine Ware zum Verbraucher (Großverbraucher und Einzelhandel eingeschlossen) oder der Verbraucher holt sie beim Bauern. Neuerdings gibt es bereits Erzeuger-Verbraucher-Genossenschaften.

Marktnischen zum Überleben.

Andere fanden andere Dienstleistungen, Pensionspferde, Kommunalarbeiten, Landschaftspflege. Zu den Marktnischen zählen ferner ausgefallenere Tiere und Pflanzen, Kaninchen, Milchschafe, Puten oder Damwild, Dinkel, Erdbeeren im Feldbau, Heil- und Gewürzpflanzen. Alle diese unternehmerischen Leistungen vollziehen sich fast im Stillen, unbemerkt von den Massenmedien. Und doch erfüllen sie gesamtwirtschaftlich eine wichtige Funktion: Sie entlasten die überfüllten Agrarmärkte. Ähnliches gilt für überdurchschnittliche Qualitäten bis hin zu Markenartikeln. Wenn quantitatives Wachstum nicht mehr möglich ist, um mit den außerlandwirtschaftlichen Einkommen Schritt zu halten, versucht man über die Qualität mitzuwachsen. Dem entspricht die Nachfrage mancher Verbraucher nach gehobener Qualität mit hohem Genuß- und Gesundheitswert, selbstverständlich frisch und schadstofffrei. Ein neuer Begriff führt sich ein, die «ethisch-ökologische Qualität», die auf umweltschonenden und artgerechten Produktionsverfahren basiert. Eine Reihe von Erzeugergemeinschaften ist in das Geschäft eingestiegen.

Eine höchst aktuelle Marktnische haben sich die Öko-Bauern ausgesucht. Zur biologisch-dynamischen Wirtschaftsweise des Anthroposophen Rudolf Steiner (1924) gesellten sich nach dem Krieg weitere Formen des «alternativen Landbaus». Sie haben sich heute in sechs Verbänden zusammengeschlossen, einer davon für ökologischen Weinbau. Trotz Unterschieden in Details stimmen sie darin überein, keine Mineraldünger und keine chemischen Pflanzenschutzmittel zu verwenden. Nach Schätzungen gab es Anfang 1991 rund 3500 anerkannte ökologisch wirtschaftende Betriebe mit einer Gesamtfläche von 76 000 Hektar. Seit Inkrafttreten des EG-Extensivierungsprogramms mit großzügiger Förderung der Umstellung auf ökologischen Landbau gehen die Zahlen kräftig in die Höhe.

Erdbeeranbau zum Selbstpflücken.

Weit mehr als nur eine Marktnische verspricht man sich seit über zehn Jahren von «nachwachsenden Rohstoffen». Gemeint sind damit Energie- und Industriepflanzen, die die Nahrungspflanzen großflächig ersetzen und damit zur Vermeidung von Überschüssen beitragen sollen. Seit 1982 gab allein die Bundesregierung Hunderte von Millionen DM für einschlägige Forschungen aus, die EG und andere zusammen mindestens ebensoviel. Seit 1986 laufen die ersten Pilotprojekte und Modellvorhaben, ebenfalls aus staatlichen Mitteln finanziert. Eine Umsetzung in die breite Praxis ist bis jetzt nicht gelungen; das Bundeslandwirtschaftsministerium meldet 165 000 Hektar Anbaufläche, das sind 2,3 Prozent der gesamten Ackerfläche. Die neuesten Warnungen vor zunehmender CO_2-Belastung der Atmosphäre geben der Hoffnung auf Energiegewinnung aus der Verbrennung von Biomasse neuen Auftrieb.

Am Pranger

Etwa ab Mitte der siebziger Jahre sah sich die moderne Landwirtschaft plötzlich am Pranger der öffentlichen Kritik. Der Club von Rom hatte 1972 die «Grenzen des Wachstums» signalisiert, Herbert Gruhl 1975 vor dem «geplünderten Planeten» gewarnt, erste Meldungen über großflächige Waldschäden tauchten auf, das erste amtliche Gutachten zum Umweltschutz (1974) enthielt Fälle vom Überschreiten der zulässigen Rückstandswerte. Eine Reihe von Massenmedien, allen voran das Fernsehen, konzentrierte ihre Reaktionen ganz auf die Landwirtschaft: Gift im Boden, Gift im Wasser, Gift im Kochtopf lauteten die Schlagworte, dazu «Tierquälerei» in «Agrarfabriken» und überhaupt Zerstörung unserer natürlichen Umwelt. Die täglichen Horrormeldungen erreichten bald die Grenze der Hysterie und überschritten sie. Mal waren die Bauern die Deppen der Nation, die Agrochemikalien nach dem Motto «viel hilft viel» ausbrachten, mal die Opfer einer unheimlichen Ehe zwischen Agrarchemie und Agrarwissenschaft. Hier muß dem Chronisten ausnahmsweise erlaubt sein, seinem Bericht die nötigen Berichtigungen anzufügen.

Landwirtschaft ist seit 150 bis 200 Jahren angewandte Wissenschaft. Es dürfte keinen anderen Wirtschaftszweig geben, der mit einem so dichten Netz von Forschungsanstalten, Fachverbänden, Fachschulen, Fachberatungen und Fachzeitschriften ausgestattet ist wie die Landwirtschaft. Die Pflanzenernährung wird seit Justus von Liebig erforscht (1850), die Tierernährung seit Oskar Kellner (1900). Beide sind in ihren Erkenntnissen weiter als die Wissenschaft von der menschlichen Ernährung. Die Verhaltensforschung an landwirtschaftlichen Nutztieren schloß sich unmittelbar an die ersten Beobachtungen von Graugänsen durch Konrad Lorenz an (1950).

Den staatlichen Pflanzenschutzdienst erzwangen die Landwirte um 1890, eine wissenschaftliche Zentrale dafür 1896 (heute Biologische Bundesanstalt), die ersten Vergleichsprüfungen von Pflanzenschutzspritzen durch die DLG 1903.

Die öffentliche Diskussion aber führten Laien. Sie wußten nichts von alledem. Sie wußten nicht, daß die Mißernten bis in unser Jahrhundert hinein hauptsächlich von Pflanzenkrankheiten und Schädlingen verursacht waren und Millionen Europäer zur Auswanderung gezwungen hatten. Sie kannten nicht die alten dumpfen Ställe mit ihren salpeterzerfressenen Mauern und weit verbreiteten Tierseuchen. Sie hatten auch die europäischen Vergleichszahlen nicht zur Hand, wenn sie die deutschen Tierbestände als Agrarfabriken brandmarkten. Und sie wußten nicht oder wollten nicht wissen, nach welchen Kriterien die neuen Grenzwerte für Rückstände von Agrochemikalien festgesetzt worden waren, nicht nach toxikologischen, sondern danach, was modernste Analyseverfahren gerade noch erfassen können. Gelegentliche geringfügige Überschreitungen sind noch lange kein Grund für Angst- und Panikmache. Nein, an Nahrungsmitteln einheimischer Produktion ist noch niemand erkrankt oder gar zu Tode gekommen (Salmonellen sind ein Kapitel für sich). Viel gefährlicher und für die Krankenkassen teurer ist falsches Ernährungsverhalten vieler Verbraucher, nachzulesen in den regelmäßig erscheinenden Ernährungsberichten. Ernährungswissenschaftler sprechen schon offen von «Selbstmord mit Messer und Gabel». Sie versichern den Verbrauchern immer wieder, daß die regelmäßig durchgeführten Lebensmittelkontrollen keinerlei Anlaß zur Sorge bieten.

In die öffentliche Kritik an der modernen Landwirtschaft mischte sich bald die Behauptung, kleinere Betriebe wirtschafteten mehr im Einklang mit Natur und Kreatur als größere. In Wirklichkeit hängt umweltschonende Agrarproduktion nicht von der Betriebsgröße ab, sondern von der Qualifikation des Betriebsleiters, und die ist bei den Bewirtschaftern größerer Betriebe nachgewiesenermaßen besser. Trotzdem meldeten sich die Interessenvertreter der Klein- und Nebenerwerbsbetriebe zu Wort und verlangten eine Umkehr in der Agrarpolitik; sie sollte gerade «die Kleinen» fördern und nicht weiterhin versuchen, wettbewerbsfähige größere Betriebe zu entwickeln. Die Forderung fand ein erstaunlich breites Echo, glaubten doch manche, damit in unserer hochtechnisierten Welt ein Zipfelchen der «guten alten Zeit», nämlich «ländliche Idylle», ins nächste Jahrtausend retten zu können. «Unsere Bauern» hieß es auf einmal, nicht mehr «die Landwirtschaft».

Gute fachliche Praxis

Nach Überwindung ihrer ersten Sprachlosigkeit ob der so einseitigen, verzerrten und falschen Informationen gingen die Landwirte und ihre Repräsentanten an die Überprüfung der eigenen Positionen. Nichts sollte bagatellisiert und nichts beschönigt werden. Bei allen unzulässigen Verallgemeinerungen und maßlosen Übertreibungen stimmten ja einige Skandale, wenn auch von wenigen schwarzen Schafen und nicht vom ganzen Berufsstand zu vertreten. Es gibt auch Massentierhaltungen, wenngleich konzentriert auf eine kleine Region zwischen dem billigen Importfutter von den Häfen und dem großen Verbrauchszentrum an Rhein und Ruhr. Und es gibt überhöhte Nitratwerte, die auf überhöhte Stickstoffdüngung schließen lassen. Im Prinzip stimmt sogar, daß die Betriebswirtschaft mit ihren Überlebensrezepten manche alte Erfahrung aus Ackerbau und Viehzucht in den Hintergrund gedrängt hat. Sollte es unter dem Einsatz aller Kräfte nicht möglich sein, die erreichte hohe Intensität ohne Einkommenseinbußen wieder ein Stück zurückzufahren?

Ein neuer Weg?

Die Zeit drängte. Erste Umfragen signalisierten bereits einen starken Imageverlust der Bauern in der öffentlichen Meinung. Auch der Gesetzgeber trat in Aktion.
Obwohl die Landwirtschaft bis dahin keineswegs in einem rechtsfreien Raum gewirtschaftet hatte, ergoß sich nun eine Flut neuer Gesetze, Gesetzesänderungen, Verordnungen und Richtlinien über sie, teils aus Brüssel, teils aus Bonn, teils aus den Landeshauptstädten. Hier seien nur die wichtigsten genannt, die die Landwirtschaft betreffen oder doch tangieren: Naturschutzgesetz – Wasserhaushaltsgesetz – Pflanzenschutzgesetz, Pflanzenschutz-Anwendungsverordnung, EG-Richtlinie für das Inverkehrbringen von Pflanzenschutzmitteln – Düngemittelgesetz, Düngemittel-Anwendungsverordnung, EG-Nitratrichtlinie – Trinkwasserverordnung, EG-Trinkwasserrichtlinie – Abfallbeseitigungsgesetz, Gülle-Verordnungen – Tierschutzgesetz – Immissionsschutzgesetz – Verschärfungen und Verbote im Futtermittelrecht, im Arzneimittelrecht, im Fleischbeschaurecht und im Lebensmittelrecht. Es spricht für die Landwirte, daß in allen Texten ein Verhalten nach «guter fachlicher Praxis» verlangt wird.

Mechanische Verfahren werden bei der Unkrautbekämpfung angestrebt.

Integrierter Pflanzenbau

In eben dieser guten fachlichen Praxis stellten wiederum Wissenschaftler, Berater und fortschrittliche Landwirte die Weichen neu, beraten und begleitet von neuen Techniken der Industrie. An allen Orten und in allen Bereichen wurde systematisch geforscht und entwickelt und erprobt, bis man eine neue Gesamtkonzeption unter der Bezeichnung «Integrierter Pflanzenbau» gefunden hatte. Sein Ziel ist genau das, was man unter Aussöhnung von Ökonomie und Ökologie versteht. Er verzichtet nicht auf mineralische Dünger und chemische Pflanzenschutzmittel, reduziert sie aber so weit, daß sie praktisch keine Rückstände mehr hinterlassen. Der Integrierte Pflanzenbau ist zum Thema Nr. 1 des Fachs geworden; er beherrscht seit Jahren die Tagungen, Vorführungen, Fachzeitschriften und natürlich die Praxis. Seine ersten Erfolge sind am Rückgang der Aufwandmengen abzulesen. Er wird die Landwirte aus ihrer Verunsicherung entlassen, wenn er sich erst mal auf breiter Front durchgesetzt hat, und ihnen ihr altes Selbstbewußtsein zurückgeben.
Er ist, wie gesagt, ein Gesamtkonzept unter Ausschöpfung aller acker- und pflanzenbaulichen Möglichkeiten zur Fernhaltung von Schadorganismen. Die Stickstoffdüngung wird umgestellt von allgemeinen Versuchs- und Erfahrungswerten auf Bodenuntersuchung und daraus abgeleiteter Nährstoffbilanz, der Pflanzenschutz vom vorbeugenden Spritzen auf zielgenaue Bekämpfung nach festgestelltem Befall, die Unkrautbekämpfung mit Herbiziden auf mechanische Verfahren, wo und wann immer es geht. Die Technik sorgt mit elektronischen Meßgeräten für noch genauere Präzision der Dosierung der Mittel und mit neuartigen Hackgeräten für wirkungsvolle Unkrautbekämpfung. Vermehrter Zwischenfruchtbau nach dem «System Immergrün» kompensiert die Nachteile der eng gewordenen Fruchtfolgen und verhindert sowohl Nitratauswaschung als auch Bodenerosion. Für die Erhaltung seltener Arten, darunter auch Nützlingen, werden die Ackerränder nicht mehr behandelt. Die Anlage neuer Schutzpflanzungen wie Wallhecken, Steinriegel und Erdwälle wird sogar staatlich gefördert.
Auch in den Ställen nimmt man im Interesse einer streng artgerechten Haltung Mehraufwand in Kauf. Die Einzelhaltung, etwa von

Pflanzenschutzgeräte mit elektronisch gesteuerter Dosierung (wie dieses der Firma Rau) reduzieren den Aufwand an chemischen Mitteln.

Zuchtsauen und Kälbern, weicht wieder der freien Bewegung, die einstreulose Haltung besonders bei Jungtieren der Stroheinstreu. Ein neu entwickelter computergesteuerter Tränkautomat holt die Kälber aus ihren engen Boxen zurück in den Laufstall. Um keine «Agrarfabriken» bei der bodenunabhängigen Veredlung entstehen zu lassen, binden die staatlichen Förderungsmaßnahmen die Zahl der Tiere an die vorhandenen Flächen. Nach wie vor umstritten ist die Legehennenhaltung in Käfigen. Eine Lösung muß europaweit erfolgen, und das ist bis jetzt nicht gelungen. Auch bei den Tiertransporten ist noch nicht alles in Ordnung.

Überfällige EG-Reform

Das (vorläufig) letzte Kapitel jüngster deutscher Agrargeschichte wird wieder in Brüssel geschrieben. Die ständig steigenden Kosten zur Stützung der Agrarpreise offenbarten in drastischer Deutlichkeit, daß die EG-Marktordnungen mit ihrer Preis- und Abnahmega-

ten sind. Ein Faß ohne Boden! Es war Ignaz Kiechle (Bundeslandwirtschaftsminister seit 1983), der klar erkannte, daß man die Mengen begrenzen muß, wenn man die Preise halten oder womöglich erhöhen will. Nur so komme die EG-Agrarpolitik aus dem Teufelskreis aus Überproduktion, Preisdruck und Einkommensproblemen wieder heraus. Er setzte 1984 die «Milchgarantiemengenregelung» durch. In einem einzigartigen und für die Milchbauern schmerzlichen Kraftakt wurde jedem Betrieb in der Gemeinschaft seine Milchquote zugeteilt. Die anfängliche Garantiemenge war immer noch zu hoch und mußte durch freiwilligen, milliardenschweren Herauskauf von Quoten reduziert werden. Bei Getreide soll ein großzügig gefördertes Flächenstillegungsprogramm (1988) die Mengen dem Bedarf anpassen. Die zunächst angebotenen Finanzhilfen erschienen nicht allen Ländern attraktiv genug; die Prämien mußten mehrmals erhöht werden. Seit 1991 wird zusätzlich zum fünfjährigen Programm schon eine einjährige Stillegung finanziell gefördert. Die Gesamtkosten der EG-Agrarpolitik waren inzwischen von den zehn Milliarden DM 1967/68 auf 65 Milliarden DM geklettert.

Es war schließlich der neue EG-Agrarkommissar Mac Sharry, der im Sommer 1992 eine grundlegende Reform durchsetzte: Die Getreidepreise werden stufenweise auf Weltmarktniveau gesenkt und die den Bauern dadurch entstehenden Verluste durch Direktzahlungen ausgeglichen. Ähnliches ist für Rindfleisch vorgesehen. Als flankierende Maßnahmen gibt es Prämien für eine Extensivierung des Ackerbaus, eine Verringerung des Rinder- oder Schafbestandes, für langfristige Stillegung von Ackerflächen zur Anlage von Biotopen oder Naturparks sowie für die Aufforstung. Sie sollen den Landwirten die Möglichkeit eröffnen, sich über eine umweltfreundliche Produktion neue Einkommensquellen zu erschließen.
Die Fachwelt ist skeptisch, obwohl die Umstellung auf das neue System erst 1993 anläuft. Die Landwirte kritisieren ihre noch größere Abhängigkeit von staatlichen Ausgleichszahlungen, die Wissenschaftler die Zementierung der Agrar- und Produktionsstrukturen, die Berater den zu erwartenden höheren Verwaltungsaufwand. Eine nach wie vor schwierige Situation also für die deutschen Landwirte; ihre Zukunft ist immer noch eine Rechnung mit vielen Unbekannten. Sie können nur hoffen, daß die Agrarpolitiker sie aus der Sackgasse herausführen werden, in die sie sie in den letzten 25 Jahren hineinmanövriert haben.

Wie sieht die Zukunft aus?

So tun sie weiter ihre Arbeit, säen, pflügen und ernten wie ihre Vorfahren und versorgen wie jene ihr Vieh, werktags, sonntags, feiertags. Daneben verfolgen sie in den Nachrichten, wieviel Prozent Lohnerhöhungen die anderen Jahr für Jahr herausschlagen. Es geht dabei um ihren «Vergleichslohn» von morgen.

Literatur (Auswahl):

Höcherl, H.: Die Welt zwischen Hunger und Überfluß, Stuttgart 1969.
Kalt, G. (Hg.): Schlecht informiert, Frankfurt 1992.
Kiechle, I.: . . . und grün bleibt unsere Zukunft, Stuttgart, Herford 1985.
Kluge, U.: Vierzig Jahre Agrarpolitik in der Bundesrepublik Deutschland, 2 Bände, Hamburg, Berlin 1989.
Lachenmaier, F.: Hundert Jahre Deutsche Landwirtschafts-Gesellschaft, Frankfurt 1985.
Niklas, W.: Sorgen um das tägliche Brot, Bonn 1951.
Agrarberichte, Agrarlexika, AID-Informationen, Statistische Jahrbücher über Ernährung, Landwirtschaft und Forsten.

Abbildungsnachweis:

Archiv Freilichtmuseum am Kiekeberg.
Archiv Schiffer, Bergisch Gladbach.
Kommission der Europäischen Gemeinschaft.
Seilnacht, W.: Das Bauen in der Landwirtschaft, Ravensburg 1950.
Werkfoto Claas, Harsewinkel.
Werkfoto Fendt, Marktoberdorf.
Werkfoto Rau, Weilheim.